W0461055

Ninive

Paolo Matthiae

NINIVE

Glanzvolle Hauptstadt Assyriens

Hirmer Verlag München

Übersetzt aus dem Italienischen
von Eva Ambros

Rechteinhaber nicht genannter Abbildungsquellen bitten wir, sich an den Verlag Electa/Elemond SPA, Mailand zu wenden.

Die Deutsche Bibliothek – CIP-Einheitsaufnahme

Ninive : Glanzvolle Hauptstadt Assyriens / Paolo Matthiae. [Übers. aus dem Ital. von Eva Ambros]. - München : Hirmer, 1999
Einheitssacht.: Ninive ‹dt.›
ISBN 3-7774-8240-4

Titel der italienischen Originalausgabe:
Ninive

© 1998 by Electa, Milano
Elemond Editori Associati
Tutti i diritti riservati
© 1999 Hirmer Verlag GmbH München
Satz: Utesch GmbH Hamburg
Karte S. 27: Computerkartographie Carrle, Heike Boschmann, München
Druck: Stabilimento di Martellago (VE)
Printed in Italy
ISBN 3-7774-8240-4

Inhalt

Abenteuer Archäologie: Die Entdeckung und Erforschung Ninives 7

Die Stadtentwicklung von der Vorgeschichte bis zur Zeit Sargons von Akkad 27

Das »Dunkle Zeitalter«: Verborgener Glanz bis zur Epoche Sargons II. 39

Ninive als Hauptstadt des assyrischen Reiches 59

Der »Palast ohnegleichen« und die künstlerische Revolution Sanheribs 87

Synthese und Erneuerung in der Kunst Assurbanipals 127

Von Kalchu nach Ninive: Das assyrische Königtum zwischen Ideologie und Kunst 181

Bauwerke und Denkmäler Ninives 195

Die Stadtmauer und ihre Tore 196
Die Zitadelle von Ninive 199
Die Tempel der Ischtar und des Nabu 201
Der Südwestpalast Sanheribs 204
Der Nordpalast Assurbanipals 210

Anhang 211
Bibliographie 212
Bildnachweis 217

Abenteuer Archäologie: Die Entdeckung und Erforschung Ninives

Linke Seite: Im letzten Viertel des 8. Jahrhunderts v.Chr. gründete Sargon II. seine neue Hauptstadt Dur Scharrukin. Das Relief aus dem Königspalast zeigt den Herrscher (rechts) und einen hohen Würdenträger, vermutlich seinen Sohn Sanherib, der Dur Scharrukin nach dem Tod des Vaters wieder verließ und das Machtzentrum nach Ninive verlegte. (Siehe auch Bilder Seite 8 oben und Seite 12 unten rechts.)

Unten: Der Maler F.C. Cooper begleitete Austen Henry Layard, in den Jahren 1849 bis 1851 bei seinen Ausgrabungen in Mesopotamien. Im Vordergrund des Aquarells aus dem Jahr 1850 ist der Tell Nabi Junus dargestellt, einer der beiden Palasthügel des alten Ninive, auf dem sich heute die Wallfahrtsmoschee des Propheten Jona erhebt. Vom Tell Kujundschik, der Hauptzitadelle der assyrischen Hauptstadt, ist nur eine kleine Ecke am rechten Bildrand zu sehen. Über die ganze Bildbreite ziehen sich die gewellten Linien der Stadtmauer Sanheribs; jenseits des Tigris zeichnet sich die Silhouette der Stadt Mosul vor der Bergkette des Dschebel 'Atschan ab.
London, British Museum
(WA Archiv 213.13.1.)

Vom Mittelalter bis zur Wiederentdeckung der Zivilisationen des Alten Orients Mitte des 19. Jahrhunderts beschwor die Nennung Ninives nur die eindrücklichen und schrecklichen Bilder herauf, die die Propheten des Alten Testaments von der Hauptstadt Assyriens gezeichnet hatten. Für sie war die »große Stadt«, wie Ninive im Buch Jona tituliert wird, gleichbedeutend mit dem assyrischen Weltreich, das Jesaja den »Stock des göttlichen Zorns«, den »Knüppel in seiner wütenden Hand« nennt (*Jesaja* 10, 5). Entsprechend der teleologischen Geschichtsauffassung der jüdischen Propheten war Jahwe selbst es gewesen, der den Assyrern den Auftrag erteilt hatte, das Volk Israel, das sich unfähig erwiesen hatte, seinem Gott aufrichtige Treue zu wahren, durch grausamste Unterdrückung, Eroberung und Deportation zu strafen. Doch der assyrische König in seinem »hochmütigen Gebaren« glaubte, daß der Erfolg seiner Kriegszüge die Frucht seiner eigenen Klugheit sei, daß die todbringenden Überfälle und Plünderungen dauerhaft Wirkungen zeitigen würden und jeglicher Widerstand gegen die Übermacht der Assyrer gebrochen sei. Da empört sich Jesaja: »Prahlt denn die Axt gegenüber dem, der mit ihr hackt, oder brüstet die Säge sich vor dem, der mit ihr sägt?« (*Jesaja* 10, 15) Assyrien, das Instrument der göttlichen Vorsehung, war übermütig geworden und wiegte sich in der trügerischen Sicherheit seiner Unbesiegbarkeit. Doch gerade deshalb sollte es dasselbe schreckliche Los ereilen, das es seinen zahllosen Feinden zugedacht hatte.

In eindrücklichen Worten verkündet Nahum die bevorstehende Eroberung Ninives, das sich – vergebens – gegen die anstürmenden Belagerer rüstet: »Rot leuchtet der Schild seiner Helden. Seine Krieger sind in Scharlach gekleidet. Wie funkelnder Stahl glänzen die Wagen ..., und die Speere wiegen sich. Durch die Gassen rasen die Kriegswagen, sie stürmen über die Plätze. Ihr Anblick gleicht Fackeln, wie Blitze jagen sie daher.« (*Nahum* 2, 4–5) Bitterkeit spricht aus der Klage des Propheten über »die Stadt voll Blutschuld; sie ist nichts als Lüge. Voll von Raffgier ist sie, vom Rauben läßt sie nicht ab ... eine Menge Erschlagener, eine Masse von Toten, kein Ende der Leichen, man stolpert über die Leiber. Und all das wegen der zahllosen Buhlschaften der Buhlerin, die von Anmut strahlte, die in Zauberkünsten Meisterin war; Völker verkaufte sie durch ihr Buhlen, Stämme durch ihre Zauberei.« (*Nahum* 3, 3–4)

Die nicht weniger wortgewaltigen Prophezeiungen Zefanjas, die an die Vergeblichkeit allen menschlichen Strebens und die Zerbrechlichkeit selbst der mächtigsten Reiche gemahnen, schildern schließlich den Untergang der einst blühenden Metropole. Die Vision des verlassenen Ninive, das der Herr »zur Öde macht« und das »verdorrt wie die Wüste«, beschließt Zefanja mit den nachdenklichen Worten: »Das also ist die fröhliche Stadt, die sich in Sicherheit wiegte, die dachte: Ich und sonst niemand! Welch eine Wüste ist sie geworden, ein Lager für die wilden Tiere.« (*Zefanja* 2, 15)

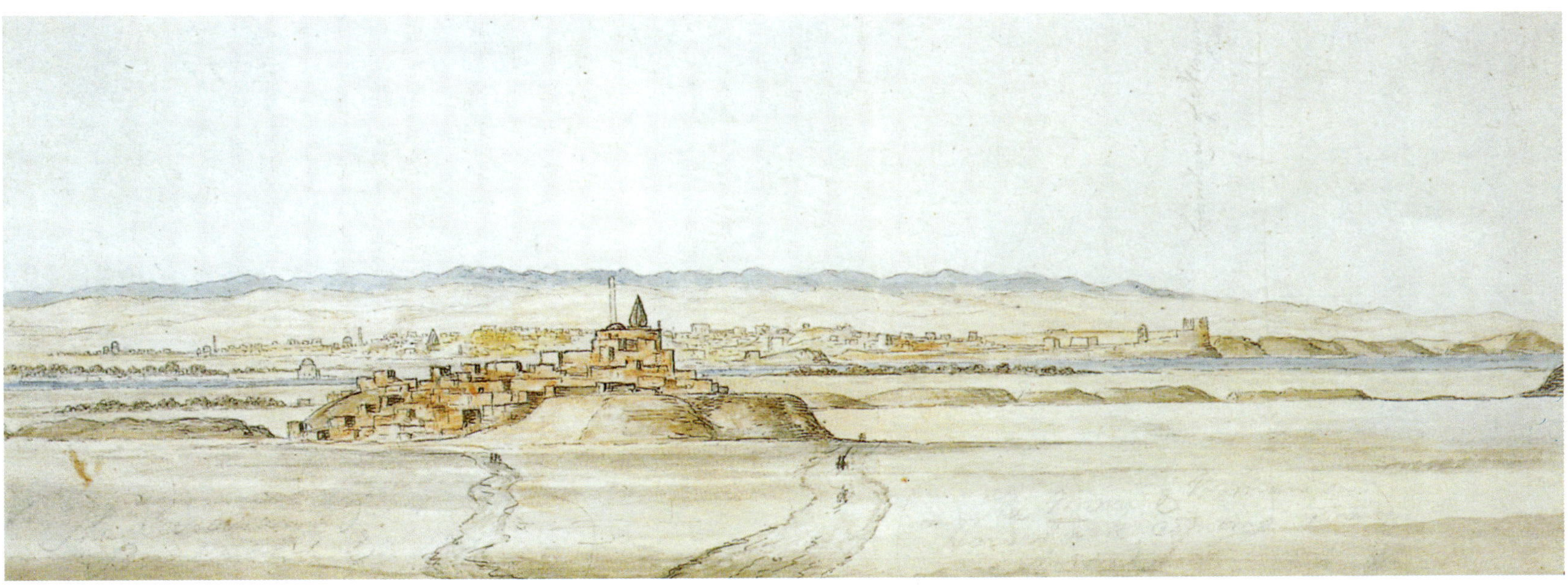

Das Relief Sargons II. (rechts) mit seinem Kronprinzen Sanherib (?) wurde in eine große, hochrechteckige Tafel aus Alabaster gemeißelt. Solche sogenannten Orthostatenplatten, die den Mauern aus Lehmziegeln vorgeblendet waren, dienten als Bildfläche für die imposanten Reliefzyklen, mit denen die Wände der assyrischen Paläste ab dem 9. Jahrhundert v.Chr. geschmückt wurden. (Siehe auch Bilder Seite 6 und Seite 12 unten rechts.)
Alabaster, Höhe 3,30 Meter, aus Chorsabad, Königspalast, Hof III, Platte L; Paris, Musée du Louvre (AO 19873).

In Versen von unbeschreiblicher Suggestivkraft besangen die jüdischen Propheten also zuerst die Grausamkeit der assyrischen Vorherrschaft, den prunksüchtig zur Schau getragenen Reichtum, die politische Gerissenheit und die unnachgiebige Härte der Herren Assurs, um dann als Beispiel für Gottes gerechte Strafe das schreckliche Schicksal ihrer Hauptstadt Ninive in düstersten Farben auszumalen: Wüstensand bedeckte das, was von ihren Wohnstätten, Palästen und Tempeln geblieben war; alles menschliche Leben war erstorben, nur Tiere suchten dort noch eine Behausung.

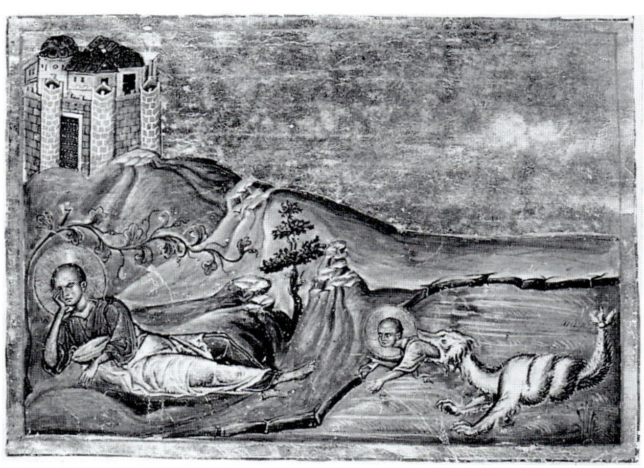

Diese byzantinische Buchmalerei vereint die wichtigsten Ereignisse des Buches Jona: Rechts im Bild ist zu sehen, wie Jona von einem Ungeheuer ausgespien wird. Gemeint ist der Wal, in dessen Bauch er nach seinem Schiffbruch drei Tage verbracht hatte. Links im Bild lagert der Prophet vor den Toren Ninives unter einem Dornbusch, nachdem er den Auftrag Gottes erfüllt und die Einwohner der Stadt bekehrt hatte.
Miniatur aus dem *Menologion Basilius' II.*, Codex Vaticanus gr. 1613, um 985 n.Chr.; Vatikanstadt, Vatikanische Bibliothek.

Die Berichte der frühen Orientreisenden

Die Erinnerung an Ninive blieb durch die Jahrhunderte mit dem Ort verbunden, an dem sich die mächtige Kapitale des Imperiums, das in der Spätantike einhellig als ältestes Weltreich vor dem der Römer galt, einst erhoben hatte. Selbst als der Islam sich im Vorderen Orient ausbreitete, gerieten seine Ruinenhügel nicht in Vergessenheit. Im Gegenteil: Da auch die Muslime die Bücher der biblischen Propheten als wahrheitsgemäße Tradition aus der »dunklen Zeit der Unwissenheit« vor der göttlichen Offenbarung an Muhammad anerkennen, wurden die Überreste der assyrischen Hauptstadt gerade nun ganz besonders mit den Ereignissen des Alten Testaments verknüpft. So verehrte man dort bereits seit dem Mittelalter das Grab des Propheten Jona, den der Herr geschickt hatte, um die Einwohner der gottlosen Stadt zur Buße aufzurufen. Gerade das Buch Jona aber, dessen zentrales Thema die Bekehrung Ninives ist, erfreute sich auch im Abendland während des ganzen Mittelalters besonderer Beliebtheit, denn die Erzählung von Jonas dreitägigem Aufenthalt im Bauch eines Wales wurde schon damals als symbolische Ankündigung des Begräbnisses Christi und seiner Wiederauferstehung am dritten Tag gedeutet.

Auf diese Epoche gehen auch die frühesten Berichte verschiedener Orientreisender über die Stätte des alten Ninive zurück, das einheimischen Gewährsleuten zufolge direkt gegenüber von Mosul liegen sollte. Diese Angaben sind allerdings recht widersprüchlich und schwanken zwischen nüchternen topographischen Beobachtungen und einer eigenartigen Mischung von exakten Daten und Reminiszenzen antiker Quellen. Offensichtlich waren sich die Berichterstatter selbst unschlüssig, ob sie der erstaunlich kontinuierlichen Überlieferung vom 7. Jahrhundert v. Chr. bis in die Neuzeit vertrauen konnten und die daraus resultierende exakte Lokalisierung der assyrischen Hauptstadt für bare Münze halten sollten.

Als einer der ersten erwähnt Benjamin von Tudela, daß Ninive mit den Ruinen auf dem Ostufer des Tigris bei Mosul zu identifizieren sei. Der spanische Rabbiner, der zwischen 1160 und 1173 von Italien aus den Vorderen Orient bis nach Persien bereiste, verfaßte seine hebräisch geschriebenen Reiseberichte bereits im Jahr 1178. Sie wurden jedoch erst 1543 in Konstantinopel veröffentlicht und wenig später in Antwerpen ins Lateinische übersetzt. Wahrscheinlich bestand für die mittelalterlichen Besucher Mosuls, gleichgültig ob sie aus dem islamischen Osten oder dem christlichen Abendland kamen, kein Zweifel an der Lage Ninives. So erzählt auch Ibn Battuta, der sich im Sommer 1327 in Mosul aufhielt, daß sich das Heiligtum des Propheten Jona auf dem linken Tigrisufer gegenüber der befestigten mittelalterlichen Stadt erhebe, und zwar genau an dem Ort, der noch heute Tell Nabi Junus, »Hügel des Propheten Jona«, genannt wird und der die zweite, kleinere Zitadelle von Ninive darstellte. Unmißver-

Blick auf das Ausgrabungsareal von Sippar, das in alter Zeit als Kultzentrum des babylonischen Sonnengottes Schamasch eine blühende Stadt im Süden Mesopotamiens war. Das trostlose Bild, das der Ruinenhügel mit den bis zur Unkenntlichkeit verwitterten Lehmziegelbauten heute bietet, ruft die biblischen Berichte über das Schicksal altorientalischer Städte in Erinnerung, die zerstört und vom Sand der Wüste bedeckt zu Behausungen wilder Tiere wurden.

ständlich spricht der berühmte marokkanische Reisende auch von einem großen Dorf in der Nähe des Hügels, mit einem ausgedehnten Ruinenfeld, »von dem man behauptet, es handle sich um die Stadt, die unter dem Namen Ninawa bekannt ist, die Stadt des Jona«. Damit bezieht sich Ibn Battuta direkt auf die berühmte Bibelerzählung über die Reise des jüdischen Propheten in die Hauptstadt des assyrischen Reiches, von der man, wie er hinzufügt, noch »Überreste der Umfassungsmauer und die Orte der Tore erkennt«.

Fast identische Angaben finden sich bereits in den Aufzeichnungen des andalusischen Dichters Ibn Dschubair, der Mosul im Jahr 1183 besuchte und den auch Ibn Battuta häufig als Quelle zitiert. Dieselben Informationen erhielten auch die wenigen westlichen Reisenden, die sich im Zeitalter der Renaissance bis nach Mosul wagten. Einer von ihnen war der deutsche Arzt Leonhart Rauwolff, der 1575 den Hügel von Kujundschik ganz richtig für die Zitadelle des alten Ninive hielt. Der Engländer Anthony Sherley bemerkte, daß von der »großen Stadt« der Bibel kein einziger Stein mehr zu sehen sei; und einige Jahre später machte John Cartwright, der sich für eine Weile in Mosul niedergelassen hatte, interessante Anmerkungen über seine Erkundung der Ruinen von Ninive – interessant vor allem wegen der eigenartigen Vermischung von präzisen Beobachtungen vor Ort mit verschrobenen literarischen Anklängen an antike Quellen. Richtig sagt er, daß die Ruinenstätte die Form eines Festungsvierecks hat. Damit meint er zweifellos die riesige Stadtmauer, an deren Westflanke sich der Hügel von Kujundschik wie auch etwas südlich davon der Tell Nabi Junus anschmiegen. Anschließend ergeht er sich jedoch in eigenartigen Übertreibungen und behauptet, die Befestigung Ninives hätte Seitenlängen von 30 beziehungsweise 18 Kilometern, also einen Gesamtumfang von 96 Kilometern; außerdem sei der Mauerring mit 1500 Türmen bestückt, und auf der breiten Krone könnten drei Wagen nebeneinander fahren. Damit nimmt er eine berühmte Passage bei Diodor auf, die sich allerdings nicht auf

Auf diesem prunkvollen Becher sieht man im Zentrum zwei Szenen aus dem Leben des Propheten Jona, der sich auf einer Liege unter Weinranken ausruht (oben) und vom Wal ausgespien wird (unten). In den beiden seitlichen Medaillons sind die Söhne Kaiser Konstantins des Großen dargestellt.
Glas mit Gold, aus Köln, 4. Jahrhundert n.Chr.; Köln, Wallraff-Richartz-Museum.

Ninive, sondern auf Babylon bezieht. Diodor, der sich auf Ktesias von Knidos stützt, berichtet darin, daß auf der 450 Stadien langen Umfassungsmauer der Stadt im Süden des Zweistromlandes mehr als zwei Wagen nebeneinander fahren konnten (*Bibliotheca historica* II, 7).

Auch dem Römer Pietro della Valle erzählte man zu Beginn des 17. Jahrhunderts in Mosul, daß die Stätte des antiken Ninive auf dem der islamischen Stadt gegenüberliegenden Ostufer des Tigris zu suchen sei, und zwar weniger als eine Meile vom Fluß entfernt. Dagegen berichtet der französische Arabist Jean Otter 1748, daß er in Mosul zwei voneinander abweichende Überlieferungen gehört habe. Die eine lokalisierte die assyrische Hauptstadt ganz richtig auf dem linken Flußufer gegenüber von Mosul, die andere verlegte sie jedoch ein Stück weiter nach Norden, an einen Ort auf dem rechten Tigrisufer, der noch heute Eski Mosul, Alt-Mosul, genannt wird. Diese zweite, falsche Theorie über die Lage Ninives muß in jenen Jahren recht verbreitet gewesen sein, denn auch ein anderer italienischer Reisender, D. Sestini, zitiert sie als die ihm plausibel erscheinende. Sestini tat sich allerdings auch durch ziemlich ungenaue Informationen über Babylon hervor.

Trotz dieser widersprüchlichen Ansichten zeichnete sich gerade in der zweiten Hälfte des 18. Jahrhunderts ein deutli-

Oben: Im 14. Jahrhundert, als der »arabische Marco Polo«, wie Ibn Battuta oft genannt wird, Mosul besuchte, waren viele Machthaber im Nahen Osten nicht arabischer, sondern türkischer oder mongolischer Herkunft, so auch in Mosul. Das erklärt den ethnischen Typ des dargestellten Herrschers, der von seinem Hofstaat, Musikanten, Akrobaten und Engeln umgeben ist. Diese berühmte Miniatur stammt zwar vermutlich aus Ägypten, hat ihre unmittelbaren Vorbilder jedoch in der Schule von Mosul und der Kunst der persischen Sasaniden. Daß die lokale Tradition die Ruinen auf dem Mosul gegenüberliegendem Ufer des Tigris mit dieser persischen Dynastie der vorislamischen Zeit verband, belegt noch heute der moderne Name der Stadt Sargons II.: Chorsabad bedeutet »Stadt des Chosrau« – ein Name, den zwei Sasanidenkönige trugen.
Titelblatt eines arabischen Manuskripts der *Maqamat* (deutsch: »Versammlungen«) von Al-Hariri, 1334 n.Chr.; Nationalbibliothek, Wien (A.F. 9, Folio 1, recto).

Rechts: Auf dieser Luftaufnahme Babylons erkennt man im oberen Bilddrittel neben dem Band des Euphrat die – heute größtenteils rekonstruierten – Ruinen der Paläste Nebukadnezars II. und, ganz rechts, die große Prozessionsstraße, die das Ischtar-Tor durchquerte. Im Vordergrund unten sieht man die Überreste des berühmten Etemenanki, des »Turms von Babel«, der von Nabopolassar und seinem Sohn Nebukadnezar II. für den Gott Marduk erbaut wurde. (Siehe auch Bild Seite 63 unten.)

der Bibel verbindet, bereits als gesicherte Fakten behandelte. Ihre endgültige Bestätigung erfuhren diese Erkenntnisse zu Beginn des 19. Jahrhunderts, als der Engländer Claudius James Rich, der 1807 zum Generalkonsul des britischen Empire und Residenten der Ostindischen Kompanie in Baghdad ernannt worden war, eine Reihe von Forschungsreisen in ganz Mesopotamien unternahm. Dabei kam er 1820 auch in das Gebiet des alten Assyrien, wo er nacheinander Irbil, das antike Arbela, Nimrud, das sein Landsmann Austen Henry Layard zwei Jahrzehnte später ausgraben und als Kalchu erkennen sollte, und schließlich Mosul besuchte.

Die Zeit, die Rich in Mosul verbrachte, sollte bedeutende Auswirkungen für die Wissenschaft haben: zum einen weil er Kujundschik und den Tell Nabi Junus definitiv als Erhebungen im Stadtgebiet des antiken Ninive erkannte und den Verlauf der äußeren Stadtmauer in ihrer gesamten Länge rekonstruieren konnte; zum anderen weil er auf dem Tell Nabi Junus den berühmten Keilschriftzylinder erwarb, den er nach seinem Sekretär Bellino benannte. Dieser »Bellino-Zylinder« mit einer Inschrift aus der Kanzlei des babylonischen Königs Nebukadnezar II. wurde ein wichtiger Baustein bei der weiteren Enträtselung des Keilschriftensystems, an der der Göttinger Gelehrte Georg Grotefend (1775–1843) damals bereits seit rund zwei Jahrzehnten arbeitete.

Das Aquarell von F.C. Cooper zeigt A.H. Layard bei der Untersuchung eines Reliefs in Bawian, das Sanherib in der Nähe des für Ninive errichteten Kanalsystems nördlich der Stadt aus dem Fels hauen ließ. Wagemutig baumelt der englische Ausgräber an einem Seil vor einer Öffnung, die in späterer Zeit ungeachtet der beiden rechten Figuren in den Felsen eingetieft wurde.

Im November 1845 begann A.H. Layard in Nimrud, rund 35 Kilometer südöstlich von Mosul, zu graben und entdeckte dort die Überreste von Kalchu, das im 9. und 8. Jahrhundert v.Chr. rund 150 Jahre lang die Residenzstadt der assyrischen Könige war. Blick von der Zikkurat des Gottes Ninurta auf den Nordwestpalast Assurnasirpals II. und die partiell rekonstruierte Fassade des Thronsaales B. (Siehe auch Bild Seite 13.)

cher Fortschritt ab: 1766 besuchte Carsten Niehbur Mosul im Rahmen der dänischen Arabien-Expedition, deren tragisches Ende im darauffolgenden Jahr er als einziger überleben sollte. Mit seinen genauen Beobachtungen gelang es ihm, den Kontroversen und Spekulationen über Ninive ein Ende zu bereiten. Punkt eins seiner Ausführungen ist, daß er aufgrund der Übereinstimmung der jüdischen, christlichen und islamischen Jona-Tradition davon überzeugt sei, daß Ninive auf dem linken Tigrisufer bei Mosul zu suchen sei. Dann bemerkt Niebuhr, daß es in dem mutmaßlichen Areal der antiken Stadt zwei Hügel gebe: der eine von beiden mit einem Dorf namens Nunja und der Moschee mit dem von den Muslimen verehrten Grab des Propheten Jona, der andere mit dem Dorf Kujundschik. Bezeichnenderweise nannten die Araber diesen zweiten Hügel Qal'at Nunja, »Zitadelle von Nunja«, wobei Nunja etymologisch eindeutig mit Ninawa, Ninive, zusammenhängt. Schließlich weist Niebuhr noch darauf hin, daß man ihm die antike Befestigung gezeigt habe. Und obwohl er zunächst der Meinung gewesen sei, es handle sich um natürliche Erdwälle, habe er die Stadtmauer schnell als solche erkannt.

Nach diesen Ausführungen ist es nicht verwunderlich, daß d'Anville 1779 in seinem historisch-geographischen Werk über die Euphrat- und Tigrisregion die Lokalisierung Ninives auf dem linken Tigrisufer bei Mosul und die ununterbrochene Überlieferungskette, die diesen Ort mit dem Jona

Beschriftete Zylinder oder Fäßchen wie dieses mit einer Bauurkunde Nebukadnezars II. fungierten als Beigaben bei der Grundsteinlegung eines Gebäudes. (Siehe auch Bild Seite 20.)
Ton, Länge 18 Zentimeter, Fundort unbekannt, erste Hälfte des 6. Jahrhunderts v.Chr.; Berlin, Vorderasiatisches Museum (VA 2543).

Die Ausgrabungen beginnen

Gestützt auf die regionale Überlieferung und die gesammelten topographischen Beobachtungen war man sich zu Beginn der vierziger Jahre des 19. Jahrhunderts recht sicher, wo die assyrische Metropole zu suchen sei. Etwa gleichzeitig faßten Engländer und Franzosen darum den Entschluß, ihr Glück an dem Ort zu versuchen, wo man allgemein das Ninive der biblischen Propheten vermutete. Das war der Auftakt für die »archäologische Wiedergeburt« Ninives, die zugleich das Zeitalter der wissenschaftlichen Ausgrabungen im Vorderen Orient einläutete.

Den Anfang machte im Dezember 1842 der soeben zum französischen Konsul von Mosul ernannte Paul-Emile Botta, der bald darauf als Entdecker Chorsabads berühmt werden sollte. Auf Anregung J. Mohls, eines angesehenen Orientalisten der Académie française, den die in London ausgestellte Mesopotamien-Sammlung von Rich tief beeindruckt hatte, wandte Botta sich zunächst dem Tell Kujundschik zu. Als die Ausgrabungen jedoch nach einigen Wochen noch keine Ergebnisse zeigten, brach er die Suche nach Ninive erst einmal enttäuscht ab. Hinweise von Einheimischen führten ihn im März 1843 ins rund 15 Kilometer nördlich von Mosul gelegene Chorsabad, wo schon nach drei Tagen »Figuren und Inschriften« zum Vorschein kamen. Botta, der überzeugt war, Ninive entdeckt zu haben, war in Wirklichkeit auf Dur Scharrukin gestoßen, die Residenz König Sargons II. (721–705 v. Chr.).

Als 1845 der andere Pionier der Vorderasiatischen Archäologie, der Engländer Austen Henry Layard, in Mosul eintraf, hatte Botta die Arbeiten in Chorsabad bereits seit einem Jahr abgeschlossen. Nun war er dabei, die erste Sendung mit historischen Reliefs und geflügelten Stierkolossen mit Menschenhäuptern für eine Ausstellung im Louvre zusammenzustellen,

Oben: Dieses Porträt von Paul-Emile Botta wurde um 1840 gemalt, also noch bevor er als französischer Konsul nach Mosul kam. Als er dort 1842 die Ausgrabungen auf dem Tell Kujundschik aufnahm, war dies gleichzeitig die Geburtsstunde der Vorderasiatischen Archäologie. Dennoch war es nicht Botta, der als Entdecker Ninives in die Geschichte der Archäologie eingehen sollte, sondern der Engländer A.H. Layard. Botta hingegen gebührt der Ruhm, Dur Scharrukin, die Hauptstadt Sargons II., vom Sand befreit zu haben.

Rechts: Überlebensgroße Statuen geflügelter Stiere mit einem Menschenhaupt flankierten häufig die Portale und Durchgänge der neuassyrischen Paläste. Dank der ausgezeichneten Dokumentation der Fundsituation durch Eugène Flandin war es möglich, die originale Aufstellung dieser apotropäischen Torwächterfiguren aus dem Königspalast von Dur Scharrukin sowie der reliefierten Orthostaten aus den verschiedenen Sälen des Westflügels zu rekonstruieren. Bevor Flandin für Botta in Chorsabad arbeitete, hatte der äußerst talentierte Künstler bereits viele Zeichnungen von Antiken in Italien und im Iran angefertigt.
Alabaster, Höhe 4,20 Meter, aus Chorsabad, Ende des 8. Jahrhunderts v.Chr.; Paris, Musée du Louvre (AO 19857).

Rechte Seite: Verschiedene Typen von Torwächterfiguren sieht man an der in den sechziger Jahren restaurierten Fassade des Thronsaales B des Nordwestpalastes von Kalchu: links einen menschenköpfigen geflügelten Stier (siehe auch Bild Seite 75), rechts ein Paar von Mischwesen aus einem geflügelten Löwenleib und menschlichem Oberkörper.
Erste Hälfte des 9. Jahrhunderts v.Chr.; Nimrud, in situ.

Die Kriegszüge und Jagdausflüge Assurbanipals sind die Themen des Wandschmucks im Nordpalast von Ninive. Auf diesem in Register gegliederten Reliefbruchsück sieht man die besiegten Elamer, die nach der Einnahme der Stadt Din Scharri aus ihrer Heimat deportiert werden: Von assyrischen Soldaten bewacht, formieren sie sich zu langen Kolonnen; die Männer sind meist an den Handgelenken aneinandergefesselt, während die Frauen neben ihren Habseligkeiten auch die kleinen Kinder tragen (unten); die größeren Kinder fahren auf einem Ochsenwagen (oben).
Alabaster, Höhe 97 Zentimeter, aus Kujundschik, Nordpalast, Saal V'/T', Platte D, Mitte des 7. Jahrhunderts v.Chr.; Paris, Musée du Louvre (AO 19907).

Obwohl Felix Thomas, der Maler dieses Ölbildes, die Szene dem Zeitgeschmack entsprechend romantisiert hat – man beachte die heranpreschenden arabischen Reiter –, ist das Portal der äußeren Festungsmauer von Dur Scharrukin detailgetreu wiedergegeben. Dieses sogenannte Portal 3 zählt zu den aufsehenerregendsten Funden von Victor Place, der Bottas Grabung in Chorsabad fortsetzte. Als er es entdeckte, war das Tor in ausgezeichnetem Zustand: Das Gewölbe des Durchgangs war intakt, die beiden geflügelten Torwächterfiguren standen an ihrem originalen Platz in den Laibungen, und auch der Schmuckfries aus farbig glasierten Ziegeln war unbeschädigt. Die Gesamtansicht des freigelegten Portals ist in den Zeichnungen von Felix Thomas erhalten, dem auch die gesamte graphische Dokumentation der französischen Ausgrabung von Place in Chorsabad zu danken ist.

zwischen den Archäologen der beiden Nationen zu vermeiden, wurde jedoch von Hormuzd Rassam, der für die Engländer arbeitete, nicht respektiert. Rassam, ein reicher, ehrgeiziger und unternehmungslustiger Christ aus Mosul, war bereits als Assistent von Layard in Nimrud und Kujundschik tätig gewesen. Da er mit geübtem Blick erkannte, daß der Nordsektor der großen Zitadelle archäologische Schätze bergen mußte, begann er dort heimlich in drei aufeinanderfolgenden Nächten mit einer Grabungsmannschaft zu arbeiten und entdeckte am 20. Dezember 1853 die ersten Reliefs des Nordpalastes von Assurbanipal.

Die Entrüstung über die »unkonventionellen« Methoden Rassams und die Enttäuschung über die spärlichen Resultate der Grabung von Place waren groß, doch der Protest, den die Franzosen bei Rawlinson einlegten, blieb wirkungslos. Die Engländer wollten sich weder die ungewöhnlich schönen Reliefs mit den Jagd- und Kriegsdarstellungen Assurbanipals entgehen lassen noch die Keilschrifttafeln, die bald als zweite Hälfte der Bibliothek dieses Königs berühmt werden sollten. Wenn sich heute also das gesamte Corpus von über 30 000 Keilschrifttexten der sogenannten Bibliothek von Ninive im Britischen Museum in London befindet, ebenso wie die große Mehrheit der Reliefs des Nordpalastes von Assurbanipal, so ist das auf die Skrupellosigkeit Rassams zurückzuführen. Dem diplomatischen Geschick Rawlinsons hingegen ist es zu danken, daß auch im Louvre einige wenige, doch künstlerisch hochstehende Reliefs des Nordpalastes zu bewundern sind. Um Victor Place zu besänftigen, bot Rawlinson ihm an, sich eine Reihe charakteristischer Reliefs des Nordpalastes auszuwählen. Das Britische Museums würde sie dem Louvre als Ausgleich für das erlittene Unrecht abtreten.

Im März 1854 beendete Rassam seine Arbeit auf dem Tell Kujundschik und reiste nach London, wo er in Anerkennung seiner zahlreichen Verdienste für das Britische Museum zum englischen Konsul von Aden ernannt wurde. Rawlinson, der die archäologische Erforschung Ninives jedoch noch keineswegs für abgeschlossen hielt, beauftragte W. Boutcher und vor allem William Kennet Loftus damit, das Werk von Rassam und Layard fortzusetzen. Auch wenn die Ausgrabungen am Nordpalast Assurbanipals die Sorgfalt, Genauigkeit und Umsicht vermissen lassen, die Victor Place in Chorsabad an den Tag legte, so haben sie – einmal abgesehen von den großartigen Reliefs aus dem 7. Jahrhundert – zumindest ansatzweise stichhaltige planimetrische Ergebnisse erbracht. Die Vermessung des Areals wurde im wesentlichen von Boutcher und Loftus vorgenommen, die sich darum bemühten, die originale Anordnung des größten Teils der Reliefs in die Lagepläne einzuzeichnen. In vielen Fällen waren die Reliefplatten nämlich nach der Ausgrabung vor Ort liegengeblieben oder man hatte nur Teile davon abtransportiert.

Spektakuläre Keilschriftfunde

Während die erste Epoche der archäologischen Forschungen in Ninive zu Ende ging, eröffneten die umfangreiche Keilschriftbibliothek und eine Reihe anderer bedeutender Texte, die man in Kujundschik gefunden hatte, der Wissenschaft neue Perspektiven. Einer dieser Texte war die historische Inschrift König Sanheribs auf dem sogenannten Prisma Taylor, das der Engländer J.E. Taylor 1847 in Kujundschik erwarb. Wenig später sollte besagter Taylor, der mittlerweile zum britischen Konsul von Basra ernannt worden war, in den Ruinen von Tell Muqajjar die antike Stadt Ur und in Tell Abu Schahrein Eridu erkennen. Ein anderes Zeugnis von unschätzbarem Wert ist das vollständig erhaltene Prisma mit den Annalen Tiglatpilesars I., das Hormuzd Rassam 1853 in Qal'at Scherqat, dem antiken Assur, entdeckte. Dieses Prisma

Oben: Diese Keilschrifttafel aus der Bibliothek Assurbanipals enthält einen Abschnitt des *Ana ittischu* mit einem zweisprachigen Gesetzestext in sumerischer und akkadischer Sprache.
Ton, Höhe 21 Zentimeter, aus Kujundschik, 7. Jahrhundert v.Chr.; London, British Museum (WA K251).

Rechts: Hormuzd Rassam (1826–1910), ein reicher Christ aus Mosul im Dienst des Britischen Empire, entdeckte auf dem Tell Kujundschik den Nordpalast Assurbanipals mit Tausenden von Keilschrifttafeln aus der Bibliothek dieses Herrschers.

Oben: Der englische Assyriologe George Smith (1840–1876) fand unter den Texten der Bibliothek Assurbanipals den berühmten chaldäischen Sintflut-Bericht, bei dem es sich in Wirklichkeit um den elften Gesang des Gilgamesch-Epos handelt.

Links: Auf dieser Luftaufnahme des Tell Kujundschik sind deutlich die Spuren der Ausgrabungstätigkeit auszumachen (Foto von 1948).

sollte der Welt bald darauf den Beweis dafür liefern, daß die Keilschrift endgültig entziffert war.

Seit den spektakulären Aktionen Rassams war der Tell Kujundschik der berühmteste Ort der jungen orientalischen Archäologie. Dazu trugen einmal die herrlichen Reliefs aus dem Nordpalast Assurbanipals bei, zum anderen aber auch die Tausende von Keilschrifttafeln der Bibliothek eben jenes Herrschers. Die großen Fortschritte, die man seit Beginn des Jahrhunderts bei der Entzifferung der Keilschrift gemacht hatte, veränderten auch den Blickwinkel der britischen Forscher auf die assyrische Metropole. Hatte man sich ursprünglich vor allem deshalb für sie interessiert, weil die Bibel so viele eindrückliche Hinweise auf sie enthielt, so wurde sie jetzt mehr und mehr zur schier unerschöpflichen Quelle für epigraphische Entdeckungen. So ist die nächste Etappe der archäologischen Erforschung Ninives auch mit dem Namen eines Philologen verbunden.

George Smith, ein junger Assyriologe von noch nicht einmal dreißig Jahren, war ab 1866 in den Keilschrifttexten des Britischen Museums nach und nach auf die Reste der »chaldäischen Version der Genesis« gestoßen, genauer gesagt auf einige Fragmente der elften Tafel des Gilgamesch-Epos mit dem berühmten babylonischen Bericht der Sintflut. Dem Aufsehen, das seine Entdeckung in England erregte, folgte eine öffentliche Spendenaktion des *Daily Telegraph,* deren Erträge es George Smith ermöglichen sollten, mehrere Expeditionen nach Ninive durchzuführen. Bereits bei der ersten im Jahr 1873 hatte er das kaum vorstellbare Glück, die fehlenden Teile der Sintflut-Erzählung zu finden. 1874 wurde Smith vom Britischen Museum ein zweites Mal in den Irak geschickt. Bei seiner dritten Reise im Jahr 1876 starb er in Aleppo, vermutlich an einer schweren Cholera-Infektion.

Obwohl in etwa bekannt ist, welche Bereiche des Südwestpalastes Smith mit seinen sechshundert Arbeitern untersucht hat, trugen seine unsystematischen Forschungsmethoden nichts zur Klärung der archäologischen Situation bei. Dem Britischen Museum allerdings brachten seine Unternehmungen weitere dreitausend Tafeln aus den Archiven und der Bibliothek Assurbanipals ein. Nach dem Tod des jungen Assyriologen schien die Fortsetzung der Ausgrabungen in Ninive zunächst in Frage gestellt, doch dann beauf-

Diese Keilschrifttafel aus der Bibliothek Assurbanipals enthält den sechsten Gesang des Gilgamesch-Epos, der von der Liebe der Göttin Ischtar zu Gilgamesch, dem Helden aus Uruk, erzählt und vom Tod des Himmelsstieres durch die Hand des Enkidu, Gilgameschs Freund, der als Strafe für die begangene Untat ebenfalls sterben muß.
Ton, Höhe 13 Zentimeter, aus Kujundschik, 7. Jahrhundert v.Chr.; London, British Museum (WA K231).

Der Text des fäßchenförmigen Zylinders berichtet von der Gründung des »Palastes ohnegleichen«, den Sanherib sich als neue und prunkvolle Residenz in Ninive erbauen ließ.
Ton, Länge 23 Zentimeter, aus Kujundschik, Südwestpalast, 703 v.Chr.; London; British Museum (WA 113203).

tragte das Britische Museum Hormuzd Rassam damit, die Arbeit fortzusetzen. In dieser Zeit entdeckte Rassam, der mit Unterbrechungen in den Jahren von 1878 bis 1882 auf dem Tell Kujundschik arbeitete, neben einigen anderen epigraphischen Zeugnissen eines der wichtigsten Prismen König Assurbanipals.

Die letzte Phase der ersten, so erfolgreichen archäologischen Ära Ninives ist durch Ernest Wallis Budge gekennzeichnet. Er untersuchte den Tell Kujundschik in zwei Kampagnen von 1888 bis 1889 und von 1890 bis 1991. Abgesehen davon, daß er in der Gegend von Mosul intensiv nach syrischen und arabischen Manuskripten forschte, konnte er jedoch nur noch berichten, wie schwierig sich exakte Grabungen in einem Hügel gestalteten, der durch unsinnige Aktionen durchpflügt und allerorten voll mit den Schutthaufen früherer Expeditionen war.

In der Inschrift dieser Keilschrifttafel, die als Gründungsbeigabe des Tempels der Ischtar-Kidmuri von Kalchu gefunden wurde, rühmt sich Assurnasirpal II., das Heiligtum für die Göttin erbaut zu haben.
Kalkstein, Höhe 37 Zentimeter, erste Hälfte des 9. Jahrhunderts v.Chr., London, British Museum (WA 92986).

Eine umstrittene Ära britischer Ausgrabungen

Das 20. Jahrhundert begann für Ninive mit neuen archäologischen Unternehmungen: 1903 trat im Auftrag des Britischen Museums der Assyriologe Leonard William King an, um den Grundriß der Paläste Sanheribs und Assurbanipals im Detail zu klären und das weite Areal im Zentrum des Tell Kujundschik zu untersuchen, da sich dort seiner Meinung nach die Tempel von Ischtar und Nabu befinden mußten. Im Laufe der Grabungen am Südwestpalast konnte er die Untersuchung einer Reihe von Räumen abschließen, vor allem der ganz im Westen gelegenen. Dort entdeckte er mit großer Wahrscheinlichkeit einen Abschnitt der Umfassungsmauer, geflügelte menschenköpfige Stierkolosse eines Portals und die Pflasterung einer äußeren Terrasse.

Bei seiner Suche nach den Tempeln ging King auf recht ungewöhnliche Weise vor: Im Abstand von etwa 15 bis 25 Metern ließ er 52 Sondierungsschächte, stellenweise erweitert durch horizontale Stichgräben, ausheben. Als die Ausgrabungen Anfang 1905 beendet wurden, waren die Forscher, zu denen auch schon Raphael Campbell Thompson gehörte, der Meinung, daß sich im wesentlichen drei Schichten aus assyrischer

Zeit feststellen ließen. Die älteste davon lag in einer Tiefe von etwa zwölf Metern und wurde anhand einiger Inschriften mit dem Heiligtum des Nabu identifiziert. Dort hoffte man, aufgrund einiger epigraphischer Zeugnisse, die Tempelbibliothek zu entdecken. Nach einer neuerlichen, ziemlich langen Unterbrechung der Arbeiten, die nur zum Teil durch den Ersten Weltkrieg bedingt war, nahm Campbell Thompson 1927 die Grabungen wieder auf und setzte sie bis 1932 fort, wobei nacheinander R. W. Hutchinson, R. W. Hamilton und während der letzten Grabungssaison Max E.L. Mallowan seine Mitarbeiter waren.

Campbell Thompsons Forschungen waren vor allem von dem Wunsch diktiert, weitere epigraphische Schätze zu finden. So sind die an sich bemerkenswerten topographischen, architektonischen und städtebaulichen Ergebnisse seiner Arbeit bis heute nur schwer objektiv zu beurteilen. Sein vorrangiges Interesse an Inschriften war eine zu seiner Zeit längst überholte und im Grunde nicht mehr zu entschuldigende Haltung; dazu kommt eine generelle Rückständigkeit bei der Dokumentation der architektonischen Überreste, die im Vergleich mit dem hohen Standard, den die deutschen Ausgräber bereits vor dem Krieg in Babylon und Assur gesetzt hatten, unverständlich bleibt. Trotz alledem erreichte Thompson all die Ziele, die sich bereits King gesteckt hatte: So konnte er die Erforschung des bis auf die Grundmauern zerstörten Nabu-Tempels abschließen, entdeckte neben den baulichen Resten eines Palastes, der Assurnasirpal II. zugeschrieben wurde, einige Gebäudeteile eines zweiten Palastes Sanheribs, den dieser für einen seiner Söhne errichtet hatte; und schließlich konnte er das Areal des berühmten Ischtar-Tempels eingrenzen und stieß bei einer Sondierungsgrabung bis in eine Tiefe von etwa 22 Metern auf die ältesten Siedlungsspuren des Tell Kujundschik.

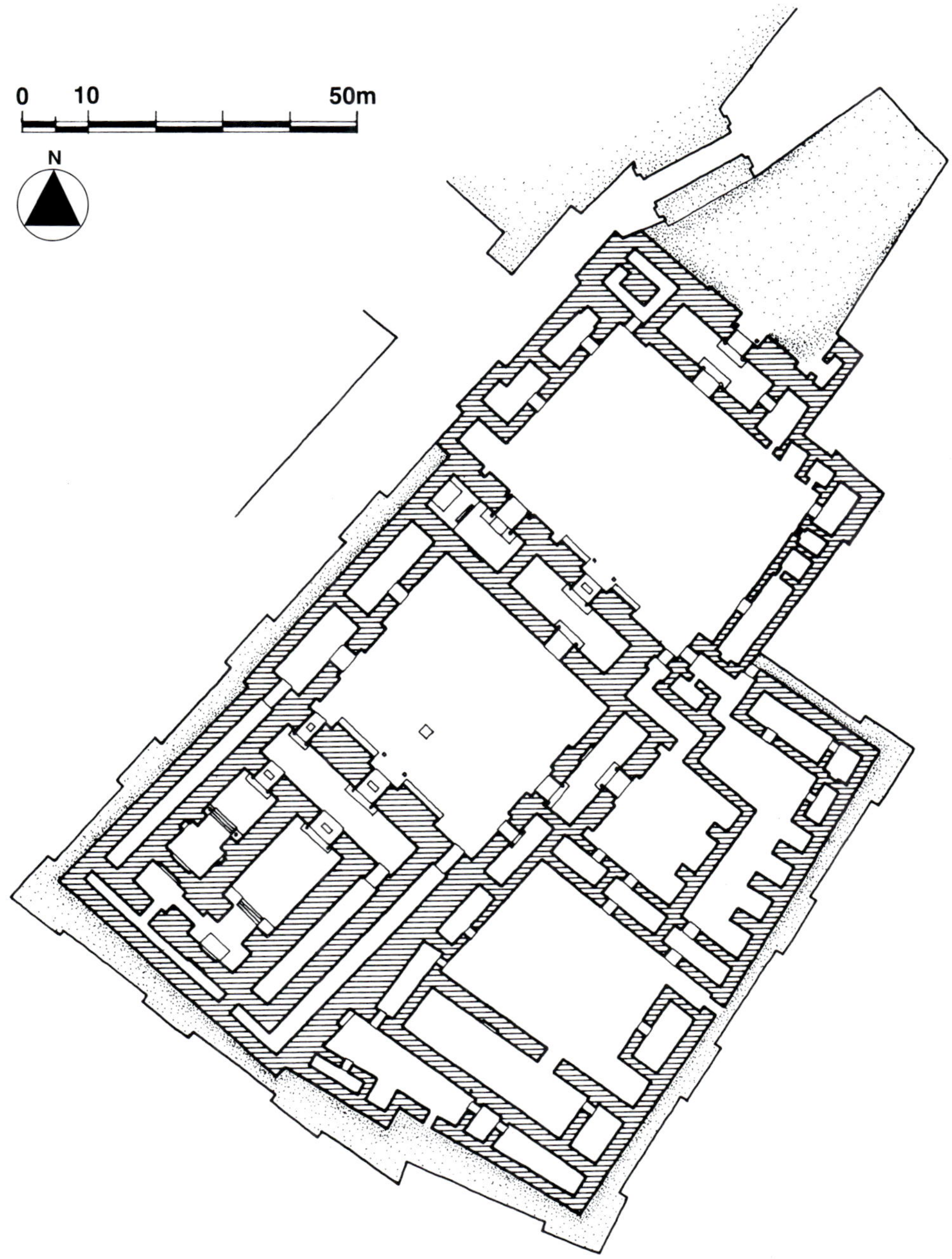

Oben: Plan des Nabu-Tempels von Dur Scharrukin, der unter Sargon II. im letzten Viertel des 8. Jahrhunderts v.Chr. errichtet wurde.

Links: Bemalte und glasierte Knauffliesen wie diese aus dem Heiligtum der Ischtar-Kidmuri von Kalchu waren ein beliebter Wandschmuck der neuassyrischen Tempel und Paläste. Um die Basis des Knaufs läuft meist eine kurze Inschrift, in der hier Assurnasirpal II. als Erbauer des Tempels erwähnt wird. Solche Zierfliesen schmückten sicher auch den berühmten Ischtar-Tempel in Ninive.
Glasierter Ton, Höhe 28 Zentimeter, aus Nimrud, erste Hälfte des 9. Jahrhunderts v.Chr.;
London, British Museum
(WA 91680+131664).

Obwohl die englischen Feldforschungen zwischen den beiden Weltkriegen mit Engagement und großer Sachkenntnis durchgeführt wurden, blieben sie in ihren Resultaten doch weit hinter den Erwartungen zurück und waren im Grunde genommen eine vertane Chance, gerade in den Jahren, in denen die Archäologie Mesopotamiens die wesentlichen Fortschritte machte, um die Chronologie der wichtigsten prähistorischen und historischen Phasen dieser Region mit einer gewissen Zuverlässigkeit rekonstruieren zu können. Da kein einziges Bauwerk, das man auf der Zitadelle von Ninive neu entdeckt hatte, auch nur mit einfachsten Mitteln graphisch dokumentiert wurde, ist heute jedes Urteil über den Grundriß der Tempel von Ischtar oder Nabu und ebenso der kleineren Palastbauten Assurnasirpals II. und Sanheribs praktisch ausgeschlossen. Dasselbe gilt auch für die nicht minder wichtigen Ergebnisse der Nachgrabungen im Bereich des Südwestpalastes, für den allenfalls summarische und nicht immer begründete architektonische Er-

gänzungen zu den Plänen der ersten Ausgräber im 19. Jahrhundert gemacht werden können.

Der archäologische Park Ninive

Nach Beendigung der englischen Ausgrabungen beschränkten sich die Arbeiten in Ninive zunehmend auf die Auswertung der bisherigen Ergebnisse und die Erhaltung des Areals der antiken Stadt, das von der Überwucherung durch die expandierenden Wohnviertel Mosuls bedroht war. Zwei geflügelte Stierkolosse, die man 1942 im Nergal-Tor gefunden hatte, waren der Anlaß für umfassende Restaurierungsarbeiten in diesem Abschnitt der Stadtmauer. Dabei wurde auch das kleine Nergal-Museum eingerichtet, in dem Modelle assyrischer Städte ausgestellt sind. Sie basieren vor allem auf der Rekonstruktion der Monumente Assurs, die der deutsche Bauforscher Walter Andrae Anfang des 20. Jahrhunderts in faszinierenden Zeichnungen darstellte.

Große Fortschritte machte die Restaurierung der architektonischen Hinterlassenschaft Ninives unter der Leitung von Feisal el-Wailly und Isa Salman in den sechziger und siebziger Jahren, vor allen Dingen im Bereich des Thronsaales I im Südwestpalast (siehe Plan Seite 87) und in einigen Sektoren der mächtigen Befestigungsmauer Sanheribs, die bis hinauf zu den Zinnen aus Kalkstein wiederaufgebaut wurden. Man mag über die vollständige Wiederherstellung von langen Teilstücken der äußeren Befestigung aus Stein wie auch der inneren Lehmziegelmauer geteilter Ansicht sein. Unbestritten ist jedoch, daß erst diese Restaurierungen bei den verantwortlichen Behörden ebenso wie in der Öffentlichkeit das Bewußtsein dafür geweckt haben, daß es notwendig ist, die archäologische Stätte Ninives in ihrer ganzen Ausdehnung und nicht nur im Bereich der beiden Palasthügel, Tell Kujundschik und Tell Nabi Junus, zu bewahren. Ein wichtiges Ergebnis war die Anerkennung des gesamten antiken Stadtgebietes innerhalb der Mauer Sanheribs als archäologischer Park, für den keine Baugenehmigungen mehr erteilt werden.

Das waren die Voraussetzungen, unter denen die archäologische Mission der University of California in Berkeley unter der Leitung von David Stronach im Jahr 1987 ihre Ausgrabungen begann. Angesichts der dramatischen Entwicklung der internationalen Politik war diesem ersten großen Projekt der modernen Erforschung Ninives allerdings nur allzu kurze Zeit beschieden. Bis 1990 arbeitete Stronach in verschiedenen Zonen des riesigen Geländes. Dabei wandte er seine Aufmerksamkeit nicht nur dem Tell Kujundschik zu, sondern auch dem Areal nordwestlich des Zitadellenhügels (siehe Karte Seite 35). Dort entdeckte er den Kern der sehr viel älteren Unterstadt, die bereits lange vor dem großangelegten Ausbau Ninives durch König Sanherib zu Beginn des 7. Jahrhunderts v. Chr. existierte.

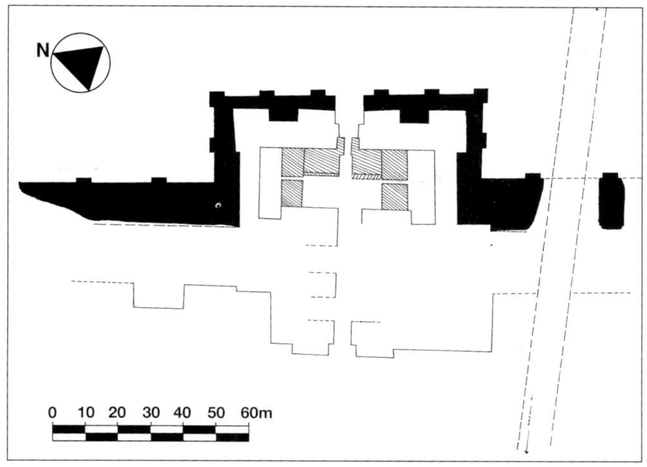

Plan des Schamasch-Tores, eines der 15 großen Tore in der Umfassungsmauer, die Sanherib um Ninive legen ließ.

Durch seine umsichtige und ausgewogene Arbeitsweise hat David Stronach bewiesen, daß wissenschaftliche Grabungen in der Hauptstadt des assyrischen Reiches auch heute noch wichtige Resultate erbringen können. Darüber hinaus hat er auch deutlich gemacht, daß es die Pflicht der internationalen Gemeinschaft ist, durch archäologische Forschungen das Wissen über eine der außergewöhnlichsten Städte des Altertums zu mehren und sie damit auch für die Zukunft zu erhalten. Dabei verlangen die ungewöhnlichen Dimensionen der antiken Metropole, die zur Zeit Sanheribs eine Fläche von 750 Hektar umfaßte, und die nicht zu unterschätzenden technischen Schwierigkeiten bei der Arbeit in einem Gelände, das – wie der Tell Kujundschik – lange Zeit mit ungeeigneten Methoden ausgegraben wurde oder – wie der Tell Nabi Junus – sehr vernachlässigt ist, von allen Beteiligten größtes Engagement. Den irakischen Wissenschaftlern ist bewußt, daß ein derart aufwendiges und mühevolles Unternehmen am besten im Rahmen einer qualifizierten internationalen Kooperation durchzuführen ist. Auf dieser Basis könnte das von den führenden Archäologen des Irak konzipierte Programm zur systematischen Erforschung und Erhaltung der einst so glanzvollen assyrischen Hauptstadt realisiert werden.

Linke Seite: Am Nergal-Tor wurde vom irakischen Antikendienst ein kleines Museum eingerichtet, zu dem auch diese 2,20 Meter hohe Torwächterfigur aus Alabaster gehört. Wie die gesamte Stadtmauer Sanheribs wurde auch das Nergal-Tor am Beginn des 7. Jahrhunderts v.Chr. erbaut.

Links: Blick auf den breiten Wehrgang zwischen dem äußeren Steinwall und der inneren Lehmziegelmauer eines rekonstruierten Abschnitts der Stadtmauer Ninives.

Folgende Doppelseite: Die äußere Stadtmauer im Bereich des Schamasch-Tores nach der Rekonstruktion durch die irakischen Archäologen. (Siehe auch Bild Seite 70 oben und Seite 84/85.)

Die Stadtentwicklung von der Vorgeschichte bis zur Zeit Sargons von Akkad

Linke Seite: Die Luftaufnahme von Assur zeigt deutlich die Grundrisse aller wichtigen Heiligtümer und Profanbauten der Stadt (links im Bild), den Tigris (oben) und die Bauwerke vom Ende des assyrischen Reiches (rechts oben); die langen parallelen Linien im Stadtgebiet sind die systematischen Sondierungsgräben, die die deutschen Ausgräber unter der Leitung von Walter Andrae in den Jahren 1903 bis 1912 zogen.

Unten: Der Irak und seine Nachbarländer mit wichtigen Stätten der mesopotamischen Geschichte.

Ursprung und Entwicklung der ältesten Großsiedlungen Assyriens waren aufs engste verflochten mit den naturräumlichen Gegebenheiten und dem Verkehrsnetz der jeweiligen Region, in der sie entstanden. Diese Voraussetzungen bestimmten letztendlich auch die Zeiten der Blüte und des Verfalls, die sie im Laufe der Geschichte durchlebten. Die beiden bedeutendsten und ältesten urbanen Zentren Assyriens, deren Schicksalswege teilweise parallel zueinander, teilweise komplementär, selten unabhängig, aber immer in eigenen Bahnen verliefen, waren Ninive und Assur. Bevor König Sanherib im Jahr 704 v. Chr. Ninive zur Hauptstadt des Reiches erwählte, nahmen die Menschen des imperialen neuassyrischen Zeitalters die beiden Städte sicher immer gemeinsam wahr: Eine wie die andere war umgeben von einer besonderen sakralen Aura, die ihr eine überragende Bedeutung für die assyrische Welt verlieh. Auf ihren Zitadellen erhoben sich nicht nur die wichtigsten Heiligtümer des Landes – das Escharra oder Echursagkurkurra des Gottes Assur in der nach ihm benannten Stadt und das Emaschmasch der Göttin Ischtar in Ninive –, sie waren auch die ältesten Kultorte der beiden einzigen Gottheiten, die die Assyrer im Lauf ihrer Geschichte je als ihre Nationalgötter betrachteten.

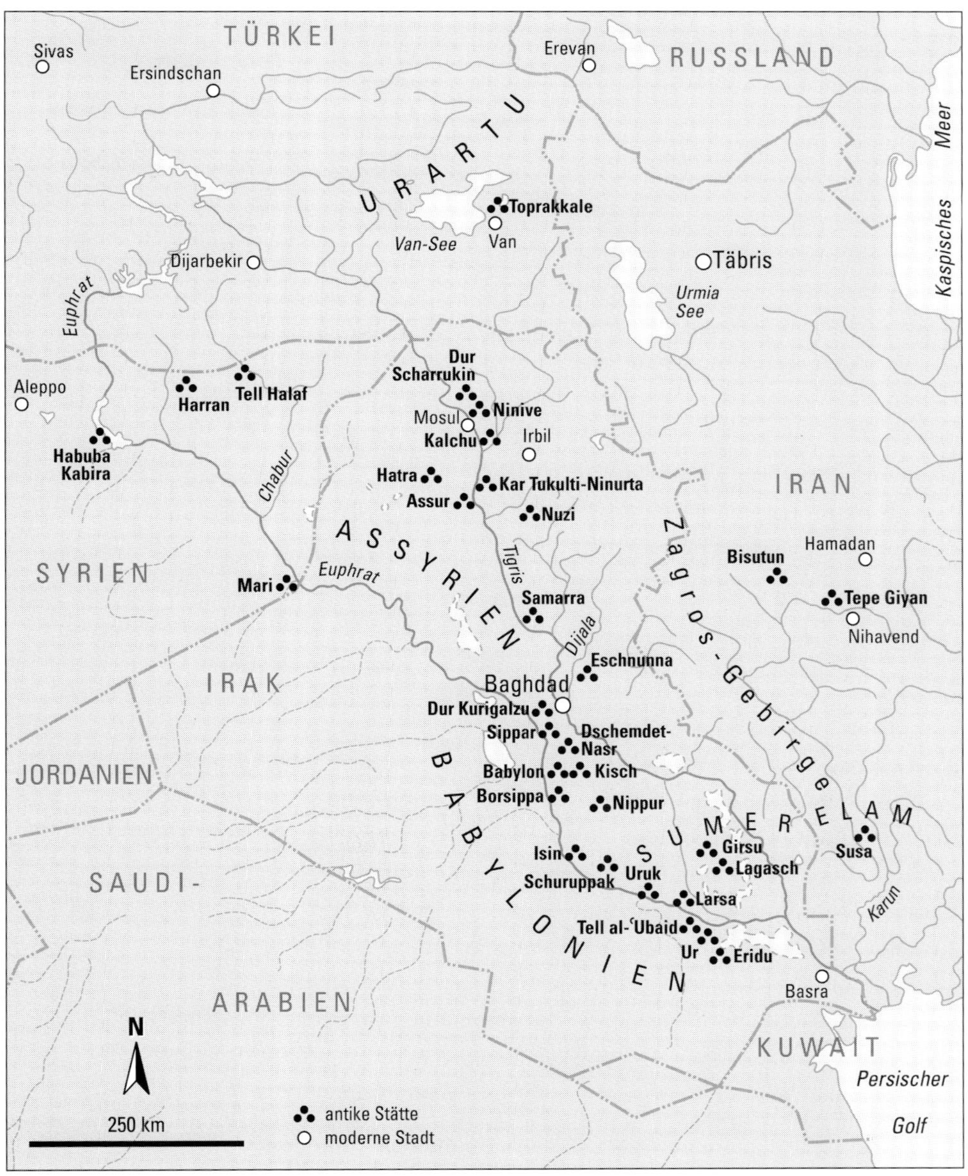

Daß Ninive den Assyrern des 7. Jahrhunderts v.Chr. als Stadt mit einer langen und altehrwürdigen Tradition galt, erfahren wir aus den Texten der Kanzlei Sanheribs, die durch die archäologische Erforschung des Tell Kujundschik eindrucksvoll bestätigt werden. Eine ununterbrochene Abfolge von Schichten, die bis ins Neolithikum zurückreicht, dokumentiert, daß der Hügel bereits zur sogenannten Hassuna- und Tell-Halaf-Zeit bewohnt war. Das deutet auf eine kontinuierliche Siedlungsgeschichte Ninives hin, die sich zeitlich vom sogenannten Spätchalkolithikum bis zu den Perioden von Uruk und Ninive 5, also vermutlich vom Ende des 7. Jahrtausends bis in die ersten Jahrzehnte nach 2500 v. Chr. erstreckt.

Auch wenn es wegen der späteren Überlagerungen praktisch unmöglich ist, irgend etwas Gesichertes über die Ausdehnung der ältesten Ansiedlung zu sagen, zeigt allein die Tatsache, daß Ninive vom Neolithikum an bis zur Herausbildung und Blütezeit der städtischen Hochkulturen Mesopotamiens und der Frühdynastischen Zeit bewohnt war, daß es dank seiner besonders günstigen geographischen Lage immer eine bemerkenswerte Bedeutung besessen haben muß. In der Tat fanden sich die ältesten Siedlungsspuren auf dem Tell Kujundschik unmittelbar nördlich der Mündung des Chusur in den Tigris, also in einem Areal, das gute landwirtschaftliche Erträge und Schutz zugleich bot.

Das umliegende Gebiet war aufgrund ausreichender jährlicher Niederschläge nicht nur ausgezeichnet für den Getreideanbau geeignet, es war das Herz der assyrischen Ebene und ihre fruchtbarste Region überhaupt. Die relativ große Entfernung von den Bergen im Osten schützte die Siedlung vor allzu häufigen Überfallen durch die Völker des Zagros-Gebirges; im Süden und Westen fungierten die Flußläufe von Chusur und Tigris als natürliche Barriere gegen eventuelle Angreifer. Was Ninive neben der günstigen strategischen Position und der landwirtschaftlichen Leistungsfähig-

Für die erste Hälfte des 5. Jahrtausends ist im Norden des Zweistromlandes eine qualitätvolle Buntkeramik belegt, die nach ihrem Fundort im heutigen Syrien Tell-Halaf-Ware genannt wird. Die vorherrschenden Farben sind Rot, von Rötlich bis Rotbraun, und Schwarz; mitunter sind sie auf einen orangefarbenen Überzug aufgetragen, manche Elemente wurden mit Weiß hervorgehoben.
Man hat immer wieder gesagt, daß die Dekoration der Tell-Halaf-Keramik im Vergleich mit der etwa zeitgleichen Samarra-Ware starrer sei. Doch auch wenn die über die ganze Oberfläche verteilten Ornamente der Halaf-Ware häufig streng geometrisch gegliedert erscheinen, so sind die Muster äußerst abwechslungsreich und weisen stilisierte Elemente aus der Natur wie Rinderköpfe (Bukranien) auf. Typische Gefäßformen sind Trichterrandschalen und -becher, daneben gibt es auch einfache halbkugelförmige Becher und solche mit einem deutlich abgesetzten Fuß.

keit des Hinterlandes geographisch vor allem auszeichnete, war seine Lage am Schnittpunkt wichtiger Verkehrswege: So war es einerseits eine wichtige Station an der Straße, die vom Quellgebiet des Tigris flußabwärts nach Süden zur fruchtbaren Schwemmlandebene von Akkad und Sumer führte; andererseits lag es genau an der Stelle, an der die aus dem Zagros-Gebirge kommende Route den Tigris überquerte und sich dann – entweder nördlich oder südlich vom Dschebel Sindschar – Richtung Westen bis zum großen Euphratbogen und von da bis nach Aleppo und weiter ans Mittelmeer fortsetzte.

Spiegel der Vorgeschichte: Die keramischen Kulturen Ninives

Die Tiefensondierung, die Max E.L. Mallowan in den Jahren 1931 und 1932 während der letzten archäologischen Kampagne unter der Leitung von Richard Campbell Thompson auf dem Tell Kujundschik durchführte, erbrachte eine Abfolge damals teilweise noch unbekannter keramischer Kulturen, die durch stratigraphische Grabungen bestätigt werden konnte. So galt die mit feinen Einkerbungen verzierte Töpferware aus der tiefsten, Ninive 1 genannten Schicht für rund zehn Jahre als älteste Keramik Nordmesopotamiens überhaupt.

Ein bedeutender Fundort der Tell-Halaf-Keramik war der Tell Arpatschija, etwa sechs Kilometer nordöstlich von Ninive. Das Luftbild zeigt die Ausgrabungsstätte im Jahr 1933, als der britische Archäologe Max E.L. Mallowan – in Begleitung seiner berühmten Gattin Agatha Christie – dort arbeitete. Ein Jahr zuvor hatte Mallowan im Rahmen der letzten britischen Ninive-Kampagne bei einer Tiefensondierung auf dem Kujundschik bereits große Mengen von Tell-Halaf-Keramik gefunden. Obwohl er in Arpatschija nur sechs Wochen lang und mit heute unvorstellbaren Methoden grub, gelang es ihm, mit Hilfe von über 180 Arbeitern die Stratigraphie und damit die Kulturabfolge dieser kleinen vorgeschichtlichen Siedlung mit ihrer reichen Keramikhinterlassenschaft zu klären.

Erst als der gleiche Typ in überwältigender Menge bei Ausgrabungen in Hassuna, einem Ort etwa 30 Kilometer südlich von Mosul, entdeckt wurde, bezeichnete man ihn allgemein als Hassuna-Ware.

Die schön bemalten Gefäße der Schicht Ninive 2 wurden sofort als östliche Variante der sogenannten Tell-Halaf-Keramik erkannt. Reiche Funde dieser Töpferware, die den Namen ihres nordsyrischen Hauptfundortes trägt, sollte Mallowan bald darauf auch in den Schichten X–VI des kleinen, aber nichtsdestoweniger bedeutenden Nachbarortes Arpatschija machen. Wie in Kujundschik ging sie auch dort der nach dem Fundort Tell al-'Ubaid im Südirak benannten 'Ubaid-Keramik voraus, die in Arpatschija in den Schichten IV–I entdeckt wurde.

Dieselbe Abfolge wurde etwa gleichzeitig auch für die wesentlich größere Siedlung Tepe Gaura wenige Kilometer weiter nordöstlich festgestellt. Dort enthielt die Schicht XX Tell-Halaf-Keramik, während die Schichten XIX–XVIII und XVI–XIII mit der 'Ubaid-3- und 'Ubaid-4-Periode gleichgesetzt werden konnten. In der Stratigraphie des Tell Kujundschik hingegen ist es zweifelhaft, ob sich für die Schicht Ninive 3 Parallelen zur 'Ubaid-3-Ware nachweisen lassen. Sicher ist jedoch, daß sie 'Ubaid-4-Keramik enthielt, und zwar in Form der charakteristischen nördlichen Variante des berühmten südmesopotamischen Leitfossils. Auf Vorbilder aus demselben Kulturraum weisen auch Scherben hin, die der Frühen sowie der Späten Uruk-Zeit zuzuweisen sind, also der zweiten Hälfte des 4. Jahrtausends v. Chr.

Ninive 4 ist das Äquivalent zur Blütezeit Tepe Gauras, die dort mit den Schichten X–VIII identisch ist. Sie ist zeitgleich zu jener Epoche, die nach einem bedeutenden Ort nordöstlich von Babylon allgemein als Dschemdet-Nasr-Zeit bezeichnet wird und das Ende der frühgeschichtlichen Ära Südmesopotamiens markiert. Die Schicht Ninive 5 ist durch eine neue, bemalte und mitunter gekerbte Töpferware charakterisiert. Obwohl die Verbreitung und die Chronologie dieser sogenannten Ninive-5-Keramik sehr umstritten sind, gilt es als gesichert, daß sie zumindest in der Region von Ninive größtenteils oder völlig parallel zur Frühdynastischen Epoche Mesopotamiens produziert wurde. Diese umfaßt etwa den Zeitraum zwischen 2900 und 2350 v. Chr., dem Jahr also, in dem aller Wahrscheinlichkeit nach Sargon von Akkad in Babylonien die Macht übernahm und das erste Großreich des Vorderen Orients gründete. Bald darauf unterwarf er nicht nur den gesamten Süden des Zweistromlandes, sondern errang auch große militärische Erfolge im Norden Mesopotamiens und in Syrien, wo es ihm gelang, die jungen und aufstrebenden politischen Mächte in Mari am mittleren Euphrat, in Nagar, dem heutigen Tell Brak im Quellgebiet des Chabur, und in Ebla, dem modernen Tell Mardich bei Aleppo, zu zerschlagen.

Es ist heute praktisch unmöglich, allein auf der Grundlage der Daten aus Mallowans Sondierungsgrabung ein Urteil über die ältesten Siedlungen des Tell Kujundschik zu fällen. Daran wird sich wohl auch in Zukunft wenig ändern, da die tiefen Schichten unter den Schutthaufen der Archäologen begraben liegen. So kann man nur die Hypothese aufstellen, daß die Siedlung von Kujundschik bereits in der Ninive-2-Zeit eine stattliche Größe erreicht haben dürfte. Vermutlich hatte sie mindestens eine Ausdehnung von etwa drei Hektar, wenn sie nicht sogar wesentlich größer war, was ein Vergleich mit einem Ort wie Takyan Hüyük an der türkisch-irakischen Grenze nahelegt. Obwohl Takyan Hüyük geographisch weitaus weniger günstig als Ninive lag, bedeckte es bereits in der Tell-Halaf-Periode eine Fläche von ungefähr zwölf Hektar. Dafür, daß Ninive während dieser Epoche eine ähnliche Bedeutung gehabt haben muß, spräche auch der Vergleich mit dem kleinen Ort Arpatschija, dessen zeitgenössische Fundstücke sich durch besondere Feinheit auszeichnen und der offenbar über eine für diese frühe Zeit überraschend hoch entwickelte Bürokratie verfügte. Allein aufgrund der jeweiligen geographischen und strategischen Situation der beiden Nachbarorte liegt der Schluß nahe, daß die Siedlung auf dem Tell Kujundschik bereits in der Phase Ninive 2 nicht nur eine wesentlich größere Ausdehnung, sondern auch einen ent-

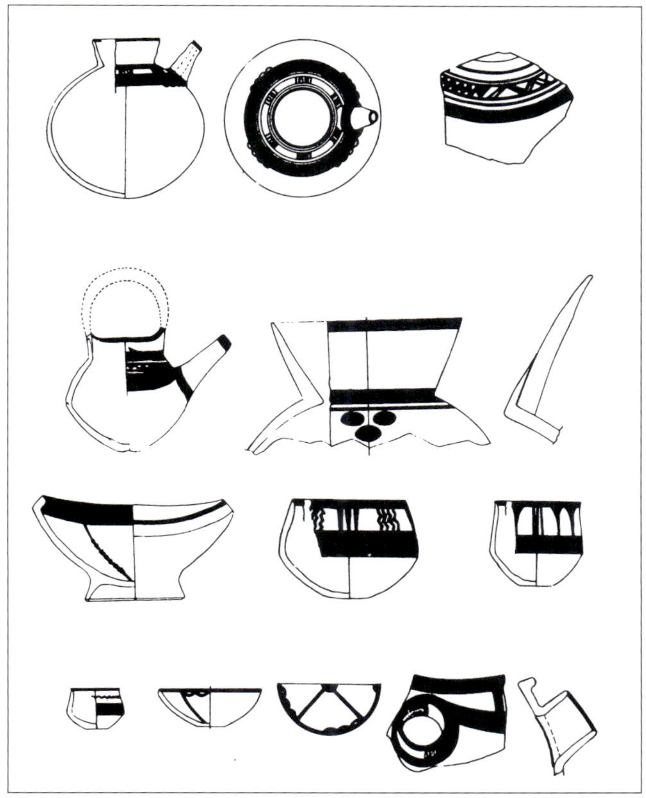

Als Leitfossil für die Schichten, die auf die Tell-Halaf- und Samarra-Periode folgen, gilt die Keramik des südmesopotamischen Tell al-'Ubaid bei Ur, die heute in die Frühstufe 'Ubaid 3 (früher 'Ubaid I) und die Spätstufe 'Ubaid 4 (früher 'Ubaid II) eingeteilt wird. Die Ware der Spätphase 'Ubaid 4 war in der ersten Hälfte des 4. Jahrtausends v.Chr. weit über Mesopotamien hinaus bis nach Syrien und ins kleinasiatische Kilikien verbreitet. Charakteristisch sind die schwarzen oder dunkelbraunen Verzierungen auf einem hellen Überzug, der durch den starken Brennvorgang oft zu einem dunklen Grünton verfärbt ist. Die überwiegend geometrischen Muster bedecken nicht das ganze Gefäß und setzen sich meist aus geschwungenen Formen mit stilisierten Blättern, Tieren oder Vögeln zusammen.

In den sechziger Jahren wurde bei den Ausgrabungen im Königspalast von Ebla, dem modernen Tell Mardich südlich von Aleppo, ein Archiv mit rund 13 000 Tontafeln entdeckt, die von unschätzbarem Wert für die Geschichte des Vorderen Orients sind. Diese Aufnahme zeigt das königliche Archiv, nachdem die oberen Lagen der Keilschrifttafeln abgeräumt waren. Ebla war in Frühdynastischer Zeit (etwa 2900–2350 v.Chr.) ein mächtiges Handelszentrum, das während der Expansion des akkadischen Reiches zerstört wurde.

Anders als Ebla wurde das antike Nagar (heute Tell Brak) am Oberlauf des Chabur von den Akkadern nicht zerstört, sondern ins Reich eingegliedert. Etwa in der Mitte dieser Gesamtansicht des Ruinengeländes von Tell Brak erkennt man die Überreste des Palastes, den Naramsin, der Enkel des Reichsgründers Sargon von Akkad, um 2250 v.Chr. dort errichten ließ.

sprechend umfangreicheren Verwaltungsapparat als Arpatschija besessen haben muß.

Schwierig gestaltet sich auch die Interpretation der Kultur, die durch die Schicht Ninive 3 repräsentiert wird. Obwohl sie sich über einen ziemlich langen Zeitraum erstreckt haben muß, gibt es in dieser Phase, abgesehen von minimalen Spuren, keine bemalte 'Ubaid-Keramik in Kujundschik. Der gesamte keramische Horizont dieser Epoche wurde jüngst noch einmal als spätchalkolithisch definiert. Mit diesem Terminus bezeichnen die Archäologen üblicherweise die nordmesopotamische Töpferware, die als typische lokale Parallelentwicklung zur Keramik des südmesopotamischen Tell al-'Ubaid angesehen wird.

Selbst die größeren und besser bekannten Siedlungen, die gleichzeitig zu Ninive 3 im Norden Mesopotamiens existierten, entziehen sich noch immer einer detaillierten historischen Beschreibung. Einige von ihnen waren damals bereits traditionsreiche Zentren von beträchtlicher Größe, wie Tepe Gaura und Tell Hawa, die sich über eine Fläche von rund 15 Hektar ausdehnten. Vermutlich haben sie aus Prestigegründen Elemente der südmesopotamischen 'Ubaid-Kultur assimiliert, ohne deshalb jedoch ihre gewachsene nordmesopotamische Kultur preiszugeben. Andere Orte hingegen, so meinen heute viele Wissenschaftler, wären regelrechte Vorposten der Kultur des Südens geworden – ein Phänomen, das für die Uruk-Zeit einige Jahrhunderte später gut belegt ist.

Die erste Hochblüte in der Späten Uruk-Zeit

Wie auch immer die Fundsituation für die vorangegangenen Jahrhunderte zu beurteilen ist, sie belegt in jedem Fall eine lange und keineswegs bescheidene lokale Entwicklung Ninives, das in der Späten Uruk-Zeit gegen Ende des 4. Jahrtausends v. Chr. schließlich eine einzigartige kulturelle Blüte und vermutlich auch eine außerordentliche Vergrößerung seines Siedlungsgebietes erlebte. Für diese historische Phase läßt sich in vielen anderen Siedlungen Nordmesopotamiens ein außergewöhnliches Flächenwachstum beobachten. So hat man für Tell Brak am Oberlauf des Chabur und für Tell Hawa in der nördlichen Dschesira eine Siedlungsfläche von annähernd 40 Hektar errechnet; Tell Hakumar, rund 40 Kilometer nördlich des Dschebel Sindschar, könnte sogar über 80 Hektar groß gewesen sein; die sehr viel weiter westlich gelegenen sogenannten sumerischen Kolonien am Euphrat dürften ähnliche Dimensionen gehabt haben – vorausgesetzt, es stimmt, daß Habuba Kabira, dessen Fläche mit ungefähr zwanzig Hektar belegt ist, in Wirklichkeit mindestens doppelt so groß war.

Die gewaltigen Überlagerungen und die ausschließlich durch Tiefbohrungen gewonnenen Daten erlauben zwar nur

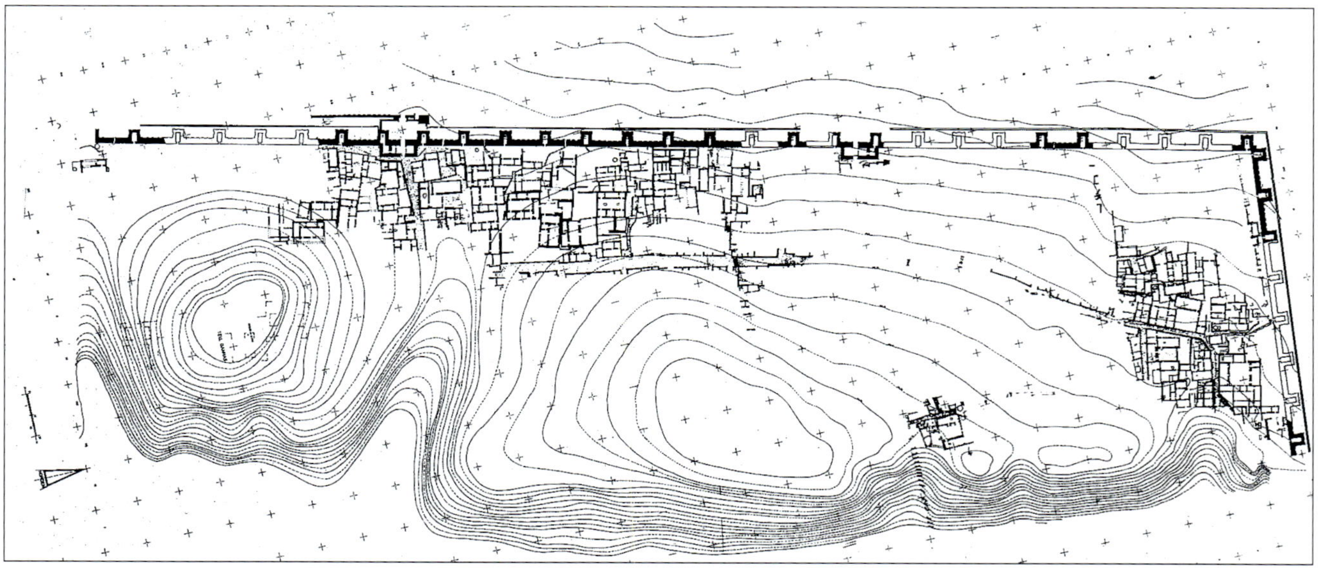

Die Stadt Habuba Kabira, deren Grundriß teilweise rekonstruiert werden konnte, war eine der wichtigsten sumerischen Kolonien des späten 4. Jahrtausends. Umgeben von einer über drei Meter dicken Mauer, erstreckte sie sich am Westufer des Euphrat im heutigen Syrien. Obwohl die Diskussion um die frühgeschichtlichen Siedlungen im Raum Mesopotamien keineswegs abgeschlossen ist, ist man sich doch einig, daß sie alle auf eine noch zu klärende Weise in engem Zusammenhang mit der Blütezeit Uruks und den sumerischen Stadtstaaten im Süden des Zweistromlandes standen. Dennoch erscheint die Theorie, Ninive könnte in der zweiten Hälfte des 4. Jahrtausends eine Art Habuba Kabira am Tigris gewesen sein, eher abwegig.

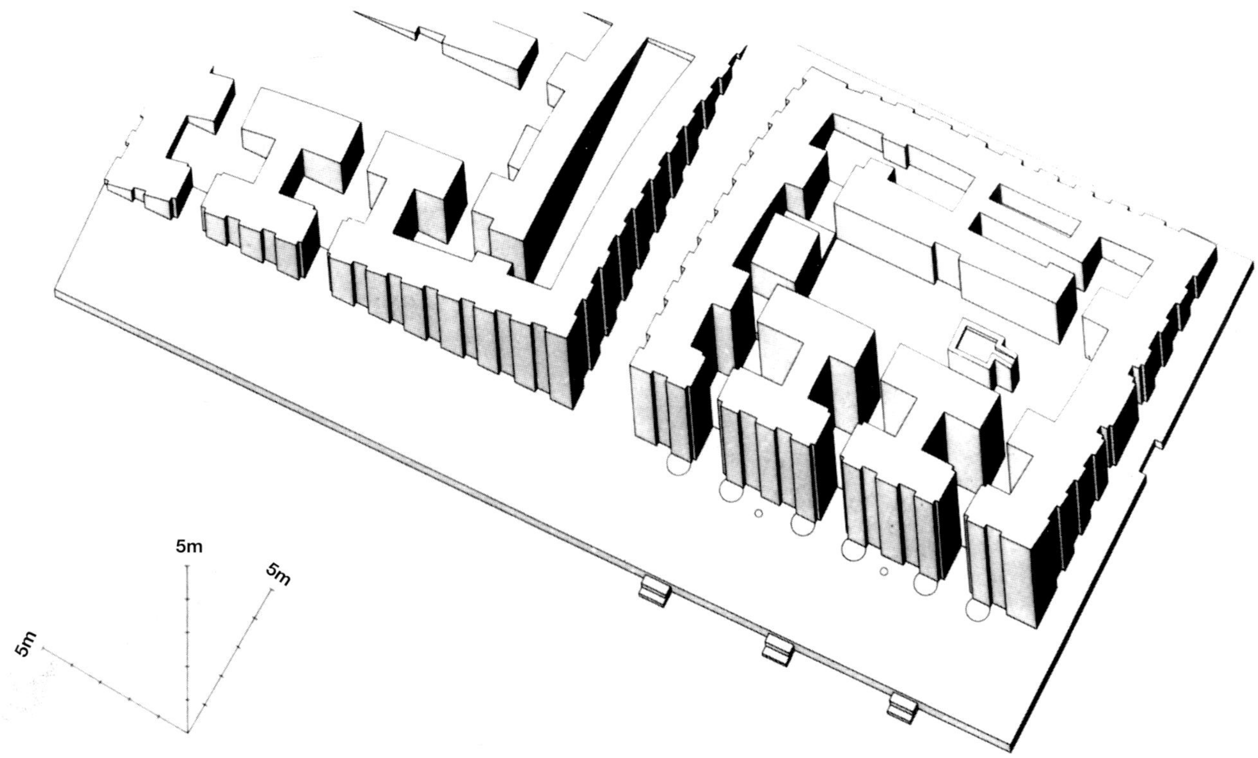

Hoch über dem Westufer des Euphrat erhob sich in der Nähe von Habuba Kabira und ebenfalls im späten 4. Jahrtausend v.Chr. die Handelsstadt Dschebel Aruda, auch sie eine bedeutende Kolonie Uruks. Neben den Wohnhäusern hat man einen großen Kultkomplex ausgegraben, zu dem die hier isometrisch rekonstruierten Bauten des Roten und des Grauen Tempels gehören.

partielle Schlußfolgerungen für den Tell Kujundschik, doch es scheint einiges darauf hinzudeuten, daß Ninive tatsächlich in den letzten Jahrhunderten des 4. Jahrtausends v. Chr. eine bedeutende politische Rolle im Norden Mesopotamiens gespielt haben muß. Es ist dies die Zeit, in der sich im Süden des Zweistromlandes, in den fruchtbaren Schwemmlandebenen Sumers, die erste Hochkultur mit ihrem Höhepunkt in der Stadt Uruk am unteren Euphrat entwickelte.

Die archäologischen Befunde für das Ninive der Späten Uruk-Zeit berühren drei verschiedene Themenbereiche: die Ausdehnung des Siedlungsgebietes, Grundzüge seiner Architektur und einige Elemente der Kultur seiner Bewohner. Obwohl es bis jetzt noch nicht endgültig zu beweisen ist, sieht es doch so aus, als sei damals möglicherweise fast der ganze Tell Kujundschik mit seiner gewaltigen Fläche von rund 40 Hektar besiedelt gewesen. Die einzigen architektonischen Überreste, die wir aus dieser Phase bisher kennen, wurden im Bereich des Ischtar-Tempels gefunden. Dabei handelt es sich um einen relativ gut erhaltenen Komplex mit einer Grundfläche von 15,5 mal 18,5 Metern und einer Reihe von Gewölben, die sich in zwei Richtungen aneinanderreihen; seine Funktion ist noch immer nicht endgültig geklärt. Nachdem man den Bau zunächst als Grabanlage gedeutet hat, wurde jüngst die überzeugende Theorie geäußert, er könnte einen Sektor eines großen öffentlichen Magazins darstellen, vermutlich einen Getreidespeicher.

Täfelchen mit Zahlzeichen und dem Abdruck eines Rollsiegels der Späten Uruk-Zeit. Ton, Höhe 5,5 Zentimeter, aus Habuba Kabira, zweite Hälfte des 4. Jahrtausends, Archäologisches Museum, Aleppo (10516).

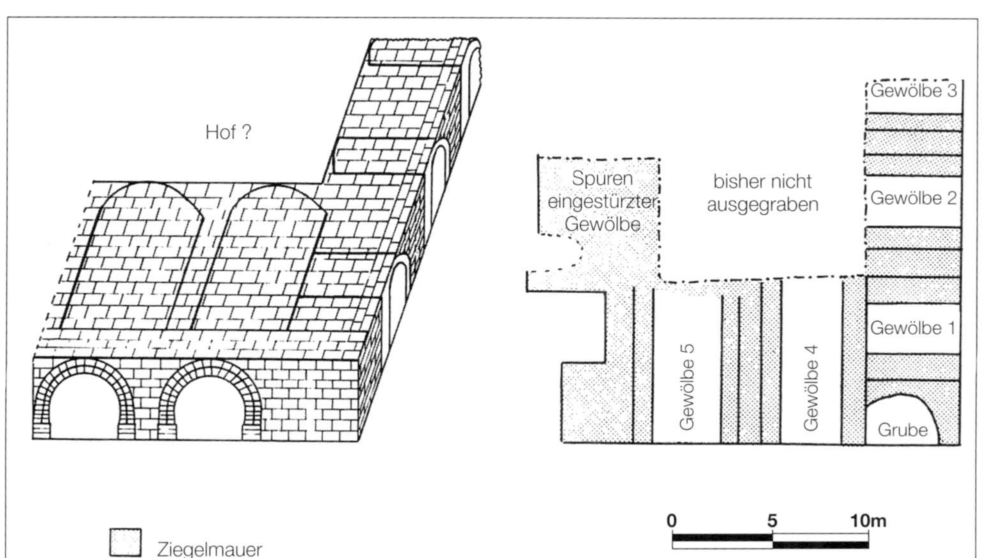

Die einzigen architektonischen Zeugnisse der Späten Uruk-Zeit in Ninive sind die Reste eines jüngst als Magazin gedeuteten Gebäudekomplexes im Bereich des Ischtar-Tempels. Der Grundriß und die isometrische Darstellung von G. Algaze zeigen die Anordnung der mit Tonnengewölben überdachten Räume. (Siehe auch Bild Seite 34 oben.)

Aus dem Nordpalast von Ninive stammt dieses Reliefbruchstück. Vermutlich gehörten die persischen Bogenschützen mit ihrer Kopfbedeckung aus Federn bewaffneten Streitkräften an, die die Assyrer bei ihrem Kriegszug gegen Elam unterstützten und hier beim anschließenden Triumphzug König Assurbanipals dargestellt sind. Alabaster, Höhe 47 Zentimeter, aus Kujundschik, Nordpalast, Saal S' (?), Mitte des 7. Jahrhunderts v.Chr.; London, British Museum (WA 124924).

Oben: Auf der Fotografie sieht man, wie sorgfältig das Mauerwerk der Gewölbebogen des Uruk-zeitlichen Gebäudes von Ninive gesetzt ist. (Siehe auch Plan Seite 31 unten.)

Unten: Die Art bemalter Keramik, die Max E.L. Mallowan bei seiner Tiefensondierung auf dem Tell Kujundschik in der Schicht Ninive 5 fand, war in der ersten Hälfte des 3. Jahrtausends v.Chr. bis zum Beginn der Akkad-Zeit in ganz Nordmesopotamien verbreitet. Charakteristisch sind Gefäße mit einem abgesetzten Fuß und hohe steilwandige Schüsseln; daneben sind auch runde Formen mit einer abgesetzten Standfläche typisch. Die Malereien in violetten und rötlichen Tönen bestehen meist aus sich wiederholenden geometrischen Mustern, aber auch aus stilisierten Tieren mit geschwungenen Hörnern.

Schließlich sind zwei Fundstücke aus frühen Grabungen in Kujundschik, die vor dem Hintergrund neuer archäologischer Erkenntnisse noch einmal untersucht wurden, von großer Bedeutung: Das eine ist eine Tafel mit Zahlzeichen eines Typs, der nicht nur aus Uruk, sondern auch aus Habuba Kabira und der Region von Susa gut bekannt ist; das andere ein Siegel mit dem Abdruck eines Rollbildes, das Boviden und Löwen zeigt, die ebenfalls in den frühgeschichtlichen Orten Sumers und der Susiana belegt sind.

Aus all dem läßt sich schließen, daß Ninive während der Späten Uruk-Zeit eine große städtische Siedlung war, deren gut organisierte Verwaltung die administrativen Strukturen der Stadtkulturen Sumers und der Susiana widerspiegelte. Die archäologischen Fakten sind jedoch nicht ganz so eindeutig zu interpretieren: Während nämlich der als Magazin gedeutete Architekturkomplex für eine lokale Kultur sprechen würde, die nicht unter dem Einfluß von Uruk oder Susa stand, legen die Tafel mit den Zahlzeichen und die Siegelabrollung nahe, daß Ninive durchaus in die zeitgenössische südmesopotamische Tradition eingebunden war.

Aufgrund dieser singulären Daten ist es zwar nicht möglich, zu endgültigen Resultaten zu gelangen. Trotzdem reichen sie aus, um die These zu stützen, daß während der Späten Uruk-Zeit im Gebiet Assyriens eine Reihe frühgeschichtlicher Zentren von beachtlichen Ausmaßen – wie Tell Hawa im Norden und Ninive im Süden – Teil eines Netzes prosperierender Siedlungen mit zahlreichen Einwohnern waren, die keineswegs nur als Kolonien des dicht besiedelten sumerischen Südens anzusehen sind. Die Frage nach der kulturellen Autonomie und der politischen Unabhängigkeit dieser Zentren und der von ihnen beherrschten Regionen ist nach wie vor schwer zu beantworten. Während es einerseits sicher ist, daß sie sich in Sumer entwickelter Verwaltungsstrukturen bedienten, ist es auch möglich, ja sogar wahrscheinlich, daß sie, wie in Tepe Gaura belegt, Elemente einer eigenständigen einheimischen Kultur entwickelten, ohne den politischen Mächten des Südens unterworfen zu sein. Daß man eine sumerische Vorherrschaft über den Norden dennoch nicht ganz ausschließen kann, lassen die Rollsiegel mit einer festgelegten pastoralen Ikonographie vermuten. Die Darstellung des »Guten Hirten« könnte das Symbol der regierenden Klasse bestimmter südmesopotamischer Städte sein, so daß das Rollsiegelbild aus Ninive mit den Tierdarstellungen auf die Anwesenheit von Funktionären aus dem Süden in den Städten am Oberlauf des Tigris hindeuten würde.

Unter der Herrschaft Akkads

Es bedarf noch weiterer Forschungen – wofür allerdings umfangreicheres Quellenmaterial als das heute zur Verfügung stehende nötig wäre –, um die wichtige Rolle, die Ninive bei der urbanen Entwicklung Nordmesopotamiens in der Späten Uruk-Zeit spielte, noch genauer beschreiben zu können. In ihr wurzelt jedoch sicher die große Bedeutung der Stadt während der Frühdynastischen Zeit, deren keramischer Horizont in Kujundschik durch die Ninive-5-Ware gekennzeichnet ist. Während einige der vorgeschichtlichen Städte des Nordens in dieser Epoche eine deutliche Reduzierung ihres Terrains erlebten – so »schrumpfte« die Siedlungsfläche von Tell Hawa auf 24 Hektar –, explodierten andere förmlich, wie Tell Taja mit seinen über 150 Hektar, von denen 65 dicht bewohnt waren, oder Tell Leilan mit 90 Hektar. Auch Ninive erstreckte sich höchstwahrscheinlich über ein deutlich größeres Areal als in frühgeschichtlicher Zeit. So hat man Ninive-5-Keramik nicht nur direkt jenseits der Stadtmauer der Akkad-Zeit gefunden, sondern auch in großer Zahl am Maschki-Tor westlich vom Tell Kujundschik. Daraus läßt sich schließen, daß im Ninive der Frühdynastischen Zeit nicht nur die Zitadelle flächendeckend besiedelt war, sondern daß sich nordwestlich davon eine nicht weniger dicht bevölkerte Unterstadt ausbreitete.

Die älteste Stadtmauer, die wir kennen, stammt jedoch nicht aus der Frühdynastischen, sondern der darauffolgenden Akkad-Zeit. Dabei scheint es sich um eine komplexe Konstruktion gehandelt zu haben, die aus einer Lehmziegelmauer über einem breiten Steinfundament bestand, einen Mittelgang und eine mit Stein verkleidete Terrasse besaß. Bei letzterer könnte es sich um eine Art Eskarpe, also die innere Grabenwand der Befestigung gehandelt haben.

Der bisher freigelegte Mauerzug zu Füßen des Tell Kujundschik macht es sehr wahrscheinlich, daß sich die Stadt der Akkad-Zeit über den gesamten Hügel, also über eine Fläche von etwa 40 Hektar ausdehnte. Es kann jedoch durchaus sein, daß es daneben auch eine Unterstadt nördlich davon gab. Sie könnte durch eine zweite Befestigungsmauer geschützt gewesen sein, wie es sich für die gleiche Zeit fast sicher für andere größere Siedlungen der Region nachweisen läßt, zum Beispiel für Tell Taja oder Tell Hawa, das mittlerweile wieder auf über 60 Hektar angewachsen war, oder Tell Chuwaisch südlich des Dschebel Sindschar mit seinen rund 80 Hektar Fläche.

Die politische Eingliederung Ninives und vielleicht sogar großer Teile Assyriens in die akkadische Welt ist durch inschriftliche Zeugnisse belegt: So rühmt sich der assyrische König Schamschi-Adad I., der etwa 500 Jahre nach Sargon von Akkad regierte, den Tempel der Ischtar von Ninive wiederaufgebaut zu haben, und erwähnt dabei, daß dieser von Manischtuschu, einem der Söhne Sargons, erbaut oder restauriert worden sei. Für die Ausbreitung des akkadischen Reiches spricht auch das Faktum, daß eine – vermutlich zu jener Zeit neugegründete – Stadt im Norden Mesopotamiens mit einem Toponym bezeichnet wird, das den Namen Rimusch enthält. Rimusch aber war der älteste Sohn und Thronnachfolger Sargons von Akkad.

Obwohl Sargon eine Reihe bedeutender nordmesopotamischer und syrischer Städte wie Mari, das zwischen den Flüssen Balich und Chabur gelegene Tell Chuwera oder Ebla zerstörte und politisch auslöschte, ist es doch vorstellbar, daß die akkadische Eroberung nicht notwendigerweise die Aufgabe einer Stadt zur Folge hatte – und sei sie auch nur vorübergehend. So könnten strategisch wichtige Zentren unter der politischen Kontrolle Akkads und vielleicht sogar unter akkadischer Verwaltung durchaus einen Aufschwung erlebt haben, wie zum Beispiel Nagar (Tell Brak), wo mindestens zwei bedeutende sakrale Bauwerke und der berühmte Palast von Sargons Enkel Naramsin auf akkadische Zeit zurückgehen.

Offensichtlich blieb auch Ninive von der Zerstörung verschont, denn die akkadischen Könige scheinen dem Heiligtum der Ischtar, das weithin großes Ansehen als Kultort genoß, besondere Aufmerksamkeit geschenkt zu haben. Die Inschrift Schamschi-Adads I. wurde durch Mallowans Grabung im Zentrum des Tell Kujundschik auf spektakuläre Weise bestätigt: Der englischer Archäologe fand dort den berühmten Kopf eines akkadischen Herrschers, der häufig als Bildnis Sargons von Akkad bezeichnet wird. Höchstwahrscheinlich aber gehörte er ursprünglich zu einer Votivstatue eines seiner Söhne – Rimusch oder vermutlich sogar Manischtuschu. Es ist jedoch auch nicht auszuschließen, daß es sich um Sargons Enkel Naramsin handelt.

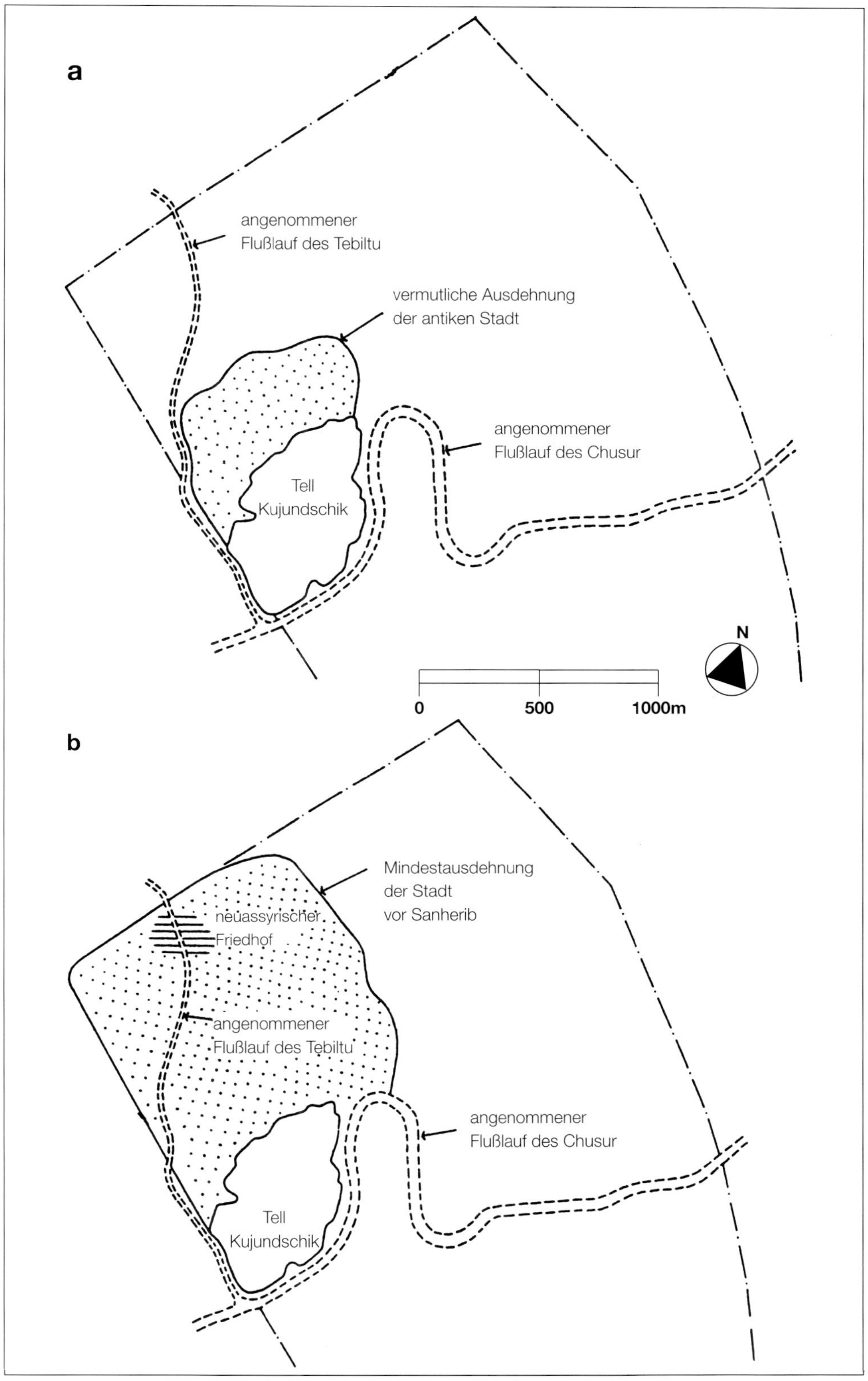

Nach David Stronach, der Ende der achtziger Jahre die amerikanischen Ausgrabungen auf dem Kujundschik leitete, läßt sich die Entwicklung der Siedlungsfläche Ninives von der Akkad-Zeit bis zum Ausbau der Stadt durch Sanherib wie auf den abgebildeten Lageskizzen rekonstruieren. So machen es die jüngst entdeckten Reste einer Stadtmauer aus der Akkad-Zeit wahrscheinlich, daß sich das bewohnte Gebiet zur Zeit der akkadischen Herrscher Manischtuschu und Naramsin auf die Zitadelle selbst beschränkte, während es vermutlich spätestens im 2. Jahrtausend v.Chr. unter König Schamschi-Adad I. nördlich des Kujundschik eine Unterstadt gab (a). Das Stadtgebiet der neuassyrischen Zeit vor Sanherib nahm vielleicht bereits den gesamten westlichen Quadranten der späteren Hauptstadt Sanheribs ein (b). Fraglich bleibt jedoch, ob der Fluß Chusur im 8. Jahrhundert v.Chr. die Südgrenze darstellte oder ob sich die Stadt, was wahrscheinlicher ist, bis zum Tell Nabi Junus ausdehnte.

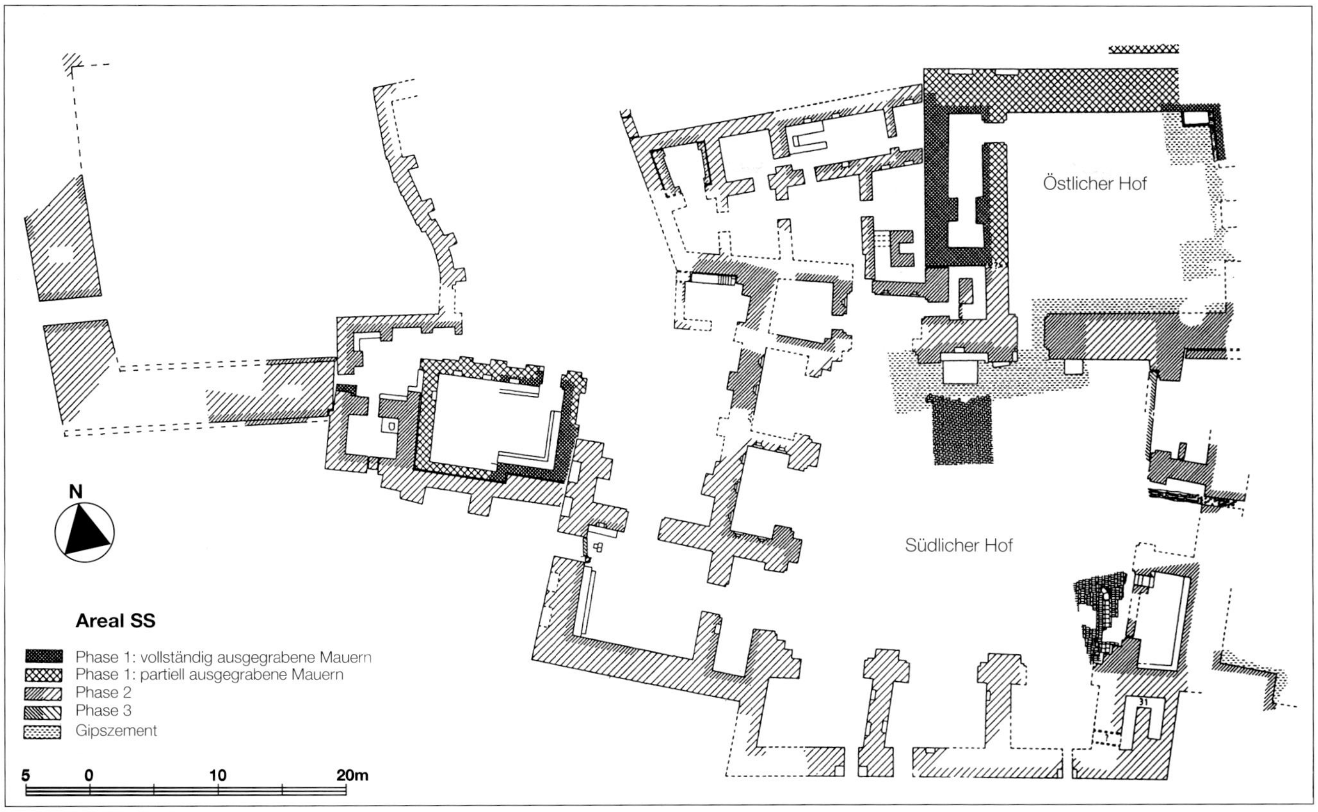

Links: Plan eines großen Kultkomplexes, der während der Akkad-Zeit in Nagar (Tell Brak) angelegt wurde. (Siehe auch Bild Seite 30 oben.)

Linke Seite: Dieser Kopf eines akkadischen Herrschers aus dem Ischtar-Tempel von Ninive gilt als eines der Meisterwerke der altorientalischen Toreutik. Die Beschädigungen der Augen und Ohren sowie des Bartes sind wahrscheinlich das Werk der Meder und Babylonier, die Ninive im Jahr 612 v.Chr. zerstörten. Ursprünglich gehörte der Kopf vermutlich zu einer Statue, die einer der Könige Akkads, vielleicht Manischtuschu oder Naram-sin, der Ischtar von Ninive weihte. Weniger plausibel erscheint eine andere Theorie, wonach Assurbanipal ihn nach der Eroberung Susas von dort mitgebracht habe. Nach Susa wäre er im 12. Jahrhundert v.Chr. als Beutestück der Elamer gelangt.
Kupfer oder Bronze, Höhe 36 Zentimeter, etwa 2250 v.Chr.; Baghdad, Iraq Museum (IM 11331).

Dieser herrlich gearbeitete Kopf, von dem bis heute nicht geklärt ist, ob er aus Kupfer oder aus Bronze ist, gilt als eines der bedeutendsten Kunstwerke Mesopotamiens. Trotz des Fundorts kann man allerdings nicht davon ausgehen, daß er in Ninive geschaffen wurde, denn sowohl die ikonographischen Charakteristika wie Haartracht und Bartlocken als auch die formale Strenge des bildhauerischen Werks deuten darauf hin, daß er aus einer königlichen Werkstatt in Akkad stammt. Obwohl die Fundsituation nicht hinreichend dokumentiert ist, muß der Kopf bis zur Zerstörung Ninives im Jahr 612 v.Chr. im Ischtar-Tempel aufbewahrt worden sein. Daß man das tat, lag zum einen sicher an dem hohen politischen Ansehen des dargestellten Königs, dessen Erinnerung in der historischen Tradition Mesopotamiens durch die Jahrhunderte fortlebte, zum anderen aber auch an der hohen technischen und künstlerischen Qualität des Werkes. Um die schweren Beschädigungen an den Ohren und Augen zu erklären, hat man überzeugend vorgeschlagen, die Eroberer hätten die Bildwerke aller Herrscher, die die assyrische Göttin verehrten, absichtlich entstellt. Anders als in Babylonien, wo man im 7. Jahrhundert v.Chr. vermutlich in zahlreichen altehrwürdigen Kultorten die Bildnisse legendärer Herrscher wie Reliquien verehrte, gab es im Norden des Zweistromlandes wahrscheinlich keinen einzigen Tempel, der sich wie das Emaschmasch der Ischtar in Ninive rühmen konnte, eine ähnlich wertvolle Votivgabe zu besitzen.

Das »Dunkle Zeitalter«: Verborgener Glanz bis zur Epoche Sargons II.

Linke Seite: Detail eines Rollsiegels mit einer Darstellung des Wettergottes Adad, der eine hohe Krone mit Federn trägt und Blitze in den Händen hält. (Siehe auch Bild Seite 52.)

Diese Statue Assurnasirpals II. ist eine der wenigen erhaltenen assyrischen Vollplastiken. Sie wurde in Kalchu gefunden, das Assurnasirpal II. zu Beginn seiner Regierung zur Hauptstadt des Reiches ausbauen ließ und mit großem Pomp einweihte. Kalchu blieb das Zentrum Assyriens, bis Sargon II. Ende des 8. Jahrhunderts v.Chr. die Residenz nach Dur Scharrukin nördlich von Ninive verlegte.
Alabaster, Höhe 1,13 Meter, aus Nimrud, Tempel der Ischtar Scharrat-Nipchi, Mitte des 9. Jahrhunderts v.Chr.; London, British Museum (WA 118871).

Als Sanherib zu Beginn seiner Regierungszeit die großen künstlerischen und architektonischen Leistungen beschwor, die Ninive ein neues und monumentales Gepräge geben und das Stadtgebiet über alle bisher bekannten Grenzen hinaus wachsen lassen sollten, zeichnete er ein völlig anderes Bild vom Stadtzentrum vor der baulichen Umgestaltung durch ihn, als es in der traditionellen Rhetorik offizieller Inschriften üblich war. Im allgemeinen tendierte man nämlich dazu – in der Absicht, die einzigartige Bedeutung der Architektur eines neuen Herrschers besonders hervorzuheben –, nur in den leisesten Tönen von den Orten zu sprechen, die sich ein König als Sitz seiner neuen Residenz auserkoren hatte. So erwähnt Assurnasirpal II. in der ersten Hälfte des 9. Jahrhunderts v. Chr. zwar durchaus, daß Kalchu bereits von Salmanassar I. gegründet worden sei; bevor er, Assurnasirpal, es jedoch zur Hauptstadt erhoben habe, sei es nur ein unscheinbares Provinznest gewesen. Ebenso berichtet Sanheribs Vater, Sargon II., daß sich an der Stelle seiner neuen Residenz Dur Scharrukin früher das Dorf Magganubba befunden habe. Dies tut er allerdings nur, um darauf hinzuweisen, wie elend vordem das Leben in dieser Gegend ohne künstliche Bewässerung gewesen sei und daß er den Grund und Boden zu einem angemessenen Preis von den Eigentümern gekauft habe. Sargons Argumentation unterscheidet sich allerdings in nichts von der, die die Kanzlei Tukulti-Ninurtas I. Ende des 13. Jahrhunderts v. Chr. benutzt, wenn sie von der neuen Hauptstadt Kar Tukulti-Ninurta unweit von Assur spricht. Sowohl Dur Scharrukin als auch Kar Tukulti-Ninurta gelten vor allem anderen als prunkvolle Residenzen für die großen Götter Assyriens, erst in zweiter Linie begreift man sie als neuen Regierungssitz des Königs und Zentrum der Reichsverwaltung, während sie in gesellschaftlicher Hinsicht die Möglichkeit bedeuten, bis dahin ungenutztes Land in der Umgebung urbar zu machen. Die Aussagen über beide Städte, die das Werk des Königs als besondere Hinwendung einerseits an die Welt der Götter und andererseits an seine Untertanen verherrlichen, sind sicher tendenziös und, betrachtet man die architektonische Realität, historisch unrichtig, denn in Dur Scharrukin, vermutlich aber auch in Kar Tukulti-Ninurta sind die Palastanlagen im Vergleich mit den Kultbauten weit in der Überzahl.

Anders als bei den früheren Hauptstädten Assyriens wird Ninives Glanz nicht nur in die Zukunft projiziert. Sein Schicksal wurde bereits in der Urzeit festgeschrieben, denn es ist »das Kultzentrum, die von Ischtar geliebte Stadt« und enthält »alle Orte, an denen sich die Götter und Göttinnen begegnen«. Ninive ist »das ewige Fundament, die unvergängliche Gründung, deren Plan in ferner Vergangenheit erdacht und deren Gestalt schön gemacht wurde zusammen mit dem Firmament«. Mit diesen Formulierungen der königlichen Kanzlei Sanheribs wird Ninive ideologisch und programmatisch in den gleichen Rang erhoben, den die babylonischen Theologen der Zeit Nebukadnezars I. Babylon zuschrieben. In dem von ihnen vermutlich um das Jahr 1100 v. Chr. verfaßten *Enūma elisch*, dem sogenannten »Weltschöpfungsepos«, hatte Babylon die Rolle des sumerischen Eridu als älteste Stadt und erste göttliche Gründung übernommen – von Enki geschaffen die eine, von Marduk die andere. Und in Babylon lag auch der Esagil – in einem Viertel, das sicher nicht zufällig Eridu hieß –, den der babylonische Gott Marduk als seinen irdischen Sitz nach dem Vorbild des himmlischen Escharra und des unterirdischen Apsu geschaffen hatte, und der allen Göttern des Himmels und der Unterwelt als Versammlungsort dienen sollte.

Im Unterschied zu dem babylonischen Epos betont der Text der assyrischen Kanzlei jedoch weniger die mythischen Ursprünge der Stadt – die im übrigen ebensowenig ausdrücklich erwähnt werden wie die Gründung Ninives durch die Göttin Ischtar –, sondern stellt vor allem das heraus, was man als ästhetische und ethische Qualitäten bezeichnen könnte: Die Anlage der Stadt ist allein rein äußerlich »schön« wie das Himmelsgewölbe; in ihrer Gesamtheit gilt sie als »formvollendete Residenz«, ist sie doch mit der höchsten technischen Vollendung geplant; in ihr gibt es »jede Art von Kunstwerk, jedes Geheimnis und jeden angenehmen Plan«, denn in alter Zeit sah man jedes künstlerische Produkt als Werk an, das sich auf einen verborgenen Plan gründet, der in einer Materie Gestalt annimmt – so wie die Schöpfungen des Gottes Enki in mythischer Vorzeit. Doch auch in übertragenem Sinn ist Ninive eine »formvollendete Residenz«, jedoch nicht zum Selbstzweck, sondern als »Sitz des göttlichen Gesetzes«, weshalb dort, wie Sanherib hinzufügt – »seit ältester Zeit die Könige (sind), die zuerst kamen, meine Väter, die vor mir die Herrschaft über Assyrien ausübten und die Untertanen Enlils regierten«.

Ninive galt also schon lange vor Sanherib und der großangelegten urbanen Neugestaltung zu Beginn des 7. Jahrhun-

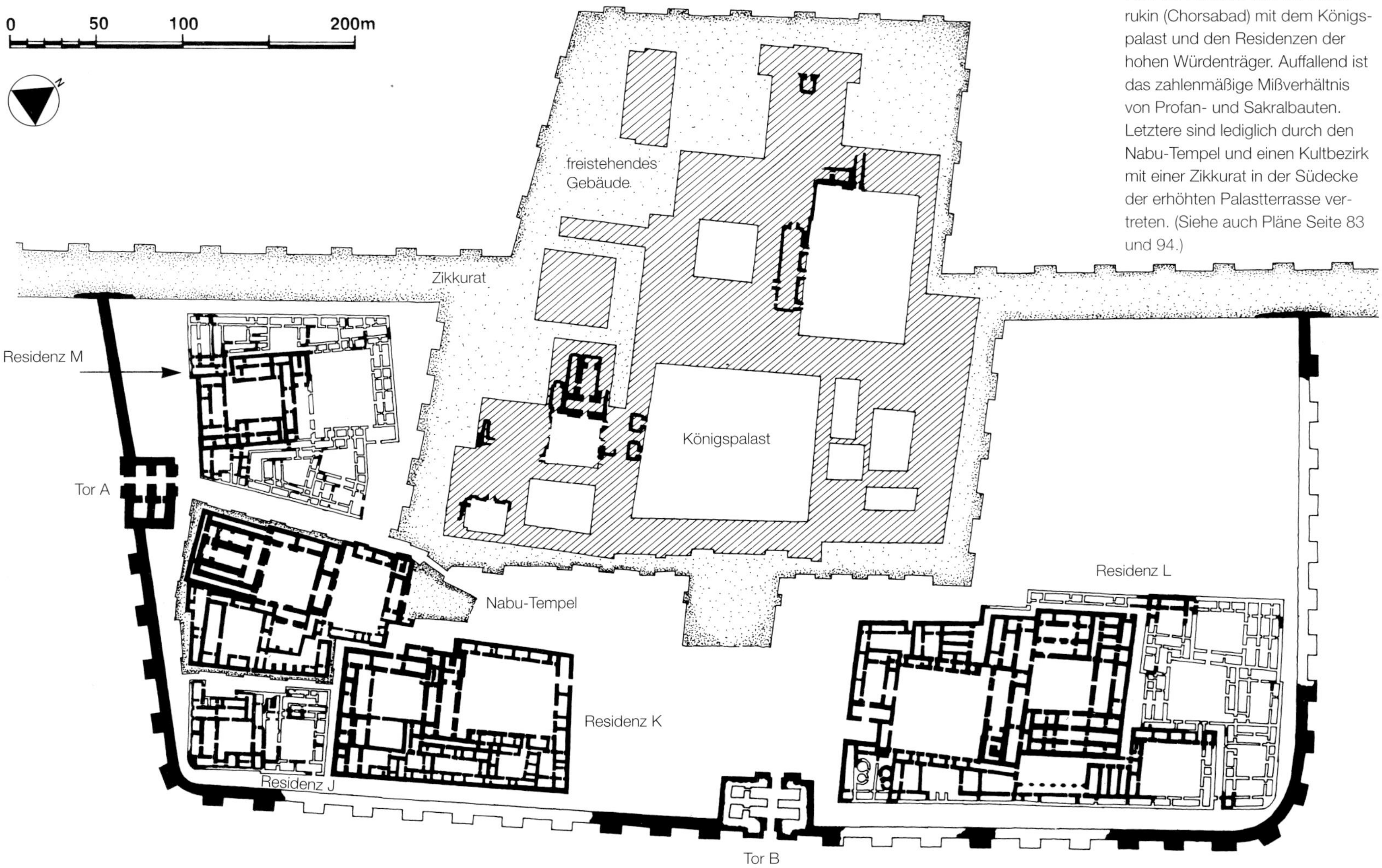

Plan der Zitadelle von Dur Scharrukin (Chorsabad) mit dem Königspalast und den Residenzen der hohen Würdenträger. Auffallend ist das zahlenmäßige Mißverhältnis von Profan- und Sakralbauten. Letztere sind lediglich durch den Nabu-Tempel und einen Kultbezirk mit einer Zikkurat in der Südecke der erhöhten Palastterrasse vertreten. (Siehe auch Pläne Seite 83 und 94.)

Siegelabrollung mit einer Darstellung der Ischtar von Ninive und einem Adoranten, Gemsen und Palmen. Auf diesem hervorragend gearbeiteten Rollsiegel ist die Göttin von Ninive in ihrer typischen Ikonographie als himmlische Kriegsgöttin dargestellt. Sie ist mit einem Bogen und einem Doppelköcher bewaffnet, ihre Krone mit einem Stern geschmückt. Der Stern ist eine Anspielung auf den Planeten Venus, den Morgen- und Abendstern, der als Beschützer der Liebe gilt. Die Liebe aber wird durch Ischtar selbst verkörpert, deren wilde und unbezähmbare Natur durch ihr Symboltier, den Löwen, auf dem sie steht, ausgedrückt wird. Granat, Höhe 4,3 Zentimeter, 9./8. Jahrhundert v.Chr.; London, British Museum (WA 89769).

derts v.Chr. als Stadt, die in mythischer Zeit entworfen und reich mit kunstvollen Bauwerken ausgeschmückt worden war. Allerdings erlaubt die bisher erst partielle archäologische Erforschung des riesigen Geländes der antiken Metropole noch kein Urteil darüber, ob diese positive Bilanz der Kanzlei Sanheribs, die sicher eine damals weitverbreitete Meinung widerspiegelt, der historischen Realität entspricht. Die beiden einzigen vergleichsweise gut erhaltenen Bauwerke der Zitadelle datieren erst in das 7. Jahrhundert v.Chr. Es sind die Paläste, die von Sanherib und Assurbanipal errichtet wurden. Ebenfalls aus dem 7. Jahrhundert v. Chr. stammen die wenigen bekannten Gebäude der Unterstadt und die Stadtmauer mit ihren Toren. Über den zweiten Ruinenhügel Ninives, den Tell Nabi Junus, lassen sich bisher keine genauen Aussagen machen, da dort keine systematischen Ausgrabungen durchgeführt werden dürfen.

Obwohl die archäologische Hinterlassenschaft aus älteren Zeiten wenig Zusammenhängendes ergibt, fließen die Quellen jedoch gar nicht so spärlich, auch wenn man einräumen muß, daß ihre Interpretation häufig nicht ganz unproblematisch ist. So besitzen wir viele epigraphische Zeugnisse verschiedener assyrischer Herrscher vor Sanherib sowie eine relativ große Zahl, allerdings meist fragmentarischer Überreste von königlichen Monumenten, die vor dem 7. Jahrhundert v. Chr. in Ninive errichtet wurden. Daraus lassen sich einerseits die Perioden einer intensiveren Bautätigkeit in der Stadt der Ischtar ablesen, und andererseits kann man zumindest die Art der Denkmäler Ninives, die von den Zeitgenossen Sanheribs so sehr bewundert wurden, identifizieren.

Auf einem dicht mit Bäumen bewachsenen Hügel, dessen Bewässerungskanäle über einen Aquädukt gespeist werden, erhebt sich ein Gebäude mit pseudo-korinthischen Säulen, zu dem eine Stele mit dem Bildnis eines Herrschers zu gehören scheint sowie unterhalb davon eine Art Hörneraltar. Wahrscheinlich ist hier die Umgebung Ninives dargestellt, denn das daran anschließende Relief zeigt eine Stadt mit mehreren Umfassungsmauern, die mit Ninive identifiziert wird. (Siehe Bild Seite 90.) Im Bildstreifen unten sind Elamer zu sehen, die in die Schlacht ziehen.
Alabaster, Höhe 2,08 Meter, Nordpalast, Saal H, Platten 8–9, Mitte des 7. Jahrhunderts v.Chr.; London, British Museum (WA 124939).

Folgende Doppelseite: Wasserbecken zur kultischen Reinigung mit einer Inschrift Sanheribs und Darstellungen von Wassergöttern und Priestern im Fischornat, die an die Macht des unterirdischen Süßwassermeeres des mesopotamischen Weltbildes erinnern.
Basalt, Höhe 1,17 Meter, Breite 3,12 Meter, aus Assur, Tempel des Gottes Assur, Beginn des 7. Jahrhunderts v.Chr.; Berlin, Vorderasiatisches Museum (VA Ass 1835).

Die Vorläufer der berühmten neuassyrischen Palastreliefs waren zusammenhängende Wanddekorationen aus Tonplatten mit Glasurmalerei (siehe auch Bild Seite 54), deren älteste Zeugnisse vermutlich die von Tiglatpilesar I. um 1100 v.Chr. erwähnten Kriegsszenen im Gartenpalast zu Füßen des Tell Kujundschik waren. Ebenfalls aus Ninive kennen wir zahlreiche, allerdings meist schlecht erhaltene Fragmente solcher bemalter Tonplatten aus der Zeit Assurnasirpals II. Ein schönes Beispiel ist dieses Fragment mit zwei Männern, die dem rechts zu ergänzenden König Tribute bringen. Charakteristisch ist das schwarz-weiße Ornamentband, das auch in ähnlichen Malereien auftaucht, die Assurnasirpals Vater, Tukulti-Ninurta II., wenige Jahre zuvor in Assur vermutlich sogar von denselben Künstlern anfertigen ließ. Glasierter Ton, Höhe 37 Zentimeter, aus Kujundschik, erste Hälfte des 9. Jahrhunderts v.Chr.; Baghdad, Iraq Museum (IM 25955).

Während der deutschen Ausgrabungen in Assur kam 1905 auch diese Königsfigur zu Tage, die trotz der Beschädigungen ein hohes künstlerisches Niveau verrät. Ihre Datierung in die späte Akkad-Zeit war lange sehr umstritten. Nachdem irakische Archäologen 1982 in Assur den dazugehörenden Kopf gefunden haben, dürfte jedoch kein Zweifel mehr daran bestehen, daß die Statue ein Werk dieser Blütezeit der mesopotamischen Kunst ist. Da der Kopf gewisse Ähnlichkeiten mit dem berühmten Kupferkopf von Ninive aufweist (siehe Bild Seite 36), handelt es sich hier vermutlich um eine Votivstatue von Manischtuschu, dem (Wieder-)Erbauer des Ischtar-Tempels von Ninive. Diorit, Höhe 1,37 Meter, aus Assur, 23. Jahrhundert v.Chr.; Berlin, Vorderasiatisches Museum (VA Ass 2147).

Der Tempel der Ischtar in Altassyrischer Zeit

Das älteste fast vollständig erhaltene Textzeugnis eines Königs, das sich auf ein bedeutendes Bauwerk Ninives bezieht, stammt vom Anfang des 2. Jahrtausends v. Chr. Im Mittelpunkt steht eben jener Kultbau, für den Ninive spätestens von der zweiten Hälfte des 3. Jahrtausends an bis zu seiner Zerstörung im Jahr 612 v. Chr. berühmt war: der Emaschmasch genannte Tempel der Göttin Ischtar, der sich im Zentrum der Zitadelle von Kujundschik erhob (siehe Seite 202). Der Text ist in mehreren Abschriften auf Steinzylindern, die man in Kujundschik gefunden hat, überliefert und erinnert daran, daß König Schamschi-Adad I. im heiligen Bezirk des Emaschmasch verschiedene Bauwerke restaurieren ließ, und zwar die sogenannte Emenue-Kapelle und die Zikkurat Ekituschkuga, »die reine Residenz«. Sie war der Hochtempel des Ischtar-Heiligtums, das der König als »sein Schatzhaus« bezeichnete.

Weiterhin erfahren wir, daß Manischtuschu, der Sohn und zweite Nachfolger Sargons von Akkad, das Emaschmasch kurz nach dem Jahr 2300 v. Chr. errichtet haben soll. Schamschi-Adad I. fügt hinzu, daß kein König nach Manischtuschu, seit dessen Regierungszeit nunmehr »sieben Generationen« vergangen seien – ein gebräuchlicher Terminus für einen sehr langen Zeitraum –, das berühmte Sanktuar restauriert habe, weshalb es nun verfallen sei. Er hingegen habe die Anlage nicht nur wiederhergestellt, sondern dabei auch die Gründungsurkunden Manischtuschus gefunden und sie wieder an der entsprechenden Stelle vergraben. Im übrigen habe er, Schamschi-Adad, ein architektonisches Meisterwerk vollbracht, »dem nichts an Vollkommenheit gleichkommt, was je ein Herrscher für die Göttin Ischtar von Ninive errichtet hat«.

Bereits wenige Jahre nach dem Tod Schamschi-Adads war sein riesiges, aber kurzlebiges Reich, das sich über fast ganz Nordmesopotamien bis nach Aleppo erstreckt hatte, wieder zerfallen, und Hammurabi von Babylon, der Larsa, Eschnunna, Mari und sicherlich auch Assur eroberte, beherrschte um 1760 v. Chr. das gesamte Zweistromland. In der langen und literarisch hochstehenden Einleitung zu seiner »Gesetzesstele« erinnert er daran, daß er auch zum Schutzherrn des berühmten Ischtar-Tempels von Ninive geworden war.

Die Bezeichnung Emaschmasch für das Heiligtum der Ischtar ist ein zeremonieller Name, der dem Tempel der großen assyrischen Göttin entsprechend einer typisch sumerischen Tradition des 3. Jahrtausends v. Chr. gegeben wurde. Anders als vergleichbare Tempelnamen scheint er jedoch keine klar erkennbare Bedeutung zu haben. Das müssen auch die Zeitgenossen so empfunden haben, denn sie benutzten alternativ den Terminus Emesmes, der allerdings ebenfalls keinen tieferen Sinn hat. Trotzdem ist es möglich, daß Emaschmasch vielleicht von E-ulmasch, »das Haus Ulmasch«, abgeleitet ist.

Keilschrifttafel aus der Bibliothek Assurbanipals mit dem Text des Gründungsrituals für einen Tempel. Zu den kultischen Handlungen gehörte, daß Sachkundige den Ort des Heiligtums bestimmten, Opferaltäre errichteten, der König Zauberformeln rezitierte und eine Königsstatuette aus Silber und Gold in einer Gründungsgrube vergraben wurde.
Ton, Höhe 14 Zentimeter, aus Kujundschik, 7. Jahrhundert v.Chr.; London, British Museum (WA K48+).

Im Jahr 1912 entdeckten die deutschen Ausgräber im Ischtar-Tempel von Assur diesen steinernen Sockel oder Altar. Auf dem Relief der Frontseite ist ein ganz ähnlicher Kultsockel abgebildet, auf dem sich ein zweigeteiltes Rechteck erhebt, das als Schreibtafel mit Griffel gedeutet wird. Vor diesen Symbolen des Schreibergottes Nabu sieht man König Tukulti-Ninurta I. – einmal stehend, einmal kniend, die rechte Hand zum Gruß- und Gebetsgestus erhoben. Diese Darstellung gilt als frühester Versuch, einen Bewegungsablauf wiederzugeben.
Alabaster, Höhe 60 Zentimeter, Breite 57 Zentimeter, aus Assur; Berlin, Vorderasiatisches Museum (VA 81469).

Das war der Name des Ischtar-Tempels in Akkad, den Sargon in seiner neuen Hauptstadt gegründet hatte, und zwar in einem Viertel namens Ulmasch, weshalb Ischtar manchmal auch einfach Ulmaschitu, »die von Ulmasch«, genannt wurde. Sollte der Name Emaschmasch tatsächlich mit E-ulmasch zusammenhängen, so würde das ohne Frage beweisen, daß Manischtuschu von Akkad den Ischtar-Tempel von Ninive nicht nur restaurierte oder wiederaufbaute, sondern ihn von Grund auf neu erbauen ließ, um den Kult der Göttin seiner Hauptstadt auch in Assyrien zu verbreiten und ihn in einem der größeren Städte am Tigris zu verankern, wo es wahrscheinlich ein sehr altes Heiligtum einer lokalen Muttergöttin vom Typ der sumerischen Ninlil gab.

Im Schatten Assurs – Ninive in Mittelassyrischer Zeit

Obwohl das berühmte Emaschmasch in Mittelassyrischer Zeit immer wieder restauriert und wiederaufgebaut wurde, wandten die assyrischen Herrscher ihre besondere Aufmerksamkeit nicht Ninive, sondern traditionsgemäß ihrer altehrwürdigen und heiligen Hauptstadt Assur zu. Assur-uballit I., Salmanassar I. und Tukulti-Ninurta I. ließen Assyrien in wenigen Jahrzehnten zu einem der mächtigsten Reiche der späten Bronzezeit aufsteigen, das sich als ebenbürtiger Partner Ägyptens unter Sethos I. und Ramses II. oder des Hethiterreiches unter Muwatalli II., Hattuschili III. und Tudchalija IV. erwies.

Erst der letzte bedeutende König der Mittelassyrischen Epoche, Tiglatpilesar I. (1114–1076 v.Chr.), der den Einflußbereich Assyriens bis ans Mittelmeer ausdehnte und Babylonien eroberte, kümmerte sich sehr viel intensiver um Ninive als um Assur. Seine baulichen Aktivitäten betrafen verschiedene Bereiche und belegen, daß sein Interesse nicht nur auf ein bestimmtes Bauwerk begrenzt war. In der Tat rühmt Tiglatpilesar I. sich in seinen Inschriften, die Stadtmauer Ninives vollständig wiederaufgebaut und einige Gebäude des Ischtar-Heiligtums restauriert zu haben; außerdem habe er einen Kanal vom Chusur abzweigen lassen, um in der Nähe des Palastes einen Garten anzulegen, und die von seinen Vorgängern begonnenen Arbeiten an einem oder mehreren Palastbauten zu Ende gebracht.

Dieses achtseitige Prisma mit einer Weihinschrift Tiglatpilesars I. wurde 1913 als Fundamentbeigabe des Anu-Adad-Tempels in Assur gefunden. Bei diesem sehr gut erhaltenen Text, von dem es mehrere Exemplare gibt, handelt es sich jedoch nicht um eine einfache Bauurkunde, sondern um einen Lobpreis der Taten des Königs, der den Tempel des Himmelsgottes Anu und des Wettergottes Adad wiederaufbauen ließ. Ausführlich werden darin die Eroberungen Tiglatpilesars I. beschrieben, der das assyrische Reich bis zum Mittelmeer ausdehnte und nicht nur die Hauptstadt Assur prachtvoll ausbaute, sondern auch in Ninive umfangreiche Restaurierungen ausführen ließ.
Ton, Höhe 56 Zentimeter, aus Assur, 1109 v.Chr.; Berlin, Vorderasiatisches Museum (VA 8255).

Erotische Darstellungen wie diese sind typisch für die Exvotos, die bei den Ausgrabungen im Ischtar-Tempel in Assur gefunden wurden. Wie die von den antiken Autoren überlieferte Tempelprostitution gehören sie zweifellos in den Kontext der Fruchtbarkeitskulte, die in allen größeren Heiligtümern der Göttin, also auch in Ninive, vollzogen wurden.
Blei, Höhe 4,9 Zentimeter, aus Assur, 13. Jahrhundert v.Chr.; Berlin, Vorderasiatisches Museum (VA Ass 4244).

In traditionellen Redewendungen berichtet der König über die Restaurierung der verfallenen Stadtmauer, die ein früherer Herrscher Assyriens, den er jedoch nicht namentlich nennt, errichtet habe. Im Rahmen des Wiederaufbaus seien die Fundamente freigelegt, die gesamte Umfassungsmauer mit einer Breite von neuneinhalb Ziegeln – was maximal rund drei Metern entspricht – wiederhergestellt, Erde gegen die Eskarpe aufgeschüttet und eine Verkleidung mit Kalksteinplatten angebracht worden. Als Ergebnis sei die Mauer nun nicht nur größer, sondern auch wesentlich solider als ehedem. Eigens hervorgehoben wird die Errichtung des Muschlalu, eines Zugangs zur Stadt, der den Namen eines bedeutenden Tores in Assur trägt. Der Grund für dieses spezielle Interesse könnte sein, daß die Baustelle relativ groß war oder, was wahrscheinlich ist, weil man zu einer anderen Zeit daran arbeitete.

Über die Restaurierungen am Heiligtum der Ischtar enthalten die Inschriften Tiglatpilesars I. allerdings keine Details. Um das hohe Alter des Tempels und die Kontinuität der frommen Werke seiner Vorgänger zu preisen, greift er jedoch eine Tradition wieder auf, die vor allem die großen Könige des 13. Jahrhunderts in bezug auf die Tempel Assurs gepflegt hatten: Tiglatpilesar I. erinnert an die Bauleistungen, die – in chronologischer Reihenfolge – Schamschi-Adad I. um 1800 v. Chr., Assur-uballit I. um 1350 v. Chr. und Salmanassar I. in der ersten Hälfte des 13. Jahrhunderts v. Chr. im Heiligtum der Ischtar von Ninive vollbracht hatten. Sie alle galten in der Erinnerung der Nachwelt als bedeutende Herrscher, und ihre Bautätigkeit fällt in Epochen, in denen die politische Macht Assyriens international großes Ansehen genoß – genauso wie es jetzt, unter Tiglatpilesar I., wieder der Fall war, nachdem das Reich seit dem Tod Tukulti-Ninurtas I. fast ein Jahrhundert lang eine Phase des Niedergangs erlebt hatte.

Im Anschluß an einen Passus über die Arbeiten am ninivitischen Palast seines Vaters Assur-resch-ischi I. berichtet Tiglatpilesar I., daß zu seiner Freude »in der Nähe dieser Terrasse« – gemeint ist mit Sicherheit das Fundamentplateau des Palastes – ein Garten angelegt wurde. Zur Bewässerung dieses Gartens ließ er eigens einen Kanal vom Chusur graben, über den das Wasser auch auf die Felder in der Umgebung der Stadt geleitet wurde. Der Chusur durchfloß das Stadtgebiet Ninives in ost-westlicher Richtung, wobei er direkt entlang des Ost- und Südabhangs der Zitadelle von Kujundschik verlief, bevor er kurz hinter der westlichen Stadtmauer in den Tigris mündete. Das bedeutet, daß der Garten nicht auf einem der beiden Hügel von Ninive gelegen haben kann, denn sonst wäre es unmöglich gewesen, sein Wasser ohne den aufwendigen Einsatz von Schöpfgeräten zu nutzen. Vermutlich erstreckte er sich also zu Füßen des Tell Kujundschik, und der Ausdruck »Terrasse« bezieht sich auf einen Sektor der Zitadelle, und zwar höchstwahrscheinlich auf den östlichen, wo sich der Palast des Königs auf dem Hügel hoch über dem Garten erhoben haben dürfte.

Der Ischtar geweiht war auch diese, heute kopflose Statuette, die eine lange Inschrift mit Fürbitten an die Göttin trägt. Der Fundort ist nicht gesichert, da sie im Kunsthandel angeboten wurde. Bei dem Dargestellten handelt es sich um den in der Inschrift genannten König Assurdan, mit dem vermutlich der erste Herrscher dieses Namens gemeint ist.
Bronze, Höhe 30 Zentimeter, 12. Jahrhundert v.Chr.; Paris, Musée du Louvre (AO 2489).

Links: Die Umzeichnung eines Rollsiegelbildes, das vielleicht einem Statthalter Assurs zur Zeit Tiglatpilesars I. gehörte, zeigt die Ansicht der Fassade eines zinnengekrönten Tempels mit Tortürmen. Vor dem Portal liegt ein Paar »Ziegenfische«, die als heilige Tiere des Ea, des Gottes des unterirdischen Süßwasserozeans, galten. Im Durchgang des Tores sieht man einen Altar mit seitlichen Wülsten, die an Armlehnen erinnern. Solche Altäre sind für Assur durch eine Reihe von Funden aus der Zeit Tukulti-Ninurtas I. gut belegt (siehe Bild Seite 45).
Ton, Höhe 6,5 Zentimeter, aus Assur, Tempel des Gottes Assur, 11. Jahrhundert v.Chr.; Berlin, Vorderasiatisches Museum (VAT 15468).

Die Paläste Tiglatpilesars I.

Die Angaben, die zwei ausführliche Inschriften Tiglatpilesars I. über die Paläste Ninives enthalten, sind schwer zu deuten und liefern nur in einem Fall eine eindeutige Ortsangabe. In der ersten Inschrift ist in vier aufeinanderfolgenden Passagen von Palastbauten die Rede, wobei sich zumindest zwei Textstellen auf dasselbe Gebäude zu beziehen scheinen. Die zweite Inschrift hingegen erwähnt einige Details des Schmucks der Portale sowie den Namen einer Residenz, ohne daß weitere Einzelheiten berichtet werden.

Der erste Palast, von dem die Rede ist, wurde von Assur-resch-ischi, dem Vater Tiglatpilesars I., begonnen, doch erst unter dem Sohn vollendet. Er war mit glasierten Ziegeln verkleidet, die die Farben von Obsidian, Lapislazuli und Alabaster nachahmten; an seinen Türmen befanden sich Bilder von Palmen, sicher ebenfalls aus glasierten Ziegeln. Es gab Zierblenden aus Bronze, und die Tore aus Fichtenholz waren mit Bronzebeschlägen verkleidet.

Von einem zweiten Gebäude heißt, es läge in dem vom Chusur bewässerten Garten und besäße »Darstellungen des Sieges und der Macht, die Assur und Ninurta dem König gewährt hatten«. Letzteres hat man als Hinweis auf die ersten historischen Szenen – vielleicht auf bemalten und glasierten Tafeln – gedeutet, die für einen assyrischen Palast überliefert wären. Obwohl durchgehend der Begriff »Palast« verwendet wird, kann es sich dennoch nur um eine Art Pavillon handeln, der trotz eher bescheidener Ausmaße reich mit Bildern ausgeschmückt gewesen sein könnte.

Für den dritten Palast gibt es, im Unterschied zum ersten, erstaunlicherweise eine genaue topographische Angabe, er soll sich nämlich »auf der Terrasse neben dem Tempel der Ischtar« erhoben haben. Darüber hinaus erfahren wir, daß er von einem früheren König errichtet, von Mutakkil-Nusku, dem Großvater Tiglatpilesars I., restauriert und, nachdem er noch einmal verfallen war, von Tiglatpilesar I. wiederaufgebaut wurde. Am Ende dieser Inschrift – und das ist nun die vierte Erwähnung eines Palastgebäudes – hören wir schließlich von einem Palast, den der König als »Sitz meines Königtums« bezeichnet. Über ihn wird nur kurz gesagt, daß er nunmehr fertiggestellt worden sei, und zwar, einer beliebten Phraseologie zufolge, »von oben nach unten«. Außerdem heißt es, man habe ihn aufs schönste ausgeschmückt.

Durch die zweite Inschrift Tiglatpilesars I. erhalten wir zusätzlich zwei interessante Informationen, die sich zum einen auf die Portale eines Palastes, zum anderen auf seinen zeremoniellen Namen beziehen, der auf akkadisch wie auf sumerisch »Palast des Königs der vier Weltteile« lautet. Im Detail heißt es, daß an den Türpfosten Bilder von wilden Tieren des Meeres und der Berge zu sehen seien: die *nachiru*, eine Art gefährlicher »Seepferde«, die der König selbst im »großen Meer«, dem Mittelmeer, erlegt habe, und die *burkisch*, vermutlich Bergziegen. Daneben stehen auch in diesem Text die Standardformeln über die Türen aus Fichtenholz, die Bronzebeschläge und die prachtvolle Dekoration, die auch in der anderen Inschrift im Zusammenhang mit dem Palast des Assur-resch-ischi und mit der dort zuletzt erwähnten königlichen Residenz zu lesen sind.

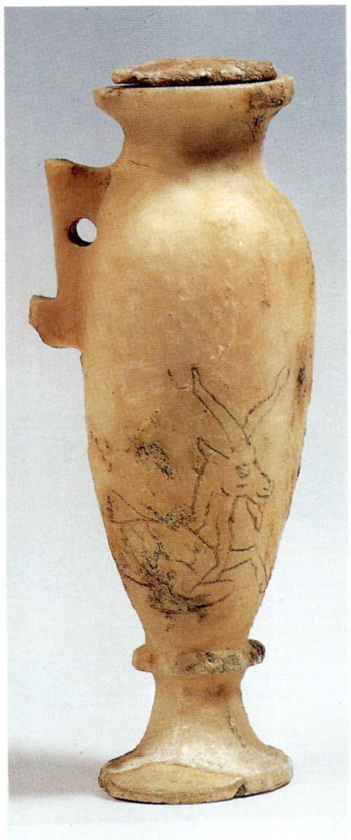

Oben: Dieses Gefäß, das aus einem reichen Grabfund stammt, war vermutlich für Kosmetika bestimmt. Der eingravierte »Ziegenfisch« war nach mesopotamischem Weltverständnis eines der zahlreichen Ungeheuer, die die Tiefen des Meeres bevölkerten. Dort lebten auch *die nachiru*, eine Art wilder »Seepferde«, deren Abbilder vor den Portalen des Palastes Tiglatpilesars I. in Ninive aufgestellt gewesen sein sollen.
Alabaster, Höhe 13,4 Zentimeter, aus Assur, Grab 45, 14./13. Jahrhundert v.Chr.; Berlin, Vorderasiatisches Museum (VA Ass 1116).

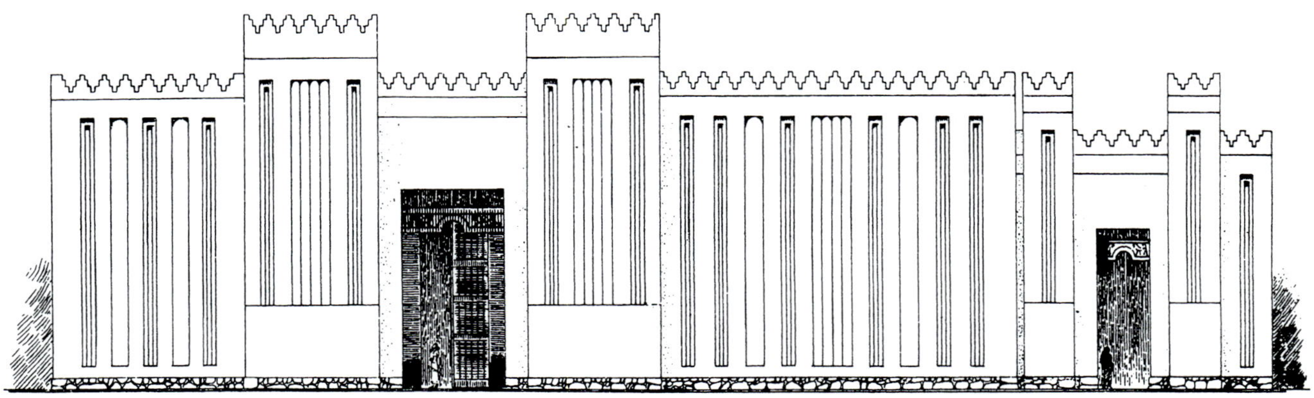

Rechts: Die Fassade des Ischtar-Tempels, den Tukulti-Ninurta I. im 13. Jahrhundert v.Chr. in Assur errichtete, in der Rekonstruktionszeichnung von Walter Andrae. Das große Portal zwischen den hohen Tortürmen der zinnengekrönten und mit Rillen und Rundstäben gegliederten Tempelfront führte in den Kultbereich der Ischtar Assuritu, der Ischtar von Assur. Rechts daneben schloß sich das kleinere Nebenheiligtum der Dinitu, einer anderen Erscheinungsform der Ischtar, an.

Zusammengenommen lassen all diese Angaben zwei widersprüchliche Deutungsmöglichkeiten zu. Sie unterscheiden sich in der Antwort auf die Frage, ob Tiglatpilesar I. zusätzlich zum königlichen Gartenpavillon unterhalb der Zitadelle nur einen oder aber zwei Paläste fertigstellen beziehungsweise wiederaufbauen ließ – je nachdem, wie man die Aussagen über den unvollendeten Palast seines Vaters Assur-resch-ischi und über die von seinem Großvater Mutakkil-Nusku bereits früher einmal restaurierte Anlage neben dem Ischtar-Tempel wertet. Die Hypothese, nach der Tiglatpilesar I. nur mit einem einzigen Palastbau beschäftigt war, geht davon aus, daß der »Palast des Königs der vier Welt-

Links: In Walter Andraes perspektivischer Rekonstruktionszeichnung des Ischtar-Tempels von Assur kommt die Wucht der festungsartigen Architektur mit den hohen Tortürmen eindrucksvoll zur Geltung.

Unten: Dieser Torso einer nackten Frauengestalt, den man in der Nähe des Ischtar-Tempels in Ninive gefunden hat, wird als Bildnis der Göttin oder einer ihrer Priesterinnen gedeutet. Die Inschrift auf der Rückseite führt die Genealogie Assur-bel-kalas, des Sohnes von Tiglatpilesar I., auf.
Während eine Reihe von Wissenschaftlern die Ansicht vertritt, es handle sich um das ältestes rundplastische Werk der assyrischen Kunst, vermuten andere, wahrscheinlich zu Recht, daß der Torso ein Beutestück aus Babylonien und somit eine sekundäre Weihgabe für eine Kapelle im Bereich des Emaschmasch sei.
Kalkstein, Höhe 94 Zentimeter, aus Kujundschik, 11. Jahrhundert v.Chr. (?); London, British Museum (WA 249).

teile«, der vielleicht östlich vom Emaschmasch auf dem Tell Kujundschik lag, von einem unbekannten früheren König begründet und unter Mutakkil-Nusku restauriert wurde. Nachdem dieser Bau jedoch binnen kurzem wieder verfallen war, begann bereits Assur-resch-ischi mit dem Wiederaufbau, der erst unter Tiglatpilesar nach mittlerweile drei Generationen zum Abschluß gebracht werden konnte.

Da es allerdings kaum vorstellbar ist, daß die königliche Kanzlei ein und denselben Palast in einer Inschrift kurz nacheinander und ohne erkennbare Verknüpfung einmal dem Vater, das andere Mal dem Großvater des Königs zuschreibt, scheint eine andere Interpretation doch sehr viel plausibler: Sie unterscheidet zwischen einem Palast Mutakkil-Nuskus auf der Zitadelle, den sie als eigentliche königliche Residenz mit dem Namen »Palast des Königs der vier Weltteile« ansieht, und einem Palast des Assur-resch-ischi, der sich, weil er vorwiegend militärischen Zwecken diente, vielleicht in der Unterstadt befand. Es könnte sich dabei auch um das Palastgebäude in Ninive handeln, das Assur-resch-ischi in einer Inschrift *bīt kutalli* nennt, also mit einem Terminus technicus bezeichnet, mit dem man einige Jahrhunderte später, in der Neuassyrischen Zeit, einen besonderen Palasttyp belegt, der vor allem als Arsenal und königliches Magazin fungiert.

Auch diese zweite Theorie impliziert, daß zur Zeit der Könige Mutakkil-Nusku, Assur-resch-ischi und Tiglatpilesar I. kontinuierlich in Ninive gebaut wurde – eine Tradition, die sich noch unter Tiglatpilesars Sohn Assur-bel-kala (1075–1056 v. Chr.) fortsetzte. Sein Interesse für die heilige Stadt der Ischtar ist durch den einzigartigen Torso einer üppigen weiblichen Gestalt belegt, die eine Inschrift trägt, in der ein Palast Assur-bel-kalas in Ninive erwähnt wird. Von daher scheint es durchaus möglich, daß Ninive von diesen Herrschern der ausgehenden Mittelassyrischen Epoche, die das Reich von Assur aus regierten, zu einer Art Sommerresidenz ausgebaut wurde und damit die Rolle einer zweiten Hauptstadt übernahm. Dazu könnte auch das große Ansehen, das die Priester der Ischtar nicht nur in religiöser, sondern auch in politischer Hinsicht genossen, beigetragen haben.

Spuren der beginnenden Neuassyrischen Zeit

In den Jahrzehnten des Niedergangs, die der Regierung Assur-bel-kalas folgten, wurde das Emaschmasch zunächst noch von verschiedenen Königen restauriert, von denen kaum mehr als der Name bekannt ist, darunter Eriba-Adad II. (1055–1054 v. Chr.), Schamschi-Adad IV. (1054–1050) und Assur-rabi II. (1012–972 v. Chr.). Danach gibt es erst wieder in der Phase, die dem Wiedererstarken des Reiches unter Assurnasirpal II. unmittelbar vorausgeht, neue Zeugnissen für ein Interesse der Herren von Assur an Ninive. So berichtet Adad-nirari II. (911–891 v. Chr.) auf einer Serie von Steintafeln aus Kujundschik – von denen eine vermutlich bei der Plünderung 612 v. Chr. nach Babylon gelangte – von einem Palast in Ninive. Wahrscheinlich handelt es sich dabei um dasselbe Gebäude, das auf mehreren Ziegeln seines Nachfolgers Tukulti-Ninurta II. (890–884 v. Chr.) erwähnt wird.

Heute weiß man jedoch, daß Ziegelinschriften mit dem Namen des Palastes eines bestimmten Herrschers nicht notwendigerweise bedeuten, daß der betreffende König tatsächlich einen Palast in der Stadt, in der der Ziegel gefunden wurde, errichten ließ, sondern nur, daß dieser Ziegel im Verwaltungsgebiet des königlichen Palastes

Blick vom Steilabfall der Nordfront Assurs auf die umliegende Region. Links im Bild sieht man ein kleines Stück des Abhangs von Qal'at Scherqat, wie die Stätte des antiken Assur heute auf arabisch genannt wird.

hergestellt wurde. Verschiedene solcher Ziegel von Königen, die um das Jahr 900 v. Chr. regierten, hat man in Kujundschik nordöstlich vom Ischtar-Heiligtum entdeckt. Sie scheinen alle in den archäologischen Kontext von Gebäuden zu gehören, die über Jahrhunderte hinweg bis in die späte Sasanidenzeit wiederverwendet, restauriert oder völlig neu aufgebaut wurden.

Aus demselben Areal stammen auch Ziegel mit Inschriften verschiedener bedeutender Könige des 9. Jahrhunderts, angefangen bei Assurnasirpal II. (883–859 v. Chr.) und seinem Sohn Salmanassar III. (858–824 v. Chr.), den beiden Protagonisten der ersten großen Expansion des Reiches in der Neuassyrischen Zeit. Das hat zu der Annahme geführt, im Nordosten der Terrasse des Emaschmasch müsse der Palast Assurnasirpals II. gelegen haben. Allerdings haben die britischen Ausgräber Ende der zwanziger Jahre keine einzige Lageskizze der Fundsituation in dieser Zone des Kujundschik angefertigt; und trotz der zahlreich überlieferten Textzeugnisse Assurnasirpals II. besitzen wir keinen eindeutigen Beleg dafür, daß er sich in Ninive einen Palast erbauen ließ. Im Gegenteil, obwohl einige der in seinem Namen beschrifteten Ziegel einen königlichen Palast erwähnen, sagen sie auch aus, daß der betreffende Backstein zum Heiligtum der Ischtar gehörte. In der Tat berichten einige andere Dokumente des Königs, daß er wichtige Bauvorhaben im Tempel, den er als Werk Schamschi-Adads I. bezeichnet, ausführen ließ. Sein Augenmerk galt dabei insbesondere zwei Gebäuden im Bereich des Heiligtums: dem *bit natchi*, einem rätselhaften Bauwerk, das bereits im 14. Jahrhundert v. Chr. von Assur-uballit I. einmal restauriert worden war, sowie der sogenannten Eku-Kapelle, vermutlich das Allerheiligste des Tempels, wo ein prächtiger Thron für die Göttin aufgestellt wurde.

In den Inschriften Assurnasirpals II. ist außerdem vom Wiederaufbau eines Tempels des Gottes Adad die Rede, der allerdings in älteren Quellen für Ninive kein einziges Mal belegt ist und von dem man nicht einmal weiß, ob er auf der Zitadelle oder in der Unterstadt lag.

Die Theorie, daß die neuassyrischen Funde aus dem Umkreis des Ischtar-Heiligtums zu einem Palast Assurnasirpals II. gehören, läßt sich also zunächst nicht erhärten: weder durch die Inschriften des Herrschers selbst noch durch eine Lageskizze der architektonischen Überreste, deren Anordnung vollkommen unbekannt ist. Die dort ebenfalls in großer Zahl entdeckten Ziegel von Nachfolgern Assurnasirpals II. weisen offensichtlich auf Restaurierungsarbeiten am Tempel hin und nicht auf einen Palast. Daß es in diesem Areal dennoch ein königliches Gebäude des 9. Jahrhunderts gegeben haben könnte, belegen zahlreiche Fragmente von glasierten Tontafeln, die dort zu Tage kamen. Diese Tafeln, die mit militärischen Szenen bemalt sind, weisen nicht nur Stilelemente der Zeit Assurnasirpals II. auf, sondern sind durch einen Ornamentstreifen aus schwarz-weißen lanzenförmigen

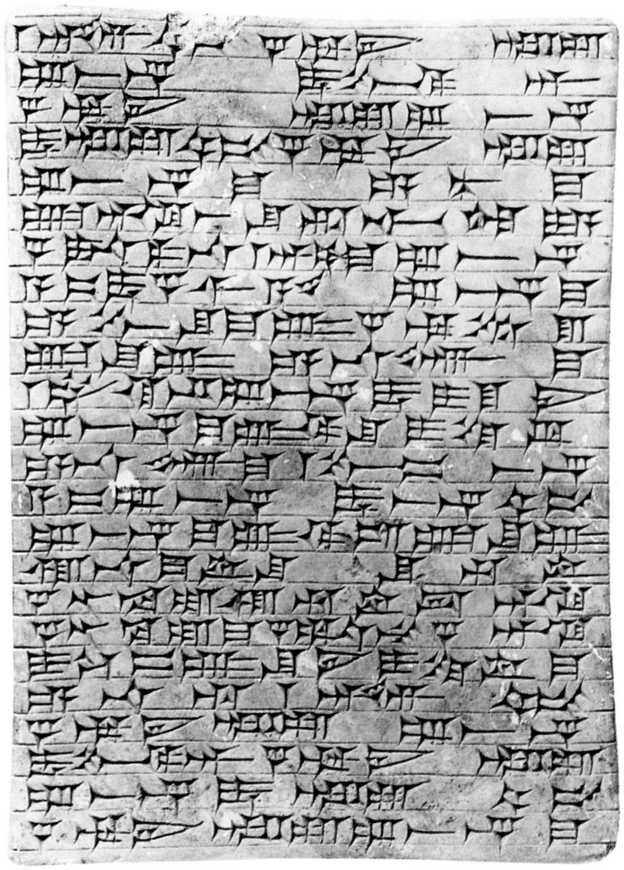

Tafeln mit Gründungsinschriften wie diese deponierte man in Mittelassyrischer Zeit im Mauerwerk oder in Fundamentgruben von Bauwerken, die ein König restaurieren oder neu errichten ließ. Meist beschränkt sich der Text nicht auf das Gebäude, in dem er gefunden wurde, sondern berichtet auch von anderen Bauvorhaben des jeweiligen Herrschers. So wird hier daran erinnert, daß Adad-nirari I. in Assur nicht nur den Ischtar-Tempel wiederherstellen ließ, sondern auch den großen Tempel und die Zikkurat des Gottes Assur; außerdem errichtete er für sich einen Palast und ließ wichtige Arbeiten an der Befestigungsmauer der Stadt ausführen.
Alabaster, Höhe 38 Zentimeter, aus Assur, Ischtar-Tempel, hintere Cella-Wand, Anfang des 13. Jahrhunderts v.Chr.; Berlin, Vorderasiatisches Museum (VA 8252).

Elementen eingefaßt. Ein solches Sparrenband am oberen und unteren Bildrand kennen wir auch von den mit ähnlichen Darstellungen geschmückten Tontafeln Tukulti-Ninurtas II. aus Assur. Vermutlich führten also dieselben Werkstätten, die in Assur für Tukulti-Ninurta II. arbeiteten, wenig später genau dieselbe Art von Schmelzfarbengemälden für ein Bauwerk Assurnasirpals II. in Ninive aus. Dabei könnte es sich um einen alten Palast gehandelt haben, den der König zu Beginn seiner Regierungszeit mit Wandbildern dekorieren ließ, oder – doch das ist eher unwahrscheinlich – um einen besonderen Gebäudesektor des Ischtar-Heiligtums, für den es jedoch keine anderen archäologischen Daten gäbe.

Während man also den Ziegeln, die einen Palast Salmanassars III. oder seines Sohnes Schamschi-Adads V. (823–811 v. Chr.) für Kujundschik erwähnen, aus den genannten Gründen keinen besonderen Wert beimessen darf, sind die Ziegelinschriften Adad-niraris III. (810–783 v. Chr.) von sehr viel größerer Bedeutung. Sie sprechen explizit davon, daß Adad-nirari III., für den einige Jahre seine Mutter Sammuramat – die sagenumwobene Semiramis zahlreicher orientalischer, im griechischen und hellenistischen Kulturkreis tradierter Mythen – die Regentschaft führte, einen Palast seines Vaters Schamschi-Adad V. vollendete. Auf umfangreiche Bauaktivitäten Adad-niraris III. in Ninive lassen auch die beschrifteten Ziegel schließen, die vom Wiederaufbau des Nabu-Tempels auf der Zitadelle von Kujundschik berichten. Auch wenn es keine endgültigen Beweise dafür gibt, so ist es

Linke Seite: Nicht nur Bürger, auch Götter besaßen im alten Mesopotamien Siegel, die oft aus dem kostbaren Material Lapislazuli hergestellt wurden. Dieses Siegel des Gottes Adad wurde bei den deutschen Ausgrabungen in Babylon im Jahr 1900 gefunden. Der Gott steht auf einem breiten Sockel, dessen Musterung vermutlich ein Gebirge andeuten soll; vor seinen Füßen erkennt man einen Löwengreif. (Siehe auch Bild Seite 38.) Lapislazuli, Höhe 12,5 Zentimeter, aus Babylon, 9. Jahrhundert v.Chr.; Berlin, Vorderasiatisches Museum (VA Bab 647).

Rechte Seite: Zwei assyrische Stallknechte tragen einen bei der Jagd erlegten Hirschen, der mit zusammengebundenen Beinen an einer Stange hängt. Kunsthistorisch interessant ist die Gestaltung des Hintergrunds mit einem Netz kleiner Kegel mit einer abgerundeten Spitze, die eine ausgedehnte Hügellandschaft symbolisieren. Alabaster, Höhe 39 Zentimeter, aus Kujundschik, Nordpalast, Saal S, Platte 22 (?), Mitte des 7. Jahrhunderts v.Chr.; Museo Barracco, Rom (49).

Ein ungewöhnliches Bildnis König Assurnasirpals II. haben diese Fragmente einer Tontafel aus Ninive bewahrt: Der Herrscher (links), dem ein Bogenschütze Kühlung zufächelt, trägt eine hohe Krone in Form einer Festungsmauer mit Türmen und Zinnen, über seinen Rücken fällt ein dicker Haarzopf. Vermutlich ist er beim Empfang von Tributbringern dargestellt (siehe Bild Seite 44 oben), ein Topos, der bald darauf auch im Reliefzyklus des Thronsaales B im Nordwestpalast von Kalchu wieder aufgenommen werden sollte. Die Fragmente dieser Szene wurden zusammen mit zahlreichen anderen Bruchstücken im Bereich eines Palastgebäudes gefunden, an dem Assurnasirpal vor seinem Umzug in seine neue Hauptstadt Kalchu vermutlich wichtige bauliche Veränderungen durchführen ließ.
Glasierter Ton, Höhe 54 Zentimeter, erste Hälfte des 9. Jahrhunderts v.Chr.; Baghdad, Iraq Museum (IM 25961).

Bruchstück einer bemalten Tontafel mit der Darstellung eines Hirten mit einem Equiden in einer bergigen Landschaft.
Glasierter Ton, Höhe 25 Zentimeter, aus Kujundschik, Palast Assurnasirpals II. (?), erste Hälfte des 9. Jahrhunderts v.Chr.; Baghdad, Iraq Museum.

doch möglich, daß mit dem Palast, den Schamschi-Adad V. erbaut oder vielleicht auch nur restauriert hatte und den dann sein Sohn Adad-nirari III. zu Beginn des 8. Jahrhunderts v. Chr. schließlich vollendete, eben jenes Palastgebäude im Nordosten des Tell Kujundschik gemeint ist, an dem sowohl Assurnasirpal II. und Salmanassar III. bereits Arbeiten ausführen ließen – und das vielleicht sogar mit dem Palast Tiglatpilesars I. identisch ist.

Die glasierten Tontafeln aus dem Palast Assurnasirpals II.

Die relativ große Gruppe von glasierten Tontafelfragmenten aus Kujundschik, die in die Zeit Assurnasirpals II. datiert werden, stellt den bedeutendsten Beleg für eine narrative Wanddekoration vor der Epoche der historisch-erzählenden Orthostatenreliefs der neuassyrischen Paläste dar, die unter Assurnasirpal II. in Kalchu beginnt und mit Assurbanipal in Ninive endet. Wahrscheinlich ist es nicht ohne Bedeutung, daß diese beachtlichen Überreste von Malereien, die allerdings keinen Rückschluß auf das originale Bildprogramm erlauben, aus einem königlichen Gebäude in Ninive stammen. Denn einerseits dürften, wie erwähnt, die historischen Szenen im Gartenpavillon Tiglatpilesars I. in Ninive die ältesten Zeugnisse dieses Genres sein, andererseits muß die verfeinerte und komplizierte Verfahrenstechnik bereits einige Jahre zuvor mit den Werken Tukulti-Ninurtas II. in Assur eine bemerkenswerte Reife erreicht haben.

Zu Beginn der Regierungszeit Assurnasirpals II. galt die Glasurmalerei auf Ton vermutlich als die beste Technik, um die militärischen Unternehmungen des Königs zu verherrlichen. So heißt es auch in der berühmten »Bankettstele«, die die prunkvolle Einweihungsfeier des neuen Palastes von Assurnasirpal II. in Kalchu feiert, daß die Heldentaten des Herrschers auf glasierten Ziegeln dargestellt waren. Allerdings wurde in einem zweiten und gewiß endgültigen Planungsschritt für den Königspalast in Kalchu das anfänglich propagierte Dekorationsprogramm mit Schmelzfarbengemälden auf Tontafeln zugunsten der kolorierten Orthostatenreliefs aufgegeben. Die beiden großen Themenkreise dieser Reliefs, die in großer Zahl in Nimrud ausgegraben

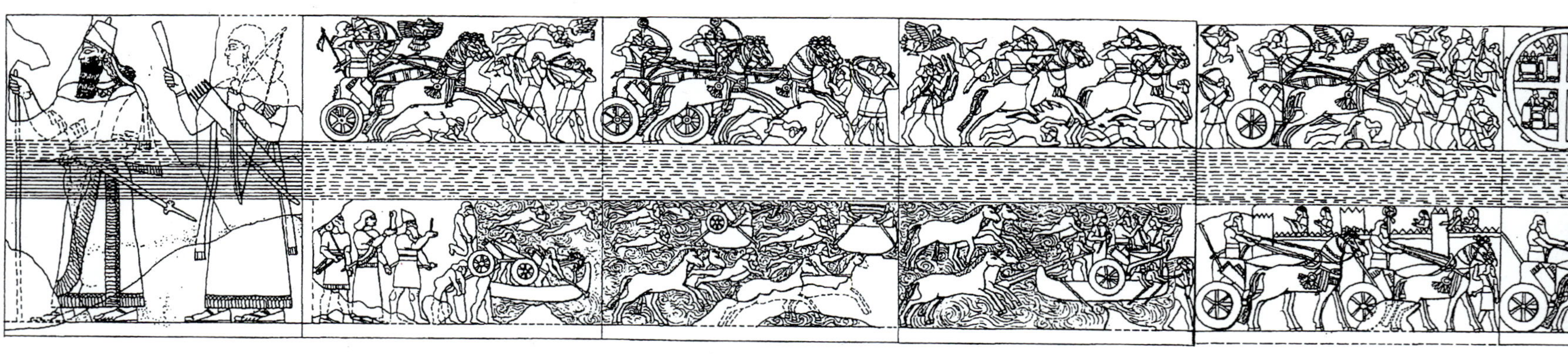

wurden, sind mythisch-symbolische Darstellungen und episch-narrative Zyklen historischen Inhalts.

Während von den Tontafelbildern des ursprünglichen Wandschmucks im Nordwestpalast von Kalchu heute nichts mehr existiert – vorausgesetzt, sie wurden überhaupt je ausgeführt –, lassen die in Ninive gefundenen Fragmente erkennen, daß sie entweder zu Platten von zwei unterschiedlichen Größen gehörten oder zu zwei verschiedenen Arten von Paneelen, die aus Ziegeln zusammengesetzt waren, wobei die eine ein kräftiges Relief aufwies, die andere hingegen ein sehr flaches. Auf den Paneelen waren apotropäische Fabelwesen wie menschenköpfige Stiere und geflügelte Genien zusammen mit verschiedenen heiligen Pflanzen dargestellt, die vielleicht nach und nach aus dem Kanon des 9. und 8. Jahrhunderts v. Chr. verschwanden. Die größeren der bemalten Tonplatten, von denen einige bis zu 65 mal 40 oder 50 Zentimeter maßen, zeigten Paraden, Wagenprozessionen und Würdenträger, die kleineren, deren Abmessungen nicht über 40 Zentimeter hinausgingen, Kriegsszenen.

Zu den Bildern der langen Wagenreihen, die den vergleichbaren, etwas älteren aus Assur in Linienführung und Farbigkeit sehr ähnlich sind, müssen auch die extrem seltenen Darstellungen des Herrschers mit einer turmartigen Krone gehören; dabei sieht man hinter dem König einen Offizier, der einen rechteckigen Fächer schwenkt (siehe Bild linke Seite oben). Das Repertoire an militärischen Szenen war vermutlich bereits so reichhaltig wie das der nur wenig jüngeren Reliefriese des Thronsaales B im Nordwestpalast von Kalchu. So kennt man Tontafelfragmente mit Illustrationen der Belagerung einer Stadt, mit Bildern von Kampfhandlungen assyrischer Soldaten, flüchtenden Hirten mit ihren Herden in einer Gebirgslandschaft und langen Reihen von Tributpflichtigen, die dem assyrischen König Geschenke bringen.

Das Bildprogramm der Obelisken

Das Mißverhältnis zwischen den ausführlichen Kriegsdarstellungen der Repräsentationsräume in den Palästen und den knappen Bildzitaten königlicher Heldentaten auf Steinmonumenten wie den Obelisken in den großen Städten des Reiches fand in Ninive in den ersten Regierungsjahren Assurnasirpals II. eine brillante Lösung. Allerdings geht sie deutlich andere Wege als die Form, die bald darauf für das 9. Jahrhundert v.Chr. verbindlich werden sollte.

Es ist offenkundig, daß es einen großen Unterschied macht, wo man die königlichen Szenen – gleichgültig ob Gemälde oder Reliefs – betrachtete: ob sie sich in geschlossenen, wenn auch öffentlich zugänglichen Räumen wie den Thronsälen der Paläste befanden, oder ob sie auf den Seitenflächen der Obelisken für jedermann sichtbar waren, der in einer der kosmopolitischen Metropolen Assyriens daran vorbeiging. Assurnasirpals besonderes Interesse am erzählerischen Moment dürfte dazu geführt haben, daß dieselben Motive sowohl für die Säle des königlichen Palastes in Ninive als auch für die öffentlichen Denkmäler der heiligen Stadt der Ischtar verwendet wurden. So hat sich gezeigt, daß die bemalten Tontafeln aus Ninive in vielen Details als Vorboten der Reliefs des Thronsaales in Kalchu anzusehen sind; andererseits läßt sich auch erkennen, daß die Szenen des berühmten Weißen Obelisken, den Assurnasirpal II. zweifellos bereits zu Beginn seiner Regierung in Ninive errichten ließ, nicht nur große Ähnlichkeit mit den Reliefs von Kalchu, sondern auch mit den Tontafelbildern von Ninive haben. Aus diesem Grund hat man – vermutlich richtig – vorgeschlagen, daß die Szenenfolge des Weißen Obelisken die verkürzte Version des Bildprogramms eines Thronsaales darstelle: vom Sturm auf die befestigten Städte bis zu den Bildern des Feldlagers, von den Szenen kultischer Handlungen im Tempel bis zur Jagd auf Wildtiere. Dabei kann es sich allein aus chronologischen Erwägungen nur um den Thronsaal in Assurnasirpals Palast in Ninive handeln. Dazu sei angemerkt, daß es trotz einiger Unsicherheiten praktisch gesichert ist, daß der Obelisk dem großen Herrscher des 9. Jahrhunderts v. Chr. zuzuschreiben ist und nicht, wie man oft angenommen hat, einem seiner relativ unbekannten Vorgänger gleichen Namens.

Bereits wenige Jahre später entschied Assurnasirpal sich für eine deutliche Eingrenzung der Themen für die Dekoration

Fragment eines Schmelzfarbengemäldes auf einer Tontafel mit der Darstellung eines assyrischen Streitwagens im Heer Tukulti-Ninurtas II.
Glasierter Ton, Höhe 65 Zentimeter, Assur, im Bereich des Anu-Adad-Tempels, Beginn des 9. Jahrhunderts v.Chr.; London, British Museum.

Umzeichnung eines großen Teils der Dekoration der Südwand des Thronsaales B im Nordwestpalast von Kalchu, erste Hälfte des 9. Jahrhunderts v.Chr. (nach J. Meuszynski).

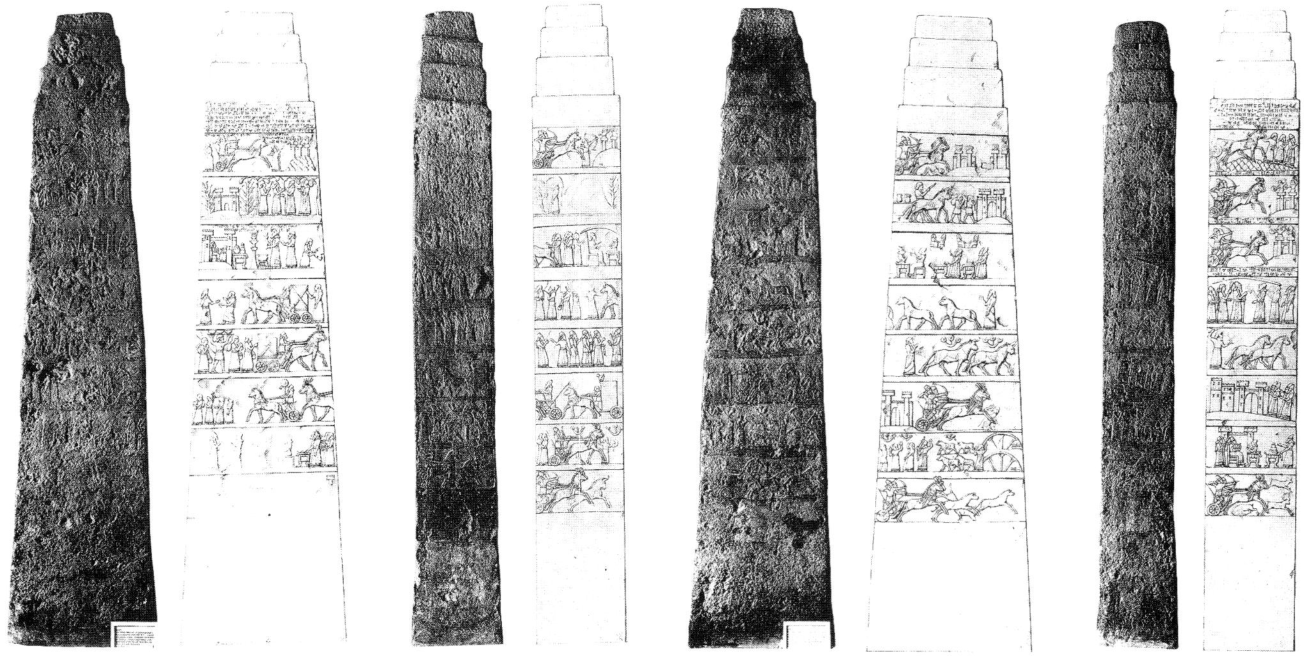

Umzeichnungen und Originalansichten der vier Seitenflächen des sogenannten Weißen Obelisken, der das älteste vollständig erhaltene Beispiel eines assyrischen Monumentalpfeilers mit einer narrativen Dekoration darstellt. Die übliche Zuschreibung an Assurnasirpal I., einen König des 11. Jahrhunderts v.Chr., ist ziemlich sicher nicht richtig. Plausibel erscheint jedoch, wie vor kurzem vorgeschlagen wurde, daß die Reliefs des Obelisken das Bildprogramm eines Thronsaales von Ninive widerspiegeln, den Assurnasirpal II. in seinen ersten Regierungsjahren vor dem Umzug nach Kalchu ausschmücken ließ.
Kalkstein, Höhe 2,90 Meter, aus Kujundschik, erste Hälfte des 9. Jahrhunderts v.Chr.; London, British Museum.

der imposanten Steinpfeiler, wie die Bruchstücke eines anderen Obelisken belegen, die Hormuzd Rassam in Kalchu entdeckte. Jetzt stellte man nur noch die Unterwerfung ausländischer Fürsten und das Überbringen von Gaben dar, so wie wir es auch von dem berühmten, vollständig erhaltenen Schwarzen Obelisken von Assurnasirpals Nachfolger, Salmanassar III., kennen. Von daher ist es sehr wahrscheinlich, daß einige Jahre nach dem Regierungsantritt Assurnasirpals II., als der Kanon für die narrativen Bildzyklen der königlichen Audienzsäle festgelegt und die Themen auf Kriegs- und in sehr viel geringerem Umfang auf Jagdszenen beschränkt wurden, auch das Bildprogramm der Obelisken auf die Darstellung von Tributbringern und der Unterwerfung besiegter Fürsten reduziert wurde. Im Vergleich mit der ersten Zeit nach der Thronbesteigung schlug man damit sowohl bei der Dekoration der Thronsäle als auch bei der – vermutlich davon abgeleiteten – Gestaltung der Obelisken einen gänzlich anderen Kurs ein.

Aus all dem oben Gesagten ergibt sich, daß Assurnasirpal II. vor der Verlegung der Hauptstadt des Reiches nach Kalchu zunächst den Bauwerken Ninives seine besondere Aufmerksamkeit schenkte, und zwar sowohl dem Tempel der Göttin Ischtar wie höchstwahrscheinlich auch einem königlichen Palast, den er mit bemalten Tontafeln ausschmücken ließ, wobei die Motive dieser Dekoration auf dem Weißen Obelisken ins Relief übertragen wurden.

Am Vorabend von Ninives Aufstieg zur Hauptstadt

Aus der Zeit nach Assurnasirpal II. besitzen wir für rund 130 Jahre nur spärliche Zeugnisse für die Architektur Ninives. Ob die in den Ziegelinschriften Salmanassars III., Schamschi-Adads V. und Adad-niraris III. erwähnten Paläste sich wirklich auf Bauwerke beziehen oder, wie oben erwähnt, nur im übertragenen Sinne die Palastverwaltung meinen, ist zweifelhaft. Gesichert ist allerdings, daß Schamschi-Adad V. einen Palast errichtete oder restaurierte und daß Adad-nirari III. spätere Baumaßnahmen an diesem Palast zu Ende führte.

Der letzte König, der sich vor dem großen Bauprogramm Sanheribs in Ninive engagierte, war sein Vater Sargon II. Obwohl er sich vor allem auf seine neue Residenz Dur Scharrukin konzentrierte – was durch zahlreiche Briefe, die er mit den Würdenträgern seines Reiches über den Fortgang der

Die Reduzierung der Themenvielfalt auf Tributlieferungen und Unterwerfungsgesten zeigt sich in der Dekoration des Schwarzen Obelisken Salmanassars III. Im Bild sieht man den demütigen Fußfall Jehus von Israel vor dem assyrischen König. Diorit, Gesamthöhe des Obelisken 2,02 Meter, Ausschnitt, aus Nimrud, zweite Hälfte des 9. Jahrhunderts, London, British Museum (WA 118885).

Arbeiten wechselte, überliefert ist –, widmete sich Sargon auch der Restaurierung und dem Wiederaufbau sämtlicher wichtiger Heiligtümer der Zitadelle von Kujundschik. An erster Stelle stand dabei das Emaschmasch der Ischtar, vor allem die Zikkurat, die vielleicht seit langer Zeit nicht mehr erneuert worden war. Außerdem ließ Sargon Arbeiten am Tempel des Gottes Nabu ausführen, den er in seinen Inschriften bezeichnenderweise Tempel des Nabu *und* Marduk nennt – vermutlich weil er eine besondere Verehrung für Babylon empfand. Und schließlich errichtete Sargon in Ninive einen *akītu*-Tempel, eine Kultstätte für die Feier des Neujahrsfestes. Der Bau eines solchen Festhauses stand in Assyrien häufig in irgend einer inhaltlichen Verbindung mit der babylonischen Welt, was sich auch daran zeigt, daß Sargons Sohn Sanherib direkt nach der Zerstörung Babylons einen *akītu*-Tempel in Assur errichten ließ.

Im Gegensatz zu diesen gut belegten Bautätigkeiten sind einige Anspielungen auf einen Palast, den Sargon in Ninive erbaut oder erneuert haben soll, relativ schwer zu beurteilen. Vermutlich handelt es sich dabei jedoch um die Restaurierung älterer königlicher Gebäude und nicht um einen Neubau. Sie dürfte einen ähnlichen Stellenwert gehabt haben wie die Arbeiten am »Wacholderpalast«, wie Sargon den Nordwestpalast von Kalchu nannte, und ist wohl als Ausdruck eines generellen Bemühens um das architektonische Erbe seiner Vorfahren zu verstehen, bevor er in seine prunkvolle neue Residenz Dur Scharrukin übersiedelte.

Gegen Ende der Regierungszeit Sargons II. deutete noch nichts darauf hin, daß sein Sohn Sanherib bereits kurz nach dem Tod des Vaters Dur Scharrukin wieder verlassen würde, um Ninive zur neuen Hauptstadt des Reiches zu machen. Rückblickend kann man jedoch sicher sagen, daß die Um- und Neugestaltung der Zitadelle von Tell Kujundschik durch die großen Assyrerkönige von Assurnasirpal II. bis Sargon II. dafür bereits die Voraussetzungen geschaffen hatte. So galten die Heiligtümer der Ischtar und des Nabu, der *akītu*-Tempel und die Paläste, die möglicherweise klein, freilich gewiß aufs herrlichste ausgeschmückt waren, als architektonische Meisterwerke und – aufgrund ihrer langen Bautradition bis zurück in die Akkad-Zeit – als Inbegriff traditionsreicher Gründungen. Als Sanherib nach seiner Thronbesteigung kurzentschlossen die geniale Entscheidung traf, Ninive zu einer der bedeutendsten Metropolen des prähellenistischen Altertums auszubauen, sollte es bald darauf zwei Städte in Assyrien geben, deren Pracht die aller anderen des Zweistromlandes überstrahlte: Assur und Ninive.

Antwortbrief eines hohen Würdenträgers an Sargon II., der sich nach dem Fortgang der Arbeiten in seiner neuen Residenz Dur Scharrukin erkundigt hatte.
Ton, Höhe 7,7 Zentimeter, aus Kujundschik, Ende des 8. Jahrhunderts v.Chr.; London, British Museum (WA K943).

Die Rekonstruktionszeichnung Walter Andraes zeigt den dicht mit Büschen bepflanzten Hof des *akītu*-Tempels von Assur, den Sanherib zu Beginn des 7. Jahrhunderts v.Chr. erbauen ließ. Ein *akītu*-Haus war der Ort der Neujahrsfeiern, zu denen ein Festmahl *(akītu)* gehörte, von dem sich auch der Name der Kultstätte ableitet.

Ninive als Hauptstadt des assyrischen Reiches

Linke Seite: Detail eines Reliefs aus dem Nordpalast von Kujundschik mit der Darstellung eines Reiters, der an einer Jagd teilnimmt. (Siehe auch Bild Seite 72.)

Seit der Zeit Sargons von Akkad galt die Gründung einer neuen Hauptstadt als deutlichstes Zeichen, das ein Herrscher des Zweistromlandes setzen konnte, um den Göttern und seinen Untertanen sein Betreben nach Erneuerung in der Kontinuität und seine Bereitschaft zu großen Taten zu bekunden. In den rund 500 Jahren, die der Thronbesteigung Sanheribs im Jahr 705 v. Chr. vorausgingen, waren bereits drei seiner berühmten Vorgänger dem Beispiel des berühmten Sargon von Akkad gefolgt, wenn auch aus anderen politischen Beweggründen und mit unterschiedlicher Entschlossenheit. Die Erinnerung an alle diese Könige – von denen zumindest zwei ein tragisches Ende fanden – war im Bewußtsein der Zeitgenossen Sanheribs ohne Frage noch sehr lebendig.

Den Anfang machte Tukulti-Ninurta I. in der zweiten Hälfte des 13. Jahrhunderts v. Chr. Zunächst wandte er seine Aufmerksamkeit zwar noch der alten Kapitale und heiligen Stadt Assur zu, wo er bedeutende Kult- und Profanbauten restaurieren und wiederaufbauen ließ. Nach der Eroberung und Plünderung des Erzfeindes Babylon fällte er jedoch, offensichtlich völlig überraschend, die Entscheidung, seine neue Hauptstadt Kar Tukulti-Ninurta auf dem Assur gegenüberliegenden Tigrisufer in einem bis dahin unbewohnten Gebiet zu errichten.

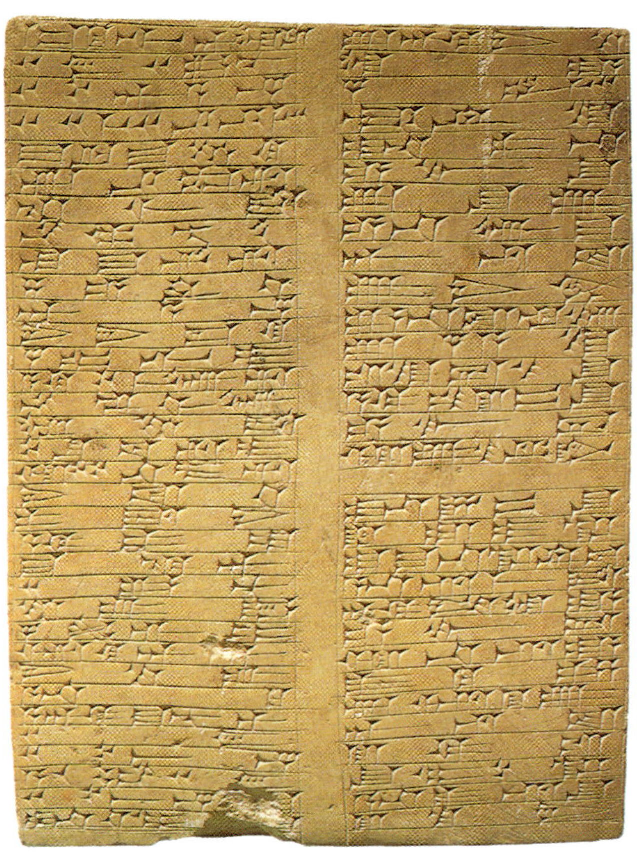

Rechts: Keilschrifttafel mit einer Bauinschrift, die sich auf den Wiederaufbau des Heiligtums der Ischtar-Dinitu in Assur bezieht. Zum großen Tempel, den Tukulti-Ninurta I. im 13. Jahrhundert v.Chr. für Ischtar errichtete, gehörte auch ein kleines Heiligtum der Göttin Dinitu. Sie gilt als Erscheinungsform der Ischtar, deren archaischer Tempel durch das Bauwerk Tukulti-Ninurtas I. abgelöst wurde. (Siehe auch die Rekonstruktionszeichnungen Seite 48 und 49.)
Alabaster, Höhe 41 Zentimeter, aus Assur, zweite Hälfte des 13. Jahrhunderts v.Chr.; London, Britisches Museum (WA 114263).

Der zweite war Assurnasirpal II. In der ersten Hälfte des 9. Jahrhunderts v.Chr. verließ auch er Assur, wohin der Hof nach dem Tod Tukulti-Ninurtas I. zurückgekehrt war, und verlegte das politische Zentrum Assyriens weiter in den Norden nach Kalchu, das heutige Nimrud. Wie Assurnasirpal II. selbst berichtet, gab es dort bereits eine kleine Ansiedlung, die Salmanassar I. kurz vor 1250 v. Chr. gegründet hatte und die nun zu einer der größten Städte des jungen neuassyrischen Reiches ausgebaut werden sollte. Den Entschluß, Kalchu zu seiner neuen Residenz zu machen, fällte Assurnasirpal II. sicher bereits in den ersten Jahren seiner Regierung, auch wenn er gleichzeitig keineswegs unbedeutende Baumaßnahmen in Assur und Ninive durchführen ließ.

Die dritte Neugründung einer assyrischen Hauptstadt war zweifellos noch radikaler als die vorangegangen Projekte und fand bereits zu Lebzeiten Sanheribs statt. Ihr Protagonist war Sanheribs Vater, Sargon II., der in einer politisch undurchsichtigen Situation im Jahr 722 v. Chr. auf den Thron gekommen war und von Anfang an das klare Ziel verfolgte, seine neue Residenz Dur Scharrukin etwa 15 Kilometer nördlich von Ninive an der Stelle des Dorfes Magganubba aus dem Boden zu stampfen. Daß er mit diesem gigantischen Bauvorhaben dem Gründer von Akkad, der als »Vater des ersten mesopotamischen Großreiches« in die Geschichte eingegangen war, nacheiferte, zeigt sich nicht zuletzt daran, daß er dessen Namen angenommen hatte. Und sicher war es auch kein Zufall, daß die legendären Taten seines großen Vorbildes das Thema epischer Kompositionen waren, die sich gegen Ende des 8. Jahrhunderts v. Chr. großer Beliebtheit erfreuten.

Ein tragisches Schicksal verbindet die beiden Herrscher, die sich mit besonderer Hartnäckigkeit für ihre neuen Hauptstädte, Kar Tukulti-Ninurta und Dur Scharrukin, eingesetzt hatten – eine wie die andere mit einer riesigen Siedlungsfläche geplant, obwohl die königlichen Inschriften sie vor allem als neuen Sitz für die großen Götter Assyriens bezeichneten. Tukulti-Ninurta I., der nach dem Verständnis verschiedener Babylon-freundlicher Kreise am Hof die Schuld auf sich geladen hatte, Babylon zerstört und die Götterbilder von Marduk und Sarpanitu in die Gefangenschaft nach Assur geführt zu haben, wurde von seinen eigenen Söhnen in seinem neuen Palast in Kar Tukulti-Ninurta ermordet – vielleicht im Zusammenhang mit Aufständen, die sich gegen den

Assurnasirpal II., mit dem das neuassyrische Reich im 9. Jahrhundert v.Chr. seinen ersten Höhepunkt erlebte, trat in den beiden heiligen Städten Assyriens – Assur und Ninive – als großer Bauherr auf. Sein bedeutendstes architektonisches Vermächtnis aber sollte die neue Reichshauptstadt Kalchu werden. Als erster assyrischer König ließ er seinen Palast, der sich neben dem Tempel des Stadtpatrons und Kriegsgottes Ninurta erhob, mit einem ausgedehnten Reliefzyklus zu mythisch-symbolischen und historischen Themen ausschmücken. Dazu gehört auch dieses Relief, das Assurnasirpal II. zwischen Höflingen und geflügelten Genien auf einem Thron sitzend zeigt.
Alabaster, Höhe 2,34 Meter, aus Nimrud, Nordwestpalast, Saal G, erste Hälfte des 9. Jahrhunderts v.Chr.; London, British Museum (WA 124564–5).

schrecklichen Frondienst beim Bau seiner neuen Hauptstadt richteten. Nicht weniger dramatisch war das Ende Sargons II., der während eines Militärzuges in Kilikien fiel. Da der Tod auf dem Schlachtfeld ein äußerst ungewöhnliches Los für einen assyrischen Herrscher war, deutete man das als Zeichen des göttlichen Zorns und als Strafe für ein schweres Vergehen des Königs.

Die Regierung Sargons II. war, trotz ihrer vergleichsweise kurzen Dauer von ungefähr 17 Jahren, von einer ununterbrochenen Serie militärischer Triumphe über eine Reihe keineswegs unbedeutender Gegner gekennzeichnet. Dazu zählten die Niederschlagung eines Aufstandes im Westen, der erste Sieg der assyrischen Geschichte über Ägypten, der Triumph über Urartu, der zum Selbstmord des urartäischen Königs Rusa II. führte, die Kontrolle über Babylonien, die in der Flucht seines stolzen Königs Merodachbaladan II. gipfelte, die Neutralisation der Macht Phrygiens und die Unterwerfung des mächtigen Mita von Muschki, des sagenumwobenen Midas der griechischen Überlieferung.

Auf der politischen Ebene erwies sich Sargon II. als geschickter und kluger Taktiker: So betrieb auch er die Erweiterung des Reiches, die sein Vater Tiglatpilesar III. begonnen und sein Bruder Salmanassar V. fortgesetzt hatten, indem er sämtliche Machthaber zwischen Ägypten und Elam, Urartu und Phrygien, die ihm noch nicht untertan waren, niederzwang oder gezielt schwächte. Wenn es um die schwierigen Beziehungen mit Babylon und den anderen Städten im Süden des Zweistromlandes ging, bezog er zwar eine feste Position, zeigte sich aber – anders als sein Vater und auch sein Sohn Sanherib – sowohl in politischer wie ökonomischer Hinsicht ausgespochen milde und tolerant.

Das schreckliche Schicksal, das Sargon II. völlig unerwartet auf dem Höhepunkt seiner vom Erfolg begünstigten Herrschaft ereilte, mußte wie eine Strafe des Himmels für eine schwere persönliche Schuld erscheinen. Ein bedeutender Omentext aus der Zeit Asarhaddons, des Enkels von Sargon II., erinnert daran, daß Sanherib, zutiefst verstört über den plötzlichen Tod seines Vaters, die Götter befragte, worin die »Sünde« Sargons bestanden habe. Sicherlich bewegte ihn vor allem die Sorge darum, den Irrtum des Vaters nicht fortzusetzen, um seine eigene Regierung vor einer weiteren göttlichen Strafe zu bewahren. Die Antwort der Götter überrascht angesichts der Haltung der Regierung Sargons: Die Schuld des Vaters, so wird Sanherib enthüllt, habe im mangelnden Respekt vor Marduk und den Göttern Babyloniens bestanden. Dagegen sprechen jedoch die Zeugnisse der königlichen Kanzlei, die vom Beginn der Regierung Sargons an belegen, daß seine Politik – im Unterschied zu der seines Vorgängers Salmanassar V. – immer darauf abzielte, den Bürgern Babylons im besonderen und Südmesopotamiens im allgemeinen große Steuerfreiheiten zu gewähren. Auch als ihn die politischen Gegensätze später dazu zwangen, Merodachbaladan II. zu bekämpfen, wurde der Sieg über den aramäischen Prinzen wie die Befreiung vom Joch eines Tyrannen dargestellt, und es gibt keinerlei Berichte darüber, daß gegen die heilige Stadt Marduks oder die mächtige Priesterschaft des Esagil Sanktionen verhängt worden wären.

Die Kränkung bestand nach mesopotamischer Vorstellung vermutlich nicht in konkreten feindseligen Akten gegen Babylon, sondern in Sargons zielstrebig verfolgtem Plan, Dur Scharrukin zur neuen Reichshauptstadt, ja zu einem neuen Akkad zu machen. So gibt es eine gut dokumentierte südme-

Reliefbruchstück mit einer Darstellung Sargons II., des Gründers von Dur Scharrukin.
Alabaster, Höhe 89 Zentimeter, aus Chorsabad, Königspalast, Saal 6 oder 11, Ende des 7. Jahrhunderts v.Chr.; Museo Egizio, Turin (10407).

Links oben: Diese *kudurru*-Stele – ein Denkstein, der eine Urkundentext enthält – zeigt den babylonischen König Merodachbaladan II. (links) und einen seiner Würdenträger, den er mit einer Landschenkung auszeichnet. Merodachbaladan oder Marduk-apla-iddina war ein Zeitgenosse Sargons II., der ihn vom Thron Babylons vertrieb. Schwarzer Marmor, Höhe 45 Zentimeter, Fundort unbekannt, Ende des 8. Jahrhunderts v.Chr.; Berlin, Vorderasiatisches Museum (VA 2663).

Rechts oben: Aus dem Palast Sargons II. in Dur Scharrukin stammt dieses Relief mit einem Mann, der einen kleinen Steinbock trägt. Alabaster, Ausschnitt, aus Chorsabad, Königspalast, äußerer Hof, Fassade M, Ende des 8. Jahrhunderts v.Chr.; Paris, Musée du Louvre (AO 19872).

sopotamische Überlieferung, die auch in Assyrien verbreitet war und wenigstens in zwei berühmten babylonischen Chroniken, der *Chronik Weidner* und der *Chronik der alten Könige*, erhalten ist, die es als den »Irrtum« Sargons von Akkad bezeichnet, daß er »in der Nähe von Akkad ein Ebenbild Babylons« geschaffen und es auch noch Babylon genannt habe. Vergleichbare Passagen finden sich auch in neuassyrischen Texten, die sich auf einen Brauch verschiedener Könige im Anschluß oder in Verbindung mit der Zerstörung einer bedeutenden Stadt beziehen. Und zwar heißt es, daß der siegreiche König bei seiner Hauptstadt einen Hügel mit Erde aus der unterworfenen Stadt anlegen ließ. Das wird für Salmanassar I. nach der Einnahme der Stadt Arinna, für Sanherib nach der Zerstörung Babylons und für Assurbanipal nach der Eroberung Susas berichtet.

Es könnte sein, daß die Gründung von Dur Scharrukin und der Triumph Sargons II. über Babylon von einigen probabylonischen Gruppierungen am assyrischen Hof als nicht wiedergutzumachende Erniedrigung der heiligen Stadt Marduks verstanden wurden – um so mehr als die offiziellen Stellen Dur Scharrukin vielleicht sogar als neues Akkad propagierten und damit als die Stadt, mit der die babylonische Tradition gegen alle historische Wahrheit die erste und älteste Entweihung des heiligen Bodens von Babylonien verband. Und vielleicht hatte Sargon Babylon nach seinem Sieg über Merodachbaladan II. ja auch dadurch gedemütigt, daß er neben seiner neuen Hauptstadt in Assyrien einen Hügel mit babylonischer Erde errichten ließ.

Erste Pläne und Bauvorhaben

Wie auch immer man die Antwort der Götter auf Sanheribs Frage interpretieren will, vermutlich brachte er die Beleidigung der babylonischen Götter und das tragische Ende seines Vaters mit der Gründung von Dur Scharrukin in Zusammenhang und faßte deshalb bereits zu Beginn seiner Regierung den Entschluß, die unglückselige Residenz wieder aufzugeben. Mit Ninive fiel Sanheribs Wahl auf eine Stadt mit einer uralten Tradition, die als Sitz des Heiligtums der assyrischen Ischtar von jeher neben Assur, der Heimat des Nationalgottes Assur, als zweite heilige Stadt der assyrischen Welt verehrt wurde.

Die Entscheidung für Ninive läßt jedoch auch eine klare Absage Sanheribs an die Haltung Sargons II. erkennen. Sie war davon beeinflußt, daß das Schicksal des Vaters wie auch schon das Tukulti-Ninurtas I. ein klarer Hinweis auf den Unmut der Götter zu sein schien, die die Gründung einer neuen Hauptstadt offensichtlich als Zeichen menschlicher Hybris empfanden. Letztlich ist die urbane Politik Sanheribs und seine ideologische Position nur vor diesem Hintergrund wirklich verständlich. So verzichtet der neue König nämlich keineswegs auf die traditionelle Rolle, als Bauherr denkwürdiger und prächtiger Monumente aufzutreten. Vielmehr versichert er mit Nachdruck, daß das, wozu er sich anschickt, alles bisher Dagewesene in den Schatten stellen werde. Ninive ist jedoch kein willkürlich gewählter jungfräulicher Boden, sondern – ganz im Gegenteil – ein Ort, dem die Götter seit

Rechts: Umzeichnung eines Siegels mit der Darstellung des babylonischen Gottes Marduk, der ein königliches Sichelschwert sowie Stab und Ring als Abzeichen der Gerechtigkeit in Händen hält. Der Gott steht auf einem Sockel, dessen Wellenlinien den Urozean andeuten, bei ihm liegt sein heiliges Tier, der Schlangendrache Muschchusch.
Lapislazuli, Höhe 19 Zentimeter, aus Babylon, 9. Jahrhundert v.Chr.; Berlin, Vorderasiatisches Museum.

Unten: Modell des heiligen Bezirks des Etemenanki, des legendären »Turms zu Babel« neben dem Marduk-Heiligtum von Babylon. Auch wenn diese Rekonstruktion aus dem Jahr 1931 durch neuere Forschungen in manchen Details etwas revidiert wurde, so vermittelt sie doch ein anschauliches Bild des berühmten Tempelturms, der im 7./6. Jahrhundert v.Chr. erbaut wurde. (Siehe auch Bild Seite 10.)
Berlin, Vorderasiatisches Museum (VAG 131).

ältester Zeit ihr Wohlwollen geschenkt hatten. Sanherib errichtet also keine neue Kapitale, er erneuert und vergrößert eine der ältesten heiligen Städte Assyriens und erkennt damit an, daß die Neugründung einer Hauptstadt die Aufgabe der Götter ist, die kein Herrscher an sich reißen darf.

In den Inschriften, in denen Sanherib sein städteplanerisches Konzept für Ninive darlegt, folgt den Bemerkungen über das Alter, die Heiligkeit und die Schönheit des Stadtzentrums nicht wie üblich der Hinweis, daß es im Lauf ihrer Geschichte völlig verfallen sei. Allerdings behauptet der König, daß keiner seiner Vorgänger auch nur daran gedacht habe, die Stadt der Ischtar zu vergrößern, eine Stadtmauer zu erbauen, ihr Straßennetz zu erweitern, Kanäle für die Regulierung der Flußläufe, die sie durchqueren, zu graben, Bäume für einen Park zu pflanzen und schließlich den Königspalast zu restaurieren, der für einen König Assyriens wahrlich zu klein und bescheiden sei. Ganz offensichtlich waren ihm städteplanerische Projekte bei der Realisierung dessen, was ihm, wie er betont, die Götter selbst eingegeben hätten, ein besonderes Anliegen. Auch in den späteren Texten, in denen die Arbeiten beschrieben werden, die mittlerweile in Ninive ausgeführt wurden, wird das Gewicht nicht auf Heiligtümer der Stadt gelegt, sondern auf ihre urbane Struktur und deren Gestaltung: von der Befestigung bis zum Straßensystem, von den Arbeiten an den Kanälen außerhalb der Stadt bis zur Regulierung von Tebiltu und Chusur, von der Ausdehnung der Siedlungsfläche bis zum Stadtpark. Das ist einzigartig, vor allem auch im Vergleich mit den Zeugnissen aus der gerade zu Ende gegangenen Epoche seines Vaters.

Am Beginn der Regierungszeit Sanheribs, als der Bau des neuen Königspalastes das zentrale Thema ist, erfahren wir in städtebaulicher Hinsicht nur, daß in der Nähe des Palastes ein großer Park »wie im Amanus-Gebirge« angelegt wurde, mit allen Arten von Pflanzen und Obstbäumen, darunter Bäume, die in hochgelegenen Hügelregionen oder den heißen Niederungen Chaldäas heimisch sind. Weiter heißt es, daß das Gartenland oberhalb Ninives parzelliert und an die Einwohner Ninives verteilt wurde, und schließlich hören wir von Wasserbaumaßnahmen im Gebiet zwischen der Stadt Kisiri und der Ebene von Ninive. Durch die Kanalisierung des

Rekonstruktion eines Wandgemäldes im Audienzraum der Residenz K von Dur Scharrukin. Während die Ornamentbänder mit Rosetten und geflügelten Genien dem traditionellen Dekorationsschema neuassyrischer Paläste folgen, scheint das Bildfeld einer königlichen Stele nachempfunden zu sein. Dargestellt ist Sargon II. (Mitte) mit seinem Sohn Sanherib (rechts) vor dem Götterbild des Assur; das Thema ist vermutlich die Designierung Sanheribs zum Thronfolger. Aquarell nach einer Malerei auf Putz, ergänzte Höhe 12,8 Meter, Ende des 8. Jahrhunderts v.Chr.; Chicago Oriental Institute Museum.

Chusur sollten die Anbauflächen in den »Bergen und Ebenen« vergrößert, die Gärten bewässert und die Wassermengen des Chusur und seiner Zubringer reguliert werden. In anderen Worten: Zu diesem Zeitpunkt spricht man also noch nicht von wirklichen städtebaulichen Veränderungen wie in den späteren Texten. Das liegt vermutlich daran, daß noch kein Gesamtkonzept für die Umgestaltung Ninives existierte, sondern nur Pläne für Teilprojekte wie die Anlage des Parks, die Landverteilung und die Wasserbaumaßnahmen im Hinterland Ninives, die sowohl der königlichen Residenz als auch den Einwohnern der Stadt zugute kommen sollten. Das Kernstück der königlichen Bauaktivitäten in den ersten Regierungsjahren ist der sogenannte Südwestpalast Sanheribs, den er an der Stelle einer sehr vielen kleineren Residenz seiner Vorväter errichten läßt.

In der Beschreibung der Bauvorhaben dieser Jahre ist nirgendwo eine besondere Hinwendung Sanheribs zu den Göttern festzustellen, wie wir es sowohl von Tukulti-Ninurta I. wie Sargon II. kennen, die in ihren Bauinschriften ja beide ihre neugegründete Stadt programmatisch vor allem als prunkvollen neuen Sitz für die Götter dargestellt hatten. Was die Wasserversorgung und die Kultivierung von Neuland betrifft, blieb Sanherib jedoch dem einmal eingeschlagenen Weg seines Vaters Sargon II. treu und war wie dieser darum bemüht, der Bevölkerung seiner Hauptstadt akzeptable Lebensbedingungen zu ermöglichen.

Plan Ninives zur Zeit Sanheribs am Beginn des 7. Jahrhunderts v.Chr.

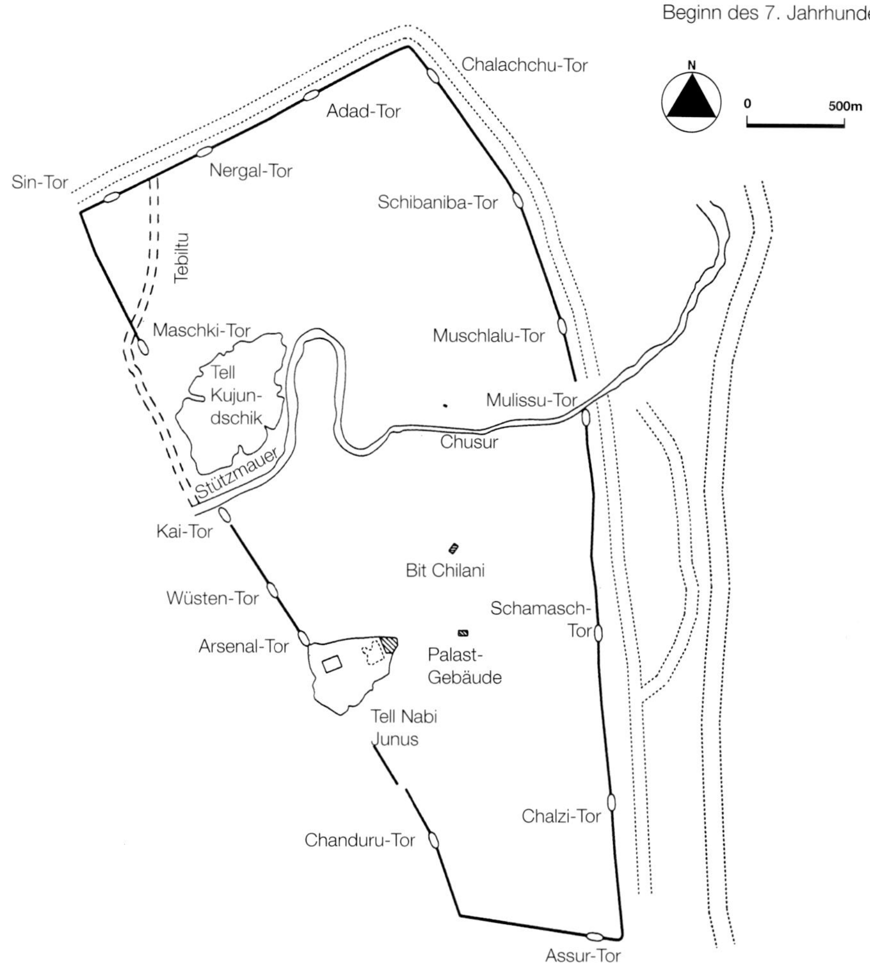

Darstellung einer militärischen Unternehmung in einer bewaldeten Hügelregion. Das besondere Interesse der ninivitischen Künstler an der Einbeziehung der Landschaft in alle Darstellungen der Feldzüge Sanheribs scheint in derselben politischen und ideologischen Atmosphäre gereift zu sein, in der der König selbst sich mit großen Projekten dem natürlichen Lebensraum zuwendet. An erster Stelle steht dabei die Regulierung der Zuflüsse des Tigris, die für die Landwirtschaft im Hinterland Ninives ebenso bedeutend war wie für die Hauptstadt selbst, die dadurch vor den Überschwemmungen durch die unberechenbaren Wildbäche aus der Gebirgsregion im Nordosten der Stadt geschützt wurde.
Aus Kujundschik, Südwestpalast, Hof VI, Platten 11–13, Beginn des 7. Jahrhunderts v.Chr.; Zeichnung aus dem 19. Jahrhundert, London, British Museum (WAA Or.Dr. I, 70).

Oben links und rechts: Diese beiden Ausschnitte gehören zu einem Relief, auf dem die Verfolgung chaldäischer Flüchtlinge im Schilfdickicht der babylonischen Sümpfe dargestellt ist. Während links assyrische Soldaten den Chaldäern sogar bis auf ein Binsenboot nachsetzen, sieht man rechts einen Krieger und zwei Frauen, die sich auf ihrem kleinen Boot im Schilf verstecken.
Die Freude an der Wiedergabe der Natur, die sich zur Zeit Sanheribs beobachten läßt, setzt sich offensichtlich auch unter seinem Enkel Assurbanipal fort. Aufgrund ikonographischer Übereinstimmungen mit den Reliefs im Nordpalast von Kujundschik, die sicher in die Zeit Assurbanipals datieren, dürften diese Szenen aus dem Südwestpalast wohl auch ihm zuzuschreiben sein. (Siehe auch Bild Seite 97.)
Alabaster, aus Kujundschik, Südwestpalast, Hof XIX, Mitte des 7. Jahrhunderts v.Chr.; London, British Museum (WA 124774).

Nördlich von Ninive, wo Sanherib ein System von Kanälen und Aquädukten errichten ließ, um seine Hauptstadt und das landwirtschaftliche Gebiet im Umland gleichmäßig mit Wasser zu versorgen, erinnern eine Reihe von Felsreliefs an sein Wirken. Dazu zählt auch diese Darstellung einer Prozession von Göttern in Maltai.

Sich die ungezähmte Natur untertan zu machen, zählte von jeher zu den Vorrechten des mesopotamischen Königs und galt zugleich auch als eine seiner besonderen Aufgaben. Von ältester Zeit an kam er dieser Pflicht auf verschiedenste Weise nach: Das konnten gefahrvolle Expeditionen in weit entfernte Länder sein, wo der König neue Straßen durch unberührte Gegenden schlagen ließ; oder er machte Jagd auf gefährliche Tiere der Wüste, der Berge und der Meere, vor allem auf Wildstiere und Löwen, deren Tötung eine Art Ritual war, durch das die natürliche Ordnung bewahrt wurde; und schließlich gehörte dazu auch die Urbarmachung von unkultiviertem Land, wo Pflanzen angesiedelt wurden, die in Assyrien nicht heimisch waren.

Es war also eine alte Tradition, daß sich die Könige Assyriens als Bezwinger der Mächte der Natur – bevorzugt als siegreiche Jäger – präsentierten. Ein Wandel im Verständnis dieser Aufgabe zeichnete sich erst unter Sargon II. und Sanherib ab. Sie übten ihre Herrschaft über die Natur weniger durch solche im Mythos wurzelnden symbolischen Handlungen aus, sondern durch konkrete soziale Maßnahmen, die einen unmittelbaren ökonomischen Nutzen hatten und Ausdruck der Gerechtigkeit des Herrschers sein sollten. So berichtet Sargon in Zusammenhang mit der Gründung von Dur Scharrukin davon, daß er den Boden für seine neue Stadt von den Eigentümern zu einem gerechten Preis gekauft habe, und Jahre später ließ Sanherib, der sich auch schon um die Parks von Dur Scharrukin gekümmert hatte, frisch gerodete Gartengrundstücke für den Anbau an die Bevölkerung Ninives verteilen. Von Sanherib gibt es auch Briefe, die er als

Kronprinz an seinen Vater schrieb, in denen er ihn über die Auswahl von Pflanzen informiert, die er aus Syrien für die neue assyrische Hauptstadt mitbringen wollte.

Die Stadt erhält ihr neues Gesicht

Die gezielte urbane Umgestaltung Ninives nahm wohl erst dann greifbare Formen an, als die Arbeiten am »Palast ohnegleichen« bereits weit fortgeschritten waren, denn erst in den Bauinschriften des Jahres 694 v. Chr., in denen auch der fast vollendete Palast mit vielen Details beschrieben wird, werden präzise Angaben zur umfangreichen Erneuerung und Erweiterung des Stadtgebietes gemacht. Zunächst erfahren wir, daß der Umfang der Stadt, der vor Sanherib nur 9300 Ellen (5,115 Kilometer) betragen habe, um 12 515 Ellen erweitert, das heißt mehr als verdoppelt worden sei. Damit erreiche er nun eine Gesamtlänge von 21 815 Ellen, was 12,5 Kilometern entspricht. Diese Angabe kommt dem Maß ziemlich nahe, das sich ergibt, wenn man heute dem riesigen Erdwall der verfallenen Befestigungsmauer folgt, der schon die Reisenden des 18. Jahrhunderts anzog und sie davon überzeugte, daß es sich um die Stadtmauer der letzten assyrischen Hauptstadt handeln müsse.

Danach werden die eigentlichen Arbeiten an der großen Mauer aufgeführt, die im Grunde aus zwei Mauerringen besteht: einer inneren Ziegelmauer, die sich über einem Steinfundament erhebt und 40 Ziegellagen dick sowie 180 *tipkê*

Assyrische Reitersoldaten durchqueren eine Bergregion mit einem Nadelwald, durch die ein fischreicher Bach ins Tal hinab fließt. Im Talgrund stehen Weinstöcke mit reifen Trauben. (Siehe auch Bild Seite 119.)
Aus Kujundschik, Südwestpalast, Hof VI, Platte 1, Beginn des 7. Jahrhunderts v. Chr.; Zeichnung aus dem 19. Jahrhundert, Ausschnitt, London, British Museum (WAA Or.Dr. IV, 43).

Folgende Doppelseite: Ein wichtiges Thema der Kriegszüge Assurbanipals waren die Kämpfe mit den arabischen Wüstenstämmen, die als Bundesgenossen seines aufrührerischen Bruders Schamaschschum-ukin bezeichnet werden. Im Bild Beduinenkrieger auf Dromedaren, die sich mit assyrischen Soldaten ein erbittertes Gefecht liefern.
Alabaster, Höhe 1,32 Meter, aus Kujundschik, Nordpalast, Saal L, Platte 12, Mitte des 7. Jahrhunderts v. Chr.; London, British Museum (WA 124926).

Blick von Nordosten auf das Areal des antiken Ninive. Deutlich erkennt man links vorn einen Abschnitt der Stadtmauer Sanheribs und im Hintergrund rechts die Plattform des Tell Kujundschik mit der großen Schleife des Chusur; ganz hinten der Tigris.
Im Buch Jona heißt es, daß Ninive zur Zeit der Sargoniden im 7. Jahrhundert v. Chr. 120 000 Einwohner hatte. Heute schätzt man, daß damals innerhalb des doppelten Mauerrings ungefähr 100 000 Menschen lebten. Das Stadtgebiet mit seiner riesigen Fläche von über 750 Hektar umfaßte nicht nur die beiden Zitadellen des Kujundschik und des Tell Nabi Junus, sondern auch ausgedehnte Gartenanlagen, von denen als erster bereits Tiglatpilesar I. berichtet, vor allem aber natürlich Sanherib.

Rechts: Das rekonstruierte Schamasch-Tor an der Ostseite der Stadtmauer Sanheribs. (Siehe auch Bild Seite 24/25 und 84/85.)

Oben: Detail einer Landschaft mit Granatapfelbäumen, Weinstöcken und einem Bach. (Siehe auch Bild Seite 119.)

Detail eines Reliefs mit wilden Tieren, die sich im Schilfdickicht der Flußauen Südmesopotamiens verbergen.
Alabaster, aus Kujundschik, Südwestpalast, Hof VI, Platte 60, Beginn des 7. Jahrhunderts v.Chr.; London, British Museum (WA 124824).

breit ist; und einer äußeren Mauer, die im Unterschied zur inneren Ziegelmauer vollständig aus großen Kalksteinblöcken errichtet ist und auf einem mächtigen Fundament ruht, dessen Blöcke bis zum Grundwasser hinabreichen. Anschließend werden die 15 Stadttore im einzelnen aufgezählt: mit ihren zeremoniellen Namen, den Gottheiten, denen sie geweiht waren und den Städten oder Regionen, zu denen die Straßen führten, die von ihnen ausgingen. Sieben Tore waren zum »Sonnenaufgang, nach Süden und nach Osten« gewandt, drei nach Norden und fünf nach Westen (siehe auch Seite 196 ff.).

Daran schließt sich die ziemlich ausführliche Beschreibung der umfangreichen Wasserbaumaßnahmen am Chusur an: Bereits in den Bergen im Norden Ninives wurden die Wasser der Wildbäche, die vom Musri-Gebirge in die Region der Städte Dur Ischtar, Schibaniba und Suli herabströmten, in einem Reservoir gefaßt, um es dem Chusur zuzuleiten. In der Ebene von Ninive wurden dann im ganzen Umkreis der Stadt bis zur Mündung des Chusur in den Tigris Kanäle gegraben.

Über die Stadt selbst wird in allgemeinen Worten, die der Wirklichkeit jedoch recht nahe kommen dürften, gesagt, daß »ihre Plätze vergrößert und schön wie der Tag gemacht wurden«, während die äußere Mauer nun »hoch wie ein Berg« sei und sich oberhalb und unterhalb der Stadt Gärten erstreckten die den »Reichtum der Berge und aller Länder« enthielten, und in denen »alle Pflanzen Syriens, Myrrhen, die reichere Früchte trugen als in ihrer Heimat, alle Arten von Weinreben aus dem Hügelland, alle Früchte von allen bewohnten Ländern, alle Gemüse und alle Obstbäume für die Untertanen Assyriens gepflanzt wurden«.

Am Ende der Beschreibung der Arbeiten in Ninive und Umgebung steht bezeichnenderweise eine Aufzählung der Bäume, die hier nun aufs üppigste gediehen: von den Zypressen bis zu den Maulbeerbäumen und dem Röhricht. Außerdem heißt es, daß exotische Vögel begonnen hätten, in der Umgebung Ninives zu nisten und sich die Wildschweine und andere wilde Tiere rapide vermehren würden. Die Einleitung zu diesem letzten Abschnitt des Textes bildet der Hinweis, daß all dies »auf göttliche Anweisung« hin geschehen sei. Nun war Ninive also doppelt geschützt: vor den Fluten von Tebiltu und Chusur durch Dämme im Norden und Kanäle im Süden, vor gefährlichen Angreifern durch die mächtige doppelte Stadtmauer aus Lehmziegeln und Kalksteinquadern. Doch sozusagen als Tüpfelchen auf dem i gehört zur städtebaulichen Erneuerung Ninives das Gedeihen einer üppigen Pflanzen- und Tierwelt, gleichsam als Symbol eines prosperierenden Gemeinwesens.

In den Dokumenten vor 694 v. Chr. finden sich im Kontext von wesentlich kürzeren und weniger detaillierten Bauberichten nur einige Einzelinformationen, die interessant sind, weil sie in den sehr viel ausführlicheren späteren Quellen fehlen. So werden bereits im Jahr 702 v. Chr. verschiedene Arbeiten am Tebiltu erwähnt, die offensichtlich ausgeführt wurden, um zu verhindern, daß der kleine, aber höchst unberechenbare Flußlauf die Fundamente des Palastes beschädigte. Diese Angabe erscheint zunächst sonderbar, denn es gibt gute Gründe anzunehmen, daß der Tebiltu in das Stadtgebiet Ninives von Norden her eintrat und es bereits nach einem kurzen Wegstück im Westen wieder verließ, und zwar nördlich vom Tell Kujundschik (siehe Plan Seite 65). Es könnte allerdings sein, daß diese Situation erst unter Sanherib geschaffen wurde und der Tebiltu davor einen anderen Verlauf hatte. Falls er früher nämlich an der Ostseite der Zitadelle vorbeifloß und im Bereich der Stadt in den Chusur mündete, konnte das ernsthafte Probleme für die Substruktionen des Vorgängerbaus des »Palastes ohnegleichen« an der Ost- oder Nordostseite des Tell Kujundschik mit sich bringen.

Der »Königsweg«

Eine andere interessante Angabe ist in der Fassung der Bauinschriften aus dem Jahr 700 v. Chr. zu lesen. Dort heißt es, daß »gegenüber dem Tor in die Stadt«, also in der Nähe eines der Stadttore, eine Brücke aus gebrannten Lehmziegeln und Kalkstein erbaut wurde, über die der »Königsweg« führte. Dabei kann es sich nur um die Brücke über den Chusur handeln, die im Nordosten des Tell Kujundschik lag und die Verbindung zwischen den Wohnvierteln im Norden und im Süden der Stadt herstellte. Sie verhinderte, daß Ninive durch den Tigriszufluß, der das gesamte Stadtgebiet mit einer großen Schleife von Osten nach Westen durchquerte, in zwei separate Teile geteilt wurde.

In diesem Zusammenhang ist noch eine Inschrift auf zwei Stelen Sanheribs erwähnenswert, in der daran erinnert wird, daß der Herrscher den »Königsweg« innerhalb der Stadtmauern auf imposante 62 Ellen, das sind rund 34 Meter, verbreitern ließ. Diese Breite behielt sie, wie es weiter heißt, bis zum »Parktor« bei. Da im offiziellen Verzeichnis der 15 Stadttore kein »Parktor« genannt ist, liegt es nahe, daß damit keines der Tore der Befestigungsmauer gemeint ist. Obwohl wir keine weiteren Einzelheiten erfahren, könnte es sich um das einzigartige Portal in Form eines Triumphbogens handeln, das auf einem berühmten Jagdrelief Assurbanipals dargestellt ist (siehe Bild rechts und 174 unten). Da die Jagden, die die Wände des Saales C im Nordpalast von Ninive schmückten, sicher in einem Wildgehege in der Umgebung Ninives stattfanden, ist es vorstellbar, daß der König das parkartige Gelände durch einen prunkvollen Eingang betrat. Dafür spräche auch, daß der »Königsweg«, der im Stadtgebiet – vielleicht sogar unmittelbar hinter dem Nordpalast – seinen Anfang nahm, darauf zuführte.

Das Arsenal Sanheribs auf dem Tell Nabi Junus

Während Sanherib also im Norden Ninives seine großen Wasserbauprojekte durchführen ließ, wurde gleichzeitig das Gebiet rund um die Stadt trockengelegt und kanalisiert, um Ackerflächen, Gärten und Parks zu schaffen; parallel dazu baute man an der gewaltigen Stadtmauer mit ihrem doppelten Mauerring und den 15 Toren, schlug eine Brücke über den Chusur und verbreiterte den »Königsweg« zu einer Prachtstraße von beeindruckenden Dimensionen. Dazu kamen die Arbeiten an zwei gigantischen Palästen. Wo diese sich erhoben, welche Funktion sie hatten und wie sie chronologisch einzuordnen sind, überliefern die Bauberichte der königlichen Kanzlei.

Der erste ist der berühmte »Palast ohnegleichen«, in dem Sanherib den Quellen zufolge später residierte und der, da er im Süden des Tell Kujundschik lag, in archäologischen Publikationen Südwestpalast genannt wird. Da bereits Henry Austen Layard etwa ein Drittel seiner Fläche freilegte, war er schon im 19. Jahrhundert relativ gut bekannt. In den vergangenen Jahrzehnten wurde er in seinen repräsentativen Gebäudeteilen von der irakischen Altertumsverwaltung restauriert. Nach den Angaben Sanheribs zu urteilen, der sich rühmt, er habe den größten Palast der assyrischen Geschichte errichtet, dürfte er zumindest die ausgedehnteste Palastanlage der neuassyrischen Epoche gewesen sein. Baubeginn war das Jahr

Um das Wasser vom Fluß oder von den Bewässerungskanälen zu höhergelegenen Feldern oder Kanälen zu befördern, benutzten die Assyrer einen sogenannten Schaduf, der mancherorts im Nahen Ostens noch heute in Gebrauch ist: Ähnlich wie bei einem Ziehbrunnen wird das Schöpfgefäß an einer Schnur und mit Hilfe einer Stange, an der ein Gegengewicht befestigt ist, hochgezogen. Alabaster, aus Kujundschik, Südwestpalast, Hof VI, Platte 63, Ausschnitt, Beginn des 7. Jahrhunderts v.Chr.; London, British Museum (WA 124820).

Die Einwohner Ninives eilen auf einen bewaldeten Hügel, um von dort aus der Löwenjagd in der Arena zuzusehen. Auf der Anhöhe erhebt sich ein Triumphbogen, durch dessen Toröffnung man in der Ferne den jagenden König sehen kann. (Siehe auch Bild Seite 174 unten.) Alabaster, aus Kujundschik, Nordpalast, Saal C, Ausschnitt, Mitte des 7. Jahrhunderts v.Chr.; London, British Museum (WA 124862).

Diese Reliefplatte mit der Darstellung eines Reiters gehört zu einer Sequenz mit einer Gruppe von Dienern Assurbanipals, die sich auf den Weg zur Jagd machen. Bemerkenswert sind nicht nur die Details der Kleidung, des Sattels und des Zaumzeugs, sondern vor allem auch die kunstvolle und sehr lebendige Wiedergabe der beiden Tiere. (Siehe auch Ausschnitt Seite 58 und Umzeichnung Seite 144/145 oben.)
Alabaster, Höhe 1,60 Meter, aus Kujundschik, Nordpalast, Saal R, Platte 9; Paris, Musée du Louvre (AO 19902).

704 v. Chr., fertiggestellt wurde er vermutlich Ende 691 oder Anfang 690 v. Chr. (Eine ausführliche Beschreibung des Südwestpalastes von Ninive folgt ab Seite 87.)

Der zweite Palast von Ninive war nicht als Residenz gedacht, sondern vor allem als königliches Zeughaus. Diese Funktion, die sich auch architektonisch in einer besonderen Raumaufteilung ausdrückt, geht eindeutig aus zwei Termini technici hervor, mit denen der Palast in den offiziellen Inschriften Sanheribs bezeichnet wird: *ekal kutalli* und *ekal mäscharti*. Mit *ekal kutalli*, was wörtlich soviel wie »hinterer Palast« bedeutet, sind die abseits liegenden Räumlichkeiten eines großen Gebäudes gemeint, die als Magazin fungierten. *Ekal mäscharti* heißt wörtlich etwa »Palast des Sammelns«, was darauf hinweist, daß dort Waffen und Streitwagen, Tribute und Beutestücke aufbewahrt und die Soldaten für militärische Unternehmungen zusammengezogen wurden. Dieser Arsenal-Palast, der nicht auf der Zitadelle von Kujundschik, sondern auf dem Tell Nabi Junus lag, konnte bisher jedoch nicht ausgegraben werden, da ein großer Teil des Hügels von einem bedeutenden islamischen Wallfahrtsheiligtum mit dem Grab des Propheten Jona eingenommen wird.

Aus einer Inschrift Sanheribs aus dem Jahr 690 v. Chr. erfahren wir, daß die Arbeiten am *ekal mäscharti* im selben Jahr begannen, und zwar nachdem der »Palast ohnegleichen« fertiggestellt worden war. Ähnlich wie für den Südwestpalast, allerdings kürzer und summarischer, erhalten wir auch für das Arsenal sehr detaillierte Angaben, die uns in zwei offiziellen Texten der königlichen Kanzlei überliefert sind. So wird berichtet, daß der Palast, der vorher an dieser Stelle gestanden habe, ebenfalls als Lager für Waffen und Güter sowie für die Unterbringung von Pferden diente. Zur Zeit Sanheribs sei der alte Palast, dessen Erbauer pauschal als Könige einer längst vergangenen Epoche bezeichnet werden, nicht nur zu klein, sondern mangels eines soliden Fundamentplateaus auch sehr verfallen gewesen. Nach dem Abbruch des Gebäudes habe Sanherib zunächst eine mächtige Terrasse mit 200 Ziegellagen (*tipkê*) errichten lassen, über die dann die Fundamente des neuen Bauwerkes gelegt wurden. Als Baumaterial

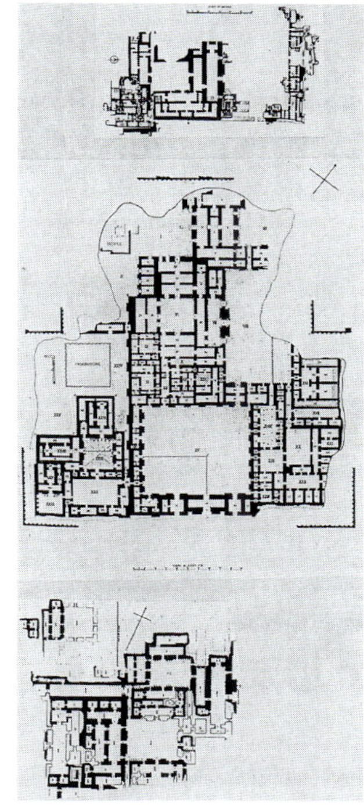

Oben: Neuassyrische Palastgrundrisse im Vergleich. Von oben nach unten: der Nordwestpalast Assurnasirpals II. in Kalchu, der Palast Sargons II. in Dur Scharrukin, der Südwestpalast Sanheribs in Ninive (nach J.M.Russell).

Links: Luftaufnahme der kleineren Zitadelle von Nimrud mit den Ruinen von Fort Salmanassar (von Westen gesehen). Obwohl der von Salmanassar III. in der zweiten Hälfte des 9. Jahrhunderts v.Chr. erbaute Palast sicher schon während des 8. Jahrhunderts v.Chr. als königliches Arsenal fungierte, wird er erstmals von Asarhaddon, der ihn im 7. Jahrhundert v.Chr. restaurieren ließ, als *ekal mäscharti* bezeichnet. (Siehe auch Plan Seite 79.)

In den Paneelen dieser Elfenbeinschnitzerei, die vielleicht das Kopfteil eines Bettes oder einen Thron zierte, gruppieren sich geflügelte Genien und Opferträger um eine sitzende Frau mit einem Becher in der Hand. Diese und zahlreiche weitere kostbare Elfenbeinarbeiten wurden bei den Ausgrabungen im Fort Salmanassar entdeckt, in dem vermutlich besonders in der zweiten Hälfte des 8. Jahrhunderts v.Chr. wertvolle Möbelstücke, die als Beute oder Tribute nach Assyrien gekommen waren, aufbewahrt wurden. Damals wurde der große Gebäudekomplex, den Salmanassar III. im 9. Jahrhundert v.Chr. erbaut hatte, sicher überwiegend als Arsenal und nicht als Wohnpalast genutzt, und der ganze Südwestflügel diente als Magazin. Dort hat man vor allem eine große Menge von Elfenbeinverzierungen von Möbeln aus Nordwestsyrien gefunden, die in den assyrischen Hauptstädten sehr beliebt waren. Elfenbein, Höhe 55 Zentimeter, aus Nimrud, 8. Jahrhundert v.Chr.; Baghdad, Iraq Museum (ND 7905 = IM 61898).

für den Palast benutzte man Kalkstein und Zedernholz, entschied sich also für eine schlichtere Gestaltung als beim Südwestpalast, bei dem große Mengen seltener und wertvoller Holzarten verbaut wurden.

Einige weitere Einzelheiten der Beschreibung des Arsenals tauchen ebenfalls und in denselben Formulierungen in den königlichen Bauinschriften des 9. bis 7. Jahrhunderts v. Chr. häufig auf. Das bedeutet jedoch keineswegs, daß sie nicht die architektonische Realität widerspiegeln würden. So lesen wir in einer der beiden Textfassungen, die an den Bau des Arsenal-Palastes erinnern, daß für die Decken dicke Zedernstämme aus dem Amanus verwendet wurden und daß die Türflügel aus einem seltenen Holz gearbeitet und mit Bronzebändern beschlagen waren. Zu beiden Seiten der Portale standen Kolossalfiguren in Gestalt mächtiger geflügelter Stiere mit einem Menschenkopf. Sie waren aus Kalkstein aus den Steinbrüchen von Balatai gemeißelt und wurden mit dem gebräuchlichen akkadischen Terminus *aladlamû* bezeichnet.

Aus der zweiten Inschrift erfahren wir zusätzlich noch einige interessante Details, vor allem über die Portale und ihren plastischen Schmuck. Auch hier steht, daß überlebensgroße Kalksteinbildnisse geflügelter Stiere die Eingänge flankierten, vermutlich also die Laibungen der monumentalen Portale schmückten, so wie wir es von den Palästen in Nimrud und Chorsabad von der ersten Hälfte des 9. bis zum Ende des 8. Jahrhunderts v. Chr. kennen. Weiter heißt es, daß sich über geflügelten, steinernen Kühen Säulen aus Zedern-

Aus Balawat, dem antiken Imgur-Enlil, stammen diese berühmten Bronzebeschläge eines Palasttores aus der Zeit Salmanassars III. Die getriebenen und gehämmerten Reliefs zeigen im oberen Register ausländische Fürsten, die sich vor dem König niederwerfen, sowie Opferszenen in den assyrischen Bergen; unten ist ein Besuch des Königs bei der Quellen des Tigris dargestellt, wo eine Stele aufgestellt wird. (Siehe auch Bild Seite 91 oben.) Zweite Hälfte des 9. Jahrhunderts v.Chr.; London, British Museum (WA 124656).

holz erhoben. Diese Kuhfiguren werden mit dem schwer zu deutenden Terminus *apsasitu* bezeichnet, womit wahrscheinlich eine Art geflügelter Sphinx mit dem Körper eines Rindes gemeint ist. Weiter unten wird im Anschluß an einen kurzen Lobpreis der Metallkunst jener Jahre ein Paar *lamassâti* aus Bronze beschrieben, in denen wir höchstwahrscheinlich geflügelte Sphingen des klassischen Typs mit Löwenleib erkennen dürfen. Sie standen zwischen den oben erwähnten *apsasitu* auf einer Kalksteinplatte und fungierten vermutlich als Säulenbasen. Schließlich lesen wir noch in einer Passage, die nicht weniger schwer zu interpretieren ist als die vorangehende, daß auf einem Fußboden, der mit Platten aus drei verschiedenen Gesteinsarten ausgelegt war, Bronzesäulen aufragten. Ihre Kapitelle waren aus Zink, während die Architrave aus Zedernholzbalken gearbeitet und mit Silber verkleidet waren.

Die letzte aufschlußreiche Information, die beide Beschreibungen des Arsenals enthalten, ist, daß die gesamte Palastanlage eigentlich aus zwei Gebäuden besteht: einem Bauwerk aus Kalkstein und Zedernholz im Stil der Paläste Syriens, das wie damals üblich, als »Hethiterland« bezeichnet wird; das andere »ein erhabener Palast assyrischer Art, der den, der vorher an dieser Stelle war, bei weitem an Größe und Pracht übertrifft«. Abschließend führt Sanherib präzise aus, welchem Zweck der neue Gebäudekomplex auf dem Tell Nabi Junus dienen sollte: dem Sammeln von Soldaten, der Unterbringung von Pferden, Maultieren und Kamelen, der Aufbewahrung von Streitwagen und Transportkarren, Bögen, Köchern, Pfeilen und jeder Art von Waffen und Kriegsgerät sowie der schweren Geschirre der Pferde und Maultiere. Für all diese Aufgaben, die typisch für ein *ekal mäscharti* sind, war ein bestimmter Bezirk reserviert, der »Hof des Tores« genannt wird und sich offensichtlich im äußeren Bereich des Bauwerks befand.

Aus den Inschriften Sanheribs läßt sich eine räumliche Zweiteilung des Arsenal-Palastes erkennen, und zwar in einen äußeren Sektor rund um den »Hof des Tores« (*kisallu babânu*) und einen inneren um den »großen Hof unter dem Kalksteinflügel« (*kisallu rabû schaplânu ekal pîlî*). Es ist wahrscheinlich, daß das äußere Hofsystem dem Palastbereich entspricht, der nach syrischem Vorbild gestaltet war, während das zweite, innere Hofsystem auf assyrische Art und Weise konzipiert war. Wenn diese These zutrifft, spielt der Hinweis auf die »syrische Art«, der sowohl im Zusammenhang mit dem Zeughaus auf dem Tell Nabi Junus wie auch mit dem »Palast ohnegleichen« auftaucht, auf den Gebäudetyp des *bît chilâni* an. Dieser wird in den neuassyrischen Bauinschriften von Tiglatpilesar III. bis Assurbanipal, vor allem aber von Sargon II. und Sanherib häufig erwähnt, und bezeichnet einen besonderen Typ eines monumentalen Portikus, dessen Säulen auf figürlichen Basen in Form stehender oder kauernder Löwen oder auch Sphingen aus Bronze oder Alabaster ruhen.

Zu den bedeutendsten Werken der assyrischen Bildhauerkunst werden die Torwächterfiguren gezählt. Obwohl auch sie im Grunde genommen Reliefs sind, zählt man sie wegen ihrer starken plastischen Wirkung doch eher zum Rundbild. Diese Kolossalfigur eines geflügelten Stiers mit Menschenkopf steht heute noch vor Ort im rekonstruierten Thronsaal B des Nordwestpalastes von Kalchu. (Siehe auch Bild Seite 13.)

Wie wir oben gehört haben, erwähnt Sanherib, daß die Portale des Arsenal-Palastes mit verschiedenen apotropäischen Bildnissen geschmückt waren, jedoch nicht nur in Gestalt von Torwächterfiguren, sondern auch als Basen von mit Bronze verkleideten Holzsäulen in der Mitte der Torbauten. Damit scheinen genau solche Eingänge mit Säulenvorhallen und skulptierten Säulenbasen gemeint zu sein, wie wir sie für die zeitgenössischen Tempel und Paläste Nordsyriens aus Tell Halaf, dem antiken Guzana, und Tell Ta'inat, vielleicht dem antiken Kunulua, kennen.

Unter den Angaben, die Sanherib über das *ekal mäscharti* von Ninive macht, sind die über die beiden großen Höfe von besonderer Bedeutung, denn in Dur Scharrukin konnte man in dem Gebäudekomplex, der als königliches Zeughaus identifiziert wurde, vor dem Thronsaal zwei Höfe nachweisen. In diesem sogenannten Palast F (siehe Pläne Seite 78 und 83), der sich im Südwesten Chorsabads wie eine zweite Zitadelle

Linke Seite: Eine der schönsten Elfenbeinschnitzereien, die Max E.L. Mallowan im Fort Salmanassar in Nimrud fand, ist dieser geflügelte Sphinx. Der ungewöhnliche, halbkreisförmige Rahmen, in den die Figur eingefügt ist, hat dazu geführt, daß der Kopf im Verhältnis zum Körper überproportioniert wirkt. Eine Reihe ikonographischer und stilistischer Elemente, die einen starken ägyptischen Einfluß zeigen, lassen an eine phönizische Werkstatt denken. Es könnte aber auch sein, daß der Sphinx aus einer der südsyrischen Städte stammt, denen eine Mittlerrolle zwischen der Kulturtradition Syriens und des benachbarten Phönizien zukam, allen voran Damaskus.
Elfenbein mit Blattgold, Höhe 18,5 Zentimeter, aus Nimrud, Fort Salmanassar, Raum S30, 8. Jahrhundert v.Chr.; Baghdad, Iraq Museum (ND 7559 = IM 61882).

Unten: Obwohl wir aus Inschriften wissen, daß es in den neuassyrischen Palästen figürliche Säulenbasen gab, scheint nichts davon die Zeiten überdauert zu haben. Es ist jedoch vorstellbar, daß die Künstler in Kalchu, Dur Scharrukin oder Ninive ähnliche Werke wie dieses Paar geflügelter Sphingen schufen, das Bar-Rakib von Sam'al um 730 v.Chr. für eine seiner Residenzen auf der Zitadelle der Hauptstadt des Reiches Ja'udi herstellen ließ. Im Unterschied zu den hier abgebildeten Figuren aus Basalt ist in den assyrischen Beschreibungen der *bīt chilāni* genannten Säulenvorhallen oder des Arsenal-Palastes von Ninive von Säulenbasen aus Alabaster, häufiger noch aus Bronze die Rede.
Basalt, Höhe 96 Zentimeter, aus Sendschirli, zweite Hälfte des 8. Jahrhunderts v.Chr.; Istanbul, Eski Schark, Eserleri Müzesi (7731).

erhob, wurden wie in Ninive die Soldaten gesammelt, waren Waffen, Pferde, Wagen und Kriegsbeute untergebracht. Die beiden Höfe, die diesem Zweck vor allem dienten, entsprachen in vereinfachter Form der gigantischen Anordnung von vier Höfen vor dem Thronsaal im sogenannten Fort Salmanassar in Kalchu. Dieser Arsenal-Palast, den Salmanassar III. im dritten Viertel des 9. Jahrhunderts v. Chr. erbauen ließ, wurde allerdings erst von Asarhaddon, der ihn im zweiten Viertel des 7. Jahrhunderts v. Chr. restaurierte, definitiv als *ekal māscharti* bezeichnet. Von daher ist es wahrscheinlich, daß das Fort Salmanassar von Nimrud, auch wenn Salmanassar III. es als königliche Residenz, Regierungssitz und Arsenal in einem verstand und es selbst einfach nur »Palast« nannte, im Lauf der Zeit zum Vorbild für den besonderen Palasttyp wurde, den man ab dem ausgehenden 8. Jahrhundert v. Chr. mit dem Terminus technicus *ekal māscharti* definierte. Vermutlich waren es gerade diese vier großen Höfe, die für jede Art militärischer Organisation besonders geeignet waren, die das Fort Salmanassar zum Prototyp der neuassyrischen Arsenale werden ließen, sei es der Palast F von Chorsabad oder das Zeughaus vom Tell Nabi Junus.

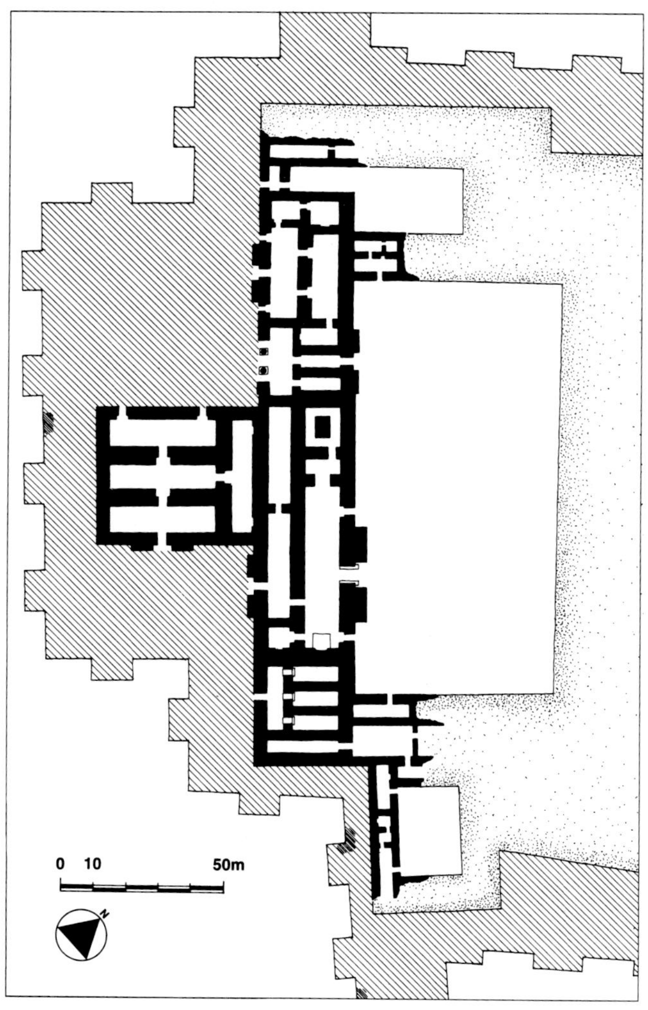

Plan des Palastes F von Dur Scharrukin, wo Sanherib als designierter Thronfolger Sargons II. vermutlich residierte. (Siehe auch Plan Seite 83.)

Umgestaltung zum Wohnpalast: Das königliche Zeughaus unter Asarhaddon

Das *ekal māscharti* des Tell Nabi Junus liegt in einem Sektor des alten Stadtgebietes, von dem wir nicht wissen, wie weit seine Geschichte in die Vergangenheit zurückreicht. Offensichtlich befand sich dort jedoch auch schon früher ein Arsenal, vielleicht bereits zur Zeit Tiglatpilesars I. Der Bau Sanheribs dürfte jedoch ganz wesentlich die äußere Form des Hügels beeinflußt haben, denn wenn der König von einer wuchtigen Terrasse mit 200 Ziegellagen spricht, beinhaltet das, daß sich der gewaltige Fundamentsockel 15 bis 20 Meter hoch erhob.

Von der Anlage her war das Arsenal Sanheribs, wie gesagt, vermutlich dem Palast F Sargons II. sehr ähnlich; im Unterschied zum »Palast ohnegleichen« war seine Dekoration jedoch wohl eher schlicht. Als Sanheribs Nachfolger Asarhaddon (680–669 v. Chr.) das *ekal māscharti* von Ninive umbauen ließ, wurde es nicht nur beträchtlich vergrößert, sondern auch sehr viel prächtiger ausgestaltet, in einer Art, wie man es für einen Wohnpalast, aber nicht für ein Zeughaus erwarten würde. So spricht Asarhaddon zwar zunächst noch in sehr ähnlichen Worten wie Sanherib von dem aus Kalkstein erbauten Trakt und den Kolossalfiguren der mythischen Wesen an den Eingängen. Wenn er dann jedoch sechs weitere Flügel »aus Elfenbein, Ebenholz, Buchsbaum, wertvollem Holz aus dem Osten, Zedern- und Zypressenholz« erwähnt, bedient er sich exakt der Terminologie, die schon in der Beschreibung des »Palastes ohnegleichen« seines Vaters verwendet wird. Wahrscheinlich hat Asarhaddon also im vorderen Bereich des Palastes, wo sich vermutlich der »syrische« Gebäudekomplex befand, lediglich kleinere Restaurierungen vorgenommen, während er im rückwärtigen Bereich einige neue Flügel anbauen ließ, vielleicht sogar tatsächlich sechs. Sie ließ er dann mit wertvollen Hölzern schmücken, wie man es bei Wohnpalästen, aber nicht bei Arsenalen tat.

Daß Asarhaddon tatsächlich neue Raumeinheiten errichtete, scheint sicher, denn er berichtet in zwei aufeinanderfolgenden Inschriften ausdrücklich, daß er dem Arsenal-Palast auf dem Tell Nabi Junus einen neuen Flügel hinzugefügt habe. Diesen bezeichnet er das eine Mal als *bītānu*, das andere Mal als *bīt scharri*, was soviel wie »häuslicher Bereich« beziehungsweise »Haus des Königs« bedeutet und sich offensichtlich auf die Privatgemächer im Palast bezieht. Diese privaten Räumlichkeiten, die es zur Zeit Sanheribs wahrscheinlich noch gar nicht gab oder die damals zumindest wesentlich kleiner gewesen sein müssen, wurden nun erweitert und mit Wanddekorationen geschmückt, die einer königlichen Residenz würdig waren. In den offiziellen Inschriften des Herrschers wird dieser Wandschmuck mit Begriffen beschrieben, die auf »Friese« *(nebechu)* und »Zinnenbekrönungen«

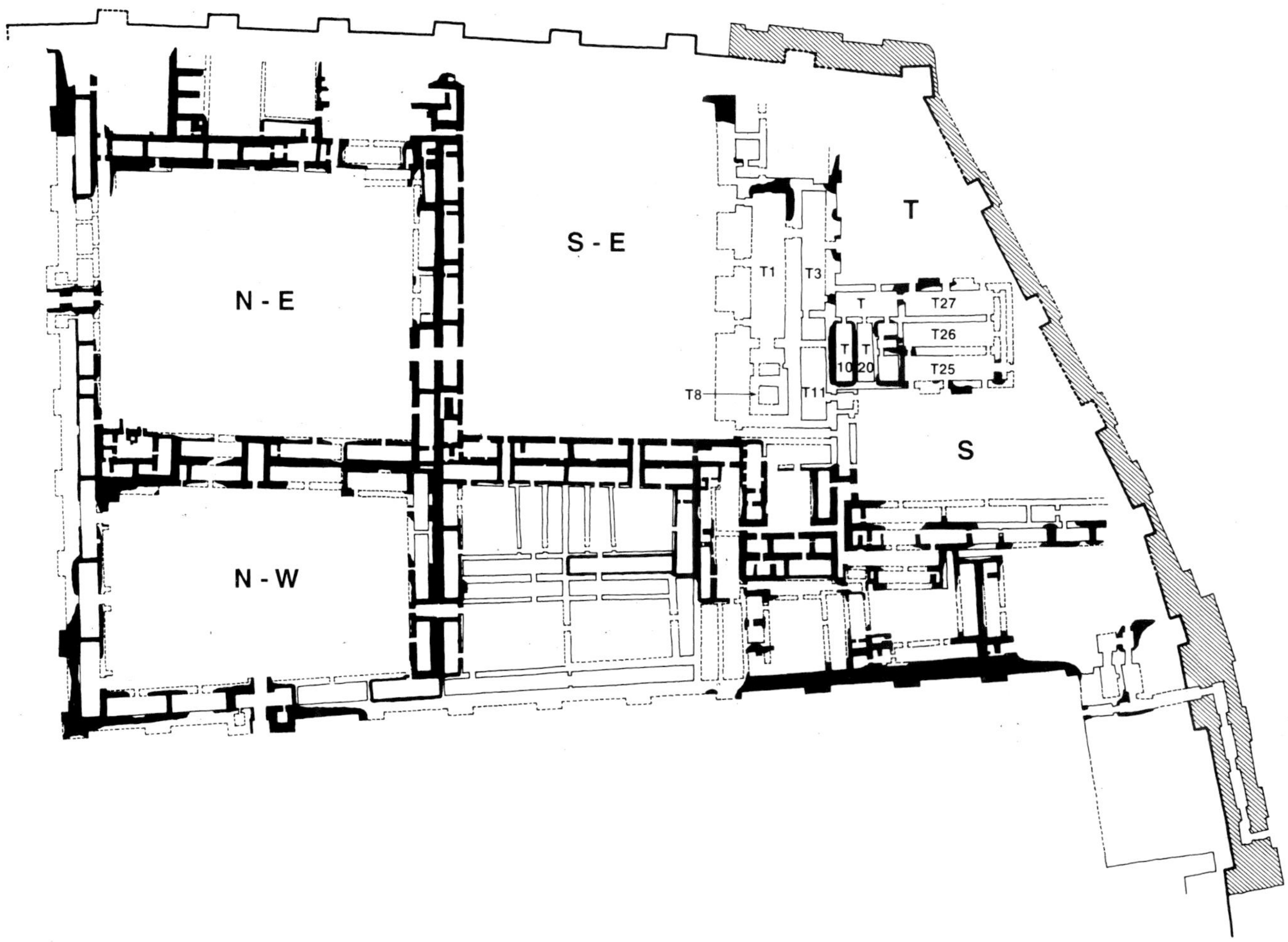

Plan des Fort Salmanassar genannten Palastes, den König Salmanassar III. in der zweiten Hälfte des 9. Jahrhunderts v.Chr. in Kalchu erbauen ließ. (Siehe auch Bild Seite 73 unten.)

N-E: Nordosthof
N-W: Nordwesthof
S-E: Südosthof (*babānu*)
T: Hof T (*bītānu*)
T 1: Thronsaal
S: Südhof

(*paschku*) aus glasierten Ziegeln hinweisen. Von den darin vorherrschenden Farben Dunkelgrau und Azurblau sprechen die Texte als Obsidian und Lapislazuli.

Asarhaddon erwähnt in seinen Texten noch andere Verzierungen der Privatgemächer des *ekal mäscharti* in Ninive, die er mit Termini wie *sillu* und *kurgiqu* bezeichnet, deren Bedeutung zwar nicht ganz klar, aber dennoch verständlich ist. So heißt es, daß sie sich an den Portalen befänden und die »Form eines Regenbogens« hätten. Damit sind sicher die aus Nimrud bekannten farbigen glasierten Ziegel gemeint, die die gesamte Wölbung der Portale zierten, oder die Bogenfriese meist kniender, geflügelten Genien, denen apotropäische Wirkung zugeschrieben wurde.

Asarhaddon muß also umfangreiche Arbeiten am Arsenal in Ninive durchgeführt haben, die es auch zur königlichen Residenz geeignet machten. Dennoch wohnte er selbst meist im »Palast ohnegleichen«, ebenso wie es nach ihm sein Sohn Assurbanipal in den ersten Regierungsjahren tat. Dieselbe Baupolitik verfolgte Asarhaddon auch in Kalchu, wo er einerseits das Fort Salmanassar, also das Zeughaus Salmanassars III., restaurierte, andererseits aber auch ein neues Repräsentationsgebäude auf der Zitadelle errichten ließ. Dieser sogenannte Südwestpalast von Nimrud war allerdings nicht sehr groß und wurde wahrscheinlich auch nie vollendet.

Der »Palast der Nachfolge«

Obwohl die Bauinschriften Sanheribs die beiden großen ninivitischen Paläste des Königs – und nur die – wortreich verherrlichen, dürften es wohl nicht die einzigen Palastbauten gewesen sein, die er dort errichtete. So betont sein Enkel Assurbanipal einige Jahrzehnte später, daß er in Ninive Sanheribs *bīt redūti*, den »Palast der Nachfolge«, wiederaufgebaut habe. In diesem »Kronprinzenpalais« habe er seine Jugend als designierter Thronerbe verbracht, solange sein Vater Asarhaddon regierte.

Dieses Palais, von dem Assurbanipal hier spricht, ist nichts anderes als der Vorgängerbau des berühmten Nordpalastes von Kujundschik, den er sich zu seiner neuen Residenz ausbauen sollte. Daß er tatsächlich aus der Zeit seines Großvaters stammt, scheint durch mehrere beschriftete Ziegel mit dem Namen Sanheribs bestätigt zu werden. Sie wurden am Fuß des Nordwesthangs des Tell Kujundschik gefunden, wohin sie nur vom Areal des Nordpalastes aufgrund der Erosion des Hügels abgerutscht sein können. Schließlich hat man noch die nicht näher zu bestimmenden Überreste eines vierten Palastes Sanheribs im Osten der Unterstadt von Ninive entdeckt, und zwar südlich des Chusur, etwa in der Mitte zwischen dem Tell Kujundschik und dem Tell Nabi Junus.

Dieses Fragment eines Bronzereliefs, das Asarhaddon und seine Mutter Naqi'a zeigt, gehörte zu einem Kultgegenstand, vielleicht einem Altar oder einem Thron, der vermutlich zum Gedenken an die Restaurierung des Esagil geweiht worden war. Nach der Zerstörung Babylons durch seinen Vater Sanherib war es Asarhaddon gewesen, der den Tempel Marduks wiederherstellen ließ. So spricht die Inschrift auch von einer Statue des Gottes Ea, Marduks Vater, die Asarhaddon in den berühmten babylonischen Tempel brachte. Naqi'a, die einflußreiche Mutter des Herrschers, war eine aramäische Prinzessin, die ihren Gatten Sanherib um viele Jahre überlebte und großes Ansehen am Hofe genoß. Bronze, ursprünglich mit Blattgold belegt, aus Babylon (?), Mitte des 7. Jahrhunderts v.Chr.; Paris, Musée du Louvre (AO 20185).

Zeichnung nach einem Wandgemälde mit einem Zug assyrischer Würdenträger und einem ornamentalen Fries.
Malerei auf Putz, Höhe 2,68 Meter, aus Nimrud, Fort Salmanassar, erste Hälfte des 7. Jahrhunderts v.Chr.; Nimrud, in situ.

Diese Rekonstruktion der Fassade des Sin-Tempels von Dur Scharrukin zeichnete Victor Place, der Mitte des 19. Jahrhunderts die zweite Serie französischer Ausgrabungen in Chorsabad leitete. Obwohl man damals den heiligen Bezirk im Südwesten des Königspalastes, zu dem auch der Tempel des Mondgottes Sin gehört, sonderbarerweise für die Haremsgebäude Sargons II. hielt, erscheint der Entwurf von Place recht plausibel – im Unterschied zu einigen Phantasiegebilden der gleichen Epoche. So wird zum Beispiel ein Architekturschmuck mit glasierten Ziegeln, wie ihn Place hier für die Tempelfront vorschlägt, auch in den Inschriften Asarhaddons für das Arsenal von Ninive erwähnt.

Kalchu, Dur Scharrukin, Ninive: Die neuassyrischen Königsstädte im Vergleich

Die urbane Erneuerung Ninives, die Sanherib von Beginn seiner Regierung an geplant hatte, vollzog sich im Grunde genau so, wie es der Tradition der großen Könige Assyriens entsprach. Wie gezeigt, galt die Gründung einer neuen Stadt als unauslöschliches Zeichen eines Herrschers in der Geschichte, war sichtbarer und unmißverständlicher Ausdruck einer von Glück, militärischem Erfolg und Wohlstand begünstigten Regierung. Während jedoch Tukulti-Ninurta I., Assurnasirpal II. und vor allem Sargon II. ihren Namen mit einer wirklichen Neugründung von imposanten Ausmaßen verbunden sehen wollten, wich Sanherib in einem Punkt ganz bewußt von seinem Vater und seinen großen Vorfahren ab. Er strebte nach zwei Dingen zugleich und sollte damit auch erfolgreich sein: Tradition und Innovation miteinander zu versöhnen war sein Ziel, als er sich ein Gebiet aussuchte, das heiliger nicht sein konnte, und dort eine Stadt plante, die im Vergleich mit dem Ninive, das er selbst in seinen ersten Inschriften als Sitz vollkommener Harmonie und städtebaulicher sowie künstlerischer Schönheit bezeichnete, etwas völlig Neues darstellen würde. Der Platz, an dem sich seine neue Hauptstadt erhob, war kein geschichtsloses Neuland, sondern einer der größten und volkreichsten, der heiligsten und traditionsreichsten Orte Assyriens.

Wahrscheinlich erstreckte sich das Siedlungsgebiet bereits vor Sanherib nach Norden bis zu einer Linie, die nicht allzu weit entfernt von der Stadtmauer des 7. Jahrhunderts v. Chr. verlief und die im Westen sicherlich den Palasthügel von Kujundschik und den Tell Nabi Junus einschloß. Letzterer war vermutlich vor dem Bau des *ekal mäscharti* Sanheribs weniger hoch und markierte den Punkt, an dem die alte Stadtmauer zunächst Richtung Osten und dann nordwärts zum Chusur hin abbog. Somit dürfte der gesamte Süden der Stadt Sanheribs der Bereich sein, in dem die in den königlichen Inschriften erwähnte Erweiterung Ninives auf das Doppelte der ursprünglichen Fläche stattfand.

Die Zitadelle von Kujundschik erhob sich im Westen direkt an und über der neuen Stadtmauer, in einer Lage also, die wir sowohl für den Palasthügel von Nimrud kennen, der an der Westfront der Befestigung Kalchus liegt, als auch für die Zitadelle von Chorsabad, die die Nordwestmauer der annähernd quadratischen Umfassungsmauer Dur Scharrukins schneidet.

Während die Lage der Palast-Arsenale von Nimrud und Chorsabad – Fort Salmanassar und Palast F – in bezug zu ihrer jeweiligen Zitadelle so ähnlich ist, daß kein Zweifel daran bestehen kann, daß Kalchu als städtebauliches Vorbild für Dur Scharrukin diente, hing die Wahl des Ortes für das *ekal mäscharti* Sanheribs nicht von dem räumlichen Verhältnis zwischen Tell Nabi Junus und Tell Kujundschik ab. Der

Standort des neuen Zeughauses in Ninive wurde, wie wir gesehen haben, vielmehr davon bestimmt, daß an derselben Stelle bereits zuvor ein kleineres Palastgebäude mit einer ähnlichen Funktion gestanden hatte. Trotzdem gibt es einige, sicher nicht zufällige Übereinstimmungen mit den beiden älteren Königsstädten: Wie die Arsenale von Nimrud und Chorsabad berührte das *ekal mäscharti* auf dem Tell Nabi Junus die Stadtmauer nicht nur, sondern ragte darüber hinaus; außerdem stellte es bis zur Zeit Sanheribs aller Wahrscheinlichkeit nach einen Eckpunkt der Umfassungsmauer dar und ist auch darin den beiden älteren Kapitalen ähnlich.

Da wir durch inschriftliche Zeugnisse sicher wissen, daß es bereits vor Sanherib ein königliches Zeughaus auf dem Tell Nabi Junus gab, stellt sich das chronologische Verhältnis der drei Städte in bezug auf die Vorbildrolle vermutlich allerdings anders als erwartet dar: So war es nicht nötig, daß Sanherib sich für seine Bauten in Ninive an Kalchu orientierte, denn die Topographie der Stadt der Ischtar war vielleicht bereits seit Tiglatpilesar I. um 1100 v. Chr. durch eine königliche Residenz auf der Zitadelle von Kujundschik und ein sehr viel kleineres Arsenal auf dem Tell Nabi Junus geprägt. Das könnte auch den Ausschlag gegeben haben für die analoge Ortswahl, die Salmanassar III. für sein Arsenal in Kalchu und Sargon II. für den Palast F in Dur Scharrukin trafen.

Der Kreis schließt sich dann wie folgt: Nachdem Sanherib den »Palast ohnegleichen«, seine prunkvolle neue Residenz auf dem Palasthügel von Kujundschik, vollendet hatte, ließ er an der Stelle des alten Arsenals auf dem Tell Nabi Junus ein zwar immer noch recht schlichtes, im Vergleich zum Vorgängerbau jedoch sehr viel prächtigeres *ekal mäscharti* erbauen, wobei er den Felsen des Hügels durch die Anlage einer gigantischen Fundamentterrasse beträchtlich erhöhte. Damit schuf er nicht nur ein neues Zeughaus, sondern auch einen Palast für seinen Thronfolger Asarhaddon. Daß das Arsenal gleichzeitig als Palais für den Kronprinzen diente, war Sanherib wohl aus Dur Scharrukin vertraut, wo er selbst als Thronfolger im Arsenal-Palast F gelebt haben dürfte. Vermutlich standen Asarhaddon also zwei Paläste zur Verfügung: Während er in seiner Rolle als militärischer Befehlshaber das *ekal mäscharti* nutzte, hielt er sich, geht man von den Angaben Assurbanipals aus, im Rahmen seiner administrativen Aufgaben vermutlich in dem Palast auf, an dessen Stelle später der Nordpalast von Kujundschik treten sollte.

Das Stadtbild in den Grenzen der neuen Umfassungsmauer

Die Daten, die wir über die städtebaulichen Veränderungen Ninives durch Sanherib besitzen, sind zwar keineswegs vollständig, doch – soweit sie sich auf den Tell Kujundschik beziehen – recht aussagekräftig. Dort konnte von den größe-

In dem Areal Nimruds, in dem später die Ruinen von Fort Salmanassar ausgegraben wurden, entdeckte Layard elf Fragmente von Tontafeln mit Glasurmalereien. Wie auf diesem Bruchstück mit einem assyrischen Streitwagen und einem Gefallenen sind auch auf den anderen Tafeln Kriegsszenen dargestellt. Da darauf auch Ägypter abgebildet sind, dürften sämtliche Fragmente Teil einer Wanddekoration zur Glorifizierung der Ruhmestaten Asarhaddons gewesen sein. Das bedeutet, daß der Eroberer des Nillandes die alte Schmelzfarbentechnik, die nach Assurnasirpal II. aus der Mode gekommen war, wieder aufgriff, um einige Räume der Arsenale von Kalchu und Ninive in dieser alten Technik ausschmücken zu lassen.
Glasierter Ton, Höhe 26 Zentimeter, Fort Salmanassar (?), erste Hälfte des 7. Jahrhunderts v.Chr.; Aquarell, London, British Museum.

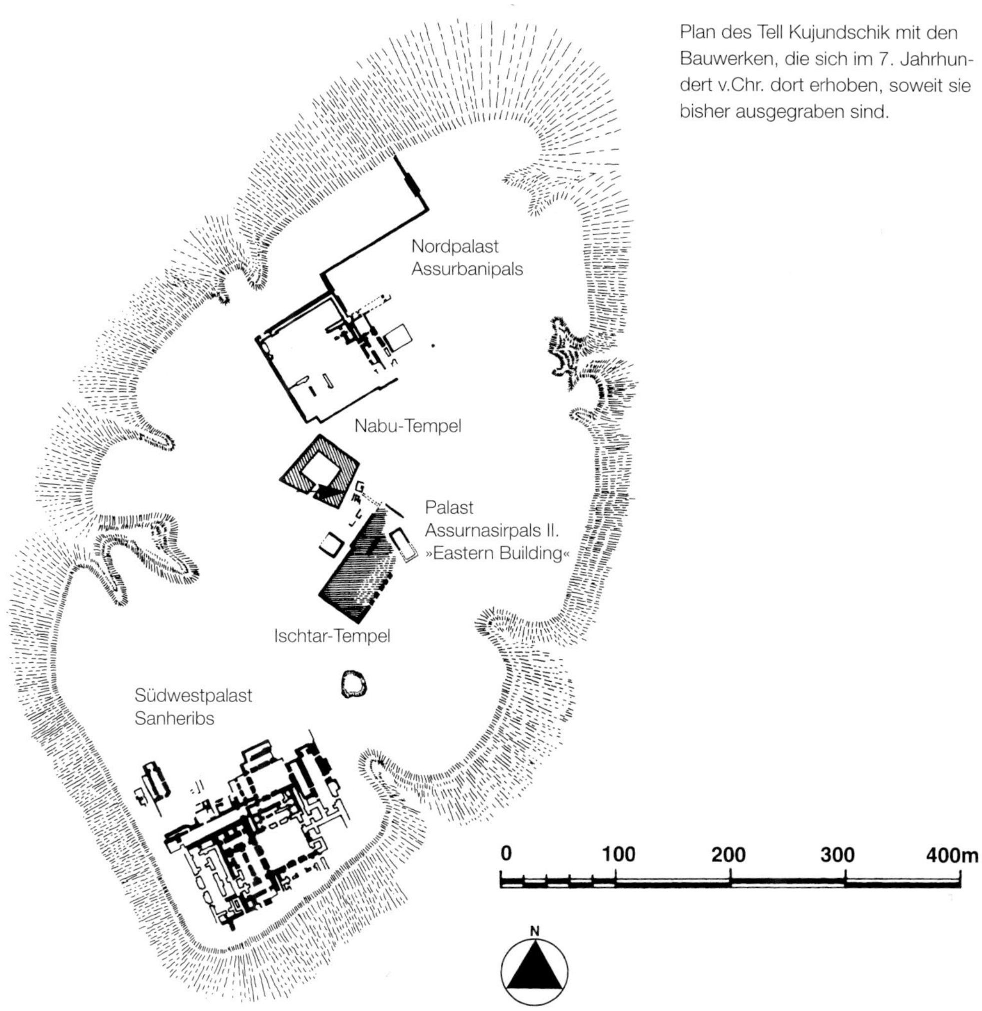

Plan des Tell Kujundschik mit den Bauwerken, die sich im 7. Jahrhundert v.Chr. dort erhoben, soweit sie bisher ausgegraben sind.

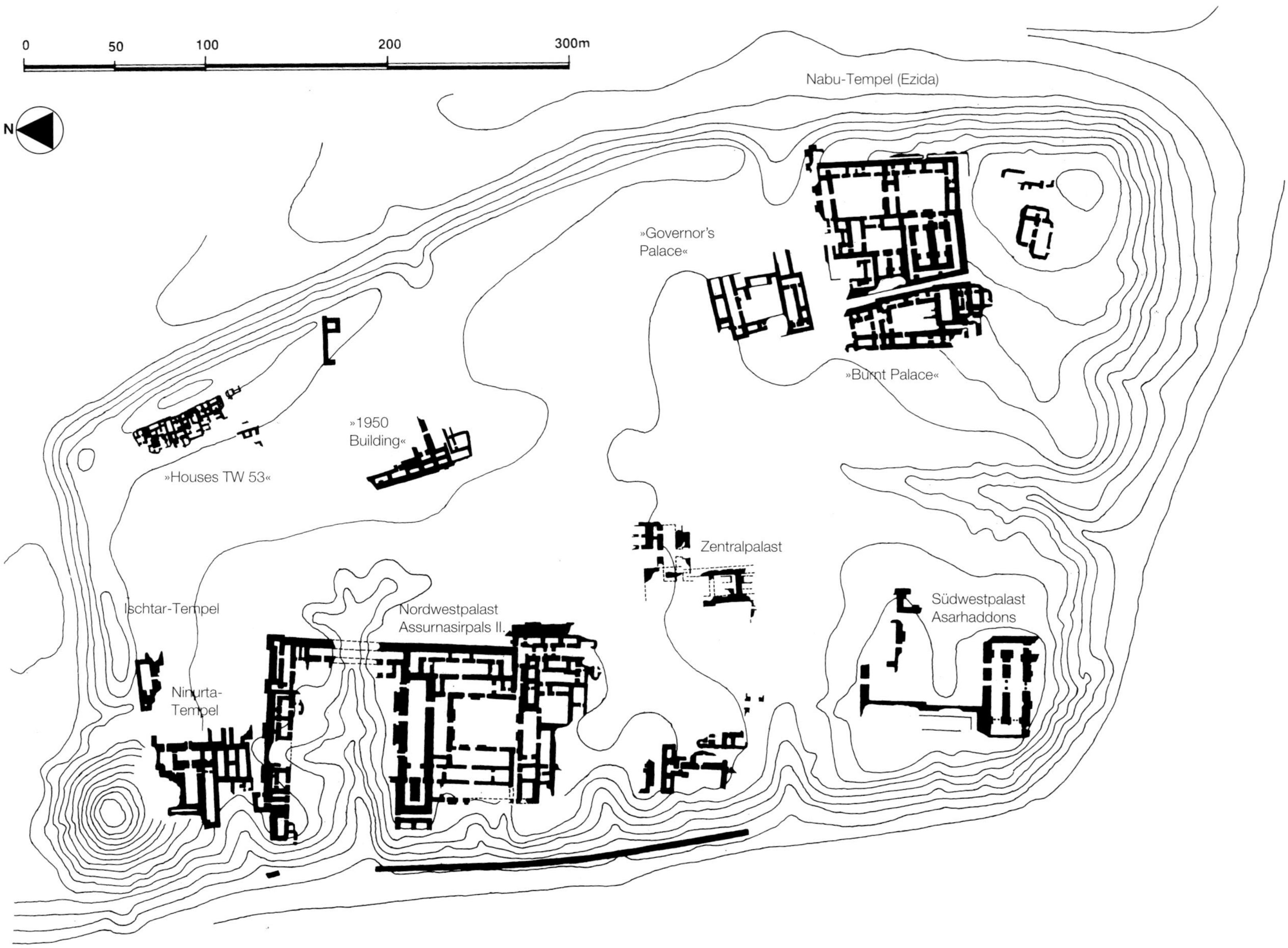

Plan der großen Zitadelle von Kalchu (Nimrud) mit den Bauwerken, die während dem 9. und 8. Jahrhundert v.Chr. dort errichtet wurden.

ren Heiligtümern bisher lediglich das Gelände des *akītu*-Tempels noch nicht identifiziert werden. Rätselhaft ist jedoch in vieler Hinsicht noch immer die Unterstadt der Metropole des 7. Jahrhunderts v. Chr., auch wenn bereits einige wesentliche Punkte geklärt sind. Während sich der älteste Siedlungskern ziemlich sicher vom Tell Kujundschik aus nach Norden ausbreitete, war der Erweiterung des Stadtgebietes Richtung Osten durch eine sanft ansteigende, felsige Anhöhe eine natürliche Grenze gesetzt, deren Verlauf die neue Stadtmauer folgte. Sicher ist auch, daß sich am Maschki-Tor unmittelbar nordwestlich vom Tell Kujundschik herrschaftliche Villen des Adels befunden haben müssen (siehe Bild Seite 84 unten), während am Sin-Tor etwas weiter nördlich dichtbesiedelte Wohnviertel mit Werkstätten für verschiedene kunsthandwerkliche Produkte und Töpfereien lagen.

Die tiefe Rinne entlang des Nordwesthangs des Tell Kujundschik, die man lange Zeit für ein altes Bett des Tebiltu hielt, war wahrscheinlich ein Graben, der zur Zeit Sanheribs gezogen wurde, um die Zitadelle auch auf der Seite zu schützen, die nicht von Chusur oder Tigris umflossen war. Den Chusur hatte man wahrscheinlich etwas vom Zitadellenhügel abgelenkt und durch eine starke Mauer gegen Erdrutsche und losen Schutt von der Zitadelle geschützt.

Wie überzeugend vorgeschlagen wurde, war vermutlich nicht das ganze Gebiet innerhalb der Umfassungsmauer Sanheribs bewohnt. So könnte vor allem das Areal in der Nordecke der Stadt dazu gedient haben, Menschen, die vorübergehend und vielleicht mit ihren Herden in die Stadt kamen, unterzubringen oder auch, um Lebensmittel für Notzeiten zu stapeln.

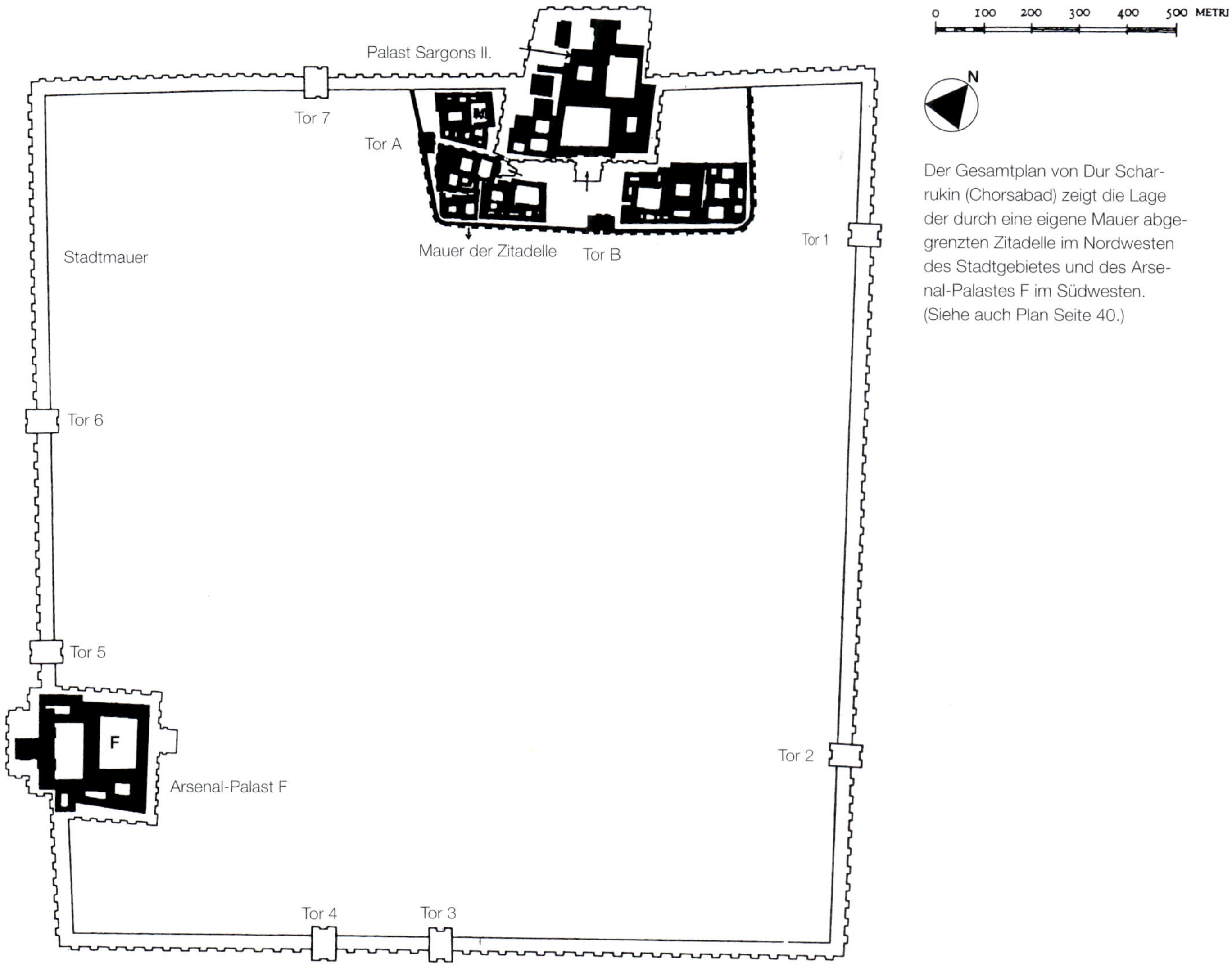

Der Gesamtplan von Dur Scharrukin (Chorsabad) zeigt die Lage der durch eine eigene Mauer abgegrenzten Zitadelle im Nordwesten des Stadtgebietes und des Arsenal-Palastes F im Südwesten. (Siehe auch Plan Seite 40.)

Assyrische Soldaten sieht man auf den Palastreliefs üblicherweise mit einem spitz zulaufenden Helm wie diesem, der zusammen mit den Bruchstücken anderer Helme im Saal I des Nordwestpalastes von Kalchu gefunden wurde. Wegen der starken Verwitterung sind die ursprünglichen Bronzeverzierungen des Eisenhelms, Darstellungen des Königs mit dem Kronprinzen und einem Offizier, kaum mehr zu erkennen.
Eisen mit Inkrustationen aus Bronze, Höhe 31 Zentimeter, aus Nimrud, Nordwestpalast, Saal I, 8. Jahrhundert v.Chr.; London, British Museum (WA 22496).

Blick auf das Ausgrabungsgelände einer Villa aus dem 7. Jahrhundert v.Chr. in der Nähe des Maschki-Tores im Nordwesten Ninives.

Das Nergal-Tor war vermutlich der Durchgang, durch den der breite »Königsweg«, der die Zitadelle mit dem nahegelegenen Ort Tarbisu verband, die Stadt Richtung Norden verließ. Da man sowohl in der Region zwischen Ninive und Tarbisu als auch im Stadtgebiet selbst, und zwar in der Nähe des Tell Kujundschik in Richtung auf das Nergal-Tor, Reste einer schönen Pflasterung gefunden hat, könnte es sein, daß der »Königsweg« auf seiner ganzen Länge eine Steinpflasterung hatte. Wahrscheinlich führte diese Prachtstraße bis zur Ostflanke des Tell Kujundschik, wo vielleicht eine Rampe die Unterstadt mit dem Haupteingang des Südwestpalastes verband. Den jüngsten archäologischen Untersuchungen zufolge ist dieser Eingang sehr wahrscheinlich mit dem sogenannten Eastern building identisch, da dessen Lage – ausgehend von den Längenmaßen der Bauinschriften Sanheribs – mit dem Ort übereinstimmt, wo sich die Hauptfassade des »Palastes ohnegleichen« befunden haben muß.

Ninives ungewöhnliche Ausdehnung von 750 Hektar Fläche – womit es mehr als zweimal so groß wie Kalchu und Dur Scharrukin war, die »nur« 360 beziehungsweise 320 Hektar erreichten – und die monumentale Gestaltung des Stadtbildes durch Sanherib ließen zum ersten Mal in der Geschichte Mesopotamiens eine Stadtanlage zum wirklichen Symbol der politischen Macht werden. In diesem Sinne sollte Ninive nur noch vom Babylon der Zeit Nebukadnezars II. übertroffen werden.

Der wuchtige Vorbau aus Kalksteinblöcken macht das (rekonstruierte) Schamasch-Tor an der Ostflanke der Stadtmauer Ninives zu einer regelrechten Bastion.
(Siehe auch Bilder Seite 23/24 und 70 oben).

Der »Palast ohnegleichen« und die künstlerische Revolution Sanheribs

Linke Seite: Assyrische Soldaten bei der Verfolgung eines aramäischen Reiters im Schilfdickicht der babylonischen Sümpfe. (Siehe auch Seite 101.)
Alabaster, aus Kujundschik, Südwestpalast, Ausschnitt, 7. Jahrhundert v.Chr.; London, British Museum (WA 124773).

»Ich habe für meine Majestät einen Palast erbaut aus Gold, Silber, Bronze, Karneol, Breccie, Alabaster, Elfenbein, Ebenholz, wertvollen Hölzern des Orients, dem Holz von Buchsbaum, Zeder, Zypresse, Wacholder, Sandelholz und Eichenholz aus Sindu.« Mit diesen Worten wird der »Palast ohnegleichen«, den Sanherib 704 v.Chr. auf der Zitadelle von Ninive südlich des berühmten Ischtar-Tempels gegründet hatte, in den detailreichen offiziellen Texten des Jahres 694 v.Chr. beschrieben. Nach zehn Jahren Arbeit war der riesige Palastkomplex nun vermutlich in allen wesentlichen Elementen fertiggestellt, vollendet war er aber sicher noch nicht. Der stolze zeremonielle Name der neuen königlichen Residenz in Ninive ist die wörtliche akkadische Übersetzung einer sumerischen Bezeichnung, die die Kanzlei Sargons II. zunächst für den prunkvollen Palast von Sanheribs Vater in Dur Scharrukin geprägt hatte. Er sollte verdeutlichen, daß jeder Versuch, den Palast von Kujundschik auch nur nachahmen zu wollen, zum Scheitern verurteilt sei. Auch die eindrucksvolle Aufzählung der Materialien, die beim Bau des »Palastes ohnegleichen« verwendet wurden, ist ein Rückgriff auf traditionelle Formulierungen der Beschreibung assyrischer Königspaläste, deren Repertoire zur Zeit Sargons II. noch

Rechts: Plan der ausgegrabenen Areale des Südwestpalastes von Kujundschik. Sanherib, der im Jahr 705 v.Chr. seinem in der Schlacht gefallenen Vater Sargon II. auf den Thron folgte, begann schon bald nach Regierungsantritt mit dem Bau seines »Palastes ohnegleichen«. Rund zehn Jahre später war die prunkvolle Residenz des Königs fertiggestellt, während die gigantische Umgestaltung der neuen Hauptstadt des Reiches noch in vollem Gange war. Dank zahlreicher Inschriften, die teilweise in den Fundamenten oder dem Mauerwerk des Palastes deponiert waren, lassen sich die einzelnen Bauphasen wie bei keinem anderen Bauwerk des alten Mesopotamien nachvollziehen, auch wenn wir bisher nicht einmal die Hälfte des gesamten Gebäudekomplexes kennen. (Siehe auch Plan Seite 207.)

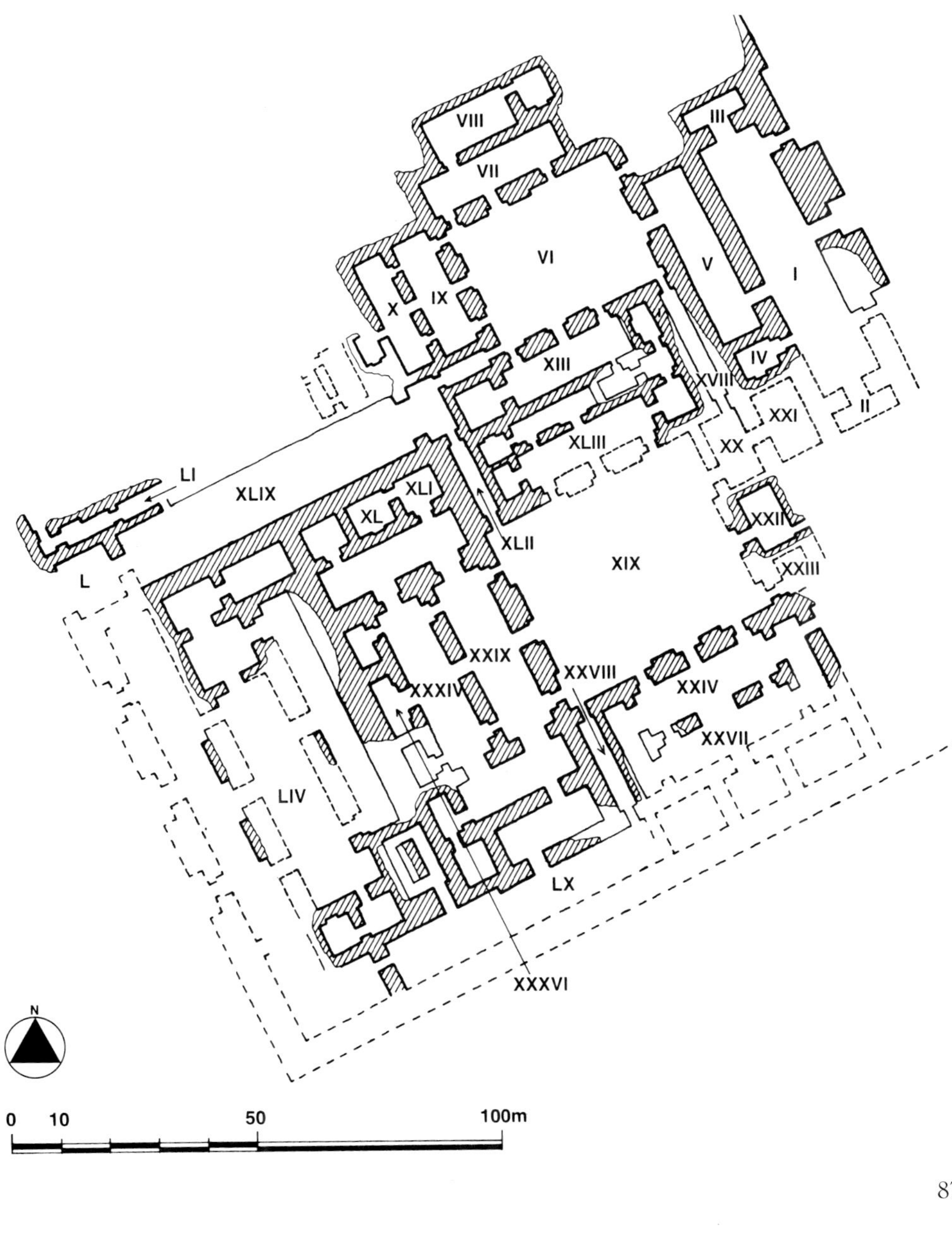

Begleitet von seinen Wedelträgern steht Sanherib unter dem königlichen Sonnenschirm auf seinem Wagen und überwacht den Transport der großen Monolithen, aus denen die Stierkolosse für den »Palast ohnegleichen« in Ninive gemeißelt werden.
Alabaster, aus Kujundschik, Südwestpalast, Hof VI, Platte 61 (?), Ausschnitt, Beginn des 7. Jahrhunderts v.Chr.; London, British Museum.

Rechte Seite: Zu den neuassyrischen Reliefzyklen der Kriegszüge gehören immer auch die Bilder der Kolonnen von Kriegsgefangenen wie diese von Assurbanipal besiegten Elamer, die von assyrischen Soldaten zum König geführt werden. (Siehe auch Bild Seite 16/17.)
Alabaster, aus Kujundschik, Nordpalast, Saal V'/T', Ausschnitt, Mitte des 7. Jahrhunderts v.Chr.; Paris, Musée du Louvre (AO 19904).

einmal besonders erweitert wurde, um die Pracht und den Reichtum an kostbaren Hölzern im Palast von Dur Scharrukin in Worte zu kleiden. Sanherib jedoch geht weit darüber hinaus und verlängert die Liste der Baustoffe seines Palastgebäudes in einem nie dagewesenen lexikalischen Umfang um Edelmetalle, wertvolle Steine und Elfenbein, bevor er wie üblich die verschiedenen Hölzer aufführt.

Abgesehen von einigen wenigen Vorwegnahmen in den Texten, die während der zehnjährigen Bauzeit am »Palast ohnegleichen« verfaßt wurden, erfahren wir erst durch die ausführliche Beschreibung der neuen Residenz aus dem Jahr

Pferde und andere Gaben werden als Tribut aus dem Westiran an den Hof Sargons II. in Dur Scharrukin gebracht.
Alabaster, Höhe 1,62 Meter, aus Chorsabad, Königspalast, Korridor 10, Ende des 8. Jahrhunderts v.Chr.; Paris, Musée du Louvre (AO 19887).

694 v. Chr. eine Reihe von Einzelheiten über das gewaltige Bauwerk. Wie andere assyrische Bauinschriften auch beziehen sie sich jedoch weniger auf Werke von außergewöhnlicher künstlerischer Qualität als auf schwer zu vollbringende technische Leistungen. So wird sogar im offiziellen Baubericht dieses berühmten Palastes mehr Gewicht auf die Bronzearbeiten und den Architekturschmuck mit glasierten Ziegeln gelegt als auf die Steinskulpturen. Der Grund dafür ist, daß das Herstellungsverfahren es in beiden Fällen mit sich bringt, daß die Struktur des Ausgangsmaterials während des Schmelzprozesses im Ofen chemisch verändert wird. Im Unterschied zu den Steinbildwerken rühmt Sanherib mit begeisterten Worten den hohen Grad der Perfektion, den man zu seiner Zeit in diesen fortschrittlichen Techniken erreicht habe. Vermutlich empfand man die Toreutik ebenso wie die Koroplastik in einem sehr viel höherem Maß als die Bildhauerei als göttliche Künste – mit Regeln, die so verborgen und geheim waren, daß sie dem Künstler einen ungleich intensiveren Einsatz als die Steinmetzarbeiten abverlangten, wobei das Risiko des Mißlingens sehr viel größer war. All das aber ließ die vollendeten Werke noch bewundernswerter erscheinen und machte sie zur Manifestation der göttlichen Inspiration, die den König bei seinem Entwurf und bei dessen Umsetzung geleitetet hatte.

Der Baubericht von 694 v. Chr.

Nach einer Einleitung, in der Sanherib unter anderem berichtet, daß am Bau seines »Palastes ohnegleichen« auch die unterworfenen Völker des Reiches mitarbeiteten – Chaldäer und Aramäer aus Babylonien, Mannäer aus dem Iran, Angehörige der Volksstämme im Nordwesten, Kilikier und Chilakku und schließlich Philister und Tyrer von der Mittelmeerküste –, geht der Text detailliert auf die Errichtung des großen Fundamentplateaus, die Dekorationen aus Metall und glasierten Ziegeln sowie die Kolossalbilder aus Bronze an den Laibungen der Portale und die Bronzefiguren der Säulenbasen ein. Bei all dem ist mehrfach die Rede vom göttlichen Eingreifen: So werden dem König bisher unbekannte Steinbrüche gezeigt, wo man das Material für den Palastbau und für die Statuen holen kann, und die Götter enthüllen ihm die Geheimnisse einer neuen fortschrittlichen Technologie der Metallgießerei. Interessanterweise werden jedoch die Orthostatenreliefs, die die Ruhmestaten des Herrschers verherrlichen, mit keinem Wort erwähnt – im Unterschied zur ersten, sehr viel kürzeren Beschreibung des Palastes aus dem Jahr 703/702 v. Chr., als allerdings noch kein einziger der grandiosen Reliefzyklen des Palastes ausgeführt gewesen sein kann.

Was das Fundamentplateau des Palastes betrifft, so wird exakt angegeben, daß die Terrasse des Vorgängerbaus, die 360 Ellen lang und 95 oder 120 Ellen breit war, um 340 Ellen in

Die obere Bildhälfte dieses berühmten Reliefs aus der Zeit Assurbanipals zeigt höchstwahrscheinlich eine Ansicht der Zitadelle von Ninive: Direkt über dem Fluß – vermutlich dem Tigris – erhebt sich die Stadtmauer Sanheribs mit der niedrigen Mauer aus Stein und dem dahinterliegenden hohen Lehmziegelwall. Daran schließt sich in der Bildmitte die Festungsmauer des Tell Kujundschik an, über der ein – leider nur teilweise erhaltenes – mächtiges Gebäude mit Säulen auf Löwenfiguren aufragt. Dabei dürfte es sich um den Portikus des »Palastes ohnegleichen« handeln, von dessen Bronzesäulen Sanherib in seinen Bauinschriften mit besonderem Stolz spricht.
In den drei Registern der unteren Bildhälfte sieht man elamische Krieger, die zu Fuß, hoch zu Roß und auf Wagen zum Kampf eilen.
Alabaster, Höhe 1,92 Meter, aus Kujundschik, Nordpalast, Saal H, Platte 7 (?), Mitte des 7. Jahrhunderts v.Chr.; London, British Museum (WA 124938).

Bronzereliefs mit Darstellungen der Kriegszüge Salmanassars III. zieren dieses mächtige Tor aus dem Palastkomplex von Balawat, das im Britischen Museum in London rekonstruiert wurde. Ebenfalls im Palast von Balawat hat man zwei, allerdings sehr viel schlechter erhaltene Sätze von Bronzebeschlägen Assurnasirpals II., dem Vater Salmanassars III., entdeckt. Von vergleichbaren Applikationen berichten die Inschriften Sanheribs über den »Palast ohnegleichen«, und auch in Chorsabad hat man Fragmente von Bronzebändern gefunden, die denen des berühmten Balawat-Tores sehr ähnlich sind. (Siehe auch Bild Seite 74 unten.)
Zweite Hälfte des 9. Jahrhunderts v.Chr.; London, British Museum (WA 124656).

der Länge und 289 Ellen in der Breite erweitert wurde. Damit vergrößerte sich die Terrasse auf rund 700 mal 440 Ellen, was 385 mal 242 Meter entspricht. Diese Maße erscheinen in sämtlichen Textfassungen vor dem Jahr 693 v. Chr. Außerdem erfahren wir, daß die Terrasse etwa 190 Ziegellagen hoch und durch große Kalksteinblöcke als Schutz gegen Erdrutsche und Erosion abgestützt war.

Zur Raumaufteilung des Palastes und der architektonischen Gliederung insgesamt werden im Anschluß an die Aufzählung der wertvollen Baumaterialien einige Details angeführt. Vergleicht man diese Stelle mit der ausführlichen Passage aus der Textfassung aus dem Jahr 703/702 v. Chr., in der ein *bît chilâni* genannter Portikus erwähnt wird, so heißt es hier zunächst nur lapidar, daß eine Eingangshalle in der »Art des Hethiterlandes«, gemeint ist Syrien, errichtet wurde. Dann wird erzählt, daß die Decken – vielleicht jedoch nur die jener Eingangshalle im »syrischen Stil«, der in der Zeit Tiglatpilesars III. in Mode gekommen war – aus Zedern- und Zypressenholz von den Wäldern des Amanus und Sirara gearbeitet waren. Die Türflügel bestanden aus Zedern-, Zypressen-, Pinien- und Sindu-Holz und waren mit Bändern aus Silber und Kupfer beschlagen.

Danach erfahren wir, daß die Räume des Palastes sich in Säle und Korridore gliederten und daß an den Eingängen überlebensgroße Figuren aus elfenbeinfarbenem Marmor standen: geflügelte weibliche Sphingen (*lamassâti*), die vielleicht Blumen zwischen den Pfoten hielten. Als nächstes wird die Innendekoration der Räume beschrieben: Die dunkle Farbe der Deckenbalken habe man so sehr aufgehellt, daß sie glänzte »wie der Tag«; ringsum seien an den Wänden Beschläge aus Silber und Kupfer angebracht – vermutlich in Form von Friesen –, und schließlich bildeten glasierte Ziegel in der Farbe von Obsidian und Lapislazuli ornamentale Motive in den Wölbungen der Bögen und den Paneelen sowie als Schmuckfriese an den Wänden.

Weiter berichtet Sanherib, daß die beiden großen Götter Assyriens, Assur und Ischtar, ihm beigestanden und ihn inspiriert hätten. Denn sie waren es, die ihm die versteckten und entlegenen Orte am Berg Sirara zeigten, wo die mächtigen Zedernholzstämme für seinen Palast geschlagen wurden; die ihm den Weg in die unzugängliche Ammanana-Region wiesen, um Alabaster zu brechen; die ihn zu der bis dahin unentdeckten Breccie von Kapridargila in das Gebiet von Til Barsip am Euphrat führten und in die Steinbrüche von Balatai, wo man auf den ungewöhnlich qualitätvollen Kalkstein stieß, aus dem die apotropäischen Kolossalbilder der mythischen Wesen an den Palasttoren gemeißelt wurden.

Die Entdeckung von Balatai, das in der Nähe von Ninive und sicher auf dem östlichen Tigrisufer lag, brachte deutliche Vorteile gegenüber den Steinbrüchen von Tastiate westlich des Flusses, die zur Zeit Sargons II. ausgebeutet wurden und komplizierte Operationen nötig machten, um die Steine über den Fluß zu schaffen. Der Kalkstein aus Balatai war also das Material, aus dem die großartigen Figuren der geflügelten Stiere mit dem Kopf eines bärtigen Mannes und die, archäologisch allerdings praktisch nicht nachgewiesenen, geflügelten Boviden mit einem glattrasierten, vielleicht einem weiblichen Kopf hergestellt wurden. Die Texte der königlichen Kanzlei heben besonders hervor, daß diese Skulpturen überlebensgroß gewesen seien und daß ihre Körper so hell wie das Licht das Tages schimmerten.

Um die Perfektion dieser Steinfiguren deutlich zu machen, heißt es, Sanherib habe sie mit der Hilfe Ninkurras geschaffen. Ninkurra aber ist ein Appellativ des Schöpfergottes Ea von Eridu in seiner Eigenschaft als höchster Bildner jeglicher Form und allen Lebens. Bei der Beschreibung der Bronzekunstwerke lesen wir hingegen, Sanherib habe sie im Geiste

Die Rekonstruktionszeichnung von A. Paterson zeigt die Torwächterfiguren und den seitlichen Reliefschmuck des Eingangs zum Saal XIII, der an den Hof VI des Südwestpalastes von Ninive grenzt.

Oben: Diese weibliche geflügelte Sphinx ist eines der sehr seltenen archäologischen Zeugnisse für eine Art von Säulenbasen, die in den Bauinschriften der neuassyrischen Könige häufig erwähnt wird. Da sie sehr klein ist, handelt es sich zweifellos um das Modell einer Kolossalfigur für eine Säulenvorhalle vom Typ des *bīt chiläni.* Die Ergänzung der Füße zu Rinderhufen geht auf die Interpretation des 19. Jahrhunderts zurück. Da die Statuette im unteren Teil jedoch nicht erhalten ist, ist auch eine Rekonstruktion als Sphinx im traditionellen Sinne denkbar, also als Mischwesen aus Löwenleib und Menschenkopf. Alabaster, 9 Zentimeter, aus Kujundschik, 7. Jahrhundert v.Chr.; London, British Museum (WA 90954).

der Kunst des Ninigikug ausgeführt – ein Name, mit dem Ea als unübertrefflicher Künstler des Gießens und Schmelzens von Metallen angerufen wird. Detailliert führt Sanherib dann aus, daß er dem »Ratschlag seines Verstandes und der Eingebung seines Herzens folgend« in dieser Kunst Ea-Ninigikugs zwölf Figuren wilder Löwen (*urmachchê*), zwölf Stierkolosse (*aladlamê*) und 22 Bildnisse von Rindersphingen (*apsasâte*) entwarf und herstellte. Im nächsten Absatz berichtet er, daß an den Schwellen der Portale Bronze- und Alabasterstatuen dieser mythischen Wesen aufgestellt und über Säulenbasen in Form kleiner Löwen (*urgallê*) und Rindersphingen (*apsasâte*) mit Bronze oder Blei verkleidete Säulen aus Zedernholz errichtet wurden.

Die Besonderheit dieser Bronzekunstwerke wird nicht erst jetzt, sondern auch schon in den früheren Bauinschriften überschwenglich gerühmt, denn sie waren nach einem neuen Verfahren angefertigt worden. Vermutlich handelt es sich um Vollgußplastiken, da für acht Löwenbildnisse ein Gewicht von jeweils 11 400 Talenten angegeben wird. Legt man ein leichtes Talent zugrunde, entspricht das 43 Tonnen pro Figur, ein schweres Talent ergibt sogar über 86 Tonnen. In den Texten Sargons II. ist von ganz ähnlichen Plastiken in der Residenz von Chorsabad die Rede; sie hingegen wiegen nur 4610 Talente, also etwa 17 Tonnen beziehungsweise 35 Tonnen, je nachdem von welchem Maß man ausgeht.

Einer plausiblen Berechnung zufolge müßte eine solche 35 Tonnen schwere Statue ungefähr zwei Meter hoch und dreieinhalb Meter lang sein, dementsprechend wäre eine Figur von 90 Tonnen Gewicht drei Meter hoch und etwas über fünf Meter lang. Vergleicht man diese Daten mit den geflügelten Stier- und Löwenkolossen aus Alabaster, die wir aus Nimrud und Chorsabad kennen und die je nach ihrem Anbringungsort in den Torbauten der königlichen Empfangsräume verschieden groß waren, zeigt sich, daß die Bronzestatuen ungefähr so groß wie die Steinfiguren gewesen sein müssen.

Selbst wenn sämtliche Beschreibungen des Südwestpalastes, die in den Annalen und Bauberichten Sanheribs überliefert sind, stereotype Wiederholungen enthalten, finden sich mitunter auch wichtige und aussagekräftige Abweichungen von den gängigen Formulierungen, die spätestens seit der ersten Hälfte des 9. Jahrhunderts v. Chr. in den Kanzleitexten der assyrischen Hauptstädte gebräuchlich sind. Außerdem scheinen alle Schilderungen konkrete Merkmale des gigantischen Palastes widerzuspiegeln, den sein Erbauer nicht nur als vortreffliches Symbol der königlichen Tradition verstanden wissen wollte, sondern gleichzeitig auch als ihre Überwindung, die in den überwältigenden Dimensionen, der neuen Raumauffassung, der Pracht der Dekoration und des plastischen Schmucks ihren Ausdruck fand.

Rechts: Einst gehörte dieser einzigartige Kopf vermutlich zur Kompositstatue eines überlebensgroßen geflügelten Sphinx aus Alabaster, Bronze und vielleicht sogar Gold, der als Torwächterfigur im Südwestpalast Sanheribs aufgestellt war. Während die geflügelten Stierkolosse an den Toren meist aus Stein gehauen waren, könnten die Statuen anderer Mischwesen, deren Namen zwar in den Texten überliefert, die archäologisch jedoch nicht nachgewiesen sind, überwiegend aus Bronze mit einigen wenigen Partien aus Alabaster bestanden haben.
Alabaster, Höhe 60 Zentimeter, aus Kujundschik, Südwestpalast, Saal XXXVI, Beginn des 7. Jahrhunderts v.Chr.; London, British Museum (WA 118909).

Palastarchitektur zwischen Tradition und Innovation

Die archäologische Erforschung des »Palastes ohnegleichen«, der in Fachpublikationen als Südwestpalast von Kujundschik bezeichnet wird, begann bereits im 19. Jahrhundert. Sie wurde zu Beginn des 20. Jahrhunderts durch weitere – allerdings sehr begrenzte und wenig systematische – Ausgrabungen fortgesetzt; die letzte archäologische Kampagne fand 1989 statt. Dabei wurde ein großer Teil der Innenräume des monumentalen Palastkomplexes freigelegt, während weder von der Hauptfassade, die sich sicher im Nordosten befand, noch von der Nordostseite überhaupt irgend etwas entdeckt wurde. Große Unsicherheiten bestehen auch über die exakte Lage und die Gliederung der Außenmauern im Südosten und Südwesten. Auf letztere stieß man während der Ausgrabung des Jahres 1905, ohne sie jedoch genau zu dokumentieren.

Obwohl man nichts über den Grundriß des gesamten äußeren Bereichs des Südwestpalastes vor der Fassade des Thronsaals I weiß (siehe Plan Seite 87), ist es sicher, daß das, was von dem Bauwerk bisher wiedergewonnen werden konnte, einen großen Teil des Kernbaus mit allen reliefgeschmückten Gebäudetrakten darstellt. Die Gestaltung der Umfassungsmauern ist jedoch bis heute Gegenstand von Spekulationen, vor allem auch in Hinblick darauf, ob es wirklich, wie immer wieder vorgeschlagen wurde, Portale mit Säulen gab, die als rückwärtige Nebeneingänge der Palastanlage fungierten. Auch wenn man also nichts über die Struktur der vorderen Sektoren des Palastes sagen kann, reichen die Überreste des zentralen Kernbaus und der dahinterliegenden Räumlichkeiten doch aus, um die Innovationen der ninivitischen Baumeister Sanheribs ermessen zu können. Ihre grundlegende Neuerung bestand in der Umgestaltung der kanonischen Bautradition aller königlichen Residenzen der neuassyrischen Herrscher bis hin zu Sargon II., dessen monumentaler Palast räumlich wie funktional als Dreh- und Angelpunkt der Zitadelle von Dur Scharrukin konzipiert war.

Wie auch immer man sich die Raumeinheiten vor dem Thronsaal I vorzustellen hat, der Hof H, an dessen Südostseite sich der Hauptthronsaal öffnete, lag sicher im zentralen Bereich einer Nordost-Südwest-Achse, die von der Hauptfassade des Palastes zu den erhaltenen rückwärtigen Gebäudetrakten, die vermutlich die Wohnräume enthielten, verlief. Wenn also die Abfolge der Hofsysteme – eines sehr wahrscheinlichen äußeren Vorhofes, des öffentlichen *babānu*-Hofes H und der inneren *bītānu*-Höfe VI und XIX – an einer geraden Achse ohne den rechtwinkligen Achsenknick erfolgte, wie er bis dahin sowohl in Dur Scharrukin als auch in Kalchu die Regel gewesen war, so ist das zweifellos eine der wichtigen Neuerungen Sanheribs. Sie war sicherlich angeregt, wenn nicht sogar bedingt durch bereits bestehende Denkmäler, aber auch durch die natürliche Form der Zitadelle von Kujundschik – Gegebenheiten, die es nicht zuließen, die Fassade des neuen Palastes weiter nach Südosten zu verlegen, um die traditionelle, von Assurnasirpal II. bis Sargon II. übliche Achsenabweichung beibehalten zu können.

Bis heute ist es unmöglich zu sagen, wie diese neuartige Orientierung von Sanheribs gigantischem Palastkomplex in räumlicher Hinsicht gelöst wurde, das heißt, welche Auswirkungen sie auf die Abmessungen ebenso wie auf die Form der noch nicht ausgegrabenen Höfe hatte. Trotzdem liegt es nahe anzunehmen, daß man damit vielleicht eine historische Entwicklung vollenden wollte, deren Bogen sich von der parataktischen Konzeption der größeren Räume der Königsresidenzen des 9. Jahrhunderts, wie dem Nordwestpalast und dem Fort Salmanassar in Kalchu, hin zum hierarchischen und ins Monumentale gesteigerten Entwurf unter- und übergeordneter Raumeinheiten von Dur Scharrukin spannt.

Es steht zu vermuten, daß die Baumeister Sanheribs mit der axialen Ordnung der offenen Höfe die »Revolution des Raumes« ihrer Vorgänger in Dur Scharrukin noch klarer herausarbeiten wollten. Diese hatte in der Differenzierung und Hierarchisierung der Höfe und Räume vom äußersten und größten zum innersten und kleinsten bestanden: vom zentralen Hof XV – dessen Deutung wegen seiner an sich für Außenfassaden typischen Strebepfeiler und der Kaschierung aller Eingänge, die sich zu ihm hin öffnen, zweideutig ist –, über den Raum VII – der sowohl durch seine Ausrichtung wie durch die strenge und eindeutige Hierarchisierung der Portale des *babānu*-Hofes VIII besonders betont ist –, bis hin zum Glanzstück eines umgrenzten Raumes, wie ihn der Hof VI des *bītānu* darstellt, der exakt quadratisch ist und auf geradezu umwälzende Weise durch zentrale Portale und – gegen jede mesopotamische Tradition – auf einer Achse liegende Eingänge gekennzeichnet ist (siehe Plan Seite 94).

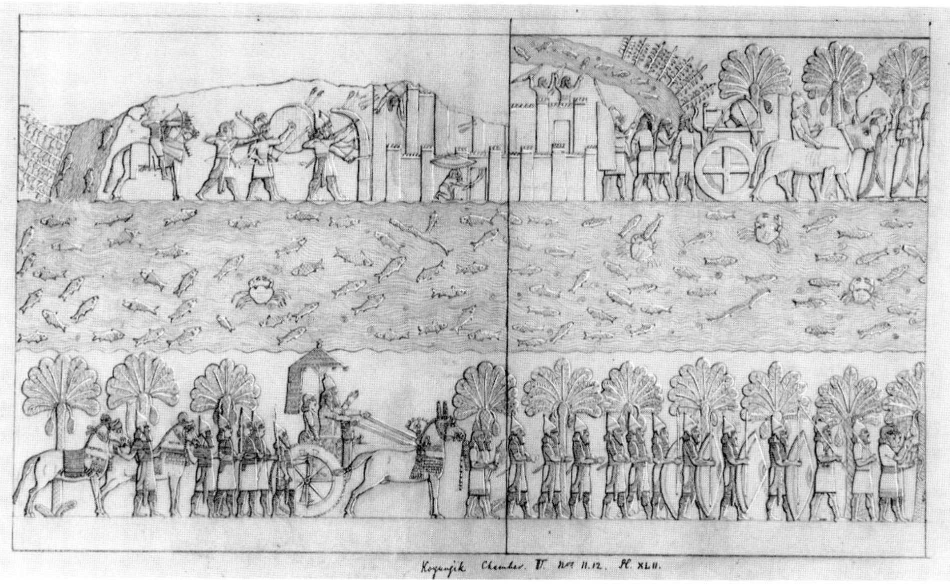

In den ersten Jahren seiner Regierung residierte Assurbanipal im Südwestpalast seines Großvaters Sanherib und ließ dort auch Reliefs mit der Darstellung seiner militärischen Unternehmungen im Süden des Zweistromlandes anbringen: oben die Belagerung einer Stadt, unten Assurbanipal mit seinen Soldaten in einem Palmenhain Babyloniens.
Aus Kujundschik, Südwestpalast, Hof XIX, Platten 11–12, Mitte des 7. Jahrhunderts v.Chr.; Zeichnung aus dem 19. Jahrhundert, London, British Museum (WAA Or.Dr. I, 72).

Im gesamten riesigen Königspalast von Dur Scharrukin ist es gerade dieser kleine, einzigartig konzipierte Hof VI, in dem das neue Raumgefühl der Sargonidenzeit am deutlichsten spürbar wird, in dem sich die Hinwendung zu einer neuen Raumidee manifestiert, die von den Architekten des Südwestpalastes systematisch aufgenommen und verbreitet werden sollte. Der Durchbruch zu einer räumlichen Perspektive, die sich durch die Mittelportale auf drei von vier Innenseiten des *bītānu*-Hofes VI eröffnet, stellt zwar eine typische Lösung für Zentralräume dar, ist aber der Architektur Mesopotamiens – der babylonischen ebenso wie der assyrischen – völlig fremd, hat sie doch immer eine Achsenabweichung der Eingänge bevorzugt. Dieses Phänomen wird zum Vorboten eines neu erwachten Bewußtseins für Axialität und Tiefe, das typisch für die Gestaltungsideen Sanheribs werden sollte und vielleicht den Beginn des Übergangs zur axialen – im Gegensatz zu der von Nimrud bis Chorsabad praktizierten transversalen – Verteilung der Höfe im neuen Palast von Ninive markiert.

In der Gliederung der großen Fläche im Zentrum und im rückwärtigen Bereich des Südwestpalastes lassen sich dennoch nicht nur Neuerungen beobachten, die den von Sargons Baumeistern eingeschlagenen Wegen folgen; deutlich zeichnet sich daneben auch eine von den Vorbildern in Dur Scharrukin unabhängige Position ab. An erster Stelle ist die Verdoppelung des *bītānu*-Hofes unter Sanherib zu nennen. Das bedeutet, daß der königliche Wohnkomplex mit traditionell einem offenen Hof um einen zusätzlichen Hof erweitert wird, so daß nun zum *bītānu* ein kleinerer Hof (VI), der etwa an der üblichen Stelle liegt, und ein größerer Hof (XIX) gehören, wobei letzterer sich, obschon etwas aus dem Zentrum gerückt, ebenfalls hinter dem Thronsaal ausbreitet.

Das zweite völlig neuartige Grundrißelement im Palast Sanheribs ist der monumentale Baukörper an der dem Thronsaal I entgegengesetzten Seite jenseits des Hofes XIX. Er

Ein beliebtes Thema Sanheribs sind die Arbeiten, die mit der Errichtung des »Palastes ohnegleichen« in Zusammenhang stehen. Dazu gehört auch die Darstellung des Transportes der gewaltigen Steinblöcke für die Torwächterfiguren an den Portalen des Palastes, die hier von Kolonnen von Kriegsgefangenen geschleppt werden.
Aus Kujundschik, Südwestpalast, Hof XIX, Platten 1–8, Beginn des 7. Jahrhunderts v.Chr.; Zeichnung aus dem 19. Jahrhundert, London, British Museum (WAA Or.Dr. IV, 62).

der Halle, die südwestlich von LIV verlief. Diese Galerien mit ihren langgezogenen und gleichförmigen Grundrissen wären somit an die Stelle der unterschiedlich großen Außenräume der hinteren Höfe von Dur Scharrukin getreten.

Eine weitere Neuheit des Südwestpalastes ist die Betonung der Innenfassaden der beiden *bītānu*-Höfe durch vorkragende Tortürme, wobei diese, im Unterschied zum *bītānu* des Nordwestpalastes von Kalchu, oft in der Mitte der Wandfläche sitzen. Man kann wohl nicht umhin, einen Zusammenhang zwischen diesem charakteristischen Kompositionsmerkmal des Südwestpalastes von Kujundschik und dem Hof XV des Palastes von Dur Scharrukin zu sehen, wo sich an allen vier Seiten in regelmäßigen Abständen Strebepfeiler aneinanderreihen. Allerdings verbergen diese geradezu die Eingänge und verschleiern das hierarchische Gliederungsprinzip der Portale in bezug auf die Funktion der Räumlichkeiten, die man durch sie betrat – ganz im Gegensatz zu den deutlich akzentuierten Portalen des *babānu*-Hofes VIII im selben Palast.

Kurz zusammengefaßt läßt sich die Besonderheit der neuen Raumidee, der die Baumeister Sanheribs im »Palast ohnegleichen« Ausdruck verliehen, damit beschreiben, daß in Ninive zum ersten Mal in der Geschichte der assyrischen Architektur die Differenzierung von Außen- und Innenraum aufgehoben ist. Im Königspalast von Dur Scharrukin war sie noch unangetastet geblieben, selbst dort, wo man, wie im Hof XV, bereits auf subtile Weise mit diesem Gedanken gespielt zu haben scheint, indem man die Wandflächen mit Strebepfeilern artikulierte und diesem Hof damit eine doppelte Wertigkeit als Außen- und Innenraum gab. In Ninive hingegen werden Raumkomplexe wie die vorkragenden Baublöcke, die in Dur Scharrukin typisch für Außenbereiche sind, ins Innere des Gebäudes verlegt; und durch die Türme, die über zentrierten Portalen aufragen, erhalten die Höfe von Ninive Kompositionsmerkmale, die in der Architektursprache Dur Scharrukins charakteristisch für Außenwände und die am Übergang zwischen Innen und Außen gelegenen Höfe sind. Die Elemente des traditionellen Kanons werden umgedeutet und in ihrem Wert ins Gegenteil verkehrt, denn nun werden Fassaden mit Strebepfeilern, also typischen Bauelementen von Außenwänden, und Vorbauten mit einer Folge von Portalen, die üblicherweise nach Außen orientiert sind, ins Innere des Palastes integriert. Dieser Austausch, ja die Osmose von Außen und Innen geht soweit, daß die Audienzräume – der ureigenste und charakteristischste Innenraum der Palastarchitektur – Torbauten immer ähnlicher werden und sich schließ-

Teil der Illustrationen der Militärkampagnen im Süden Mesopotamiens, mit denen Assurbanipal die Wände des Südwestpalastes schmücken ließ, sind auch diese Bilder der Belagerung einer Stadt (unten) und der assyrischen Soldaten, die den Wagen ihres Königs eskortieren (oben).
Aus Kujundschik, Südwestpalast, Hof XIX, Platten 15–16, Mitte des 7. Jahrhunderts v.Chr.

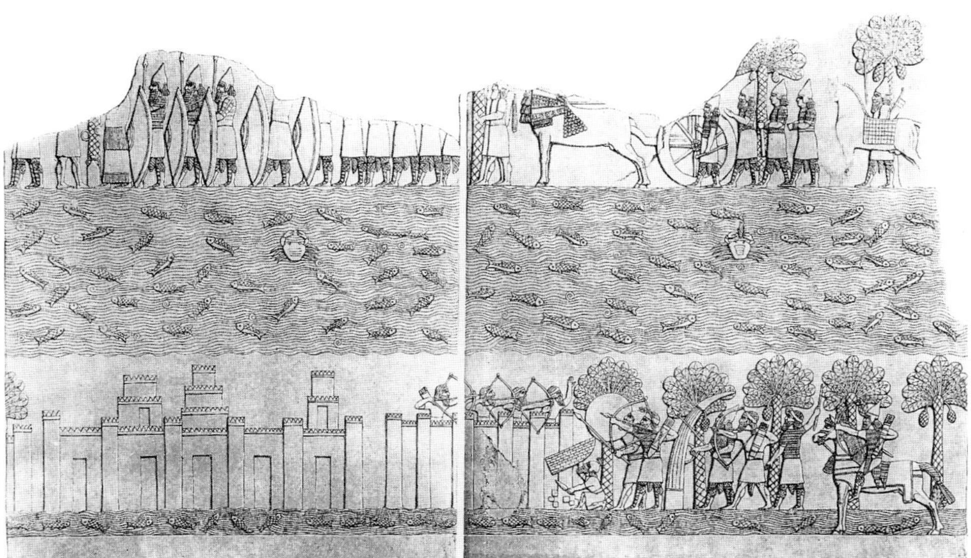

lich typologisch mit dem klassischen Schwellenraum an der Nahtstelle zwischen Innen und Außen, der Torhalle des Eingangs zum Palast, vermischen.

Während die assyrischen Baumeister des 9. Jahrhunderts v. Chr. eine parataktische Raumordnung angestrebt hatten, die in ihrer elementaren Einfachheit auch banal werden konnte, wie zum Beispiel im Fort Salmanassar in Kalchu, war danach der Grundgedanke der Unterordnung und der hierarchischen und funktionalen Differenzierung der Raumeinheiten vorherrschend, der in Dur Scharrukin in klassisch ausgewogenen Entwürfen verwirklicht wurde. In Ninive brachen sich zu Beginn des 7. Jahrhunderts v. Chr. jedoch die revolutionären Elemente der sargonischen Vision Bahn, die an die Stelle der Differenzierung und Hierarchisierung der Räume die Durchdringbarkeit und Durchlässigkeit setzten: Nun wird der Raum fließend, die Schranken zwischen Innen und Außen schwinden, und die Regeln des traditionellen Kanons verlieren an Bedeutung. Das klassische Gleichgewicht der Bauten Sargons II. wird mit der eindringlichen Wiederholung von Kompositionselementen – wie dem Prinzip des zentrierten Grundrisses, den axial gereihten Portalen, den symmetrischen Perspektiven, verdoppelten Höfen, vorkragenden Baukörpern – modifiziert und gleichsam untergraben. Damit wird der Weg freigemacht für eine weniger strenge, offenere Konzeption, von der dank ihrer beabsichtigten Doppeldeutigkeit und den subtilen Übereinstimmungen mit dem Vorgänger ein besonderer Reiz ausgeht, allzumal vor dem Hintergrund einer Neudefinition des Geschmacks, den man durchaus als manieriert bezeichnen könnte.

Schwerpunkte des Bildprogramms

Die Dekoration des Südwestpalastes war, auch wenn sie nicht vollständig realisiert werden konnte, so geplant, daß die Darstellungen von Sanheribs Feldzügen und Bauleistungen die gesamten zur Verfügung stehenden Flächen zwischen dem Thronsaal I und den südwestlichen Außenmauern des Palastes einnehmen sollten. Diese großflächige Verteilung der Wandbilder – sei es im Freien oder in geschlossenen Räumen – scheint auf einen Ansatz der Baumeister in Dur Scharrukin zurückzugehen, wo zum Zeitpunkt von Sargons Tod alle Säle

Ebenfalls aus der Zeit Assurbanipals stammt diese Darstellung der Kämpfe assyrischer Soldaten mit einheimischen Chaldäern in den babylonischen Sümpfen. (Siehe auch Bilder Seite 66 oben.) Alabaster, aus Kujundschik, Südwestpalast, Hof XIX, Mitte des 7. Jahrhunderts v. Chr.; London, British Museum (WA 124774).

Ein Bett, zwei Hocker, verschiedene Metallkessel, ein Bündel von Bogen, mehrere Köcher, Dolche, Tonkrüge und ein Ständer mit dem Modell einer Festung: all das zählt zur Kriegsbeute, die die Soldaten Assurbanipals während einer Kampagne im Süden Mesopotamiens gemacht haben. Auf ein interessantes kulturhistorisches Phänomen weisen die beiden Schreiber hin, die die Beutestücke registrieren. Während der vordere Schilfrohrgriffel und eine Tontafel benutzt, also in akkadischer Keilschrift schreibt, notiert sein Kollege alles auf einer Papyrus- oder Pergamentrolle. Das zeigt, daß das Aramäische, das auf weichen Materialien wie Papyrus oder Pergament aufgezeichnet wurde, im assyrischen Reich des 7. Jahrhunderts v.Chr. als gleichberechtigte Sprache neben dem Akkadischen existierte.
Alabaster, aus Kujundschik, Südwestpalast, Saal XXVIII, Platten 9–10, Ausschnitt, Mitte des 7. Jahrhunderts v.Chr.; London, British Museum.

des westlichen Sektors des Palastes bereits mit Reliefs geschmückt waren. Darüber hinaus gibt es Anhaltspunkte dafür, daß die Dekoration von dort nach Südosten und Osten fortschritt, sicher mit dem Ziel, den Thronsaal und vielleicht auch die Trakte rund um den *bītānu*-Hof zu dekorieren, die man allerdings ohne Wandschmuck gefunden hat.

Ein anderer Aspekt, der bei der Betrachtung der Reliefzyklen des Südwestpalastes von Kujundschik auffällt und sicher ebenfalls, zumindest teilweise, auf das Konzept Sargons II. für Dur Scharrukin zurückgeht, ist die starke, wenn auch nicht ausschließliche Einheit der Themen. Hier wie dort begegnen wir nicht mehr der Zweiteilung in mythisch-symbolische und episch-narrative Motive, die so typisch für das Bildprogramm des Nordwestpalastes von Kalchu gewesen war. Und wie in Dur Scharrukin verzichtet man auch in Ninive völlig auf Darstellungen aus dem Bereich des Mythos, während im Gegenzug besonderes Gewicht auf die Illustrationen der Kriegszüge des Königs gelegt wird. Auch bei der Auswahl anderer Themen dient das Erbe Dur Scharrukins Sanherib als Bezugspunkt, allerdings nie im Sinne eines getreu zu kopierenden Ideals.

In der Tat lassen sich für die Orthostatenreliefs im Südwestpalast drei große Themenkreise feststellen, die auf traditionelle Vorbilder zurückgehen: An erster Stelle rangieren die Kriegsszenen, die den Großteil der Wanddekoration einnehmen und in jedem Raumtyp belegt sind; dann folgen die Darstellungen, die sich auf einzelne Ereignisse im Zusammenhang mit dem Bau des Palastes beziehen und den Hof VI und die Galerie XLIX schmücken; drittens finden sich auch hier Bilder vonProzessionen hoher Würdenträger, Beamter, Wachsoldaten und Diener, die in Kujundschik jedoch nur noch in den äußeren Korridoren der Hintereingänge des Palastes oder an den Wänden der Verbindungswege zwischen Palast und Ischtar-Tempel vorkommen.

Es zeigt sich also, daß nicht nur die mythisch-symbolischen Szenen, die Assurnasirpal II. so sehr schätzte, in der Dekoration der neuen Residenz in Ninive nicht mehr erscheinen, sondern auch die Jagddarstellungen, die im Palast des großen Königs des 9. Jahrhunderts v. Chr. zwischen die Kriegsreliefs eingestreut waren. Assurnasirpal II. feierte damit historische Jagden auf Löwen und Wildstiere in den Ebenen Syriens, die auch in seinen Annalentexten erwähnt werden. In Dur Scharrukin waren aus diesem königlichen Motiv Bilder der Kleinwild- und Vogeljagd geworden, ein Freizeitvergnügen des Adels, das weder mit einer echten Gefahr verbunden war noch eine symbolische Bedeutung hatte.

Obwohl die Verteilung der narrativen Reliefs über den ganzen Südwestpalast mit dem konzeptionellen Kurs Sargons II. grundsätzlich übereinstimmt, so hat dieser doch niemals militärische Szenen in den Höfen anbringen lassen – vielleicht, weil man der Überzeugung war, daß der Betrachter dort meist einen etwas entfernteren Standpunkt einnehmen würde, was – zusammen mit dem intensiven, im Orient häufig blendenden Sonnenlicht – eine angemessene Würdigung der Darstellungen verhindern würde. In Dur Scharrukin mag dies dazu geführt haben, daß wir an den Wänden der Höfe fast nur Umzüge und Prozessionen sehen. In Ninive hingegen finden wir die Bildannalen der Militärkampagnen des Königs überall: in den großen und kleinen Sälen im Inneren des Palastes ebenso wie an den Seitenflächen der offenen Höfe. Vor allem weicht man aber auch in einem anderen Punkt völlig von Kalchu und Dur Scharrukin ab, denn nun

Links: Im Areal zwischen dem Südwestpalast und dem Tempel der Ischtar hat man dieses Reliefbruchstück mit harfenspielenden Musikanten und Priestern gefunden. Alabaster, aus Kujundschik, Beginn des 7. Jahrhunderts v.Chr.; London, British Museum (WA 124948).

Rechte Seite: Eine Analyse der Oberfläche dieses Reliefs hat ergeben, daß es ursprünglich Teil einer großen Schlachtenszene – vermutlich aus der Zeit Sanheribs – gewesen sein muß. Unter Assurbanipal oder vielleicht sogar erst unter Sinschar-ischkun wurde die rechte Hälfte der Alabasterplatte umgearbeitet, wobei man die Szene mit dem zurückweichenden Pferd ergänzte. Deutlich wird der stilistische Unterschied an der Wiedergabe der Wellen, die in der Fläche direkt über dem Kopf des Reiters sehr viel plastischer gestaltet sind als die der älteren Bearbeitung links daneben. (Siehe auch Bild Seite 86.)
Alabaster, Höhe 1,44 Meter, aus Kujundschik, Südwestpalast, Ausschnitt, 7. Jahrhundert v.Chr.; London, British Museum (WA 124773).

Assurnasirpal II. war der erste assyrische König, der seinen Palast mit historisch-erzählenden Reliefs ausschmücken ließ. Szenen wie diese Jagd auf Löwen oder auch auf Wildstiere, deren Abschluß Libationen über den getöteten Tieren bildeten, waren im großen Thronsaal B in Kalchu abgebildet. Vermutlich stammt dieses Relief jedoch aus einem kleineren Audienzsaal im Westflügel des Palastes.
Die Jagden Assurnasirpals II., die auch in seinen Annalen ausdrücklich erwähnt werden, fanden während der Feldzüge des Königs in den Westen statt und spielten sich nicht in einer Arena oder einem Wildpark vor den Toren der Hauptstadt ab, wie es zur Zeit Assurbanipals rund zwei Jahrhunderte später üblich war.
Alabaster, Höhe 97 Zentimeter, aus Nimrud, Nordwestpalast, erste Hälfte des 9. Jahrhunderts; Berlin, Vorderasiatisches Museum (VA 959).

sind die Wände der Höfe nicht mehr fast ausschließlich den Friesen mit großformatigen Figuren vorbehalten, die sich über die gesamte Höhe einer Orthostatenplatte erheben und in deutlich erhabenerem Relief gearbeitet sind. Im Gegenteil, man begegnet jetzt überall, gleichgültig ob in Außen- oder Innenräumen und völlig unabhängig von den unterschiedlichen Lichtverhältnissen, dem Flachrelief, das für die ninivitische Kunst jener Jahre so typisch ist, und der auf einen entfernten Betrachter bezogenen Kavalierperspektive, die das Kernstück der Revolution in der Bildkunst Sanheribs ist.

Die Darstellungen, die vom Bau des Südwestpalastes erzählen, handeln ausschließlich davon, wie die gewaltigen monolithen Blöcke, aus denen die apotropäischen Torwächterfiguren gemeißelt wurden, in den Steinbrüchen abgebaut und über Land nach Ninive transportiert wurden. Ohne Zweifel haben wir es hier mit der Weiterentwicklung eines Themas zu tun, mit dem sich zum ersten Mal die Bildhauer Sargons II. auseinandersetzten. So war im Hof VIII des *babānu* von Dur Scharrukin der Transport von wertvollen Hölzern abgebildet, die als Baumstämme auf Schiffen gestapelt von weit her über ein mit Fischen und Fabelwesen bevölkertes Gewässer – vermutlich das Meer – gebracht wurden (siehe Bild Seite 108 unten). Während diese neuartigen Szenen jedoch in Dur Scharrukin noch isoliert in einer Ecke des Hofes angebracht waren – fast hat es den Anschein eines Experiments, denn sie passen wenig zu der daran anschließenden Darstellung einer Prozession von Untertanen –, wird im Südwestpalast von Ninive alles, was mit dem Palastbau zusammenhängt, zu einem Hauptthema, das sich über die Wände des *bītānu*-Hofes VI und zumindest eines Abschnittes der großen Galerie XLIX erstreckt. Die Darstellungen der Steinbrucharbeiten und des Transports der Stierkolosse als Symbol des Palastbaus sind nicht mehr anonymes und fragmentarisches Beiwerk zu den Bildern der Heldentaten des Herrschers, sondern repräsentieren selbst einen ruhmvollen Aspekt seiner Leistungen. Organisch fügen sie sich in die Umgebung ein und werden mit großer Klarheit und in erzählerischer, geradezu epischer Ausführlichkeit ausgebreitet.

Huldigungen an den »Herrn der Welt«: Ein königliches Motiv im Wandel

Nach den Kriegs- und Palastbauszenen sind die Prozessionen von Beamten und Dienern das dritte Motiv, bei dem sich die Bildhauer Sanheribs von der Kunst Dur Scharrukins inspirieren ließen. Im Palast Sargons II. strahlen die schier endlosen Reihen von Würdenträgern und Beamten, Dienern und Tributbringern eine überwältigende Feierlichkeit aus, wenn sie an den Wänden der Höfe und einigen der inneren Säle auf den König zu schreiten, um ihm ihre Ehrerbietung zu erweisen, und auf den ersten Blick sieht es so aus, als würde Sanherib diese Thematik für seinen Palast in Kujundschik übernehmen, wenn auch in etwas reduzierter Form. In Wirklichkeit aber haben sich sowohl das Thema selbst wie auch die Geisteshaltung, die dahinter steht, grundlegend gewandelt. In der Tat treten in Kujundschik die Kolonnen von Tributbringern ebenso wie die Züge der Würdenträger kompositorisch völlig in den Hintergrund, vor allem aber ist nichts mehr zu spüren von der unverfälschten, gleichsam rhetorischen und eindringlichen Glorifizierung der imperialen Macht, die sich in Dur Scharrukin durch die Zurschaustellung des assyrischen Adels ausdrückt und über der man die Bedeutung dieser nicht enden wollenden Paraden fast aus den Augen verliert.

Auch wenn die Figuren im Südwestpalast Sanheribs immer noch dieselbe Größe wie in Dur Scharrukin haben, so sind

In den Zeichnungen, die Eugène Flandin bei den Ausgrabungen in Chorsabad anfertigte, sind auch die Wandbilder des Saales 7 im Königspalast Sargons II. vollständig erhalten. Dieses architektonische Juwel stand vermutlich in engem Zusammenhang mit der Jagd, denn die beiden parallelen Bildfriese an den Wänden illustrieren im unteren Register eine Jagd auf Kleinwild wie Hasen und Geflügel und oben das anschließende Bankett. Sowohl bei der Jagd wie auch beim Festmahl sieht man Sargon II. im Kreise seiner Adligen, anders als Assurnasirpal II. nimmt er jedoch nicht aktiv am Geschehen teil. Auch wenn sich hier also bereits das charakteristische Königsbild des 7. Jahrhunderts v.Chr. andeutet, das den Herrscher als distanzierten Strategen und Herrn der Welt glorifiziert, legt Sargon II. noch großen Wert darauf, die bedeutende Rolle der Aristokratie in der Regierung und am assyrischen Hof besonders hervorzuheben.

Rechts: Von der Anhöhe eines Hügels aus beobachtet Sanherib auf seinem Wagen stehend (links im Bild) den Transport eines Stierkolosses, der auf einem Schlitten von den Steinbrüchen am Tigris nach Ninive geschleppt wird.
Aus Kujundschik, Südwestpalast, Hof VI, Platten 63–64, Beginn des 7. Jahrhunderts v.Chr.; Zeichnung aus dem 19. Jahrhundert, London, British Museum (WAA Or.Dr. I, 57).

Folgende Doppelseite:
Links: Aus dem Areal zwischen dem Südwestpalast und dem Ischtar-Heiligtum stammt dieses Relief einer Prozession von Offizieren, das die Seitenmauern einer Rampe zwischen den beiden Gebäuden schmückte.
Alabaster, Höhe 1,54 Meter, aus Kujundschik, Beginn des 7. Jahrhunderts v.Chr.; Berlin, Vorderasiatisches Museum (VA 956).

Rechts: Mit einem mit Leder verkleideten Rammbock rücken die Soldaten Sanheribs auf einer Ziegelrampe gegen die palästinensische Stadt Lachisch vor. Der Versuch, die assyrischen Angreifer mit Pfeilen und brennenden Fackeln abzuwehren, bleibt erfolglos: Rechts im Bild sieht man bereits die ersten Flüchtlinge die Stadt verlassen. (Siehe auch Bild Seite 122 oben.)
Alabaster, aus Kujundschik, Südwestpalast, Saal XXXVI, Ausschnitt, Beginn des 7. Jahrhunderts v.Chr.; London, British Museum (WA 124906).

die Prozessionen jetzt einem klar zum Ausdruck gebrachten Zweck untergeordnet. So zeigten die Wände der nicht mehr erhaltenen Gebäudetrakte, die den Palast mit dem Tempel der Ischtar verbanden, Männer der königlichen Leibgarde – meist keine Assyrer – oder hochrangige Offiziere. Andererseits waren im Bereich des hinteren Eingangs im Südwesten des Palastes lange Reihen von Dienern zu sehen, die die verschiedensten festlich zubereiteten Speisen und Gerichte ganz offensichtlich zu einem üppigen Bankett tragen, das jedoch verloren ist. Wie man überzeugend vorschlagen hat, handelte es sich dabei vermutlich um das Einweihungsfest für den Palast, das in einer Tradition steht, die bis Assurnasirpal II. zurückgeht, der den Nordwestpalast in Kalchu zu diesem Anlaß Zehntausenden von Gästen öffnete. Im Jahr 706 v. Chr., also kurz vor Sanherib, hatte auch Sargon II. die Vollendung seiner Residenz in Dur Scharrukin mit einem ähnlichen Fest gefeiert.

Gerade diese Reliefs des Südwestpalastes von Ninive, die oberflächlich betrachtet große Ähnlichkeit mit den Vorbildern in Dur Scharrukin zu haben scheinen, belegen, wie sich die Idee des assyrischen Königtums innerhalb weniger Jahre gewandelt hatte und auf welche Weise Sanherib sein Amt, in deutlichem Unterschied zu seinem Vater, verstanden wissen wollte. So sieht man Sargon II. immer und überall, sei es beim Empfang von Prozessionen, bei Jagden oder Banketten, umgeben von seinem Hofstaat, um damit den politischen Konsens einer mächtigen Aristokratie zu demonstrieren, die keinen unerheblichen Anteil daran gehabt haben dürfte, daß er seinem Bruder Salmanassar V. auf den Thron gefolgt war. Wie sein großer Vorfahre Assurnasirpal II., der sich zwei Jahrhunderte vor ihm inmitten der Fuß- und Reitersoldaten seines Heeres darstellen ließ, als Held unter Helden, als Anführer eines unbezwingbaren Heeres, so will Sargon II. auf die einzigartige Durchsetzungskraft seines Regierungsapparates hinweisen, dessen erklärtes Ziel es ist, Völker verschiedener Sprache und Kultur zu einen.

Ganz anders Sanherib: Er stellt niemanden mehr in langen Festzügen zur Schau, weder die Großen seines Reiches, noch seine Vasallen oder die Tributpflichtigen, denn zu seiner Zeit ist das Reich konsolidiert und die Regierungsform eine allgemein akzeptierte Tatsache. Wichtiger als sich seiner Adeligen zu rühmen sind für den König jetzt seine Wachen und

Neben der Darstellung des Transports des Flügelstieres (siehe oben) waren die Arbeiten in den Steinbrüchen abgebildet. Im Bild Gefangene, die in ihren Körben Erde und Steine wegschaffen, die beim Herausbrechen eines großen Monolithen für die Kolossalstatue angefallen waren.
Alabaster, aus Kujundschik, Südwestpalast, Hof VI, Platte 66, Ausschnitt, Beginn des 7. Jahrhunderts v.Chr.; London, British Museum.

Der Elam-Feldzug des Jahres 653 v.Chr. ist eines der bevorzugten Themen der Reliefzyklen Assurbanipals, der die verschiedene Etappen seines Triumphes im Südwestpalast und später auch im Nordpalast von Kujundschik abbilden läßt. In der unteren Bildhälfte dieses Reliefs wird die Kapitulation des elamischen Heeres nach der Eroberung der Stadt Madaktu gezeigt, in der oberen die Rückkehr der Assyrer nach Arbela. Der dominante Aspekt in all den Szenen der Verherrlichung des assyrischen Sieges über die Elamer ist die Darstellung der Massen, seien es die Besiegten, die sich vor dem König niederwerfen, oder die Musikanten, die die Einnahme der elamischen Stadt feiern (siehe Bild rechts oben). Auch in der Szene des Triumphzuges zum Heiligtum der Ischtar von Arbela sind nicht die Würdenträger des Reiches dargestellt, sondern Scharen von Kriegern, Wachen und Beamten des Königs.
Alabaster, aus Kujundschik, Südwestpalast, Saal XXXIII, Mitte des 7. Jahrhunderts v.Chr.; London, British Museum (WA 124802).

Diener, die einerseits – und das will man offensichtlich besonders hervorheben – aus allen und sei es noch so entfernten Gegenden des Reiches kommen und andererseits so zahlreich, ja schier unzählig sind, wie auch der Wohlstand des Reiches grenzenlos ist.

So wie Sargon II. neben seinem Palast auf der Zitadelle von Dur Scharrukin die prunkvollen Residenzen seines Bruders, des Wesirs Sinachusur, und anderer Würdenträger des Reiches errichten ließ, so ist der königliche Hof auch in seinen Reliefs aufs imposanteste präsent. Immer mit dem gleichen Gesicht dargestellt, gründen sich Ansehen und Autorität der hohen Funktionäre des anonymen Regierungsapparates im Bild nicht auf ihre Individualität, sondern allein darauf, daß sie als Glied einer beeindruckenden Kette in Erscheinung treten. Nur wenige Jahre später sind aus diesen Reihen hoher Würdenträger Züge von Höflingen geworden, und die Macht des Herrschers vermittelt sich nun durch die Darstellung der Massen von Dienern, auch einfacher Bediensteter, sowie der kulturellen Vielfalt seiner speziellen Wacheinheiten und nicht mehr im Defilée der Adligen, deren Abstand zum König beträchtlich größer geworden ist. Der Chor mächtiger und verantwortlicher Persönlichkeiten des Reiches der Zeit Sargons II. wird unter Sanherib zunehmend ersetzt durch Kolonnen gesichtsloser Individuen niedrigen Standes, die nur deshalb dargestellt werden, weil ihre schier unbegrenzte Zahl und ihre verschiedenen Herkunftsländer dazu geeignet scheinen, die unvergleichliche Macht des neuen und unangefochtenen Herrn der Welt zu demonstrieren.

Unter den Themen, die man für das Dekorationsprogramm Sanheribs auswählte, wurde den Reihen der königlichen Wachen und Diener sowohl vom Anbringungsort als auch von der Bedeutung eine sekundäre Rolle zugedacht. So waren sie einerseits wichtigeren Motiven untergeordnet, wie im Fall der Diener, die die Speisen für das Bankett servieren, oder sie waren auf den hinteren Teil des Palastes beschränkt, der ebenfalls eindeutig mit Dienstleistungen und der Versorgung des Palastes zusammenhing. Andererseits kündigten die Aufmärsche der Wachen jedoch wahrscheinlich kein größeres Thema an, sondern sind selbst ein Zeugnis für die Verflechtung von Bildprogramm und Funktion eines Raumes, wie sie für assyrische Paläste so typisch ist. Obwohl die offensichtlich ebenfalls sehr am Rande gelegenen Sektoren des Palastes mit den Darstellungen der Prozessionen von Beamten und Wachen heute weitgehend verloren sind, läßt sich erschließen, daß sie einst den Weg schmückten, den der Herrscher mit seinem Gefolge zurücklegte, wenn er sich vom Palast zum Tempel der Ischtar begab.

Sanherib als Heerführer und Bauherr

Im Gegensatz zu den untergeordneten Prozessionen maß man den beiden bevorzugten Themen – den militärischen Unternehmungen und dem Palastbau – dieselbe große Bedeutung bei. Während die Kriegszüge Sanheribs jedoch mit einem großen Reichtum an Details und einer immensen Vielfalt an deskriptiven Elementen, die den Raum und die Zeit der einzelnen Ereignisse bestimmen, illustriert werden, drückt man den ganzen Komplex der Palastbauarbeiten durch eine einzige spezifische Handlungsfolge aus, die offensichtlich starken Symbolcharakter besaß und deshalb als repräsentativ galt: den Abbau, die Bearbeitung und den Transport der Monolithen für die imposanten Torwächterfiguren, die zahlreiche Portale des Palastes flankierten.

Obwohl wir die Baureliefs Sanheribs nur aus zwei, allerdings wichtigen Raumeinheiten des Palastes kennen – auf die sie jedoch sicherlich nicht beschränkt waren –, nämlich

Musikanten bei der Siegesfeier der Assyrer nach der Eroberung von Madaktu durch Assurbanipal (Ausschnitt, vergleiche Bild links).

den Hof VI und die Galerie XLIX, besteht kein Zweifel daran, daß der Palastbau im Bildprogramm dasselbe Gewicht besaß wie die militärischen Kampagnen. Das zeigt sich deutlich daran, daß der König im Rahmen dieser so unterschiedlichen Aktionen, die trotz der berühmten Seeszenen von Dur Scharrukin vorher nie gleichrangig behandelt worden waren, mehr als einmal in absolut identischer Position dargestellt ist. Hochaufgerichtet auf seinem Wagen und unter dem Schutz des königlichen Sonnenschirms wohnt der Herrscher im Kreise seines Gefolges Szenen von Kapitulation und Sieg ebenso bei wie dem Transport der überlebensgroßen Stiere aus Stein: Sanherib ist nicht mehr der Held jeder Unternehmung, wie es das Selbstverständnis eines Königs im 9. Jahrhundert v. Chr. vorschrieb, sondern der Stratege, der an den Ereignissen, die er anstößt, nicht mehr aktiv, sondern nur von ferne teilnimmt, ein Zuschauer, der die Entwicklung der von ihm angeordneten Aktionen nur noch überwacht.

Die militärischen Themen, die einen großen Teil der Wanddekoration des Südwestpalastes ausmachen, bebildern die ersten drei militärischen Kampagnen Sanheribs, die ihn in die Weiten der meist sumpfigen Schwemmlandebenen Südmesopotamiens, in die waldreichen und mitunter unwegsamen Täler des Zagros-Gebirges sowie in den Küstenstreifen des Mittelmeeres und das Hügelland Palästinas führten. Es ist jedoch nicht auszuschließen, daß es zu dem Zeitpunkt, als man die Arbeiten wegen Sanheribs Tod abbrach, auch schon Darstellungen des vierten und fünften Feldzuges nach Babylonien und zu den im Norden gelegenen Bergregionen gab.

Die landschaftlichen und kulturellen Charakteristika der Länder und Regionen, in denen sich die ersten drei Kampagnen abspielten, wurden von den Werkstätten Sanheribs so exakt ausgearbeitet, daß jede Unternehmung eindeutig identifiziert werden konnte. Häufig wurde das noch durch die ziemlich ausführlichen Keilschriftlegenden erleichtert, von

Schier endlose Reihen von Dienern bringen Speisen und Getränke für das (nicht mehr erhaltene) Festmahl anläßlich der Einweihungsfeier für den »Palast ohnegleichen« herbei. Aus Kujundschik, Südwestpalast, Saal LI, Platten 1–10, Beginn des 7. Jahrhunderts v.Chr.; Zeichnung aus dem 19. Jahrhundert, London, British Museum (WAA Or.Dr. IV, 697).

Links: Obwohl eine Reihe von Reliefs aus dem Südwestpalast stellenweise sehr verwittert sind, wie dieses, das den Transport einer Torwächterfigur zeigt, können wir sie doch dank der genauen Originalzeichnungen der Ausgräber des 19. Jahrhunderts auch heute noch sehr gut beurteilen. (Siehe auch Bild Seite 103 oben.)

Unten: Darstellung der Belagerung einer Stadt während Sanheribs Feldzug in den Osten. Aus Kujundschik, Südwestpalast, Saal XXXII, Platten 1–3, Beginn des 7. Jahrhunderts v.Chr.; Zeichnung aus dem 19. Jahrhundert, London, British Museum.

Rechte Seite oben: Mit großer Detailfreude hielten die Künstler des Südwestpalastes in ihren Bildern die typischen Merkmale einer Landschaft fest, so auch hier bei der Darstellung der Granatapfelbäume und Weinstöcke in den grünen Hügelregionen Palästinas. Dieser Ausschnitt gehört zu dem berühmten Reliefzyklus der Belagerung von Lachisch. (Siehe auch Bilder Seite 122 und 123.)
Alabaster, aus Kujundschik, Südwestpalast, Saal XXXVI, Platte 9, Ausschnitt, Beginn des 7. Jahrhunderts v.Chr.; London, British Museum (WA 124910).

Rechte Seite unten: Ausschnitt aus einem Relief Assurbanipals mit Szenen der Kämpfe im Sumpfgebiet Babyloniens. (Siehe auch Bild Seite 97.)
Alabaster, aus Kujundschik, Südwestpalast, Hof XIX, Mitte des 7. Jahrhunderts v.Chr.; London, British Museum (WA 124774).

unbeschränkte Anzahl von Einzelereignissen in einem echten szenischen Raum zu präsentieren.

Eine weitere Konsequenz, die sich aus der neuen Sichtweise ergibt, ist, daß die natürliche Umgebung als realer und nicht mehr als symbolischer Ort gezeigt wird. Andererseits verlieren jedoch die abgebildeten Menschen an Individualität und beziehen ihren Wert häufig aus der Eingliederung in eine größere Gruppe. Die Betonung der Natur als wirklichem Raum – und nicht mehr als symbolischem Element – und die Marginalisierung der Menschendarstellungen stellen das gesamte visuelle Wertesystem des assyrischen Reliefs auf den Kopf. Während das zweidimensionale Raumkonzept Assurnasirpals II. und Sargons II. dazu führte, daß sowohl in Kalchu wie auch in Dur Scharrukin selbst der längste Bildstreifen völlig von der menschlichen Gestalt bestimmt war, die, gleichsam zwischen zwei immaginäre Ebenen gequetscht, das ganze oder fast die gesamte Höhe eines Registers einnahm, so wird das Bildfeld bei Sanherib nicht mehr am Menschen, sondern am Naturraum gemessen. Dieser wird entweder als Kulturlandschaft oder als Wildnis charakterisiert und ist so dominant, daß er die Protagonisten einer Handlung zwischen den entgrenzten Horizonten der natürlichen Szenerien beinahe zu absorbieren scheint.

Der Wandel in der Beziehung zwischen Mensch und Natur, der sich in der Kunst Sanheribs durch die neuartige Behandlung des Raumes manifestiert, findet seine Entsprechung im realen Interesse des Herrschers an seiner natürlichen Umwelt, das er nicht zuletzt durch seine beeindruckenden Wasser- und Kanalbauprojekte am Chusur dokumentiert. In der Architektur drückt sich diese neue Sichtweise in der charakteristischen räumlichen Durchlässigkeit des Südwestpalastes, die durch die weiten Durchblicke der häufig auf einer Achse liegenden Portale entsteht. Dieses offene Raumkonzept, für das die Baumeister Sargons II. mit ihren Experimenten – zumindest mit dem Entwurf des äußeren Hofes des Königspalastes von Dur Scharrukin – den Weg bereitet hatten, begegnet uns im Flachbild in den geradezu spektakulär in den Raum ausufernden Szenerien der Palastreliefs von Ninive mit ihrer ungeheuren Ausdehnung in die Horizontale und Vertikale der ehedem nur auf eine Ebene reduzierten Darstellungen. Gerade diese Erweiterung des natürlichen Hintergrundes schafft eine Einheitlichkeit des

Schauplatzes, die mit der traditionellen flächigen Darstellungsweise nie zu erreichen gewesen wäre. Das aber ist die Voraussetzung für die andere große Innovation der ninivitischen Meister Sanheribs, die in der Einheit von Raum und Zeit in den großen Kriegsreliefs eines einziges Saales besteht und sich kurz gesagt auf den Nenner bringen läßt: ein einziges Ereignis pro Raumeinheit. Das Stilmittel, mit dessen Hilfe die Künstler dieses großartige Ganze von Orten und Geschehnissen auf die Orthostatenplatten des Südwestpalastes zaubern, ist eine reiche und doch gebändigte, nur selten manieriert wirkende plastische Miniaturisierung, mit der jeder Abschnitt und jedes Detail dieser riesigen gobelinartigen Wandbilder in der Residenz Sanheribs mit derselben minutiösen Präzision ziseliert wird.

Die Komposition der Belagerungsszenen

Die Reliefs an den Wänden des Thronsaales I sind, wie oben erwähnt, verschiedenen Unternehmungen und Kampagnen zuzuordnen, von der Unterwerfung der wichtigen phönizischen Städte, zu der wahrscheinlich auch das Bild der Kapitulation des Luli von Sidon gehörte, den man vor einer riesigen Wasserfläche mit der phönizischen Seeflotte sieht, bis hin zum Sieg über Manijae von Ukku, einen Fürsten, den Sanherib in der fünften Kampagne gegen Urartu besiegte und dessen Stadt als Agglomeration eigenartiger, hoher Wohnbauten gezeichnet ist, die sich deutlich von der konventionellen Darstellung der Städte auf assyrischen Reliefs unterscheidet.

Ebenfalls im Thronsaal I befand sich eine typische Szene, die bei Sanherib häufig vorkommt: das assyrische Heerlager, und zwar gleichzeitig von oben und von der Seite gesehen, um sowohl die Größe als auch die verschiedenen Abteilungen im Inneren des Lagers zu zeigen. Während im Relief des Thronsaales die zentrale Bedeutung auf dem Herrscher liegt, der begleitet von zwei Wedelträgern, inmitten des Lagers thront (siehe Bild Seite 94 unten), dienen solche Illustrationen an anderer Stelle im Palast – zum Beispiel in den heute verlorenen Reliefs der Säle VIII (siehe Bild Seite III unten) und X – vor allem dem Zweck, das Leben des Heeres zu schildern und gehören in den Kontext der Belagerung einer Stadt oder erscheinen neben der auf den Hügeln in Schlachtordnung aufgestellten assyrischen Kavallerie, die sich zum Kampf bereitet.

Gerade die Szenen der Belagerung und Eroberung feindlicher Städte, die Darstellungen der Märsche des Heeres durch unwegsame, waldreiche Gebiete und der Zusammenstöße auf freiem Feld sind es, die eine offene Weite ausstrahlen, die in der traditionellen Raumauffassung vor Sanherib unvorstellbar wäre. Zwar ergibt auch sie häufig gut gelöste und komplexe Bildkompositionen, mitunter aber auch recht schemati-

Dem Sieg, den Assurbanipal 653 v.Chr. über die Elamer und ihren König Te-Umman in der Schlacht am Ulai errang, ist sowohl im Südwestpalast wie im Nordpalast von Kujundschik ein ausführlicher Reliefzyklus gewidmet. Auf diesen drei Orthostatenplatten aus dem Südwestpalast ist links und in der Mitte der Beginn des Gefechtes dargestellt, wobei die Kampfrichtung der assyrischen Soldaten nach rechts weist. Hier überwiegt noch das traditionelle Schema der Registereinteilung, das im Schlachtengetümmel der rechten Platte weitgehend aufgehoben scheint; ganz rechts durchschneidet sogar ein Abschnitt des Flusses, in dem die Leichen gefallener Elamer und ihrer Pferde schwimmen, die Bildfläche vertikal. Eine entscheidende Szene ist unter der Bildbeischrift im Zentrum dieser Platte dargestellt: Ein assyrischer Soldat schneidet dem elamischen König Te-Umman den Kopf ab, während ein anderer sich nach der herabgefallenen Tiara des Königs bückt (siehe auch Bild Seite 130).
Im Unterschied zu den Reliefs Sanheribs fällt auf, daß Assurbanipal hier die ausufernden Naturschilderungen aufgibt und wieder traditionelle Kompositionskriterien und Raumideen aufnimmt. Ungewöhnlich und neu sind jedoch die dicht gedrängten Menschenmassen und die Expressivität der Darstellung.
Alabaster, Höhe 2,01, 1,82, 1,73 Meter, aus Kujundschik, Südwestpalast, Saal XXXIII, Platten 1–3, Mitte des 7. Jahrhunderts v.Chr.; London, British Museum (WAA 124801 a–c).

Assyrische Soldaten in Aktion: Während ein Krieger, der vom großen Schild seines Nebenmannes gedeckt wird, mit Pfeil und Bogen schießt, schwingen die beiden Kämpfer dahinter ihre Steinschleudern. Diese Orthostatenplatte ist vor allem deshalb interessant, weil sie zeigt, daß das endgültige Relief über ein bereits bestehendes gesetzt wurde, das die gleiche Szene auf einer tieferen Grundlinie wiedergab. Über die Gründe für diese Überarbeitung können wir nur spekulieren: Vielleicht beruhte die erste Fassung auf einem Irrtum, oder die Erhöhung der Szene war durch eine Anhebung des Bodenniveaus bedingt, nachdem die Orthostaten bereits angebracht waren.
Alabaster, Höhe 62 Zentimeter, aus Kujundschik, Südwestpalast, Thronsaal I, Platte 16, Beginn des 7. Jahrhunderts v.Chr.; London, British Museum (WA 124789).

Links: Relieffragment mit der Darstellung eines phönizischen Kriegsschiffes auf dem Meer.
Alabaster, Höhe 67 Zentimeter, aus Kujundschik, Südwestpalast, Saal VIII, Beginn des 7. Jahrhunderts v.Chr.; London, British Museum (WA 124772).

Rechts: Stallknechte schirren vor der Jagd die Pferde am Wagen Assurbanipals an. (Siehe auch Bild Seite 134.)
Alabaster, aus Kujundschik, Nordpalast, Saal C, Platten 5–6, Ausschnitt, Mitte des 7. Jahrhunderts v.Chr.; London, British Museum (WA 124858–9).

In einem Lastkahn transportieren einige Männer auf einem Fluß einige Bauteile, vermutlich aus Stein, für den Palast Sanheribs.
Alabaster, aus Kujundschik, Südwestpalast, Hof VI, Platte 53, Ausschnitt, Beginn des 7. Jahrhunderts v.Chr.; London, British Museum (WA 124823).

sche, kraftlose, ja sogar plumpe Zeichnungen des natürlichen Umfeldes einer abgebildeten Szene.

Zu den besten Darstellungen des Sturms auf eine Stadt zählen die Reliefs in den Sälen XXXII und XLVIII, die sich auf den zweiten beziehungsweise auf den dritten Feldzug Sanheribs beziehen. Die Belagerungsszene von Saal XXXII (siehe Bild Seite 112) wirkt auf den ersten Blick noch der althergebrachten Raumidee verhaftet und scheint der Zeit Assurnasirpals II. im Bildaufbau und in den Details wesentlich näher zu stehen. Im Vergleich mit den Bildern des 9. Jahrhunderts v. Chr. ist die Ansicht der Stadt, an deren Mauern die Sturmleitern der Belagerer lehnen, jedoch sehr viel breiter. Während die Bogenschützen, die den Angriff der Fußsoldaten decken, von links ins Bild kommen, formieren sich in der Bildmitte im unteren Register die vor den Eroberern fliehenden Bewohner der Stadt zu einer Art figürlichem Fries, der kompositorisch ein Gegengewicht zum oberen Abschluß durch den Wildbach und die bewaldeten Hügel bildet. Bei näherer Betrachtung zeigt sich auch hier die einzigartige Konzeption der Künstler Sanheribs, nach der das Bild – bezogen auf einen hohen und entfernten Blickpunkt – so gegliedert ist, daß der dargestellte Raum als gewölbt wahrgenommen wird. Die Szenen in der Bildmitte spielen sich demnach in einiger Entfernung ab; entsprechend sind die Flüchtlinge dort in kleinerem Maßstab wiedergegeben, während die Bogenschützen an der Seite sehr viel größer gezeichnet sind, um zu zeigen, daß man sie sich weniger weit vom Betrachter entfernt vorzustellen hat.

Freier und bewegter sind die Darstellungen im Saal XLVIII (siehe Bild Seite 109 unten), wo sich die Gebäude der eroberten Stadt, deren Zentrum eine befestigte Burg in rauher und waldreicher Höhe ist, auch auf den Gipfel und die Abhänge eines zweiten Hügels im Vordergrund ausbreiten. Hier sieht man lange Reihen von Soldaten, die mit Waffen und wertvollen Möbeln auf den Schultern aus der Befestigung ausziehen und in einer weiten Schleife zu einem breiten Flußlauf beziehungsweise an ihm entlang marschieren. Dieser Fluß windet sich durch ein von Bäumen übersätes Hügelgebiet, was der ganzen Szenerie eine einzigartige Tiefe verleiht, die aus der Weite und der Asymmetrie der Landschaft und diesmal nicht aus den Proportionen der dargestellten Menschen resultiert.

Selbstverständlich kommt es daneben auch vor, daß die Möglichkeiten der neuen räumlichen Auffassung nicht immer ausgeschöpft wurden, so zum Beispiel in der Belagerungsszene Saales XLVII. Den Regeln des alten Kanons scheint man auch dort treu geblieben zu sein, wo im Umkreis einer eroberten Stadt Raum auf die Weise konstruiert wird, daß die Bildfläche starr und wenig gelungen in verschieden hohe Register unterteilt wird. Ein Beispiel dafür ist ein heute nicht mehr erhaltenes Relief aus dem Saal XLV, auf dem der Abtransport von Götterstatuen dargestellt ist – ein Topos, der von den Werkstätten Tiglatpilesars III. geschaffen wurde, um die kulturelle – zusätzlich zur politischen – Auslöschung eines besiegten Gegners zu illustrieren, wie sie die Assyrer seit der zweiten Hälfte des 8. Jahrhunderts v. Chr. betrieben.

In den all den Wandbildern des Südwestpalastes, in denen man die Unterteilung in Register bevorzugt, sei es bei der Erstürmung der babylonischen Stadt Dilbat im Saal III oder bei den Deportationen von Völkern im Osten (Saal XII) oder im Westen (Saal XLVI), läßt die graphische Zerstückelung der Einheit des Raumes den potentiellen Reichtum der neuen Darstellungsweise wieder erstarren. Doch selbst in diesen Szenen bleibt sie immer dort erhalten, wo die Figuren, auch wenn sie sich zu scheinbar monotonen Zügen gruppieren, nicht einfach steif in den Raum gesetzt sind. Deutlich sieht man das zum Beispiel im Saal XXXII, wo sich eine Wellenbewegung erkennen läßt, die sich von den Bogenschützen zu den Flüchtlingen zieht (siehe Bild Seite 112). Kompromisse zwischen der freien Anordnung im Raum und der Einbindung in Register, wie sie in den großen Kompositionen im Hof VI erscheinen, ergeben allerdings keine zufriedenstellenden Lösungen, denn das allzu mechanische Nebeneinandersetzen der beiden gegensätzlichen Sichtweisen kann per se nicht zu einer Bildeinheit führen.

Ebenfalls im Hof VI läßt sich beobachten, daß die neu definierte Höhe und Entfernung des Blickpunktes auch ins Gegenteil ausschlagen kann und übertrieben weite und unorganische Naturräume kreiert. So versuchten die Künstler des Bildes oben rechts gleichzeitig die abschüssigen, mit hohen Koniferen bestandenen Hänge eines Gebirgstales, einen Wildbach im Talgrund, assyrische Reitersoldaten, die auf einem schematisch gezeichneten Pfad in langer Reihe einen der Abhänge hinab reiten und schließlich noch die Ebenen, die vielleicht am Ausgang des Tales lagen, darzustellen; dort stehen Weinstöcke vor einem leeren, ungestalteten Hintergrund, vermutlich um anzuzeigen, daß es sich hier um flaches Land handelt, während sonst überall das dichte Netz kleiner, oben abgerundeter Kegel zu sehen ist, mit dem man bergige Regionen charakterisiert. An der eingeschränkten Lesbarkeit

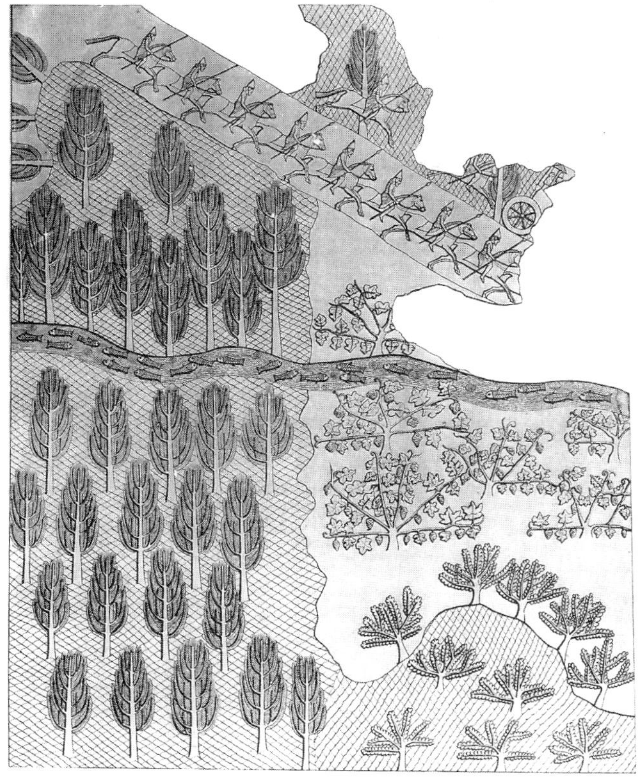

Diese einzigartige Szene ist ein – wenn auch nicht wirklich geglücktes – Beispiel für die wagemutige Raumauffassung der Zeit Sanheribs. So hat man hier versucht, den Übergang von einer mit Koniferen bestandenen Gebirgsregion (links) zu einem Tal mit Weinstöcken und Granatapfelbäumen (rechts) wiederzugeben. Kennzeichnend ist, daß man zur Differenzierung der verschiedenen Landschaften für die Berge und auch noch für die Hügel mit den Granatapafelbäumen das konventionelle Netz kleiner Kegel verwendet, während der ungestaltete Hintergrund der Weinstöcke offensichtlich vergleichsweise flaches Land andeuten soll.
Aus Kujundschik, Südwestpalast, Hof VI, Platte 1, Beginn des 7. Jahrhunderts v.Chr.; Zeichnung aus dem 19. Jahrhundert, London, British Museum (WAA Or.Dr. IV, 43).

und der substantiellen Armut der Ausdrucksmittel zeigt sich, daß die Problematik der räumlichen Darstellung in diesem Relief noch nicht gelöst ist.

Die Belagerung von Lachisch

Es gibt jedoch auch sehr gelungene Beispiele für die bahnbrechende neue Raumkonzeption der Künstler Sanheribs, dies sind vor allem die Reliefs im Saal XXXVI des Südwestpalastes. Der Ruhm dieser Darstellungen gründet sich jedoch weniger auf die künstlerische Qualität ihrer Ausführung als auf ihr Thema: den Sturm auf die palästinensische Stadt Lachisch während des Feldzuges im Jahr 701 v. Chr. Er wird im Rahmen des berühmten biblischen Berichtes erwähnt, der vom wunderbaren Eingreifen Gottes erzählt, um das belagerte Jerusalem vor der Eroberung durch die Assyrer zu bewahren (2 *Chronik* 32, 1–23).

Die Dekoration des kleinen Raumes XXXVI im Repräsentationstrakt an der Westseite des Hofes XIX ist vergleichsweise gut erhalten, da sie bereits bei der Zerstörung des Bauwerkes im Jahr 612 v. Chr. völlig verschüttet wurde. Nach dem Prinzip der Einheit von Zeit und Raum entfaltete sie sich als Gesamtkomposition, die sich, links von der Tür beginnend, im Uhrzeigersinn über alle Wände des Raumes fortsetzte (siehe Bilder auf den Seiten 105, 122–123).

Am Anfang des Schlachtenbildes stand eine (nicht mehr erhaltene) Darstellung von kampfbereiten Streitwagen und assyrischen Reitern, die mit mehreren Reihen von Bogen-

Lange Reihen von Kriegsgefangenen vor den Soldaten des assyrischen Heeres während einer Kampagne Sanheribs in den Osten. Alabaster, aus Kujundschik, Südwestpalast, Saal XXXII, Platte 7–8, Beginn des 7. Jahrhunderts v.Chr.; London, British Museum (WA 124902–3).

Der Bildbericht der Belagerung von Lachisch – einer mächtigen und vielleicht der nach Jerusalem größten Stadt Judas – zog sich über die Wandflächen eines einzigen Raumes hin. Die Szene des Sturmangriffs der Assyrer auf die Stadtbefestigung lag im Zentrum der Wand gegenüber vom Eingang und bildete inhaltlich und formal den Höhepunkt der Komposition. Links davon formierten sich assyrische Reiter und Streitwagen und standen Bogenschützen bereit, um die Offensive zu decken (siehe Bild unten); rechts sah man lange Züge von Besiegten aus der Stadt heraus ziehen, um sich Sanherib zu ergeben, der im hügeligen Hinterland in einiger Distanz zum Geschehen thronte (siehe Bild rechte Seite oben).
Alabaster, aus Kujundschik, Südwestpalast, Saal XXXVI, Platten 7–8, Beginn des 7. Jahrhunderts v.Chr.; Zeichnung aus dem 19. Jahrhundert, London, British Museum (WAA Or.Dr. I, 59).

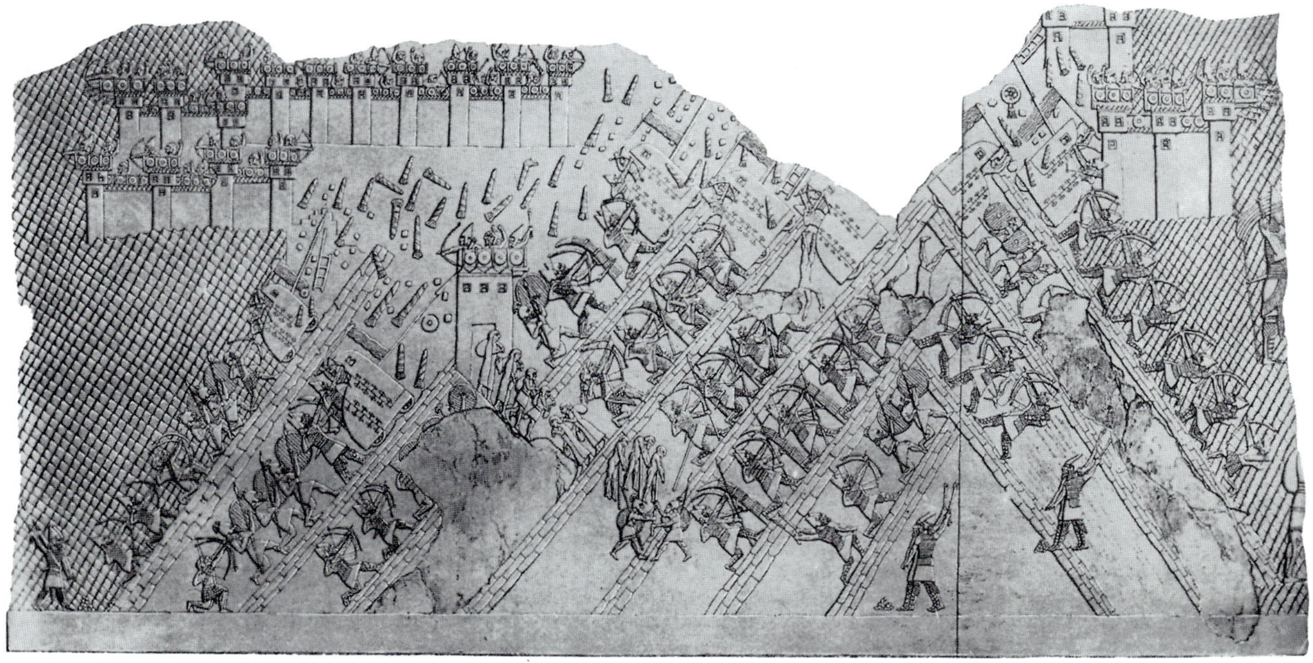

schützen weitergeführt wurde. Deren Aufgabe war es, die Fußsoldaten zu decken, die auf den schrägen Rampen der Erdwälle, die zur Eroberung von Lachisch errichtet worden waren, gegen die mächtige Festungsmauer anstürmen. Hoch oben hinter den Zinnen drängen sich die Verteidiger und versuchen verzweifelt, ihre Stadt zu retten.

Während das belagerte Lachisch in der Mitte der Rückwand direkt gegenüber vom Eingang plaziert war, sah man an der rechten Seitenwand das Hauptquartier der Assyrer inmitten der üppig mit Granatäpfeln und Weinstöcken bepflanzten Hügel von Juda. Dorthin zogen die aus der Stadt vertriebenen Einwohner in langen Reihen, mit ihrem Hausrat auf den Schultern, hin zum assyrischen König, der auf einem Hügel vor dem Heerlager der Assyrer thronte, hinter dem weitere Streitwagen und Reiter der siegreichen Truppen standen. Von dort wohnte Sanherib der Eroberung der Stadt bei und nahm die Huldigungen der Besiegten entgegen.

Die weiträumige Szenerie, die für die Kompositionen der Zeit Sanheribs so typisch ist und sich in den Reliefs der Belagerung von Lachisch über alle vier Wände des Raumes

Dichte Reihen von Bogenschützen und Männern mit Steinschleudern demonstrieren eindrucksvoll die militärische Übermacht des assyrischen Heeres, das gegen Lachisch anstürmt.
Aus Kujundschik, Südwestpalast, Saal XXXVI, Platte 5, Beginn des 7. Jahrhunderts v.Chr.; London, British Museum (WA 124904).

Links: Kolonnen von Kapitulierenden, die dem Gemetzel in Lachisch entkommen sind, überbringen Sanherib als Zeichen ihrer Unterwerfung Geschenke.
Aus Kujundschik, Südwestpalast, Saal XXXVI, Platten 10–12, Beginn des 7. Jahrhunderts v.Chr.; London, British Museum (WA 124912–4).

Mitte: Ausländische Musikanten, die von einem assyrischen Soldaten eskortiert werden, spielen auf asymmetrischen Leiern.
Alabaster, Höhe 98 Zentimeter, aus Kujundschik, Südwestpalast, Saal XXXVI (?), Ausschnitt, Beginn des 7. Jahrhunderts v.Chr.; London, British Museum (WA 124947).

erstreckt, wird zum einheitlichen Schauplatz dreier aufeinanderfolgender Kriegsereignisse: der Vorbereitung des assyrischen Angriffs auf die palästinensische Stadt, der Belagerung und erbitterten Verteidigung der Stadt durch ihre Bewohner und schließlich der Kapitulation und Unterwerfung der Besiegten. Hier nun ist die kompositorische Lösung äußerst geglückt, denn sie trennt die einzelnen Vorgänge nicht voneinander, vermischt sie aber auch nicht, sondern ordnet sie analog zur Schriftrichtung von links nach rechts so an, daß der Betrachter den Bildbericht der sukzessiven Aktionen des assyrischen Heeres auf dem Schlachtfeld vorwärts schreitend »lesen« kann – ein Stilmittel, das zur epischen Großartigkeit der Wanddekoration nicht unerheblich beiträgt.

Ebenso wie der narrative Charakter der historischen Reliefs im Thronsaal des Nordwestpalastes von Kalchu auf der geradezu musikalischen Rhythmik der Einzelszenen beruht, die sich allerdings noch ohne inhaltliche Verknüpfung aneinanderreihten, erhält auch die Darstellung der königlichen Unternehmungen im Südwestpalast durch die graphische Gliederung einen epischen Grundton. Anders als unter Assurnasirpal II. wird in den Orthostatenreliefs Sanheribs jedoch die gesamte Bildfolge logisch und chronologisch durch ein einziges Thema zusammengehalten, das seine optische Einheit aus der homogenen und geschlossenen Szenerie des Bildhintergrundes bezieht.

Auch wenn im Südwestpalast Tendenzen zur Reife gelangten, die sich schon zur Zeit Tiglatpilesars III. abgezeichnet hat-

Unten: Nach der siegreichen Schlacht Assurbanipals am Ulai ergeben sich die unterlegenen Elamer den Assyrern und flehen um Gnade für ihr Leben. Durch die Bildlegende erfahren wir, daß der elamische Prinz Ummanigasch, den der Oberbefehlshaber der Assyrer am Handgelenk führt, sich nach der Niederlage der Elamer zu ihm begeben und ihm die Tore von Madaktu und Susa geöffnet habe. Zum Dank ernannten die Assyrer Ummanigasch daraufhin zum König von Madaktu, einem der drei Herrschaftsgebiete, in die Elam aufgeteilt wurde. Trotzdem sollte er sich nicht als verläßlicher Vasall erweisen, sondern lehnte sich an der Seite Schamasch-schum-ukins von Babylonien gegen Assurbanipal auf und provozierte damit die endgültige Zerschlagung Elams.
Alabaster, aus Kujundschik, Südwestpalast, Saal XXXIII, Ausschnitt, Mitte des 7. Jahrhunderts v.Chr.; London, British Museum (WA 124802).

Während links im Bild dargestellt ist, wie ein Gefangener exekutiert wird, präsentieren die Soldaten rechts bereits einige abgeschnittene Köpfe. Neben den Berichten der Bibel haben vor allem Szenen wie diese dazu beigetragen, daß die Assyrer noch heute der Nimbus besonderer Grausamkeit umgibt. Ähnliche Praktiken dem Feind gegenüber sind jedoch auch von anderen Völkern des Alten Orients überliefert.
Alabaster, aus Kujundschik, Südwestpalast, Saal XIV (?), Platten 27–28, Ausschnitt, Beginn des 7. Jahrhunderts v.Chr.; London, British Museum.

ten und unter Sargon II. vielleicht bereits in geringem Umfang das erste Mal realisiert worden waren, erreichten die Meister Sanheribs mit der kompromißlosen Kühnheit der Raumvision in ihren großen Kompositionen ein derart fortgeschrittenes Niveau, daß weitere Experimente im Grunde ausgeschlossen waren. Der Kurs, den sie eingeschlagen hatten, mußte sich in einem diffizilen Gleichgewicht halten zwischen der variablen Erhöhung des Blickpunktes und der minutiösen Präzision im Detail, wie sie die miniaturistische Konzeption des Reliefs erforderte. Darüber hinaus hatte er zum Verzicht auf die Plastizität der Reliefs von Dur Scharrukin geführt, deren reizvolle und expressive Erzählfreudigkeit bis an die Grenzen der Ideologie Sargons II., eines ausdrücklichen Verfechters der Weltreichsidee als einigendem Element für die kulturelle Vielfalt seiner Untertanen, ausgeschöpft worden waren.

Mag in den Wandbildern Sargons II. die größte Gefahr darin bestanden haben, daß die Eloquenz zur bloßen Rhetorik verkam, so drohte der Kunst Sanheribs mit ihrer überbordenden Freude an Gesamtkompositionen gleich riesigen Bildteppichen, übersät mit Figuren, deren konkrete Formen immer weniger wahrnehmbar waren, daß die Geziertheit der miniaturistischen Darstellungsweise zu einem überreizten und leeren Manierismus degenerierte. Nur wenige Jahrzehnte nachdem die ninivitischen Meister Sanheribs, die an einer schier unüberwindlichen Grenze angekommen schienen, sich auf sich selbst zurückzogen und gleichsam nachdenklich der Vergangenheit zuwandten, sollte das Suchen nach räumlichen und formalen Lösungen zu einem neuen künstlerischen Höhepunkt führen. Das Resultat dieser äußerst fruchtbaren Reflexion, die sich in stilistischen und thematischen Selektionen, Überarbeitungen und Verschmelzungen manifestierte, war die Synthese, zu der die großen Künstler Assurbanipals fanden – zu einer Zeit, als das Reich sich bereits unaufhaltsam seinem Untergang näherte.

Der Triumphzug Assurbanipals nach dem Sieg über die Elamer ist das Thema der oberen Bildhälfte, während in den unteren Registern die besiegte elamische Kapitale Madaktu und ein Zug einheimischer Musikanten an einem Fluß dargestellt sind. (Siehe auch Zeichnung Seite 186.)
Alabaster, aus Kujundschik, Südwestpalast, Saal XXXIII, Platten 5–6, Mitte des 7. Jahrhunderts v.Chr.; London, British Museum (WA 124802).

Synthese und Erneuerung in der Kunst Assurbanipals

Linke Seite: Nach seinem erfolgreichen Kriegszug gegen Ägypten im Jahr 671 v.Chr. ließ Asarhaddon auf dem Rückmarsch einige Siegesstelen aufstellen, so auch diese, die auf der Zitadelle von Sam'al, der Hauptstadt des gleichnamigen Vasallenstaates in der heutigen Südtürkei, gefunden wurde. Asarhaddon, der mit einem fransengesäumten Schalgewand bekleidet ist und die königliche Tiara trägt, hält an einem Seil zwei Männer fest: Der größere ist vielleicht ein syrischer Fürst, während der kleinere wegen der Uräusschlange an der Kopfbedeckung mit dem ägyptischen Kronprinzen identifiziert wird, den Asarhaddon als Geisel nach Assyrien mitnahm.
Sendschirli, Basalt, Höhe 3,22 Meter, erste Hälfte des 7. Jahrhunderts v.Chr.; Berlin, Vorderasiatisches Museum (VA 2708).

Nach dem universalen Reichsentwurf Sargons II., den ideologischen und administrativen Reformen Sanheribs und der glücklichen und gesegneten Regierung der Götter des vorsichtigen und frommen Asarhaddon (680–669 v.Chr.) kam mit Assurbanipal (668–627 v.Chr.) eine ganz besondere Persönlichkeit unter den großen Herrschern der Sargoniden auf den assyrischen Thron. Er, der im Laufe weniger Jahrzehnte für die griechische Welt zum Inbegriff des verderbten orientalischen Despoten, eines liederlichen und zügellosen Lebenswandels werden sollte, zeichnete von sich selbst ein völlig anderes Bild: das des starken, weisen, umsichtigen und gelehrten Herrschers, der in der langen mesopotamischen Tradition nicht seinesgleichen hatte.

In einem einzigartigen und ungewöhnlichen Dokument der Kanzlei von Ninive werden gleichzeitig die natürlichen Gaben, mit denen die Götter den Herrscher ausgestattet hatten, und seine Erziehung gepriesen, die er, wie vermutlich auch schon sein Vater Asarhaddon, durch die mächtige und gebildete Priesterschaft erhalten hatte. Der Einfluß der Priester auf diese beiden letzten bedeutenden Könige Assyriens blieb auch nach deren Thronbesteigung bestehen und inspirierte sie dazu, sich den großen Heiligtümern Assyriens und Babyloniens gegenüber besonders gewogen zu zeigen, was sich in Restaurierungen, Vergünstigungen und Sonderrechten ausdrückte, die sowohl Asarhaddon als auch Assurbanipal ihnen wiederholt zugestanden. Die Eigenschaften des Herrschers werden im Text sehr ausführlich beschrieben und durch ungewöhnliche Details illustriert. So heißt es, Marduk habe ihm einen wachen und offenen Verstand und große geistige Fähigkeiten verliehen; der Schreibergott Nabu habe ihm das Geschenk der Weisheit gemacht; Ninurta und Nergal, die beiden Krieger, hätten ihn schließlich mit Kraft und beispielloser Macht ausgestattet.

Und dann fügt der König stolz hinzu: »Ich habe gelernt, was der weise Adapa gebracht hat, habe mir den verborgenen Schatz, die gesamte Tafelschreiberkunst angeeignet, bin in die (Wissenschaft von den) Vorzeichen am Himmel und auf der Erde eingeweiht, diskutiere in der Versammlung der Gelehrten, deute zusammen mit den erfahrensten Leberschauern die Leberomina. Ich kann komplizierte, undurchsichtige Divisions- und Multiplikationsaufgaben lösen, habe schon immer kunstvoll geschriebene Tafeln in schwer verständlichem Sumerisch und mühsam zu entzifferndem Akkadisch gelesen, habe Einblick in die Schriftsteine aus der Zeit vor der Sintflut, die ganz und gar unverständlich sind.

An den unbeschriebenen Seitenflächen der Siegesstele Asarhaddons aus Sendschirli (siehe Bild linke Seite) befanden sich zwei kleinere Figuren, von denen diese vermutlich den jungen Assurbanipal darstellt. (Siehe auch Bild Seite 129 oben.)

Und so verbrachte ich meine Tage: Ich bestieg mein Streitroß, ritt mit Freuden und ging auf die Jagd. Ich spannte den Bogen und ließ den Pfeil fliegen als Zeichen meiner Tapferkeit. Ich schleuderte schwere Lanzen wie einen leichten Speer, die Zügel hielt ich wie ein Wagenlenker und brachte die Räder in Fahrt. Ich lernte die viereckigen und runden Schilde zu benutzen wie ein schwer bewaffneter Bogenschütze. Ich wollte der unübertroffene Meister sein über alle Handwerker.

Gleichzeitig lernte ich, mich mit der Würde eines Königs zu geben und wie ein solcher zu schreiten. Ich stand vor dem König, meinem Vater, und gab den Adligen Befehle, ohne meine Zustimmung wurde kein Statthalter ernannt und kein Präfekt in meiner Abwesenheit eingesetzt. Mein Vater, der mich gezeugt hat, erkannte die Vortrefflichkeit, welche die großen Götter mir gegeben haben. Ihrem Befehl gemäß empfand er eine besondere Liebe zu mir unter all meinen vielen Brüdern. Damit ich die königliche Herrschaft ausüben könne, rief er Assur an, den König der Götter, den Herrn der Welt.«

Und in der Tat sollte Assurbanipal den Thron Assyriens erhalten, während Asarhaddons erstgeborener Sohn Schamasch-schum-ukin, das Kind einer babylonischen Prinzessin, zum König von Babylon bestimmt wurde. Die treibende Kraft war die mächtige Königinmutter Naqi'a-Zakutu gewesen, eine aramäische Prinzessin, die zur Hauptgemahlin San-

Diese Jagdszene gehörte zum oberen Sektor eines der in drei Register unterteilten Reliefs der Halle S des Hintereingangs im Nordpalast (siehe auch Bild Seite 194 oben). In diesem Raum ist der Held, der zu Fuß – und nicht auf dem Wagen – mit den wilden Tieren kämpft, immer ohne die königliche Tiara dargestellt. Daß es sich wahrscheinlich um den zum Thronfolger bestimmten Sohn Assurbanipals und nicht um den König selbst handelt, zeigt die Stirnbinde. Sie scheint nur für den Kronprinzen gebräuchlich gewesen zu sein, um ihn als Stellvertreter Assurs auszuweisen, während die konische Tiara das Symbol der Königswürde war. Alabaster, Höhe 52 Zentimeter, aus Kujundschik, Nordpalast, Saal S, Platte 9 (?), Mitte des 7. Jahrhunderts v.Chr.; Berlin, Vorderasiatisches Museum (VA 960, VA 963).

heribs aufgestiegen und nach dessen Tod eine einflußreiche Beraterin am Hof ihres Sohnes Asarhaddon war.

Assurbanipal wurde bereits einige Jahre vor dem frühen und unerwarteten Tod seines Vaters in einer feierlichen Zeremonie zum Thronfolger designiert, dem die hohen Würdenträger und die wichtigsten Vasallen des Reiches einen Treueid schwören mußten. Dies schien angesichts der düsteren Erfahrungen, die Asarhaddon bei seiner Thronbesteigung nach der Ermordung seines Vaters gemacht hatte, politisch angeraten zu sein und erwies sich als umsichtige Entscheidung, denn Assurbanipal konnte schließlich ohne irgend einen dynastischen Konflikt die Alleinherrschaft übernehmen.

Die politische Lage wurde jedoch zunehmend unsicherer: Zum einen stürmten die Kimmerer und Skythen gegen das Reich an; zum anderen war die babylonische Frage noch immer aktuell, auch wenn Asarhaddon die Herrschaft auf die beiden Brüder verteilt hatte. Diese weise Entscheidung, die die Großen des Reiches wegen ihrer Ausgewogenheit ausdrücklich begrüßt hatten, schien zunächst eine Beruhigung zu bringen. Doch sie war von kurzer Dauer, denn nur wenig später kam es zum offenen und folgenschweren Aufruhr Schamasch-schum-ukins gegen Assurbanipal.

Trotz alledem und auch wenn gegen Ende der über vier Jahrzehnte dauernden Regierungszeit schwere Unruhen ausbrachen, die sogar eine Abdankung des Königs denkbar machten, war die Herrschaft des großen Assurbanipal zumindest bis zum Jahr 635 v. Chr. von Kraft und Erfolg gekennzeichnet. Ihm gelang es sogar, zwei der größten Probleme zu lösen, mit denen seine Vorgänger mehr als ein halbes Jahrhundert gekämpft hatten: Er besiegte sowohl Elam, den tra-

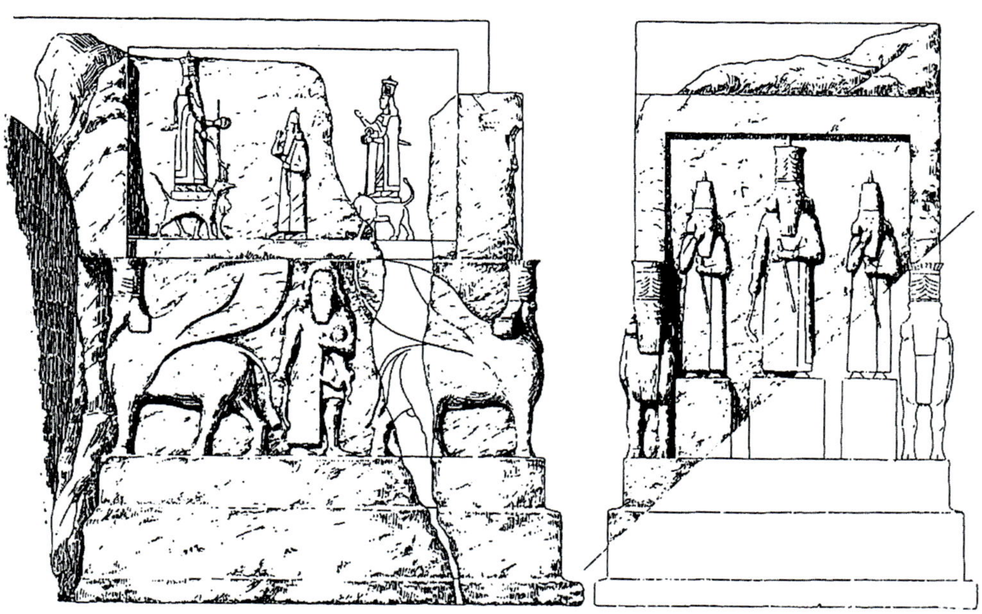

Als Ausgangspunkt eines großen Kanals war Bawian im Bergland nördlich von Ninive einer der wichtigsten Orte im Bereich des Wasserversorgungssystems, das Sanherib für seine neue Hauptstadt Ninive anlegen ließ. Die Bedeutung des Ortes spiegeln eine Reihe von Felsreliefs des Königs, zu denen auch diese Kapelle gehört. Die Rekonstruktionszeichnung einer Seitenwand (links) zeigt unten einen von zwei geflügelten Stieren flankierten löwenbezwingenden Helden, ein Motiv, das bereits bei Sargon II. in Dur Scharrukin sehr beliebt war. In der Nische darüber sieht man den König als Adoranten zwischen den assyrischen Nationalgöttern Assur und Ischtar. Auf der Stirnwand (rechts) umrahmen zwei identische Figuren des Königs das Bild des Gottes Assurs in der Mitte.

ditionellen Unruhestifter und hartnäckigen Verbündeten Babylons gegen die Assyrer, wie auch Ägypten, das – stolz auf seine jahrtausendealte Unabhängigkeit – das ungewohnte und harte assyrische Joch nicht dulden wollte.

Die Rückeroberung des Niltals im Jahr 667 v. Chr. und die Einnahme Thebens, vermutlich im Jahr 663 v. Chr., brachten Assurbanipal vorübergehend die Kontrolle über das gesamte ägyptische Reich, von der schon Sanherib geträumt, sie aber nicht verwirklicht hatte. Das ließ die Assyrer auf unermeßlich reiche Beute hoffen und erweckte den Eindruck, daß nun jede politische und militärische Bedrohung durch die Pharaonen ein Ende habe. Und in der Tat erwuchs Assyrien durch die Beseitigung der nubischen Dynastie und die geduldete Machtergreifung der nachfolgenden Saiten aus der Delta-Stadt Sais in den letzten kritischen Jahren des Reiches in Ägypten ein unerwarteter Verbündeter, auch wenn dieser im Vergleich mit der Allianz von Medern, Babyloniern und Skythen schwach sein mochte.

Die endgültige Zerstörung Elams, dem die Assyrer bereits 664 v. Chr. eine erste schwere Niederlage zugefügt hatten, gipfelte 647 v. Chr. in der Eroberung und Zerstörung aller

Oben: Die Umzeichnung der Siegesstele Asarhaddons (siehe Bilder Seite 126 und 127) verdeutlicht das proportionale Verhältnis zwischen dem König und den seitlichen Figuren – vermutlich seinen Söhnen Assurbanipal und Schamasch-schum-ukin. Eingedenk der Schwierigkeiten, denen Asarhaddon sich bei der Thronbesteigung gegenübersah, regelte er noch zu Lebzeiten seine Nachfolge. Der Prinz auf der rechten Seite mit dem assyrischen Gewand ist demnach wohl sicher Assurbanipal, der spätere König von Assyrien, während links sein Bruder Schamasch-schum-ukin, dem der Thron Babyloniens zugedacht war, in babylonischer Kleidung dargestellt ist.

Links: Dieser Ausschnitt aus einem Relief der königlichen Wohnräume im Obergeschoß des Nordpalastes zeigt die Unterwerfung des letzten elamischen Königs Chumban-chaltasch III., der sich als Verbündeter von Schamasch-schum-ukin gegen Assurbanipal erhoben hatte. (Siehe auch Bild Seite 147 unten.) Alabaster, aus Kujundschik, Nordpalast, Saal S', Platte A, Ausschnitt; Paris, Musée du Louvre (AO 19905).

Östlich der großen Prozessionsstraße von Babylon lag der Emach genannte Tempel der Ischtar-Ninmach. Das rekonstruierte Heiligtum erhebt sich an der Stelle der Ruinen aus dem 7./6. Jahrhundert v.Chr.

reichen Städte der mächtigen elamischen Konföderation und bescherte Ninive beträchtliche Kriegsbeute. Erst kurz zuvor, im Jahr 648 v.Chr., war die erbarmungslose, zwei volle Jahre andauernde Belagerung Babylons zu Ende gegangen, und Schamasch-schum-ukin, der rebellische Bruder Assurbanipals, hatte den Tod in den Flammen seines Palastes gefunden.

Mit diesen militärischen Erfolgen schien die Vormacht Assyriens im westlichen Iran und im Süden Mesopotamiens ein für allemal konsolidiert zu sein. Doch gerade von dort sollte wenige Jahrzehnte später die tödliche Gefahr für das Reich ausgehen: Zwar waren die Elamer völlig ausgeschaltet, doch unter Kyaxares sollte die aufstrebende Macht der Meder zu einem gefährlichen neuen Gegner im Osten des Reiches heranwachsen. Im Süden war es die nach wie vor ungelöste babylonische Frage, die Nabopolassar ab 626 v.Chr. dazu veranlaßte, zäh und entschlossen, aber zugleich besonnen für die Befreiung Babylons zu kämpfen. Dabei war ihm die Unterstützung der mächtigen Aristokratie und des Klerus der heiligen Stadt Marduks sicher, denn für sie war das Maß der Demütigungen durch Assyrien übervoll.

Durch den frühen Tod seines Vaters mußte Assurbanipal eine Reihe wichtiger Bauvorhaben zu Ende zu bringen, die dieser begonnen hatte. So vollendete er die Restaurierung des Ezida des Nabu in Kalchu und des Echursaggalkurkurra, des Tempels des Gottes Assur in Assur, und ließ bereits im Jahr seiner Thronbesteigung die berühmten Götterbilder von Marduk und Sarpanitu sowie einiger kleinerer Götter, die sein Großvater Sanherib nach Assur abtransportiert hatte, nach Babylon zurückbringen und wieder im Esagil aufstellen. Weitere Standarten und Kultobjekte wurden im Jahr 655 v.Chr. zurückgegeben, als die Arbeiten am großen Marduk-Heiligtum in Babylon abgeschlossen waren. Mit großem Eifer wandte Assurbanipal seine Aufmerksamkeit auch einer Reihe anderer bedeutender Tempel im südlichen Mesopotamien zu, von denen einige ebenfalls in Babylon selbst lagen, wie das Emach der Göttin Ninmach, das Eturkalamma der babylonischen Ischtar, und das Esabad der Gula, der Göttin der Medizin, während andere sich in verschiedenen Städten Babyloniens erhoben, so das große Ezida des Nabu von Borsippa, das berühmte Ebabbar des Schamasch in Sippar, das weit entfernte Edimgalkalamma des Anu in Der an der Grenze zu Elam und schließlich die altehrwürdigen Tempel wie das Ekur des Enlil in Nippur, das Eanna der Ischtar von Uruk und das Emeslam des Nergal in Kutha.

Die größte Mühe verwandte Assurbanipal jedoch darauf, die Tempel, Paläste und Befestigungsmauern von Ninive noch schöner und prachtvoller zu machen, worin er vor allem seinem Großvater Sanherib und weniger seinem Vater Asarhaddon nacheiferte, der ein *bīt redūti*, einen »Palast der Nachfolge«, in Tarbisu unmittelbar nördlich von Ninive für ihn hatte ausbauen lassen. So kam es, daß der junge Assurbanipal als designierter Thronfolger teilweise in Tarbisu und teilweise im *bīt redūti* in Ninive selbst lebte. Letzteres hatte bereits Sanherib im Nordwesten der Zitadelle vermutlich für seinen Sohn Assur-schuma-usch-abschi errichten lassen, denn sein Erstgeborener, Adad-nadin-schuma hatte in Assur residiert. Er sollte Sanherib eigentlich auf den Thron folgen, wurde jedoch entführt und vielleicht von Babyloniern ermordet.

Der Nordpalast von Kujundschik

Nach seiner Thronbesteigung residierte Assurbanipal zunächst wie sein Vater im Südwestpalast von Ninive, den

Linke Seite: In der berühmten Schlacht am Ulai im Jahr 653 v.Chr. konnte Assurbanipal den Elamern zwar bereits eine schwere Niederlage beibringen, doch der endgültige Sieg über die Feinde aus dem östlichen Nachbarland erfolgte erst einige Jahre später. (Siehe auch Bild Seite 114/115.)
Alabaster, aus Kujundschik, Südwestpalast, Saal XXXIII, Platte 3, Ausschnitt, Mitte des 7. Jahrhunderts v.Chr.; London, British Museum (WAA 124801 c).

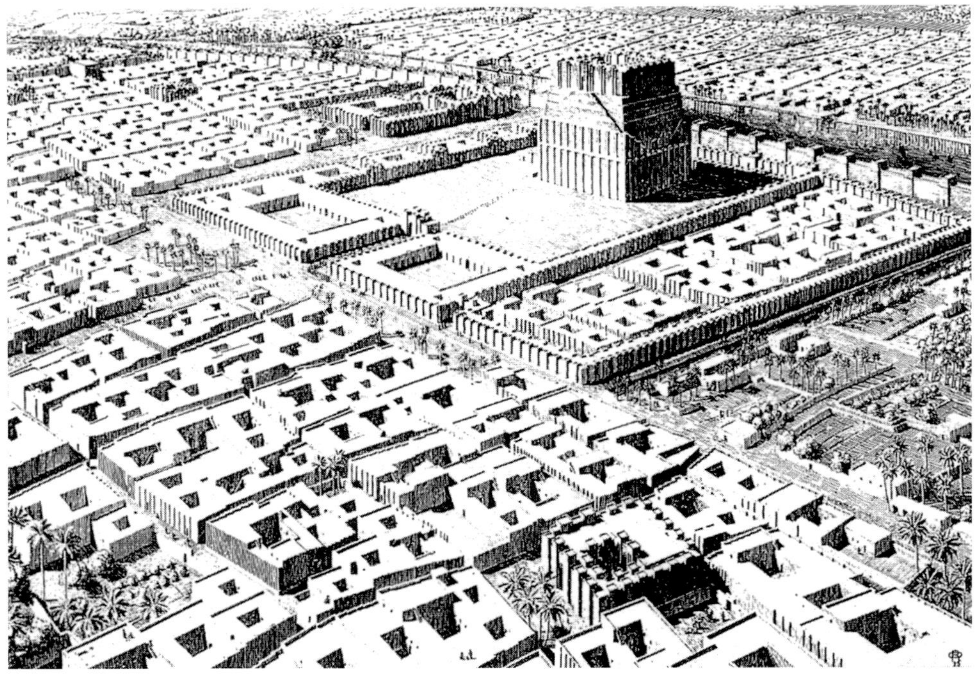

Die Rekonstruktionszeichnung von Robert Koldewey, der Babylon zu Beginn des 20. Jahrhunderts ausgrub, vermittelt ein anschauliches Bild des großen Gevierts des Etemenanki, der Zikkurat aus dem 7./6. Jahrhundert v.Chr., mit dem Esagil, dem Tempel des Marduk, links daneben. Rund fünfzehn Jahre lang, bis zur Rebellion seines Bruders Schamasch-schum-ukin, schenkte Assurbanipal den Tempeln Babylons besonderes Interesse, anknüpfend an die Politik seines Vaters Asarhaddon, der bei seinem frühen Tod viele angefangene Arbeiten in der heiligen Stadt Marduks unvollendet hinterlassen hatte. Insbesondere rühmt sich Assurbanipal in seinen Inschriften, daß er die von Sanherib verschleppten Götterbilder Marduks und seiner Gefährtin Sarpanitu wieder in das Esagil zurückgebracht habe, nachdem sein Vater Asarhaddon sie in den Tempelwerkstätten Assurs kostspieligen Restaurierungen unterzogen hatte. (Siehe auch Bild Seite 63.)

Auf dieser Stele präsentiert sich Assurbanipal als königlicher Bauherr, indem er einen ikonographischen Typ aufgreift, der bis auf Frühdynastische Zeit zurückgeht, wie wir durch eine Weihplatte des Urnansche von Lagasch wissen. In dem ausführlichen Text der Stele berichtet Assurbanipal, daß er das Esagil, den großen Marduk-Tempel, und eine Kapelle des Gottes Ea in Babylon wiederaufgebaut habe. Ein ähnlicher Denkstein des Königs bezeichnet ihn als den Restaurator des Ezida von Borsippa, wohingegen eine dritte, ebenfalls aus Borsippa stammende Stele Assurbanipals Bruder Schamasch-schum-ukin als Urheber des Wiederaufbaus des Ezida nennt. Sandstein, aus Babylon (?), Mitte des 7. Jahrhunderts v.Chr.; London, British Museum (WA 90864).

sein Großvater selbst noch vollendet hatte und in dem keinerlei Restaurierungsarbeiten nötig waren. In einigen Sälen allerdings veränderte und erweiterte Assurbanipal die Dekoration Sanheribs, indem er Reliefs mit der Darstellung von Unternehmungen seiner ersten Regierungsjahre dem Wandschmuck hinzufügen ließ. Der Tradition entsprechend wollte er sich jedoch auch eine eigene Residenz erbauen, die dem Glanz seiner Regierung würdig wäre. Also beschloß er, den »Palast der Nachfolge« auf der Zitadelle von Ninive von Grund auf zu erneuern und beträchtlich zu vergrößern.

Die neue große Palastanlage, die nun auf der gegenüberliegenden Seite der Akropolis von Ninive, jenseits vom Emaschmasch der Ischtar und dem Ezida des Nabu, entstand, wird in der archäologischen Literatur als Nordpalast von Kujundschik bezeichnet.

Die Arbeiten am Nordpalast werden in den Inschriften Assurbanipals zwar nicht im Detail beschrieben, dennoch erfahren wir daraus, daß ein großer Teil des Vorgängerbaus abgerissen, das Fundamentplateau beträchtlich erweitert und eine Straße, vermutlich ein Prozessionsweg, die zum Palast führte, verbreitert wurden. Einem nunmehr über hundert Jahre alten Brauch entsprechend wurde vor dem neuen monumentalen Gebäudekomplex ein Portikus in der Art eines syrischen *bīt chilani* errichtet.

Jedes Urteil über die Raumauffassung des Nordpalastes wird bereits dadurch vereitelt, daß bei den Ausgrabungen des 19. Jahrhunderts nur geringfügige Architekturreste entdeckt und in eine Lageskizze eingetragen wurden. Außerdem herrscht über einige neue architektonische Elemente große Unsicherheit, da die Pläne des Palastes in erster Linie gezeichnet wurden, um – was im übrigen sehr verdienstvoll ist – die Fundlage der Reliefs zu registrieren und nicht, um die Architektur des Palastes zu rekonstruieren. So kann man nicht mit letzter Sicherheit sagen, ob es an den Schmalseiten des Thronsaales M zwei Säulen zwischen zwei kurzen Anten gab, während es hingegen sehr wahrscheinlich ist, daß sich solche Paare von Mauerelementen sowohl an der Südostseite, wo traditionell das Thronpodest stand, wie auch an der Südwestseite, wo der Vorraum mit der Ehrentreppe lag, befunden haben müssen.

Die Rekonstruktion des Hintereingangs im Westen des Gebäudekomplexes mit einem Portikus mit zwei Säulen scheint jedoch gesichert zu sein. Zweifellos stand er in einem funktionalen Zusammenhang mit den königlichen Jagden und hatte vielleicht sein architektonisches Vorbild in einem ähnlichen Entwurf für einen, ebenfalls im rückwärtigen Bereich gelegenen Nebeneingang des Palastes F in Dur Scharrukin. Im Gegensatz dazu ist allerdings die Wiederherstellung der Südostfassade von Saal I mit zwei Säulen nicht nur ungewöhnlich, sondern auch höchst zweifelhaft, denn sie paßt nicht zum traditionellen Grundrißschema neuassyrischer Paläste, das die ninivitischen Baumeister Assurbanipals ansonsten, zumindest im Zentrum des Nordpalastes, recht genau beachteten, und demzufolge diese Ansicht die Nordwestfassade des *bītānu*-Hofes darstellt.

Dieser Kernbereich des Palastes, bestehend aus dem Hof O des *babānu*, dem Thronsaal M und dem Hof J des *bītānu*, wiederholt die klassische Raumaufteilung der neuassyrischen Paläste, die bereits für den Nordwestpalast von Kalchu belegt ist – obschon dort in einer Sonderform auf-

Plan des Nordpalastes von Assurbanipal in Kujundschik, Mitte des 7. Jahrhunderts v.Chr.

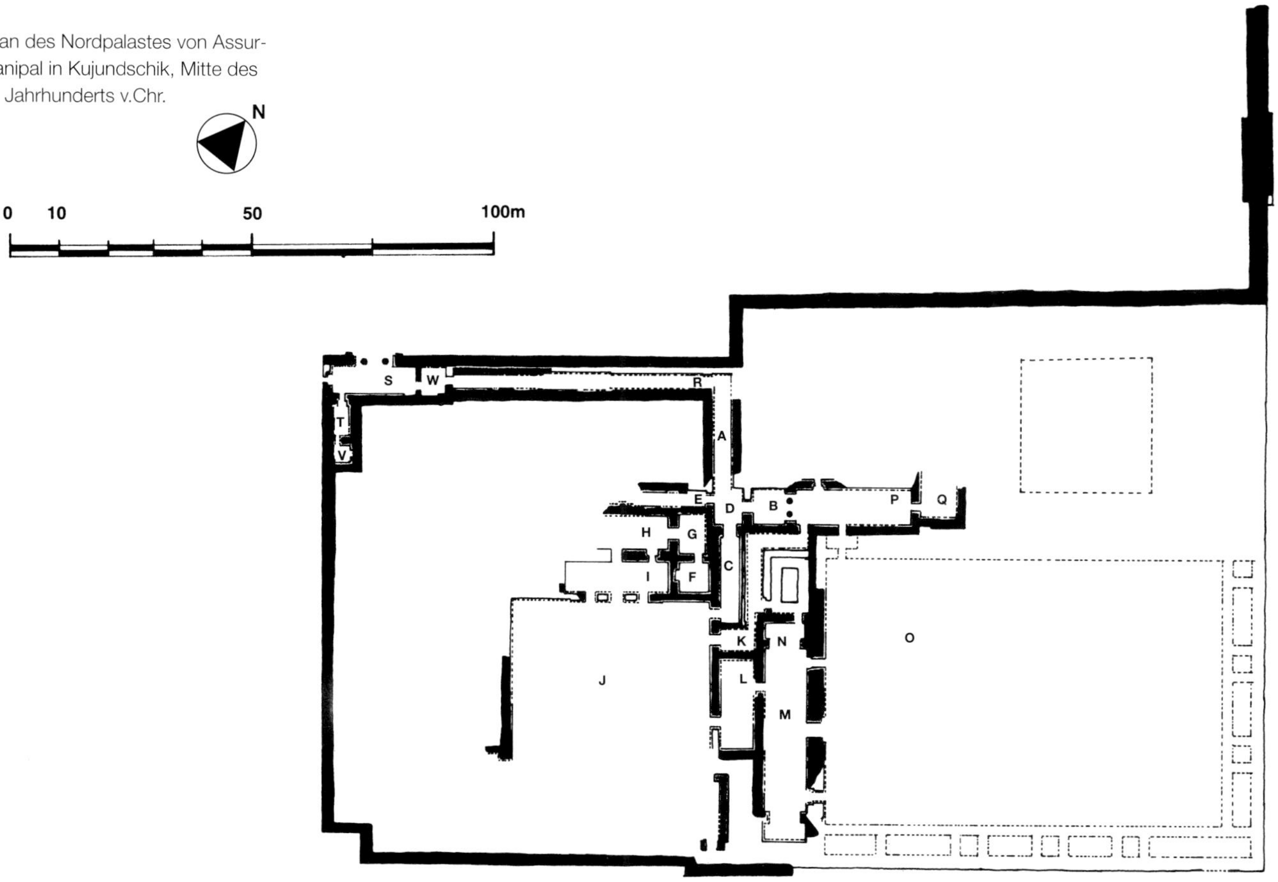

grund des parataktischen Ordnungsprinzips – und die dann im Palast von Dur Scharrukin kanonisch wurde. Bezeichnenderweise folgt man zur Zeit Assurbanipals nicht mehr den architektonischen Neuerungen des Südwestpalastes von Kujundschik mit seinen zwei *bītānu*-Höfen und der Duplikation der Raumeinheiten des hinteren monumentalen Baukomplexes, dessen Anlage vom Vorbau des Fort Salmanassar und der Paläste von Dur Scharrukin abgeleitet war. In der Tat ist im hinteren Sektor des Nordpalastes von Assurbanipal, auch wenn er bisher nicht angemessen untersucht wurde, weder genug Platz für einen weiteren Innenhof noch für einen zweiten Baukörper an der Südwestseite des einen und einzigen *bītānu*-Hofes.

Die Tatsache, daß die Rückseite des Nordpalastes nicht am Rand der Zitadelle lag, wie wir es vom Fort Salmanassar in Kalchu sowie dem Königspalast und dem Palast F in Dur Scharrukin kennen, sondern an ein bislang so gut wie unbekanntes Areal im Inneren des Tell Kujundschik grenzte, ist wohl der Grund für die fast ganz regelmäßigen äußeren Abmessungen, zu denen die Architekten Assurbanipals vielleicht durch das Beispiel des Vorgängerbaus von Sanherib inspiriert wurden. Damit verzichteten sie jedoch endgültig auf eine Bautradition, die verschiedentlich auf den Haupt- und Nebenzitadellen sowohl in Dur Scharrukin wie auch in Kalchu bezeugt ist: Dort lagen die königlichen Paläste in einem höher gelegenen Gelände mit einem weiten Blick über die Stadt, wobei sich das Fundamentplateau der königlichen Gebäude zwischen den Umfassungsmauer des Palastareals und dem Glacis der Stadtbefestigung erstreckte.

Obwohl der archäologische Forschungsstand ein Urteil sehr erschwert, scheint die Architektur des Nordpalastes doch weniger das Ergebnis einer Überarbeitung der Raumideen der Baumeister Sanheribs zu sein als vielmehr eines Überdenkens vieler archaischer wie jüngerer Elemente der neuassyrischen Palastbautradition. Als Folge davon scheint man den Palast nicht mehr als tendenziell offenes Bauwerk mit durchlässigen Räumen, ausgedehnten Reliefdekorationen, wiederkehrenden monumentalen Formen und perspektivischen Durchblicken zu betrachten, wie es für die Zeit Sanheribs typisch war. Vielmehr kehrt man nun zurück zur traditionellen Auffassung einer Residenz als Wohnsitz des Herrschers, die auf seine vielfältigen Regierungsaufgaben zugeschnitten und den Empfängen, dem Aufenthalt, der Erholung und Zerstreuung des Herrn der Welt dienen sollte und nicht einer spektakulären, fast schon obsessiven Zurschaustellung der imperialen Macht.

Während also die Wohn- und Verwaltungseinheiten im Nordpalast von Kujundschik offensichtlich die Bedeutung und die räumliche Ausdehnung, die ihnen in der Palastbautradition vor der Zeit Sanheribs zukamen, wiedererlangen, rückt man die Dimensionen der repräsentativen Räume wieder auf ein ausgewogeneres Maß als im Südwestpalast Sanheribs zurecht. Dort scheint fast die gesamte bisher ausgegrabene Fläche in erster Linie, wenn nicht sogar

Assurbanipal nimmt die Waffen für die Jagd in Empfang, während seine Stallknechte die Pferde am Wagen anschirren. (Siehe auch Bild Seite 117.)
Alabaster, Höhe 1,60 Meter, aus Kujundschik, Nordpalast, Saal C, Platten 5–6, Mitte des 7. Jahrhunderts v.Chr.; London, British Museum (WA 124858–9).

ausschließlich für Repräsentationszwecke und feierliche Zeremonien bestimmt gewesen zu sein.

Den zahlreichen Reliefs nach zu urteilen, die in dem Gelände hinter dem *bītānu*-Hof vor allem in den außen gelegenen Räumen im Südwesten und Westen ausgegraben wurden, müssen sich die Wohnquartiere der Residenz Assurbanipals überwiegend im eingestürzten Obergeschoß des Gebäudes befunden haben. Von dort gab es vermutlich mindestens zwei verschiedene Wege, die einerseits zu den Korridoren an der Nordwestseite des Palastkomplexes führten, und andererseits zum *bītānu*-Hof, von wo aus man direkten Zugang zum Repräsentationstrakt an der Nordwestseite des Hofes mit den Sälen I und H und vor allem zum Thronsaal M hatte.

Trotz ihrer herrlichen Reliefs mit Darstellungen von Dienern, die Vorbereitungen für die Jagd treffen, gehörten die langen Korridore R und A, die den Hintereingang S mit Saal E (mit den Bildern der Löwen im Garten) und Saal C (mit den Szenen der königlichen Löwenjagd vom Wagen aus) verbanden, zu einem sekundären Palastbereich. Dieser diente der aufwendigen Versorgung des Palastes und hatte keinerlei repräsentative Funktion, weshalb sich hier auch keine triumphalen Demonstrationen der königlichen Heldentaten finden. Vielmehr wollte man wohl – ähnlich wie in den königlichen Wohnräumen im Obergeschoß – mit den Wandbildern der Jagdunternehmungen des Herrschers und vielleicht auch des Kronprinzen die gespannte Atmosphäre der Treibjagden mit den Molosserhunden und den Knappen, die unübertreffliche Kühnheit der Stellvertreter Assurs bei der Jagd auf wilde Tiere und die zauberhafte Heiterkeit der königlichen Parks mit den satten Löwen unter den Bäumen verewigen.

Innovation im Detail: Die Architektur des Palastes

Die Baumeister Assurbanipals unterschieden sich in ihrer künstlerischen Auffassung, wie wir noch sehen werden, nicht allzusehr von den Bildhauern des Königs. Anstatt die kom-

Babylonische Fürsten liegen zum Zeichen ihrer Unterwerfung vor dem rechts zu ergänzenden Assurbanipal auf dem Boden, während elamische Fürsten, dirigiert von assyrischen Beamten, die Speisen für den König auftragen. Alabaster, Höhe 55 Zentimeter, aus Kujundschik, Nordpalast, Saal S', Platte A, Mitte des 7. Jahrhunderts v.Chr.; London, British Museum (WA 124794).

Dieses Reliefbruchstück ist eines der wenigen Beispiele für den herrlichen Wandschmuck des Saales E mit den Darstellungen der Diener mit Molosserhunden und Löwen zwischen hohen Bäumen und blühenden Büschen (siehe Bild Seite 153 oben). Eine geradezu verzauberte Atmosphäre geht von diesen Bildern eines Gartens aus, in dem die Autorität des Königs selbst die wildesten Tiere zu zähmen scheint. Auch wenn die Botschaft, die damit übermittelt werden soll, dieselbe ist wie die der zweifellos noch nachdrücklicheren Jagdszenen, nämlich die Beherrschung der Natur durch den König, so liegt hier besonderes Gewicht auf einer lyrischen Naturbetrachtung und harmonischer Ruhe. Alabaster, Höhe 1,07 Meter, aus Kujundschik, Nordpalast, Saal E, Platte 13, Mitte des 7. Jahrhunderts v.Chr.; London, British Museum (WA 118915).

Assyrische Soldaten zu Fuß und zu Pferd, mit Pfeil und Bogen, Steinschleudern, Lanzen und runden Schilden bevölkern eine hügelige Landschaft. In einer Zeichnung, die W. Boutcher direkt nach dem Auffinden des Reliefs anfertigte, erkennt man, daß sich diese Szene, die zum unteren Bildfeld einer Orthostatenplatte gehörte, noch sehr viel weiter nach links fortsetzte. Außerdem ist ein kleiner Abschnitt des oberen Bildfeldes mit der Belagerung einer zwischen Hügeln gelegenen Stadt erhalten. Vermutlich handelt es sich um die Eroberung von Murubisu, mit der auch die Darstellungen im unteren Teil des Orthostaten in inhaltlichem Zusammenhang stehen dürften. Alabaster, Höhe 1,29 Meter, aus Kujundschik, Nordpalast, Thronsaal M, Teilstück der Platte 7, Mitte des 7. Jahrhunderts v.Chr.; Paris, Musée du Louvre (AO 19912).

positorischen Neuerungen ihrer Vorgänger im Südwestpalast entschlossen und vielleicht sogar noch kompromißloser weiterzuverfolgen, nahmen sie in ihrer Antwort auf die Tradition eine gemäßigtere Haltung ein. So griffen sie bisweilen archaische Elemente auf und übersetzten sie in eine neue Sprache, während sie andererseits auch einige Innovationen Sanheribs beibehielten oder sogar noch deren Radikalität betonten. Insgesamt versuchten sie also einen Mittelweg zwischen Tradition und Innovation zu gehen, der sich in einer Synthese ausdrückt, die, soweit man das aufgrund der spärlichen Architekturreste überhaupt beurteilen kann, in der Bildhauerei sicherlich sehr viel geglückter war als in der Architektur.

Ein gutes Beispiel für den Weg, den die Architekten des Nordpalastes beschritten, ist der Thronsaal M. Obwohl er von den Ausgräbern des 19. Jahrhunderts höchstwahrscheinlich nicht richtig dokumentiert wurde, da die beiden Säulenpaare vor den Schmalseiten ziemlich sicher einfach weggelassen wurden, zeigt er im Vergleich mit älteren Thronsälen eine starke Zurücknahme des Vorsprungs der Anten. Durch sie war der angenommene Raum N mit der traditionellen Ehrentreppe an der Nordwestseite abgetrennt, ebenso wie sein architektonisches Pendant an der gegenüberliegenden Südostseite, wo sich das Thronpodest befunden haben muß, das damit hier zum ersten Mal in einer Art Nische erschien.

Zieht man die Rekonstruktion des Thronsaals I im Südwestpalast heran, die vermutlich allerdings ebenfalls falsch ist, sieht es so aus, als leite sich die Erneuerung Assurbanipals von einem Entwurf ab, der schon bei Sanherib umgesetzt wurde. Da jedoch für die Residenz Sanheribs keine gesicherten archäologischen Daten vorliegen, ist es sehr viel wahrscheinlicher, daß der Thronsaal I im Südwestpalast ebenso wie die Thronsäle von Kalchu und Dur Scharrukin nach traditionellem Schema angelegt waren. Damit wäre es Assurbanipal gewesen, der einen neuen Grundriß einführte, wobei er sich dabei nicht speziell vom Thronsaal des gegenüberliegenden Palastes von Kujundschik inspirieren ließ, sondern eher von einer allgemeinen Tendenz zur Achsensymmetrie, wie sie sich in den Audienzsälen der größeren Gebäudekomplexe des Südwestpalastes beobachten läßt.

Gliederung und Raumauffassung des Thronsaals M im Nordpalast scheinen eine grundsätzliche Affinität der Baumeister Assurbanipals zu den Ideen der Zeit Sanheribs zu belegen. Doch auch wenn sie die effektvolle Akzentuierung ihrer Vorgänger als Stilmittel übernehmen, beschränken sie sich dabei gleichzeitig darauf, jeweils nur in einem bestimmten, allerdings immer zentralen Abschnitt der Komposition einzugreifen. Obwohl man nun wieder zu einem ausgewogenen Verhältnis zwischen den Wohn-, Repräsentations- und Verwaltungsräumen eines Königspalastes zurückfindet und das Übergewicht der repräsentativen Einrichtungen im Bereich des *bītānu* fast völlig zurückdrängt, tauchen im Grundriß des Thronsaales scheinbar unbedeutende strukturelle Besonderheiten auf, die auf subtile Weise die Sensibilität der Künstler Assurbanipals für die Innovationen des Südwestpalastes offenbaren. Allerdings artikuliert sich dies immer nur im Detail und nicht im Gesamtkonzept, so als wollte man sich einer überbordenden Erneuerungsrhetorik

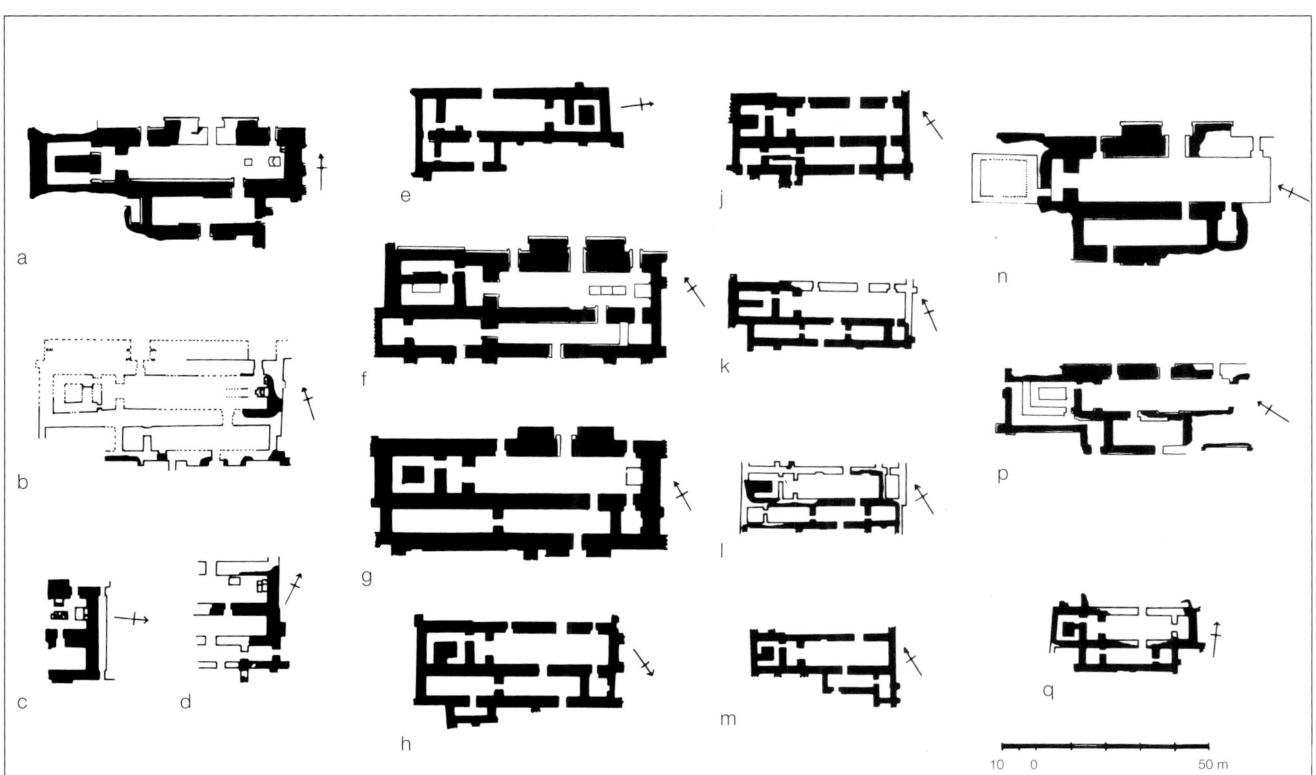

Pläne der Thronsäle der großen neuassyrischen Königspaläste, die zwischen dem 9. und dem 7. Jahrhundert v.Chr. errichtet wurden (nach G. Turner).

a Nimrud, Nordwestpalast
b Nimrud, Fort Salmanassar
c Til Barsip, Provinzpalast
d Assur, Alter Palast
e Arslan Tasch, Provinzpalast
f Chorsabad, Königspalast
g Chorsabad, Palast F
h Chorsabad, Residenz L
j Chorsabad, Residenz K
k Chorsabad, Residenz M
l Chorsabad, Residenz J
m Chorsabad, Residenz Z
n Ninive, Südwestpalast
p Ninive, Nordpalast
q Nimrud, »Town Wall Palace«

verweigern und huldigte statt dessen der Vervollkommnung einer neuen Sprache in einzelnen, verfeinerten Lösungen.

Das Dekorationsprogramm für Assurbanipals Residenz

Für den Reliefschmuck des Nordpalastes wählte Assurbanipal Motive aus dem traditionellen Themenschatz seiner Vorgänger seit Assurnasirpal II. aus, wobei eine Reihe von Standardthemen aufgegeben und Sujets, die sich in den letzten Jahrzehnten großer Beliebtheit erfreut hatten, in einer neuen Sichtweise interpretiert wurden. Im Vergleich zu seinen Vorfahren ist die Selektion Assurbanipals deutlich reduzierter und prägnanter. So gibt es bei ihm im Anschluß an Jagd- oder Siegesdarstellungen keine Bankettszenen mehr, die im Bildprogramm Sargons II. und sicher auch in seiner Ideologie eine zentrale Rolle gespielt hatten und noch von Sanherib als feierliches Element für die Einweihung seines Palastes übernommen wurden. In der neuen, absolutistischen Konzeption des Königtums unter Assurbanipal war dafür jedoch kein Platz mehr.

Ebenso verzichtete Assurbanipal ganz auf die Darstellung von Palastbauarbeiten, einem Thema, das sowohl Sargon II. wie Sanherib viel bedeutete. Beide waren so stolz auf ihre städtebaulichen Leistungen, daß Sargon den damit in Zusammenhang stehenden Wandreliefs einen Platz im *babānu*-Hof neben den langen Reihen seiner hohen Würdenträger einräumte und Sanherib verschiedene großflächige Szenen, die den Bau seines »Palastes ohnegleichen« betreffen, im *bītānu*-Hof und in einer der großen seitlichen Galerien anbringen ließ.

Im Unterschied zu Sanherib, der keine einzige Jagd darstellen ließ, suchte Assurbanipal unter den traditionellen Motiven alle Unternehmungen aus, in denen der Herrscher als Held im Mittelpunkt steht, und das konnten Jagden ebenso wie Feldzüge sein. Dabei führte er ein Ordnungsprinzip für die Verteilung der Reliefs ein, das es bisher noch nicht gegeben hatte: So ließ Assurbanipal die repräsentativen Säle seiner Residenz in Ninive ausschließlich mit Kriegsszenen ausschmücken, während die Darstellungen der Jagd auf die nichtöffentlichen Räume, die zur königlichen Wohnung führten, beschränkt bleiben sollten. In den Wohnräumen selbst finden sich beide Themenkreise, außerdem begegnen wir dort einem völlig neuen Sujet, das ausschließlich für den letzten großen Herrscher Assyriens kreiert wurde: Es zeigt den König und die Königin in der erlesenen Atmosphäre des Palastgartens, umgeben von Musikern, Dienern und Mägden, in einer Szenerie, die das verfeinerte höfische Leben illustriert – eine Welt, in der der Herrscher sich immer weiter von seinen Untertanen

Linke Seite: In einer Reihe von Platten am Nordende des *babānu*-Hofes VIII, zu dem sich der große Thronsaal VII öffnete, ließ Sargon II. den Transport von riesigen Baumstämmen als Bauholz für seinen Palast in Dur Scharrukin darstellen. Dieses Thema, das hier zum ersten Mal belegt ist, wurde von seinem Sohn Sanherib bei der Dekoration des Südwestpalastes von Kujundschik in sehr viel größerem Umfang weitergeführt, während Assurbanipal bei der Ausschmückung des Nordpalastes gänzlich darauf verzichtete. (Siehe auch Bild Seite 108.)
Alabaster, aus Chorsabad, Königspalast, Hof VIII, Fassade N, Ausschnitt, Ende des 8. Jahrhunderts v.Chr.; Paris, Musée du Louvre (AO 19890).

Unten: Die Diener des Königs brechen mit Mulis, die mit Fangnetzen beladen sind, zur Jagd auf. (Siehe auch Rekonstruktionszeichnung Seite 144/145 oben.)
Alabaster, Höhe 1,52 Meter, aus Kujundschik, Nordpalast, Saal R, Platten 3–4, Mitte des 7. Jahrhunderts v.Chr.; London, British Museum (WA 124896–7).

entfernt hat und sich zu seinem persönlichen Vergnügen der Natur, den Pflanzen und wilden Tieren zuwendet, die ihn umgeben, als wollten sie ihm huldigen.

Es ist bezeichnend, daß die Jagdszenen Assurbanipals, die im Dekorationsprogramm des Nordpalastes so großen Raum einnehmen und die ninivitischen Meister zu einem unglaublichen Ideenreichtum animierten, sich nun nicht mehr, wie im Nordwestpalast Assurnasirpals II. in Kalchu, mit den Bildberichten der Feldzüge vermischen und sich auch nicht, selbst nicht in kleinen Räumen, wie in Dur Scharrukin zwischen die großen Schlachtenreliefs schieben.

Arena miterleben, bedeutet das, daß der König und Stellvertreter Assurs die absolute Herrschaft über die feindlichen Mächte des Chaos hat.

Betrachtet man dann die Themenwahl Assurbanipals unter topographischen Gesichtspunkten, so ergibt sich, daß die Szenen kriegerischen Inhalts zum größten Teil, aber nicht ausschließlich den Repräsentationsräumen im Bereich des Thronsaals und in den Quartieren des *bītānu* im Erdgeschoß des Gebäudes vorbehalten sind. Die Darstellungen der Vorbereitung und Durchführung der Jagd, die königlichen Wildgehege und Knappen, die Gärten mit dem Herrscher, der

Die berühmte »Gartenszene«: Assurbanipal und seine Gemahlin genießen das gemeinsame Bankett in einer Weinlaube im königlichen Park. Diener und Dienerinnen fächeln dem Herrscherpaar Kühlung zu, Harfenspieler sorgen für die musikalische Begleitung. Von dem Kopf des elamischen Königs Te-Umman, der als Siegestrophäe in einem Baum links im Bild hängt, nimmt niemand Notiz. (Siehe auch Bilder Seite 167 und 168.) Alabaster, Höhe 56 Zentimeter, aus Kujundschik, Nordpalast, Saal S', Platten B–C, Mitte des 7. Jahrhunderts v.Chr.; London, British Museum (WA 124920).

Auf den ersten Blick könnte der Eindruck entstehen, als atmeten die Jagddarstellungen Assurbanipals denselben Geist, der auch aus den Reliefs Sargons II. spricht. Anders als zur Zeit Assurnasirpals II. scheint die Jagd nicht mehr als Beweis der Kühnheit angesichts des wilden Tieres zu gelten, vergleichbar der Tapferkeit vor dem Feind auf dem Schlachtfeld, sondern als Vergnügen und als Geschicklichskeitsspiel, das geradezu rituellen Regeln unterworfen war und in einem königlichen Park stattfand. Die Tiere wurden eigens zu diesem Zweck gefangen und dort freigelassen, um sich mit dem Herrscher und dem Kronprinzen eine Art Zweikampf zu liefern.

Bei genauerem Hinsehen entpuppt sich die Jagdbeute in Dur Scharrukin jedoch als Kleinwild, und es ist auch nicht der König, der jagt, sondern der assyrische Adel, während der Herrscher wohlwollend, aber passiv und in einiger Entfernung an der Zerstreuung teilnimmt. Ganz anders im Nordpalast in Kujundschik: Dort jagt allein der König, allenfalls auch der Kronprinz, und das gejagte Tier ist meist ein Löwe. In der metaphorischen Symbolik der Löwencorrida, die die Einwohner Ninives als Zuschauer am Rande einer riesigen

Königin und den Musikanten verteilen sich ihrer Bedeutung entsprechend in einer logischen Reihenfolge von den weniger wichtigen Räumen am Hintereingang S, über die Korridore R und A zu den Verbindungssälen E und C im Zentrum des Erdgeschosses bis hin zu den Wohnräumen im Obergeschoß, wo vermutlich wieder Kriegsszenen die Wände schmückten, die den König ebenso wie die Bilder der Jagd und des Müßiggangs offenbar besonders erfreuten.

Im Erdgeschoß des Palastes scheinen sich keinen privaten Gemächer des Königs befunden zu haben; die Themen waren der assyrischen Palastbautradition entsprechend in Übereinstimmung mit der Funktion der dekorierten Räume klar voneinander getrennt. In den Sälen, in denen Empfänge, Audienzen und Regierungszeremonien stattfanden, waren alle Wände mit Reliefs der Heldentaten des Königs bedeckt. In den Korridoren, durch die der Herrscher mit seinem Gefolge kam, wenn er auf die Jagd ging oder danach in den Palast zurückkehrte, sah er Bilder vom Aufbruch zur Jagd mit Mulis und Molosserhunden, die von Knappen geführt wurden, beziehungsweise von der triumphalen Heimkehr mit den

Daß es sich bei den königlichen Jagden zur Zeit Assurbanipals nicht um Abenteuer in der Wildnis handelte, sondern um gut organisierte und ritualisierte Kämpfe, erkennt man auch daran, daß die Löwen eigens in Käfigen herbeigeschafft und vor dem Herrscher freigelassen wurden.
Alabaster, aus Kujundschik, Nordpalast, Saal S', Platte E, Ausschnitt, Mitte des 7. Jahrhunderts v.Chr.; London, British Museum (WA 124887).

Im heroischen Zweikampf tötet der Kronprinz mit einem Schwert den anspringenden Löwen, der bereits von einem Pfeil getroffen ist. Die verschiedenen Phasen der Jagd werden auf den in je drei Register unterteilten Orthostatenplatten am Hintereingang des Nordpalastes wie in den darüberliegenden Wohnräumen des Königs dargestellt. Während der Held der Reliefs im Obergeschoß jedoch immer der König selbst ist, identifiziert man den Löwenbezwinger der Reliefs im Erdgeschoß aufgrund der Stirnbinde in der Regel mit dem Thronfolger.
Alabaster, aus Kujundschik, Nordpalast, Saal S, Platte 13, Ausschnitt, Mitte des 7. Jahrhunderts v.Chr.; London, British Museum (WA 124875).

erlegten Löwen und anderer Beute. In den inneren Räumen hingegen war im berühmten Saal C detailreich die Jagd auf unzählige Löwen und Löwinnen dargestellt und in Saal E, vermutlich ein Durchgang zu den Privatgemächern im Obergeschoß, der königliche Park mit Bäumen, Löwen, Molosserhunden und Wachen. Es sieht so aus, als habe man nur im ersten Stock der Residenz Kriegs-, Jagd- und Mußeszenen gemischt, doch auch das könnte eine falsche Vermutung sein, da sie lediglich auf der wirren Fundsituation der eingestürzten Reliefplatten des Obergeschosses basiert. Es ist nicht auszuschließen, daß es auch dort Zimmer mit einem öffentlicheren Charakter gab, die mit der Darstellung von Feldzügen geschmückt waren, während die Flure Jagden und die eigentlichen Wohnräume die Ruhestunden des Königs zeigten.

Neue Wege in der Gestaltung des Reliefs

War der königliche Auftraggeber bei der Themenwahl für den Wandschmuck des Nordpalastes bereits ziemlich rigoros

Vorangehende Doppelseite: Diese Darstellung der Diener, die einen erlegten Löwen und Kleinwild als Jagdbeute in den Palast bringen, schmückte die Nordwestwand des Korridors R im Nordpalast. Auf der gegenüberliegenden Wand sah man in gegenläufiger Richtung den Aufbruch zur Jagd. Ganz ähnliche Darstellungen bildeten wohl auch den Abschluß der berühmten Jagdbilder des Saales C, die der Besucher nach Betreten des Raumes direkt rechts vom Eingang sah.
Alabaster, Höhe 1,52 Meter, aus Kujundschik, Nordpalast, Korridor R, Platte 26–27, Mitte des 7. Jahrhunderts v.Chr.; London, British Museum (WA 124889–90).

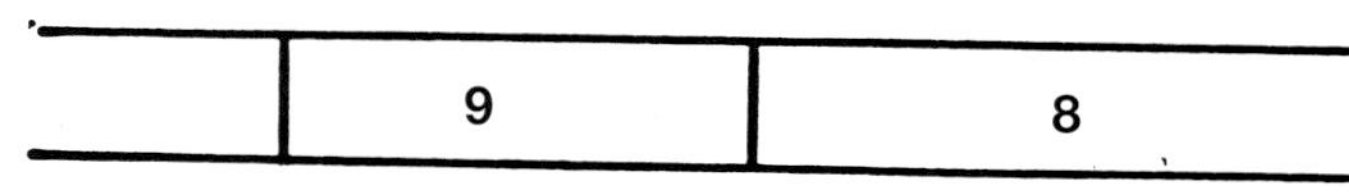

Links: Diener mit Fangnetzen und Molosserhunden beim Aufbruch zur Jagd.
Alabaster, Höhe 1,56 Meter, aus Kujundschik, Nordpalast, Korridor R, Platte 6–7, Mitte des 7. Jahrhunderts v.Chr.; London, British Museum (WA 124893).

Oben und rechts: Rekonstruktion der Gesamtdekoration des Korridors R im Nordpalast von Kujundschik (nach F. Cruciani).

Unten: Rekonstruktion der Gesamtdekoration des Saales F im Nordpalast von Kujundschik (nach F. Cruciani).

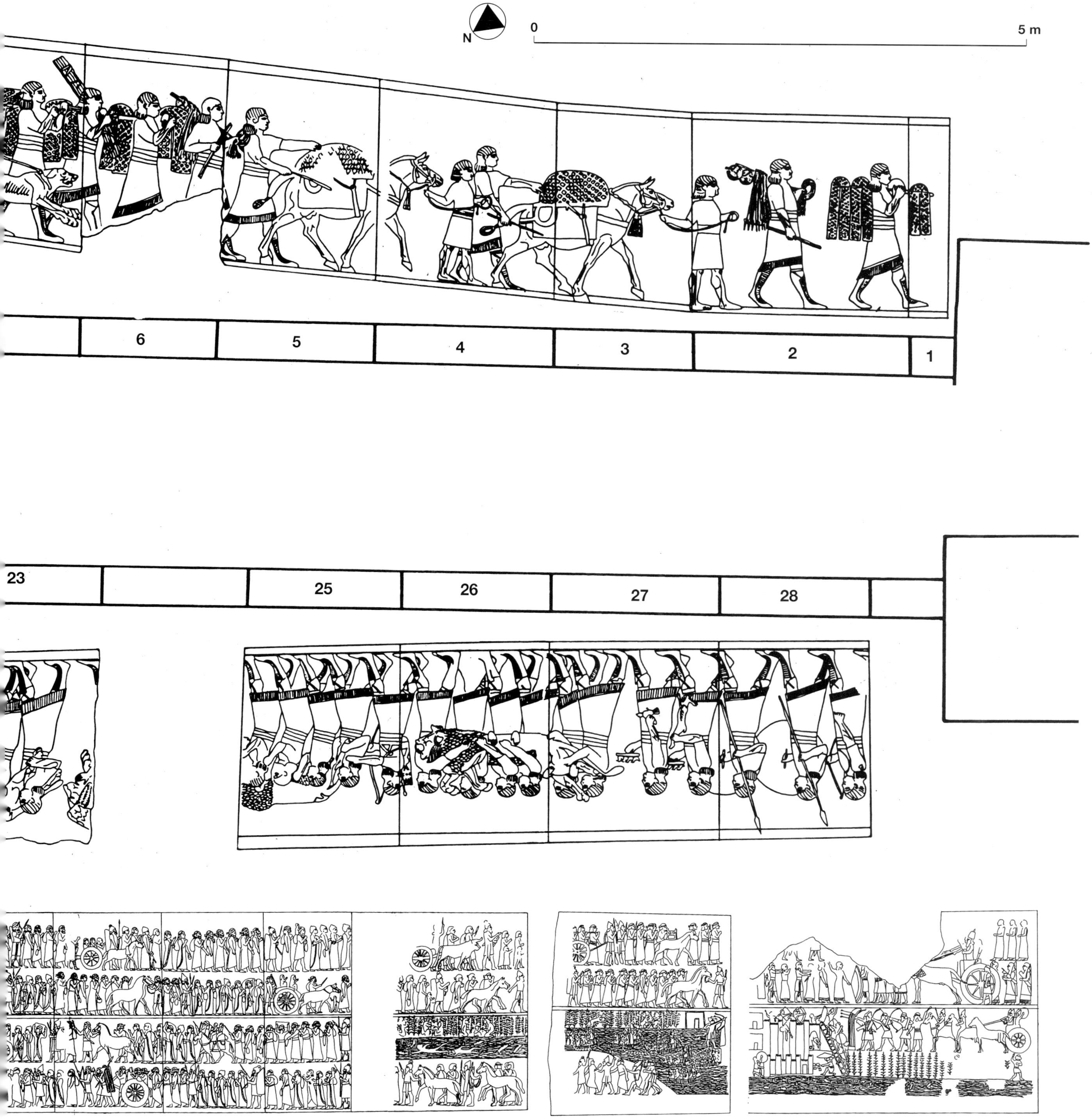
N
0
5 m
6
5
4
3
2
1
23
25
26
27
28

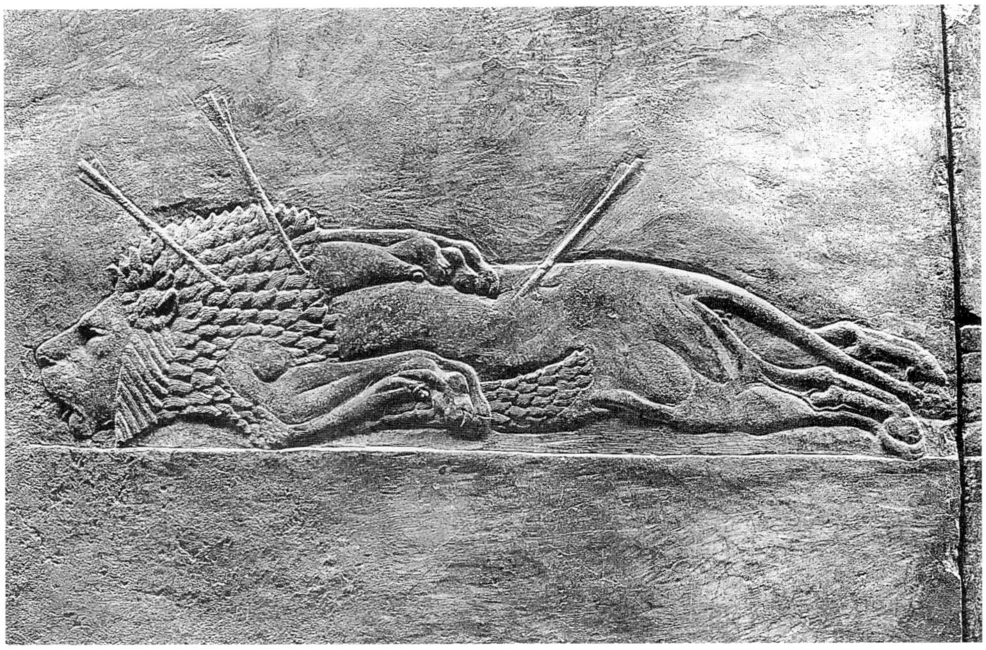

Von Pfeilen getöteter Löwe hinter dem Wagen des Königs. (Siehe auch Bild Seite 150/151.) Alabaster, aus Kujundschik, Nordpalast, Saal C, Platte 25, Ausschnitt, Mitte des 7. Jahrhunderts v.Chr.; London, British Museum (WA 124855).

vorgegangen und hatte in bezug auf das künstlerische Erbe seiner Vorfahren entschlossene Neuerungen eingeführt, so waren die ninivitischen Meister bei ihrer Entscheidung über die Kompositionsprinzipien für die Reliefs nicht weniger selektiv und innovativ. Wie sich die Aufmerksamkeit des Königs nicht nur den Bildinhalten zuwandte, die zur Zeit Sanheribs beliebt waren, so setzten sich auch die Künstler Assurbanipals nicht nur mit der revolutionären Raumauffassung der Bildhauer des Südwestpalastes auseinander. Vielmehr scheinen sie sich einer Reihe von kompositorischen Grundsätzen bedient zu haben, die die Bildhauerschulen der verschiedenen neuassyrischen Zentren im Lauf der Zeit angewandt hatten. Einerseits modifizierten sie dabei einige Charakteristika, entwickelten andererseits aber auch eigene Lösungen, die nur teilweise von den älteren Werkstätten vorweggenommen worden waren.

Der »modernste« Aspekt im Entwurf der Reliefs Assurbanipals, mag er auch einen Bereich betreffen, der unter künstlerischen Gesichtspunkten nebensächlich erscheint, ist die Behandlung der Inschriften, die rund 150 Jahre lang, von der Zeit Assurnasirpals II. an bis hin zu Sargon II., die Darstellungen ergänzt hatten. Kennzeichen des traditionellen Systems ist die Gegenüberstellung von Bild und Text mit der Dreiteilung der Orthostatenplatten in zwei breite Bildstreifen und ein Inschriftenband in der Mitte, das einen von den Darstellungen unabhängigen Text enthält. Von diesem Schema, das wir nicht nur aus dem Nordwestpalast und dem Zentralpalast vom Kalchu, sondern auch aus Dur Scharrukin kennen, kehrten sich die Bildhauer Assurbanipals jedoch völlig ab und folgten dem Vorbild der ninivitischen Meister Sanheribs, indem sie, und das sogar in noch größerem Umfang als jene, lange Legenden mit wortreichen Schilderungen der dargestellten Ereignisse in die Bildstreifen einfügten. Zwar gibt es bereits in der Zeit Tiglatpilesars III. und Sargons II. kurze Beischriften innerhalb der Szenen, doch sie nennen lediglich den Namen einer dargestellten Stadt. Während in der Vergangenheit Text und Bild zwar nebeneinander plaziert, aber immer völlig unabhängig voneinander waren, sind die Keilschriftlegenden nun zum komplementären Element der Abbildungen geworden und verstärken ihre Botschaft, indem sie sie noch präzisieren.

Die Bedeutung dieser kleinen Szene aus der Schlacht am Ulai wird erst durch die lange Keilschriftlegende wirklich verständlich. Sie berichtet, daß ein assyrischer Soldat den elamischen Prinzen Urtaku, den Schwiegersohn König Te-Ummans, verletzt aufgefunden habe. Dieser habe ihn gebeten, ihn zu töten, doch der Soldat brachte ihn zum König und bat um Gnade für seinen Gefangenen.
Im Bild sieht man den Moment, als der Soldat auf den verwundeten Prinzen stößt, der umgeben ist von gefallenen Elamern und ihm bedeutet, er möge ihm den Kopf abschlagen. (Siehe auch Bild Seite 114/115).
Alabaster, aus Kujundschik, Südwestpalast, Saal XXXIII, Platte 2, Ausschnitt, Mitte des 7. Jahrhunderts v.Chr.; London, British Museum (WA 124801).

Die Bedeutung dieser Epigraphe für den Nordpalast von Ninive und die Aufmerksamkeit, die ihnen nicht nur die Bildhauerwerkstätten, sondern auch die Schreiber schenkten, belegen Keilschrifttafeln aus der Zeit Assurbanipals mit Legendentexten, die die königliche Kanzlei für die Reliefs vorbereitet hatte. Einige davon hat man tatsächlich auf den Wandbildern identifiziert, andere hingegen dürften sich auf nicht mehr erhaltenen Platten befunden haben oder waren vielleicht nie auf Orthostaten übertragen worden.

Im Bildaufbau und in der Komposition der Reliefs gingen die Künstler Assurbanipals weitgehend von der neuen Raumidee des Südwestpalastes ab, die sich, wie gezeigt, basierend auf einem sehr hohen Blickpunkt des Betrachters, in der immensen vertikalen und horizontalen Erweiterung der Szenerie manifestiert. Trotzdem ist immer noch etwas vom räumlichen Ansatz der Werkstätten Sanheribs gegenwärtig, und zwar nicht nur – wenn auch dort in sehr viel klarerer Form – in den Szenen des Saales XXXIII und des Korridors XXVIII im Südwestpalast, die erst Assurbanipal ausführen ließ, sondern auch in einigen Darstellungen an den Wänden des Thronsaales M im Nordpalast, die Schlachten in gebirgigem und hügeligem Gelände illustrieren.

Nach den revolutionären Experimenten der Zeit Sanheribs überrascht allerdings das Prinzip, nach dem die Meister Assurbanipals die großen Orthostatenreliefs üblicherweise gliederten: Sie unterteilten die gesamte Fläche mehr oder weniger dicht in horizontale Bildstreifen, die auf den Steinplatten meist nur schwach voneinander abgegrenzt waren. Vor

Oben: Keilschrifttafel mit den Texten einiger Bildlegenden, die auf die Reliefs Assurbanipals übertragen werden sollten.
Ton, Höhe 6 Zentimeter, aus Kujundschik, Nordpalast, Mitte des 7. Jahrhunderts v.Chr.; London, British Museum (WA Sm 1350).

Links: Reliefbruchstück mit Darstellungen einzelner Szenen des Krieges gegen die Elamer: Im oberen Register sieht man die Kapitulation des elamischen Königs Chumbanchaltasch III., im mittleren Bildstreifen die Eroberung einer elamischen Stadt, deren Name allerdings nicht erhalten ist. Ganz unten sind noch der Schirm des königlichen Wagens und die Tiara Assurbanipals zu erkennen, der vielleicht gerade die Huldigungen der Kriegsgefangenen entgegennimmt. (Siehe auch Bilder Seite 129 unten und 135 oben.)
Alabaster, aus Kujundschik, Nordpalast, Saal S', Platte A, Paris, Musée du Louvre (AO 19905).

Reliefbruchstück mit Jagdszenen: Im mittleren der drei Register ist Assurbanipal dargestellt, der einen Löwen mit einer Lanze durchbohrt; unten tragen die Diener bereits zwei erlegte Löwen weg.
Alabaster, Höhe 1,17 Meter, aus Kujundschik, Nordpalast, Saal S', Platte C, Mitte des 7. Jahrhunderts v.Chr.; Paris, Musée du Louvre (AO 19903).

allem bei den großen Darstellungen von Kampf, Sieg oder Unterwerfung wurden die Alabasterplatten in der Regel durch eine relativ breite Leiste in zwei große, fast gleich hohe, horizontale Felder eingeteilt. Daraus ergaben sich zwei aneinandergrenzende Bildflächen, eine obere und eine untere, die ihrerseits wieder in drei oder auch vier übereinander Register untergliedert und meist dicht mit Figuren gefüllt wurden. Es kommt vor, daß zwei oder drei dieser Register stellenweise unterbrochen sind, um so Platz für höhere Darstellungen zu lassen. Diese Register innerhalb der beiden Hauptbildflächen sind in der Regel nicht durch reliefierte Leisten begrenzt, sondern nur durch eine leicht eingeritzte Standlinie, die das natürliche Gelände eines Schauplatzes andeuten soll.

Während es, von Sonderfällen abgesehen, in der Regel nicht mehr als zwei Hauptbildfelder gegeben zu haben scheint, dürfte die Zahl der Registerunterteilungen innerhalb davon zwischen mindestens zwei und maximal vier variiert haben – mit den sich daraus ergebenden Konsequenzen für die Höhe der Bildpartien in den einzelnen Sälen.

Die bemerkenswertesten Ausnahmen von diesem allgemeinen Gliederungsschema der Wandbilder in der Zeit Assurbanipals finden sich im rückwärtigen Bereich des Erdgeschosses und im Obergeschoß des Nordpalastes. So sind die Jagddarstellungen in der Eingangshalle S und im darüberliegenden Raum S' sowie die Gartenszenen mit den Musikanten und sogar die Schlachtenbilder der Kriege gegen die Araber im

Saal L in drei gleich große, durch breite Leisten getrennte Bildstreifen unterteilt. Im Gegensatz dazu gibt es in den Sälen E und C mit den Bildern des königlichen Parks beziehungsweise der Jagd auf dem Wagen sowie im Korridor R überhaupt keine Einteilung in Register.

Diese ungewöhnliche Vielfalt an räumlichen Lösungen, die die Meister Assurbanipals zur Ordnung der Szenerie nutzten, ist in der Geschichte des neuassyrischen Reliefs absolut einzigartig. Vor der Zeit Sanheribs arbeitete man im wesentlichen mit nur zwei, ziemlich einfachen Strukturprinzipien für Orthostaten: Entweder teilte man die Bildfläche durch ein breites fortlaufendes Inschriftenband in zwei Bildfriese, die meist mit Darstellungen der Feldzüge geschmückt waren, oder man dekorierte die Platten vorwiegend in Außenräumen in ihrer gesamten Höhe mit großformatigen Figuren von Tributbringern und Höflingen.

Angesichts des drastischen Bruchs mit der Tradition, der sich in der Kunst Sanheribs durch einen weiträumigen Bildhintergrund manifestiert, der fast immer ohne die üblichen Register auskommt, scheinen sich die Bildhauer Assurbanipals die Aufgabe gestellt zu haben, einen Mittelweg zu finden zwischen all den Möglichkeiten, die ihnen das traditionelle Kompositionsschema, die Überarbeitung bewährter Lösungen und vor allem die eklektizistische, wenn nicht sogar inkohärente Verschmelzung archaischer und neuer Gestaltungsprinzipien boten. Die Entscheidungen, die sie fällten, waren keineswegs willkürlich, sondern fußten auf der eingehenden und kritischen Analyse der allzu kühnen Raumentwürfe der Zeit Sanheribs, die sie wegen einiger offensichtlicher Schwächen und Inkonsequenzen als unbefriedigend empfunden haben müssen.

Eine Folge dieser Evaluierung war, daß die Bildhauer Assurbanipals den entfernten Standpunkt des Betrachters, der unter Sanherib eingeführt worden war, wieder aufgaben und auf große Szenerien völlig verzichteten; eine andere war der Entschluß, die Figuren jeweils auf höchst vielfältige Weise voneinander abzugrenzen, übereinander und zueinander anzuordnen. Dabei füllte man die Reliefs wie nie zuvor mit Figuren an und vervielfachte die einzelnen Bildpartien, ohne sie jedoch graphisch besonders zu betonen, aber immer unter Berücksichtigung der klassischen zweidimensionalen Darstellungsweise.

Jenseits dieses stilistischen Mittelwegs, der für die Kunst Assurbanipals so charakteristisch ist, entwickelten die ninivitischen Meister auch eigene, innovative und ursprüngliche Lösungen von großer künstlerischer Wirkung, vor allem bei den Darstellungen der königlichen Jagd. Eine Meisterleistung stellt in dieser Hinsicht die Erfindung des abstrakten Raumes in den Jagdszenen Assurbanipals dar. Im Vergleich mit den Wandbildern Assurnasirpals II. sind hier die Figuren mit großer Freiheit ungleichmäßig über das Bild verteilt, dabei stellenweise zu dicht gedrängten Gruppen arrangiert, aber

Oben und Mitte: Detailszenen der Kämpfe der Assyrer mit den Arabern. Von großer Dramatik ist die Darstellung des stürzenden Dromedars. (Siehe auch Bild Seite 68/69.) Alabaster, aus Kujundschik, Nordpalast, Saal L, Platte 12, Ausschnitte, Mitte des 7. Jahrhunderts v.Chr.; London, British Museum (WA 124926).

Links: Detail der Schlacht am Ulai mit assyrischen Reitern, die elamische Soldaten in den Fluß treiben. (Siehe auch Bild Seite 114/115.) – Alabaster, aus Kujundschik, Südwestpalast, Saal XXXIII, Platte 3, Ausschnitt, Mitte des 7. Jahrhunderts v.Chr.; London, British Museum (WA 124801).

Das elamische Orchester begleitet den Triumphzug Assurbanipals nach der Einnahme der Stadt Madaktu. Die hochgehobenen Füße zeigen an, daß die Musikanten den Rhythmus mit den Füßen stampfen. Alabaster, aus Kujundschik, Südwestpalast, Saal XXXIII, Ausschnitt, Mitte des 7. Jahrhunderts v.Chr.; London, British Museum (WA 124802).

auch geschickt einzeln im Bild plaziert; anders als in den Reliefs Sanheribs enthält der Bildhintergrund nicht einmal die kleinste Information über die Landschaft des Geschehens, denn es gibt kein einziges pflanzliches Element mehr. Die fast irreale Atmosphäre, die dadurch entsteht, verleiht den Szenen einen epischen Grundton und taucht sie ein in eine raum- und zeitlose mythische Welt von ungewöhnlicher Ausdruckskraft.

In scheinbarem Gegensatz dazu steht der nicht weniger wirkungsvolle räumliche Entwurf der Darstellungen des königlichen Parks, in dem sich Löwen, Molosserhunde und Knappen gelassen zwischen hohen Bäumen unterschiedlicher Spezies und Pflanzen mit wucherndem Blattwerk und verschlungenen Ästen bewegen, deren Linien und Rhythmen die der menschlichen Figuren und der Tiere in einem subtilen Spiel formaler Entsprechungen aufnehmen. Mit beeindruckender Feinfühligkeit und Kühnheit zugleich wird das archaische zweidimensionale Schema der großfiguren Friese, die traditionell keinen definierten Hintergrund haben, mit

der neuen Räumlichkeit der großen Szenerien Sanheribs verschmolzen, bei der die Figuren in die natürliche Umgebung mit ihrer üppigen Pflanzenwelt eingebettet sind. Der in den Großkompositionen häufig mißglückten Integration von Menschen, Tieren und Pflanzen begegnet man hier dadurch, daß der Blickpunkt des Betrachters ganz nah herangeholt wird. Dadurch verschmelzen alle Elemente des Bildes in einer raffinierten Harmonie der Linien und in einer verzauberten Atmosphäre voller Wesen, die sich dem Herrn der Welt heiter und einträchtig unterordnen.

Die Heldentaten des Königs

Die militärischen Unternehmungen Assurbanipals wurden, wie oben bereits erwähnt, vor allem in den repräsentativen Sälen im Kernbereich des Nordpalastes verherrlicht: in den Räumen rund um den großen Thronsaal M, der der Tradition entsprechend zwischen dem *babānu*-Hof O und dem *bītānu*-Hof J lag, sowie in dem Flügel mit dem Saal I an der Nordwestseite des *bītānu*-Hofes. Man kann wohl davon ausgehen, daß das Palastareal, das mit den Feldzügen des Königs geschmückt war, in Wirklichkeit sehr viel größer war. Höchstwahrscheinlich verteilten sich die Themen in den verschiedenen Trakten nach einem ähnlichen Grundsatz wie dem, der zur Zeit Sanheribs vermutlich endgültig zum Kanon erhoben worden war. Während also dem Thronsaal M eine in erster Linie repräsentative Auswahl der bedeutendsten Heldentaten des Herrschers vorbehalten war, entfaltete sich die detaillierte Schilderung der einzelnen Kampagnen in den Sälen architektonisch zusammenhängender Gebäudekomplexe. Dabei beachtete man in sehr viel größerem Umfang, als dies im Südwestpalast geschehen war, die Regel, daß in einem Raum nur eine einzige Episode eines Feldzuges dargestellt werden sollte, wobei man in diesem Punkt allerdings völlig der Innovation Sanheribs folgte.

Vom Thronsaal M, der auch der »babylonische Saal« genannt wird, da dort unter anderem der Sieg Assurbanipals

Die wichtigste Szene der sogenannten Großen Löwenjagd befand sich an der Südwestwand des Saales C. Dort sah man den König in fast identischer Pose zweimal auf dem königlichen Wagen, der aus entgegengesetzten Richtungen auf die Tiere zustürmt. Wie hier im Bild wendet sich der König beide Male nach hinten, um den kühnen und geradezu verzweifelten Angriff eines Löwen mit der Lanze abzuwehren. Von ähnlich expressiver Kraft wie die sterbenden Tieren sind auch die spannungsgeladenen Figurengruppen des Königs mit seinen Getreuen, die sich auf dem engen Raum des Wagens drängen. (Siehe auch Rekonstruktion der Gesamtdekoration des Saales auf Seite 174/175 oben.)
Alabaster, aus Kujundschik, Nordpalast, Saal C, Platten 22–25, Mitte des 7. Jahrhunderts v.Chr.; London, British Museum (WA 124851–4).

Ein Schwall Blut ergießt sich aus dem Maul des von Pfeilen durchbohrten, sterbenden Löwen. Alabaster, aus Kujundschik, Nordpalast, Saal C, Platte 25–26, Ausschnitt, Mitte des 7. Jahrhunderts v.Chr.; London, British Museum (WA 124855–6).

Eine Löwin ist durch die Pfeile im Rücken so schwer verletzt, daß ihr Hinterteil gelähmt ist. Mit letzter Kraft und vor Schmerz aufgerissenem Maul versucht sie, sich vorwärts zu schleppen, aus ihren Wunden läuft das Blut. Alabaster, aus Kujundschik, Nordpalast, Saal C, Platte 26, Ausschnitt, Mitte des 7. Jahrhunderts v.Chr.; London, British Museum (WA 124856).

Reliefbruchstück mit einer Löwin und einem Löwen in der bezaubernden Landschaft des königlichen Parks. Alabaster, Höhe 96 Zentimeter, aus Kujundschik, Nordpalast, Saal E, Platte 7–8, Mitte des 7. Jahrhunderts v. Chr.; London, British Museum (WA 118914).

über seinen abtrünnigen Bruder Schamasch-schum-ukin verewigt wurde, ist nur eine beschränkte Anzahl von Reliefs erhalten, ebenso vom angrenzenden Saal L, dem »arabischen Saal«, in dem die Kämpfe mit den Stämmen der Syrischen Wüste dargestellt waren. Während es wahrscheinlich keine direkte logische Verknüpfung zwischen der repräsentativen Zusammenstellung von Kriegszügen im Thronsaal M und den Araberschlachten im Saal L gibt, gehören die Reliefs der vier verschieden großen Zimmer an der Nordwestseite des *bītānu*-Hofes sicher zusammen. Sie enthielten Bilder der ersten Siege über Elam und Babylon, verherrlichten also Kriegszüge, mit denen Assurbanipal bereits einige Räume des Südwestpalastes dekoriert hatte, als die Bauarbeiten am Nordpalast von Kujundschik noch nicht abgeschlossen waren.

Besagte vier Räume des *bītānu* sind die einzigen, aus denen im Original und in Zeichnungen des 19. Jahrhunderts auch größere zusammenhängende Szenen erhalten sind. Die hauptsächlich von den Wänden an der Nordostseite stammenden Reliefs der beiden größeren Säle, dem »Saal der Zikkurat« (Raum I) mit der berühmten Darstellung eines elamischen Tempelturms, und dem Raum H, präsentieren die Höhepunkte der jeweiligen Militärkampagne mit der triumphalen Rückkehr des Herrschers in zwei große assyrische Städte, bei denen es sich ziemlich sicher um Arbela und Ninive handelt. Von den beiden kleineren Zimmern des Komplexes wurden im Saal G nur die relativ unbedeutenden Überreste der beiden als einzigen dekorierten Wände gefunden, während der Erhaltungszustand des kleinen Raumes F, der nach dem Schauplatz der abgebildeten Ereignisse auch »Susiana-Saal« genannt wird, sehr bemerkenswert ist.

Der Elam-Feldzug von 653 v. Chr.

Das Thema der ausführlichsten Illustration einer militärischen Unternehmung Assurbanipals ist der Elam-Feldzug des Jahres 653 v. Chr. Dabei besetzte das assyrische Heer, das die elamische Invasion in Ostbabylonien abwehren sollte, zunächst die Stadt Der am Tigris und lieferte sich danach mit den elamischen Streitkräften eine Schlacht in Til Tuba am Ulai. Die Niederlage der Elamer kündigte den unaufhaltsamen Untergang dieser gefährlichen Großmacht an, nicht zuletzt weil ihr König Tepti-Chumban-Inschuschinak, der Te-Umman der assyrischen Quellen, dabei sein Leben verlor. Es ist sicher, daß alle Ereignisse dieser entscheidenden und siegreichen Operation Assurbanipals auf den Orthostaten der vier Räume im Nordosten des *bītānu*-Komplexes abgebildet waren. Die beiden größeren Säle I und H enthielten vermutlich die wichtigsten Begebenheiten, die durch die Episo-

124928

Vorangehende Doppelseite: Die Eroberung einer ägyptischen Stadt, die an einem fischreichen Fluß liegt – wahrscheinlich dem Nil –, wird mit zahlreichen Details geschildert: Auf langen Leitern erstürmen die assyrischen Soldaten die hohen Festungstürme, deren Mauerwerk gleichzeitig an der Basis aufgehackt wird. Die glücklosen Verteidiger hinter den Zinnen kämpfen tapfer weiter, während bereits die ersten Gefangenen von den assyrischen Peinigern aus der Stadt geführt werden.
Obwohl heute aus dem Thronsaal des Nordpalastes nur noch eine von ursprünglich insgesamt vier Platten mit Belagerungsszenen in Ägypten erhalten ist, wissen wir von den anderen durch eine alte Aufnahme von W. Boutcher. Allerdings ist diese Fotografie von so schlechter Qualität, daß die Umzeichnung leider kein befriedigendes Resultat ergeben hat. Dennoch muß man wohl annehmen, daß sich im Thronsaal neben dieser Szene noch eine weitere Eroberung einer ägyptischen Stadt befunden haben muß. Die plausibelste These ist, daß sowohl der Sturm auf Theben als auch auf Memphis dargestellt war, wobei letztere die Stadt auf der erhaltenen Platte sein könnte.
Alabaster, Höhe 1,14 Meter, aus Kujundschik, Nordpalast, Thronsaal M, Platte 117, Mitte des 7. Jahrhunderts v.Chr.; London, British Museum (WA 124928).

Rechts: Durch eine Inschrift, die über dem Pferd vor dem königlichen Wagen eingemeißelt ist (siehe auch Bild Seite 164 unten), erfahren wir, daß die abgebildete Szene die Übergabe der Königsinsignien, der Frauen des Harems, der Beamten, der Truppen und des königlichen Wagens von Schamasch-schum-ukin an Assurbanipal bedeutet. Diese Kapitulation stellte für die Assyrer den triumphalen Höhepunkt der Niederschlagung des babylonischen Aufstandes dar, der 648 v.Chr. mit der Einnahme Babylons und dem Brand des Königspalastes, in dessen Flammen der abtrünnige Bruder Schamasch-schum-ukin umgekommen war, eine Ende gefunden hatte.
Alabaster, Höhe 2,13 Meter, aus Kujundschik, Nordpalast, Thronsaal M, Platten 12–13, Mitte des 7. Jahrhunderts v.Chr.; London, British Museum (WA 124945–6).

den auf den Wandbildern der kleineren Säle F und G ergänzt wurden, aber sicherlich auch durch weitere, heute verlorene Reliefs. Die Konzeption der Bildabfolge scheint in den beiden größeren Sälen logischen, wenn auch nicht chronologischen Gesichtspunkten zu folgen.

Im Saal I sah man im unteren, durch drei Register gegliederten Bildfeld, von dem allerdings nur noch etwas mehr als drei Reliefs erhalten sind, die Schlacht am Ulai, in dem zahllose zerstückelte Leichen treiben, die Zusammenstöße zwischen assyrischen und elamischen Fußsoldaten und die Einnahme einer Stadt, deren Wahrzeichen eine majestätische Zikkurat ist. Man hat Susa darin erkennen wollen, höchstwahrscheinlich aber handelt es sich um eine andere der großen Städte der elamischen Föderation, vielleicht Madaktu; auch eine Identifikation mit Dur-Untasch (heute Tschoga-Zambil) ist trotz des imposanten Tempelturms kaum denkbar, da die mittelelamische Stadt Untasch-Napirischa Mitte des 7. Jahrhunderts v. Chr. nicht mehr sehr bedeutend gewesen sein dürfte.

Im oberen Bildfeld erscheinen lange Reihen mit elamischen Kriegsgefangenen auf dem Weg zu einer großen assyrischen Stadt mit Türmen, die wegen ihrer komplizierten Anlage interessant ist. Durch eine Bildbeischrift erfahren wir, daß hier Arbela dargestellt ist, und aus den Annalen Assurbanipals wissen wir, daß er sich im Anschluß an die Schlacht dorthin begab, um seinen Sieg zu feiern und im Tempel der berühmten Ischtar von Arbela einen religiösen Festtag zu begehen. Am Fuß der Stadt, die an einem Fluß liegt, zieht sich eine doppelte Mauer entlang, vermutlich die äußere Befestigung, während ein hoher Mauerring im Zentrum sicherlich den Wall der Zitadelle bezeichnet; ganz oben erhebt sich ein Bauwerk mit Türmen, in dem wir vermutlich den berühmten »Tempel der Herrin des Ortes« erkennen dürfen, das Egaschankalamma, das im 13. Jahrhundert v. Chr. erstmals erwähnt wird, weil Salmanassar I. umfangreiche Restaurierungen daran ausführen läßt. Vor dem Portal des Heiligtums ist der König vor zwei Standarten und zwei Würdenträgern dargestellt und bringt dem Kopf Te-Ummans ein Trankopfer dar.

Der letzte Abschnitt des Feldzuges mit der Einnahme der Stadt, die Maduktu sein könnte, und dem Triumphzug nach Arbela befindet sich auf der schmalen Nordostwand von Saal I, während verschiedene Fragmente mit Kampfszenen zur großen Nordwestwand gehören. Das beweist, daß sich die Erzählung nach Betreten des Raumes (vom *bītānu*-Hof J aus) von links nach rechts auf die verlorene Südwestwand fortsetzte; vermutlich war auf der langen Wand gegenüber vom

Darstellungen des täglichen Lebens in den assyrischen Heerlagern gehen bis auf die Zeit Assurnasirpals II. im 9. Jahrhundert v.Chr. zurück. Im Bild sieht man Dromedare, Schafe und Ziegen, die gerade Heu bekommen haben. Während im Zelt links ein Mann einem Soldaten etwas zu trinken reicht und ein anderer ein Bett bereitet, sieht man rechts einen Mann, der ein geschlachtetes Schaf häutet.
Alabaster, Höhe 39 Zentimeter, aus Kujundschik, Nordpalast, Saal S', Platte B, Mitte des 7. Jahrhunderts v.Chr.; Berlin, Vorderasiatisches Museum (VA 965).

Eingang ein großer Teil der Schlacht dargestellt, während sich rechts davon die Eroberung der besiegten Stadt und der Triumphzug anschlossen. Es ist also mehr als wahrscheinlich, daß man die Darstellung im Uhrzeigersinn »lesen« und dabei beide Bildfelder gleichzeitig betrachten sollte.

Eine weitere wichtige Episode des Elam-Feldzuges, die allerdings schwer einzuordnen ist, muß sich im benachbarten Saal H befunden haben. Dort hat man insgesamt nur vier Platten in der Ostecke des Raumes gefunden, auch sie in zwei große Hauptbildfelder gegliedert, von denen das untere noch einmal in drei Register unterteilt ist. Sie zeigen bewaffnete Elamer auf dem Weg zum Schlachtfeld, also offensichtlich vor dem Zusammenstoß mit den Assyrern. Oben sieht man auch hier wieder eine eindrucksvolle assyrische Stadt, die der in Saal I sehr ähnlich ist. Sie liegt neben einem bewaldeten Hügel, auf dem man Pavillons mit Säulen und die Gestalt des assyrischen Königs, vielleicht sein Bild auf einer Stele, erkennt (siehe Bild Seite 41). Über einer doppelten Befestigungsmauer am Ufer eines Flusses und einem inneren Mauerring erhebt sich ein prunkvolles Gebäude, dessen Portale mit Säulen geschmückt sind, die über den Figuren schreitender Löwen aufragen (siehe Bild Seite 90).

Sehr wahrscheinlich handelt es sich bei dieser Stadt um eine Darstellung Ninives mit der doppelten Stadtmauer Sanheribs unten, der Befestigungsmauer der Zitadelle von Kujundschik in der Mitte und darüber der Fassade des Süd-

Links: Dieses Fragment mit elamischen Kriegsgefangenen, die eine Mahlzeit zubereiten, essen und trinken, gehört zu einer kleinen Serie von Reliefs, die im Füllschutt der Räume V und T des Nordpalastes gefunden und deshalb der Dekoration der darüberliegenden königlichen Gemächer zugeordnet werden. Weitere Themen dieses Zyklus sind die Eroberung der Stadt Hamanu (siehe Bild Seite 166 unten rechts) und der Triumph über die Elamer, die neben Illustrationen der Jagd und der berühmten »Gartenszene« (siehe Bild Seite 140) einen oder mehrere Räume des Obergeschosses schmückten.
Alabaster, Höhe 43 Zentimeter, aus Kujundschik, Nordpalast, Saal V'/T', Platte B, Mitte des 7. Jahrhunderts v.Chr.; Paris, Musée du Paris, Musée du Louvre (AO 19913).

Unten: Details der Schlacht am Ulai mit der wegen der starken Überschneidungen bemerkenswerten Komposition dreier Pferde, die sich von ihrem zerstörten Wagen losgerissen haben (links), und Kämpfen zwischen Assyrern und Elamern (rechts). (Siehe auch Bild Seite 114/115).
Alabaster, aus Kujundschik, Südwestpalast, Saal XXXIII, Platten 2–3, Mitte des 7. Jahrhunderts v.Chr.; London, British Museum (WA 12801).

Diese Darstellung der Eroberung der elamischen Stadt Hamanu befand sich im oberen Register in einem der kleinen Räume am *bītānu*-Hof J des Nordpalastes, die dem Elam-Feldzug Assurbanipals gewidmet waren. Vor seinem Umzug in den neuen Nordpalast hatte der König diese wichtige Militäroperation auch schon im Südwestpalast darstellen lassen. Im Bild sieht man assyrische Soldaten auf einer Sturmleiter die Festung erklimmen, während andere unter dem Schutz ihrer Schilde, die sie sich über den Kopf halten, die Stadtmauern aufhacken. Daran schließen sich Reliefs mit fliehenden Elamern (siehe Bild rechte Seite) und Scharen von Kriegsgefangenen an, die vor den König geführt werden. (Siehe auch Rekonstruktion der Gesamtdekoration des Saales F auf Seite 159.)
Alabaster, Höhe 1,20 Meter, aus Kujundschik, Nordpalast, Saal F, Platte 3, Ausschnitt, Mitte des 7. Jahrhunderts v.Chr.; London, British Museum (WA 124931).

Soldaten mit Lanzen zum König hin getrieben wurden, der – auf der Wand rechts neben der Tür – die Gefangenem auf seinem Wagen stehend empfing.

Von dort ging man denselben Weg zurück und betrachtete diesmal das untere Bildfeld, das wieder mit der Belagerung einer Stadt begann, mit Kampfszenen auf Flößen fortgesetzt wurde und mit dem Zug der Vertriebenen, Kriegsgefangenen und assyrischen Soldaten beim König endete, der sie auch hier auf dem Wagen stehend und umgeben von seinen Wachen und Reitersoldaten erwartete.

Die Wandbilder dieses Raumes waren demnach so konzipiert, daß sich – bemerkenswerterweise ohne mechanische Entsprechungen, sondern im Gegenteil mit beträchtlichen formalen Variationen – links vom Eingang oben eine Belagerungsszene befand und unten der königliche Wagen, während sich rechts von der Tür genau die umgekehrte Situation ergab. Im breiten Mittelfeld erstreckten sich die ausgedehnten Darstellungen der langen Kolonnen von besiegten und deportierten Gegnern, die mitsamt ihrem Hab und Gut im oberen Fries nach rechts, im unteren nach links zogen.

Einigen Bewohnern gelingt es, aus dem belagerten Hamanu (siehe Bild linke Seite) in eine schilfbestandene Sumpflandschaft zu fliehen. Alabaster, aus Kujundschik, Nordpalast, Saal F, Platte 4, Ausschnitt, Mitte des 7. Jahrhunderts v.Chr.; London, British Museum (WA 124932).

Dieses Fragment ist eines der ganz wenigen und sehr kleinen Bruchstücke, die von der großen Platte an der Nordwestseite neben dem Eingang in den Saal F erhalten sind. Den Gesamtzusammenhang dieses Orthostaten kennen wir durch eine Zeichnung W. Boutchers: Im oberen Bildfries war der König auf seinem Wagen dargestellt, wie er die Besiegten aus Hamanu empfängt. Davon gibt es noch ein kleines Fragment im Paris, Musée du Louvre. Die Szene des unteren Bildstreifens, zu der auch der hier abgebildete Bogenschütze gehört, zeigte den Angriff auf eine Stadt. (Siehe auch Rekonstruktion der Gesamtdekoration des Saales F auf Seite 159.) Alabaster, Höhe 48 Zentimeter, aus Kujundschik, Nordpalast, Saal F, Platte 15, Fragment b, Mitte des 7. Jahrhunderts v.Chr.; Museo Barracco, Rom (57).

Die Wandbilder des Thronsaalflügels

Sehr viel bedeutender als die eben beschriebenen Reliefs waren die des Thronsaalflügels, von dem jedoch, abgesehen vom Thronsaal selbst, nur noch einige wenige Abschnitte eines einzigen Raumes, nämlich des angrenzenden Saales L, erhalten sind. Daß die im Thronsaal M dargestellten Themen besondere Wichtigkeit besaßen, ist naheliegend. Leider existieren davon zum großen Teil keine Originalreliefs mehr, sondern nur einige ziemlich schlecht erhaltene Beispiele in Zeichnungen oder undeutlichen Fotografien des 19. Jahrhunderts. Trotzdem ist wohl sicher, daß dort nur zwei große militärische Operationen Assurbanipals dargestellt gewesen sein dürften – womit man, wie kaum anders zu erwarten, von der von Sanherib eingeführten Regel »ein Raum, ein Ereignis« abwich. Obwohl die Künstler Assurbanipals sich im Nordpalast im allgemeinen an dieses Prinzip hielten, zollten sie hier der alten Tradition, nach der die Thronsäle der assyrischen Paläste eine Auswahl der bedeutendsten Feldzüge eines Herrscher zeigten, ihren Respekt – was im übrigen selbst Sanherib im Thronsaal I des Südwestpalastes von Ninive getan hatte.

Auf der nordöstlichen Langseite des Thronsaales M waren mehrere Etappen eines oder beider Feldzüge nach Ägypten in den Jahren 667 und 663 v. Chr. dargestellt, während auf der gegenüberliegenden Südwestwand die Höhepunkte der Babylonien-Kampagne erschienen, die im Jahr 648 v. Chr. mit dem Triumph des assyrischen Königs über seinen aufrührerischen Bruder Schamasch-schum-ukin und dessen elamischen Verbündeten Chumban-chaltasch III., von den Assyrern Ummanaldasch genannt, endete. Es ist ganz offensichtlich, daß sowohl der endgültige Sieg über Babylonien, das sich mit der Unterstützung Elams gegen Assurbanipal erhoben hatte, als auch die Wiedereroberung Ägyptens mit der Kapitulation von so berühmten Städten wie Memphis und Theben in den Augen der Zeitgenossen einen ungeheuren Symbolwert besaß, denn einerseits stand der traditionelle Feind Babylon bei den Assyrern kulturell wie politisch in hohem Ansehen, und andererseits war das Land am Nil nicht nur vom Nimbus des Reichtums umgeben, sondern lag auch in beeindruckender Entfernung sozusagen an den Grenzen der Welt.

Die Reliefs waren so angeordnet, daß der Herrscher, wenn er in der Nische an der schmalen Südostseite auf seinem Thron saß, zu seiner Linken zunächst Szenen des babylonischen Krieges und die Gefangennahme des elamischen

Die Ergreifung von Chumbanchaltasch III. in zwei sukzessiven Phasen: links im Bild sieht man den besiegten elamischen König von einem Assyrer am Handgelenk geführt, während er rechts bereits auf einem Wagen, der durch das hügelige Gelände fährt, abtransportiert wird.
Alabaster, 73 Zentimeter, aus Kujundschik, Nordpalast, Thronsaal M, Mitte des 7. Jahrhunderts v.Chr.; London, British Museum (WA 124973).

Königs sah; daran schloß sich vor dem Hintergrund zahlloser Palmen die Prozession der Besiegten an, die von den assyrischen Soldaten zum König geführt wurden, der hoch auf seinem Wagen stehend zum Thron hin blickte.

Die von zwei kleinen und einem großen Eingang unterbrochene Wand rechts vom Thron zeigte auf dem vom König entfernteren Mauerabschnitt links vom Mittelportal die Belagerung zweier befestigter ägyptischer Städte an einem Fluß. Obwohl es inschriftlich nicht gesichert ist und auch die Reliefs nur zum Teil im Original erhalten sind, hat man wohl zu Recht vorgeschlagen, es handle sich um die alte Königsstadt Memphis, das 667 v. Chr. erobert wurde, und das oberägyptische Theben, das den Assyrern 663 v. Chr. die Tore öffnen mußte (siehe Bild Seite 154/155).

Von dem näher beim Thron gelegenen Wandstück rechts vom Hauptportal sind nur noch einige wenige Relieffragmente erhalten, die assyrische Knappen mit Pferden zeigen; sie sind zum königlichen Podest hin ausgerichtet, neben dem vermutlich wieder der hochaufgerichtete König auf dem Wagen dargestellt war. Wenn diese Annahme richtig ist, ergibt sich daraus folgende Situation: Auf dem weiter vom Thron entfernten Abschnitt der linken Wand war Assurbanipal beim Empfang der Babylonier und Elamer mit Blickrichtung zum Thronpodest dargestellt, während er an der Wand

Details der Darstellung von Assurbanipals Triumph nach der Einnahme Babylons und dem Tod seines treulosen Bruders Schamasch-schum-ukin: Vor zwei Schreibern werden die Waffen der Besiegten und die Köpfe der gefallenen Babylonier gestapelt (links); Gefangene werden zu Assurbanipal gebracht, um ihm zu huldigen (rechts).
Alabaster, aus Kujundschik, Nordpalast, Thronsaal M, Platten 12–13, Ausschnitte, Mitte des 7. Jahrhunderts v.Chr.; London, British Museum (WA 124945–6).

Reliefbruchstück mit chaldäischen Kriegsgefangenen, von denen einer an einem Feuer kniet (oben), während einige andere auf Bündeln mit ihren Habseligkeiten sitzen (unten).
Alabaster, 29 Zentimeter, aus Kujundschik, Nordpalast, Saal S', Mitte des 7. Jahrhunderts v.Chr.; London, British Museum (WA 124788).

direkt rechts vom Thronpodest in die entgegengesetzte Richtung zum Hauptportal hin blickte. Das bedeutet, daß die Szenen der beiden Langseiten des Saales mit einer gegenläufigen Aktionsrichtung konzipiert waren.

Die zentrale Anbringung gegenüber vom Eingang zum Thronsaal legt nahe, daß der bedeutendere Reliefzyklus der des Triumphes über Babylon und seine elamischen Verbündeten war – so ruhmreich die Siege über Ägypten ohne Frage gewesen sein mochten. Der Grund für diese Fokussierung auf die Ereignisse im Süden und Südosten des Zweistromlandes könnte die große und unmittelbare Bedrohung gewesen sein, die für die Assyrer von der babylonischen Revolte ausging, deren Ausgang monatelang ungewiß war.

Die Araberschlachten in Saal L

Auch auf der Fassade des Thronsaales M am großen *babānu*-Hof O sowie im rückwärtig angrenzenden Saal L waren militärische Operationen abgebildet, die in einem Zusammenhang mit den Kämpfen in Babylonien standen. Obwohl die Dekoration des Saales L nur teilweise erhalten ist, bestand sie vermutlich ausschließlich aus Reliefs der Kämpfe gegen die arabischen Wüstenstämme. Die Themen reichen von erbitterten Schlachten zwischen den assyrischen Reitersoldaten und den Kamelreitern der Araber über die Plünderung brennender arabischer Lager bis zu kriegerischen Zusammenstößen in Palmenoasen (siehe Bilder Seite 68/69 und 149).

Auch wenn die Annalen der Zeit Assurbanipals keine genauen Anhaltspunkte für die Datierung der Militäraktionen des Königs gegen die Wüstenstämme liefern, so werden die Araber doch explizit als Bundesgenossen Schamasch-schum-ukins gegen seinen Bruder erwähnt. Als Südmesopotamien wieder von den Assyrern kontrolliert wurde und Babylon sich bereits in einer aussichtslosen Belagerungssituation befand, zog Assurbanipal, vielleicht im Jahr 650 v. Chr., zweimal gegen die Araber. Dabei gelang es ihm, sowohl die Qedar wie auch Schumuilu zu bezwingen und den Rebellen der Wüste die Versorgung abzuschneiden. Ob im »arabischen Saal« tatsächlich diese Siege dargestellt sind und nicht die des Jahres 644 v. Chr., die die arabische Frage vermutlich nachhaltiger lösten, kann nicht endgültig entschieden werden, denn die späteren Kriegszüge richteten sich gegen dieselben Stämme; zu ihnen waren allerdings noch die Nabajatu unter

Auf seinem Wagen unter dem königlichen Schirm stehend, nimmt Assurbanipal die Ehrbezeugungen der besiegten Babylonier entgegen, die sich ihm nach der Einnahme ihrer Stadt unterwerfen.
Alabaster, aus Kujundschik, Nordpalast, Thronsaal M, Platte 13, Ausschnitt, Mitte des 7. Jahrhunderts v.Chr.; London, British Museum (WA 124946).

Detail der Belagerung einer großen befestigten Stadt in Ägypten, vermutlich Memphis. Es ist jedoch auch nicht auszuschließen, daß es sich um Theben handelt, denn beide wurden vom assyrischen Heer erobert. (Siehe auch Bild Seite 154/155.)
Alabaster, aus Kujundschik, Nordpalast, Thronsaal M, Platte 17, Ausschnitt, Mitte des 7. Jahrhunderts v.Chr.; London, British Museum (WA 124928).

Diese drei Schutzgenien aus dem Nordpalast hatten dieselbe Aufgabe, die wir von den geflügelten Stierkolossen kennen: Sie fungierten als Wächter an Toren, die als gefahrvolle Übergangsbereiche galten. Allerdings stellen sie in dieser Form eine Neuerung dar, die, obschon teilweise vom benachbarten Südwestpalast von Kujundschik abgeleitet, nichts mehr mit den Traditionen des 9. und 8. Jahrhunderts v.Chr. zu tun hat.
Die Figur links repräsentiert den »sechslockigen« Helden *(lachmu)*, ursprünglich ein Wesen aus der Welt Eas, des Gottes des unterirdischen Süßwasserozeans; in der Mitte steht der »große Löwe« *(ugallu)* mit dem Körper eines Menschen, dem Kopf eines Löwen und den Krallen eines Adlers. Angeführt wird die kleine Gruppe von der Figur rechts, die allgemein als Schutzgottheit des Palastes angesehen wird.
Alabaster, 1,57 Meter, aus Kujundschik, Nordpalast, Saal B, Mitte des 7. Jahrhunderts v.Chr.; London, British Museum (WA 118918).

Rechte Seite: Musikanten und Diener umrahmen das Herrscherpaar in der berühmten »Gartenszene«, zu der auch dieser Ausschnitt gehört (siehe Bild S. 140). Obwohl der Kopf des besiegten elamischen Feindes Te-Umman im Baum hängt, scheint nichts die heitere Atmosphäre des königlichen Bankettes zu beeinträchtigen, das einen der Wohnräume des Herrschers im Obergeschoß schmückte. Diese Parkidylle ist eine Innovation der Zeit Assurbanipals, die sicher im Zusammenhang mit der Persönlichkeit des Herrschers steht, eines erklärten Liebhabers von Kunst und Literatur, aber auch eng verbunden ist mit seiner Auffassung vom assyrischen Königtum als Herrschaft über ein Weltreich. Alabaster, aus Kujundschik, Nordpalast. Saal S', Platten B–C, Ausschnitt, Mitte des 7. Jahrhunderts v.Chr.; London, British Museum (WA 124920).

Links unten: Detail der Araberschlacht Assurbanipals. Alabaster, aus Kujundschik, Nordpalast, Saal L, Platte 12, Ausschnitt, Mitte des 7. Jahrhunderts v.Chr.; London, British Museum (WA 124926).

Rechts unten: Die Eroberung der Stadt Hamanu war nicht nur im Saal F des Nordpalastes dargestellt, sondern auch in den königlichen Wohnräumen im Obergeschoß. Alabaster, aus Kujundschik, Nordpalast, Saal S', Ausschnitt, Mitte des 7. Jahrhunderts v.Chr.; London, British Museum (WA 124919).

der Führung eines gewissen Natnu gestoßen, in dem wir sicher einen nabatäischen Scheich erkennen dürfen. Trotzdem liegt es nahe anzunehmen, daß sich die Szenen im Saal L auf Ereignisse beziehen, die etwa zeitgleich mit den gefahrvollen Vorstößen gegen Schamasch-schum-ukin und Chumban-chaltasch III. von Elam stattfanden, die im benachbarten Thronsaal abgebildet waren.

Mindestens auf Teilabschnitten von zwei Wänden des *bītānu*-Hofes J waren Kriegsszenen in einem – sicherlich südbabylonischen – Sumpfgebiet dargestellt sowie Kolonnen von Gefangenen, die in einer Palmenlandschaft zum assyrischen König geführt werden. Zweifellos illustrierten auch diese Reliefs Ereignisse der babylonischen Kampagnen Assurbanipals gegen seinen wortbrüchigen Bruder und schufen thematisch und topographisch eine Verbindung zwischen den Bildern des ersten Elam-Feldzuges mit der großen Schlacht am Ulai, der in dem Raumkomplex an der Nordwestseite des *bītānu*-Hofes dargestellt war, den Kämpfen gegen die verbündeten Babylonier und Elamer im Thronsaal M sowie den Araberkriegen von Saal L, die ja, wie wir gesehen haben, wahrscheinlich mit den Unternehmungen der Jahre 650 bis 648 v. Chr. in Zusammenhang standen.

Die berühmte »Gartenszene« in Saal S'

Die einzigen anderen Reliefs mit militärischen Themen aus dem Nordpalast hat man, allerdings nur in Bruchstücken, in den oberen Schichten des Schutts im Saal S im hinteren Palastbereich entdeckt. Sie scheinen zur Dekoration der königlichen Wohnräume im Obergeschoß gehört zu haben. Diese Darstellungen zeichnen sich kompositorisch dadurch aus, daß sie auf drei, durch breite Leisten voneinander abgesetzte Bildstreifen verteilt sind. Diese sind wiederum in je zwei kleinere Register untergliedert, die unterbrochen sein können, um größeren Abbildungen wie zum Beispiel einer Stadt oder dem königlichen Wagens Platz zu bieten. Inhaltlich beziehen sie sich alle auf die Kämpfe Assurbanipals gegen die Elamer. So befanden sich in dem üblicherweise Saal S' genannten Raum Bilder der Kapitulation von Chumban-chaltasch III., der Belagerung und Einnahme einer elamischen Stadt, deren Name jedoch nicht mehr erhalten ist, von Prozessionen der vertriebenen Elamer und Kolonnen von Chaldäern, die sich dem assyrischen Könige unterwerfen. Auf einigen weiteren Fragmenten aus dem Saal S' ist die Eroberung der Stadt Hamanu wiedergegeben (siehe Bild unten rechts) sowie Szenen des Lagerlebens der Assyrer (siehe Bild Seite 156 unten) und babylonische Kriegsgefangene (siehe Bild Seite 164 oben).

Zu den künstlerisch bedeutendsten Reliefs des Saales S' zählen die Darstellungen des königlichen Parks, zwischen dessen Bäumen und Schilfrohr Diener und Musikanten umhergehen, und die berühmte »Gartenszene« (siehe Bild Seite 140). Sie zeigt den König auf einem Bett mit einer hohen, geschwungenen Rückenlehne beim Festmahl liegend, ihm gegenüber sitzt seine Gemahlin, und um das Herrscherpaar herum sieht man Wedelträger, Diener mit verschiedenen Speisen und Musikanten; in einem Baum links im Bild hängt der abgeschlagene Kopf eines besiegten Fürsten, aller Wahrscheinlichkeit nach der des Elamers Te-Umman.

Bildkomposition und Raumaufteilung dieser berühmten Darstellungen höfischen Lebens im Park sind äußerst geschickt gestaltet, die pflanzlichen Elemente und die Figuren sehr gezielt über die drei Bildstreifen verteilt. So erscheint im unteren Register nur der geschlossene Vorhang der Schäfte eines schier undurchdringlichen Schilfdickichts, in dem es, einem Topos des Bildprogramms der Sanherib-Zeit entsprechend, keine einzige menschliche Gestalt gibt, nur vereinzelt Wildschweine; während im mittleren Bildstreifen einige Menschen zwischen Koniferen und Granatapfelbäumen zu sehen sind, ist das obere Register angefüllt mit Dienern des Herrschers vor dem Hintergrund von Palmen. Letztere scheinen zur Zeit Assurbanipals ein besonders beliebtes pflanzliches Element gewesen zu sein, das man zum Beispiel auch einsetzte, um die Reliefs mit den Zügen der unterworfenen Gegner zu rhythmisieren und einzufassen. Insgesamt vollzieht sich also innerhalb des gesamten Wandbildes ein allmählicher Übergang von der ungezähmten Natur im untersten Register zu einer Kulturlandschaft mit Obstbäumen, in der vereinzelt menschliche Figuren zu sehen sind, hin zum königlichen Park, in dem nicht mehr die Natur, sondern die Menschen dominieren. Den inhaltlichen und kompositorischen Höhepunkt bildet die »Gartenszene« mit dem Herrscherpaar, das ganz untypisch für die Kunst Assurbanipals asymetrisch ins Bild gesetzt ist.

Linke Seite: Männer des königlichen Orchesters spielen auf verschiedenen Instrumenten – einer vertikalen Harfe, einer asymmetrischen Leier und einer Flöte – vor zwei Beamten.
Alabaster, aus Kujundschik, Nordpalast, Saal S', Platte E, Ausschnitt, Mitte des 7. Jahrhunderts v.Chr.; London, British Museum (WA 124922).

Höhepunkt der Reliefkunst in Saal E

Die geradezu verzauberte Atmosphäre dieser Szenen in den königlichen Gemächern des Nordpalastes steigert sich im Saal E, von dem aus man vermutlich in die Wohnräume im Obergeschoß gelangte, zu Momenten stimmungsvoller Gefühlsbetonung. Unglücklicherweise sind die herrlichen Reliefs aus diesem Saal jedoch nur in wenigen Fragmenten erhalten, so daß eine organische Rekonstruktion der originalen Gesamtdekoration unmöglich ist. Scheinbar folgten sie ausschließlich den grundsätzlich zweidimensionalen Gestaltungsprinzipien, wie sie seit den Anfängen des historischen Reliefs im Nordwestpalast von Kalchu angewendet wurden, und das Thema der Darstellungen wirkt wie eine Variante der Prozessionen, die in Dur Scharrukin so verbreitet waren, im Südwestpalast von Kujundschik aber nur noch manchmal und unter anderen Vorzeichen auftauchten. Bei näherem Hinsehen läßt sich jedoch eine überraschende Neuerung beobachten, die sich darin ausdrückt, daß überall natürliche Elemente der Pflanzen- und Tierwelt präsent und auf einzigartige Weise miteinander verwoben sind. Im Vergleich dazu ließ die neuassyrische Relieftradition in den Bildern der Prozessionen von Würdenträgern und Untertanen, der Züge von Dienern und Vasallen, der Kolonnen von Rebellen und Tributbringern jedoch allenfalls Raum für Pferde, die als Teil des höfischen Lebens galten, ansonsten spielten sich die Szenen vor einem absolut neutralen und anonymen Hintergrund ab. In der neuen, überaus gelungenen Konzeption Assurbanipals aber sind die Höflinge und Diener weder die einzigen, noch die alles beherrschenden Protagonisten der Szenerie. Diese ist jetzt sogar im wesentlichen durch eine überra-

Links: Koniferen, Granatapfelbäume, umherflatternde Vögel: so beschaulich wird die Atmosphäre des königlichen Parks gezeichnet, durch den die beiden Beamten streifen. In den Rahmen dieser harmonischen Szenerie gehört auch die Darstellung des Männerorchesters (siehe links), das sich direkt im Register darüber befindet.
Alabaster, aus Kujundschik, Nordpalast, Saal S', Platte E, Ausschnitt, Mitte des 7. Jahrhunderts v.Chr.; London, British Museum (WA 124922).

Unten: Detail des mittleren Registers der sogenannten Kleinen Löwenjagd: Links sieht man Assurbanipal, im Zentrum einen kauernden Löwen vor einem assyrischen Reiter, rechts den königlichen Wagen mit den Jagdgefährten des Herrschers.
Alabaster, Gesamthöhe der Orthostatenplatte 1,60 Meter, aus Kujundschik, Nordpalast, Saal S', Platte D–E, Ausschnitt, Mitte des 7. Jahrhunderts v.Chr.; London, British Museum (WA 124886–7).

schende und üppige Vielfalt von blühenden und früchtetragenden Bäumen, Büschen und Rankengewächsen geprägt, zwischen denen zahme und satte Löwen und Löwinnen lagern oder umherstreifen, bewacht von bulligen Molosserhunden, die an den Leinen zerren, die ihre Führer nur mit Mühe halten können.

Gerade diese künstlerisch hochstehenden Relieffragmente des Saales E, in denen das strenge Ideal der Tradition mit einer bewundernswerten Eleganz der Linienführung und einer verfeinerten Plastizität wiederbelebt wurde, offenbaren das Können und die Sensibilität der Künstler Assurbanipals. Kennzeichen ihrer zutiefst eigenständigen Schöpfungen ist die bewußte Auswahl aus dem Formenschatz des neuassyrischen Reliefs ebenso wie die Verschmelzung seiner Elemente in großartigen Neubearbeitungen, aus denen auch die Erfahrungen des virtuosen plastischen Miniaturismus der Werkstätten Sanheribs sprechen. Die Werke der Bildhauer scheinen nur bei oberflächlicher Betrachtung inkohärent, in Wahrheit kommen sie zu außergewöhnlichen formalen Resultaten, die sich auch dadurch auszeichnen, daß gerade in Szenen, die traditionsgemäß ohne räumliche Tiefe angelegt waren, eben jene Miniaturhaftigkeit des Reliefs wieder erscheint, mit dem die Künstler Sanheribs in ihren gobelinartigen, großflächigen Gesamtkompositionen das überlieferte Darstellungsprinzip der Zweidimensionalität aus den Angeln heben wollten. Das Ergebnis ist höchst wirkungsvoll: Der beharrlich und geschickt angestrebten Harmonie der geschwungenen Rhythmen des Blattwerks, das die ganze Komposition durchdringt, indem es mit den geraden oder geschuppten, manchmal umrankten Baumstämmen verwoben ist, entsprechen die stilisierten Löckchen der Löwenmähne, während sich die gespannten, aber klaren Flächen des Körpers der Löwin gleichsam mit einzelnen Büscheln der breiten fleischigen Blätter zu verbinden scheinen (siehe Bild Seite 153).

Ergreifende Bilder des Kampfes: Die Jagdszenen

Zusammen mit den Reliefs aus dem Saal E stellen die Jagdszenen des Nordpalastes den absoluten Höhepunkt der Kunst Assurbanipals dar. Die Illustrationen der Jagd befanden sich in zwei Räumen im Erdgeschoß, den Sälen S und C, sowie dem Saal S' im ersten Stock; außerdem waren die Korridore zwischen besagten beiden Räumen des Erdgeschosses mit Reliefs dekoriert, die auf einer Längswand den Aufbruch des königlichen Gefolges zur Jagd zeigten und auf der anderen die Rückkehr in den Palast mit den erlegten Tieren.

Die Jagd zu Fuß – im Gegensatz zur Jagd vom Wagen aus – war das Thema der Wandbilder in der Halle S des hinteren Eingangs zum Palast und einiger Reliefs im darüberliegenden Saal S'. Den Eingang im rückwärtigen Palastbereich benutzten der König und sein Gefolge wohl vor allem, wenn nicht sogar ausschließlich, wenn sie zur Jagd gingen; den Saal S' kennen wir dank der Reliefs, die beim Einsturz des Gebäudes in das Areal des Hintereingangs herabfielen, sein Grundriß ist jedoch nicht geklärt. Im allgemeinen nimmt man an, der Held der hier in verschiedenen Phasen dargestellten Jagden wäre in jedem Fall Assurbanipal. Tatsächlich scheint der König jedoch nur in den Jagdbildern des Obergeschosses abgebildet zu sein, denn dort trägt er die Tiara, das typische Abzeichen

Linke Seite: Sterbende Löwen eines Reliefs der Großen Löwenjagd.
Alabaster, aus Kujundschik, Nordpalast, Saal C, Platte 15, Ausschnitt, Mitte des 7. Jahrhunderts v.Chr.; London, British Museum (WA 124868).

Die von Pfeilen durchbohrten, hingemetzelten Tiere der Großen Löwenjagd sind ein bewegendes Zeugnis für den Realismus der Zeit Assurbanipals. Die formale Vollendung, die die ninivitischen Meister hier erreichten, fußt zwar auf der Erfahrung des plastischen Miniaturismus der Reliefs Sanheribs. Doch jetzt hat man sich von den pedantischen Exzessen bei der Behandlung des Details befreit, die den Werken der Künstler Sanheribs trotz aller Kühnheit des räumlichen Entwurfs letztlich die Größe nehmen.
Alabaster, Gesamthöhe der Orthostatenplatte 1,70 Meter, aus Kujundschik, Nordpalast, Saal C, Platten 25–26, Ausschnitt, Mitte des 7. Jahrhunderts v.Chr.; London, British Museum (WA 124855-6).

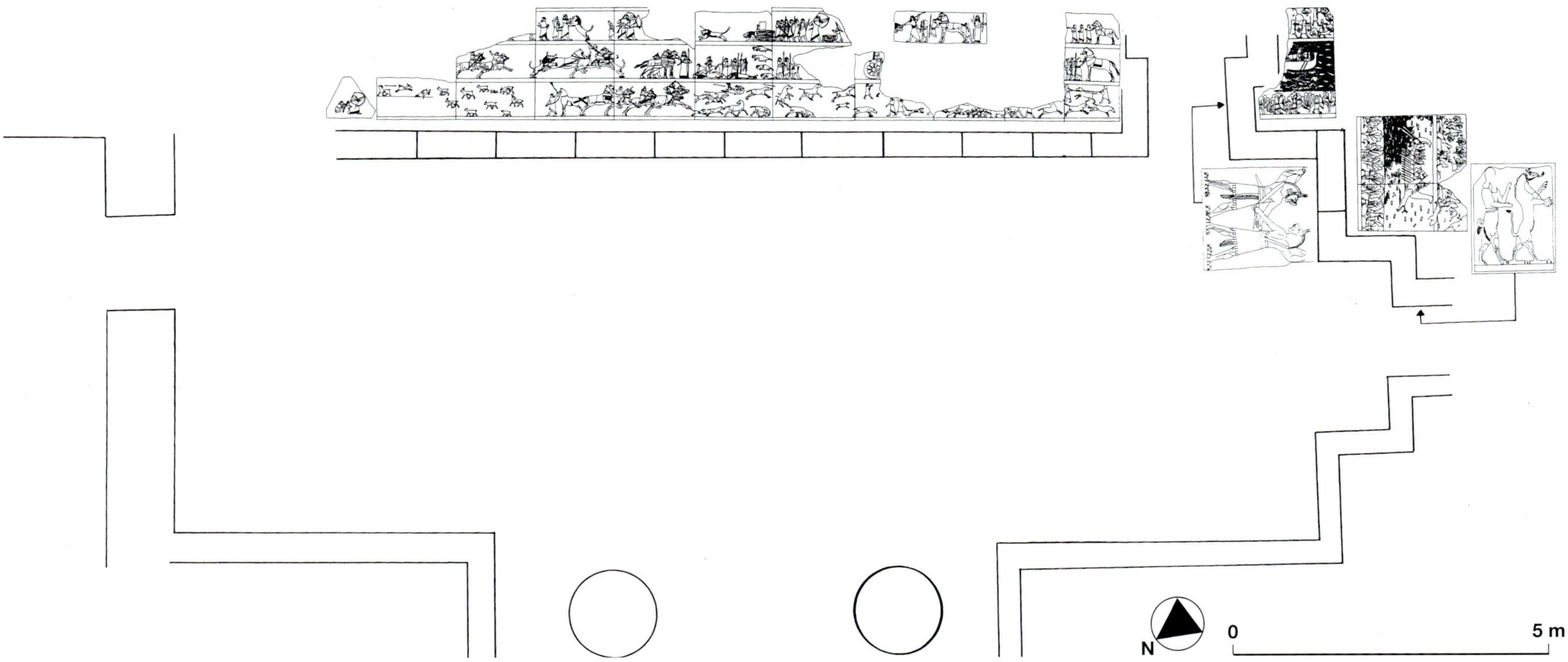

Rekonstruktion des Wandschmucks der Halle S des Nordpalastes von Kujundschik (nach F. Cruciani).

der Königswürde in neuassyrischer Zeit. Der Löwenbezwinger der Halle S hingegen, der immer das Diadem und niemals die Krone trägt, ist höchstwahrscheinlich der Kronprinz.

Im Saal C hingegen sieht man den Herrscher auf seinem Wagen inmitten seiner Wagenlenker und Knappen. Im Inneren der Arena, die von assyrischen Lanzenträgern abgeriegelt ist, und unter den Augen der Einwohner Ninives, die einen bewaldeten Hügel als Aussichtspunkt erklommen haben, beweist er in drei verschiedenen Episoden seine außergewöhnliche Geschicklichkeit und tötet mit dem Bogen oder der Lanze Dutzende von Löwen und Löwinnen, die aus hölzernen Käfigen am Rand der Arena freigelassen werden.

Die Darstellungen sind so an den Längswänden angeordnet, daß der Beginn der Corrida – vom Eingang des langgestreckten Raumes aus betrachtet – an der linken, also der Nordostwand lag, und das Ende an der rechten Südwestwand. Den Auftakt bildet auf der linken Seite die Darstellung der Vorbereitung der königlichen Waffen und ihre Aushändigung an den Herrscher, der umgeben von zahlreichen Knappen auf seinem Wagen bereit zur Abfahrt steht. Dann

Zu den verschiedenen Jagdszenen der Halle S des Hintereingangs im Nordpalast gehört auch diese Darstellung wilder Halbesel (Onager). Die Jäger sind in diesem Fall weder der König noch der in diesem Raum als Hauptakteur dargestellte Kronprinz, sondern Höflinge, die hoch zu Roß und mit Molosserhunden die Tiere hetzen und erlegen. Die Reliefs in diesem Raum, durch den der König und sein Gefolge vermutlich zu ihren Jagdausflügen aufbrachen, waren in drei Register unterteilt, wobei sich diese Darstellung im unteren Bildstreifen befand. Alabaster, Gesamthöhe der Orthostatenplatte 1,60 Meter, aus Kujundschik, Nordpalast, Saal S, Platte 11, Ausschnitt, Mitte des 7. Jahrhunderts v.Chr.; London, British Museum (WA 124876–7).

Ein kleine Gazellenherde mit Jungtieren geht ihrem Jäger entgegen. Alabaster, aus Kujundschik, Nordpalast, Saal S, Platte 14, Ausschnitt, Mitte des 7. Jahrhunderts v.Chr.; London, British Museum (WA 124874).

Zwei Böcke der Gazellenherde sind bereits von Pfeilen getroffen. Alabaster, aus Kujundschik, Nordpalast, Saal S, Platte 15, Ausschnitt, Mitte des 7. Jahrhunderts v.Chr.; London, British Museum (WA 124873).

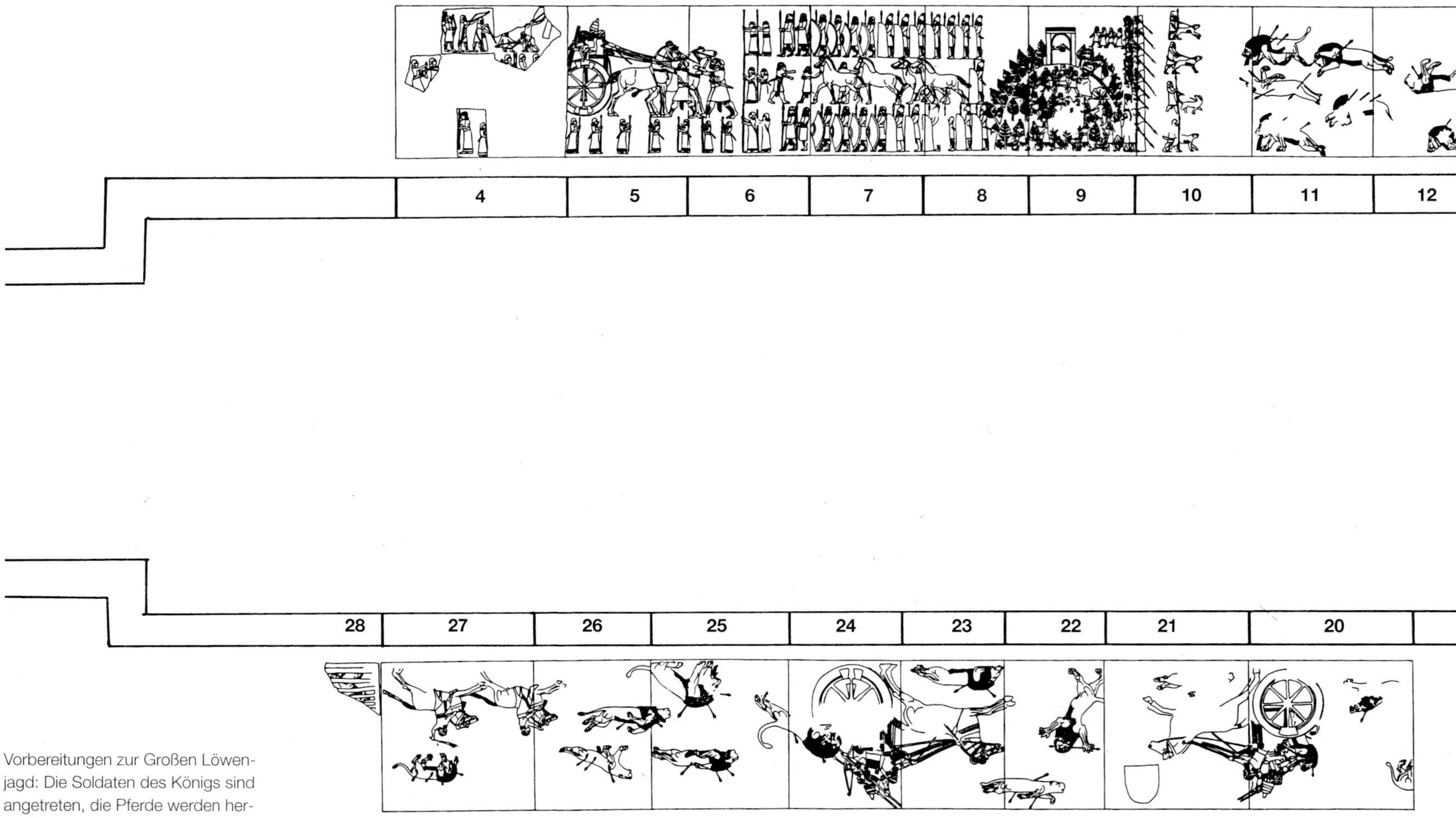

Vorbereitungen zur Großen Löwenjagd: Die Soldaten des Königs sind angetreten, die Pferde werden herangeführt (links), die Einwohner Ninives eilen auf einen Hügel, um dem Schauspiel beizuwohnen (Mitte, siehe auch Bild Seite 71). Die Jagd hat begonnen: sterbende Löwen vor einer Phalanx von Dienern mit Hunden und schildbewehrten Soldaten, die die Arena abgrenzen (rechts).
Alabaster, Höhe 1,55 Meter, aus Kujundschik, Nordpalast, Saal C, Platten 7–11, Mitte des 7. Jahrhunderts v.Chr.; London, British Museum (WA 124860–4).

folgt das Bild des bewaldeten Hügels, von dem aus die Einwohner Ninives den Kämpfen zusehen, und schließlich die menschliche Mauer aus Wachsoldaten – in der ersten Reihe Lanzenträger, dahinter die Bogenschützen –, die das Areal der Arena abgrenzen. Vor ihnen stehen Diener mit Molosserhunden, auf die sich verwundete Löwen und Löwinnen stürzen. Sie sind von den Pfeilen getroffen, die der König von seinem Wagen aus abfeuert. Gleichzeitig durchbohren zwei Lanzenträger, die neben Assurbanipal auf dem Wagen stehen, einen weiteren Löwen, der, von assyrischen Reitern verfolgt, von hinten angreift.

Die Komposition der rechten Wand wird von der zweifachen Darstellung des königlichen Wagens beherrscht, der aus zwei Richtungen auf den berühmten sterbenden Löwen zustürmt, der sich verzweifelt aufbäumt gegen den Pfeil, der Auge und Schnauze durchbohrt. Wie auf der gegenüberliegenden Wand sieht man auch hier überall im Bild von Pfeilen getroffene Tiere in den unterschiedlichsten Haltungen; zwei

Links: Rekonstruktion der Wanddekoration des Saales C im Nordpalast von Kujundschik mit der Darstellung der Großen Löwenjagd (nach F. Cruciani).

Im Todeskampf bäumt sich dieser Löwe auf, um sich des Pfeils zu entledigen, der Auge und Maul durchbohrt.
Alabaster, aus Kujundschik, Nordpalast, Saal C, Platte 22, Ausschnitt, Mitte des 7. Jahrhunderts v.Chr.; London, British Museum (WA 124852).

von ihnen finden durch die Lanze des Herrschers den Tod, als sie versuchen, von hinten auf seinen Wagen zu springen. Fast sieht es so aus, als würden die königlichen Wagen auf der Südwestwand aufeinander lospreschen, während Assurbanipal, der zwischen seinen Bogenschützen steht, sich umwendet und die Löwen mit seiner Lanze ersticht – den einen, als dieser sich auf eines der Räder wirft, den anderen, der sich bereits auf der Radachse aufrichtet.

Bei der Ausschmückung des Saales C werden die Kompositionsschemata, die wir bisher in den Wandbildern Assurbanipals kennengelernt haben, buchstäblich auf den Kopf gestellt. So hatte der König zwar bei den Kriegsszenen – sowohl im Südwestpalast als auch im Nordpalast von Ninive – in der Regel eine Registereinteilung benutzt, also die Gliederung der Bildfläche in zwei oder drei horizontale Bildstreifen, die durch kleinere Register weiter unterteilt sind, wobei diese charakteristische Ordnung des repräsentativen Raumes allenfalls in relativ kurzen Bildabschnitten und nur für wichtige Szenen wie die Darstellung einer Schlacht oder des königlichen Wagens aufgehoben wurde. Jetzt hingegen hat sich das Verhältnis von Szenen mit zwei oder drei Registern und großfigurigen Darstellungen, die die gesamte Höhe einer Orthostatenplatte einnehmen, völlig umgekehrt: Lediglich in einem kleinen Wandstück nahe dem Eingang, wo die Vorbe-

reitungen für die Jagd dargestellt sind, ist die Bildfläche in drei horizontale Register unterteilt, während die übrige Dekoration als Gesamtkomposition über die ganze Bildfläche angelegt ist – auch dort, wo die sterbenden Tiere oder die berittenen Treiber auf verschiedenen Höhen völlig frei und scheinbar ungeordnet über den durch nichts begrenzten Bildraum verteilt sind. So wird also fast im ganzen Saal C eine neue räumliche Darstellungsweise sichtbar, die weder in der zweidimensionalen Konzeption der Reliefkunst Kalchus und Dur Scharrukins wurzelt, noch in der Kavalierperspektive mit dem erhöhten und weit entfernten Blickpunkt des Betrachters, die Sanherib in Ninive einführte und die hier lediglich bei der Darstellung des Zuschauerhügels zur Anwendung kommt.

Auf der Basis dieser kompositorischen Lösung, die es erlaubte, die unstrukturierten Orthostatenplatten in ihrer gesamten Höhe als Bildfeld zu nutzen, griffen die Bildhauer Assurbanipals zu einer Reihe äußerst effektvoller Stilmittel. Obwohl ihr räumliches System sich scheinbar nicht sehr von der traditionellen Zweidimensionalität unterscheidet, wichen sie deutlich von den überkommenen Prinzipien ab: So vermieden sie es einerseits, mit dem Ziel, den Hintergrund nicht zu sehr zu verdecken, die Bilder mit Figuren zu füllen, wie es zur Zeit Assurnasirpals II. in Kalchu üblich war; andererseits zerhackten sie die Bildflächen auch nicht durch die gleichförmige, regelmäßige Anordnung der Figuren, wie es in den Friesen Sargons II. in Dur Scharrukin planmäßig geschehen war. Im Gegenteil, man streute die Figuren, vor allem die der wilden Tiere, locker und in immer anderen und unregelmäßigen Intervallen gekonnt über die Fläche, so daß die scheinbare Zufälligkeit der Verteilung einen sehr realistischen Eindruck ergab. Fast als wollten sie ein Gegengewicht zu diesem freien Arrangement der Tiere schaffen, komponierten die Künstler schließlich auch gewagte und differenzierte Figurengruppen, deren starke Überschneidungen, zum Teil sogar in mehreren Ebenen,

Oben: Dieses Bruchstück mit der Darstellung eines tödlich verwundeten Löwen war lange Zeit nur durch eine Fotografie aus dem 19. Jahrhundert bekannt. Damals gingen die Ausgräber noch wenig achtsam mit den Funden um und zerschnitten die Reliefs in kleine Teile, die sie entweder selbst behielten oder als Einzelstücke verschenkten. Dieses »Interesse am exquisiten Detail« verhinderte jedoch, daß man die Bildfolgen in ihrer Gesamtheit beurteilen konnte. Heute befindet sich dieses hervorragende Relief zusammen mit den anderen, glücklicherweise sehr zahlreichen Überresten des Saales C im Britischen Museum in London: Ein Nachfahre des englischen Archäologen W. Boutcher, dessen Familie das Stück über ein Jahrhundert in Privatbesitz behalten hatte, übereignete es 1992 dem Museum. Alabaster, Höhe 16 Zentimeter, aus Kujundschik, Nordpalast, Saal C, Mitte des 7. Jahrhunderts v.Chr.; London, British Museum (WA 1992–4–1).

Linke Seite: Dieses Bild eines sterbenden Löwen gehört zur Darstellung einer großen Gruppe schwer verletzter Tiere, die der König von seinem Wagen aus an den Rand der Arena treibt, wo Diener mit Molosserhunden auf sie warten. Alabaster, Gesamthöhe der Orthostatenplatte 1,60 Meter, aus Kujundschik, Nordpalast, Saal C, Platte 10–11, Ausschnitt, Mitte des 7. Jahrhunderts v.Chr.; London, British Museum (WA 124863–4).

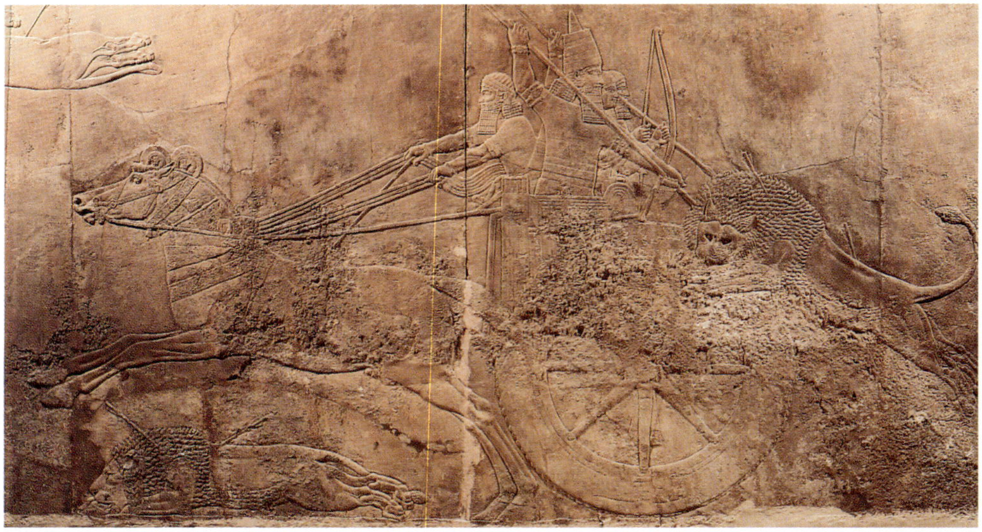

Assurbanipal ersticht einen attackierenden Löwen, der sich in das Rad verbeißt, mit der Lanze. (Siehe auch Bild Seite 150/151 unten.)
Alabaster, Höhe 1,60 Meter, aus Kujundschik, Nordpalast, Saal C, Platten 23–24, Ausschnitt, Mitte des 7. Jahrhunderts v.Chr.; London, British Museum (WA 124853–4).

Details der Szene, in der Assurbanipal die Löwen vor dem königlichen Wagen mit Pfeil und Bogen jagt (links); zwei seiner Gefährten, die mit ihm auf dem Wagen stehen, stoßen ihre Lanzen auf einen Löwen, der von hinten gegen den Wagen anspringt (rechts). Alabaster, aus Kujundschik, Nordpalast, Saal C, Platte 14, Ausschnitte, Mitte des 7. Jahrhunderts v.Chr.; London, British Museum (WA 124867).

jeder Konvention des neuassyrischen Flachbildes widersprachen. Die räumliche Tiefe, die sie damit erreichten, resultierte aus der lebendigen Gruppierung der Figuren und nicht aus der Staffelung von Einzelfiguren, wie sie bisher üblich gewesen war. Dadurch kommt es einerseits zu großen, unregelmäßigen Leerräumen zwischen den erschöpften, sterbenden und toten Tieren, als spielte sich alles in einer unwirklichen Atmosphäre, in einem abstrakten Raum ab, was durch das Fehlen jeglicher Vegetation besonders betont wird. Dem gegenüber steht die Tendenz, menschliche Figuren zu Gruppen verdichten, seien es die Cordons der Lanzenträger und Bogenschützen, die in Reih und Glied die Arena abgrenzen, oder die auf dem Wagen dicht gedrängten Adjutanten des Herrschers, der im Begriff ist, mit Pfeil und Bogen oder der Lanze einen Löwen zu erlegen. Gerade die Wagenszenen sind von höchster künstlerischer Qualität und bilden visuelle Pole von intensiver Dramatik, vom Wagenlenker, der sich angespannt darauf konzentriert, die Pferde in vollen Galopp zu bringen, bis zu den Lanzenträgern, die sich weit hinaus beugen, um die Löwen abzuwehren.

Obwohl er schon von Pfeilen getroffen ist, versucht ein Löwe in gestrecktem Sprung den Wagen des König anzugreifen und wird dabei von den Lanzen der Jagdgefährten Assurbanipals durchbohrt (siehe linke Seite unten). Hinter dem Wagen liegen bereits verendete Tiere.
Alabaster, aus Kujundschik, Nordpalast, Saal C, Platten 14–15, Ausschnitt, Mitte des 7. Jahrhunderts v.Chr.; London, British Museum (WA 124867–8).

Die Originalität der ninivitischen Meister Assurbanipals liegt vor allem darin, daß sie ihre Erfindung des abstrakten und unorganischen Raumes, in dem die tödlich verwundeten Löwen und Löwinnen häufig auf frei schwebenden, unregelmäßigen und undefinierten Standlinien erscheinen, mit dem unübertrefflichen Realismus in der Darstellung der Qual der sterbenden und toten Tiere verbinden. Die emotionale Wucht der Bilder im Saal C basiert auf dem kompromißlosen und unerbittlichen Eintauchen der Figuren, der wilden Tiere ebenso wie ihrer Jäger, in diesen absolut abstrakten Raum, so wie die Epik der königlichen Jagd noch unterstrichen wird durch die Abschaffung jedes banalen erzählerischen Details, den Verzicht selbst auf die Andeutung einer Landschaft und die radikale Vereinfachung der Beschreibung, die reduziert ist auf die gleichermaßen grandiosen Darstellungen von Triumph und Tod des in der Aktion entfesselten Herrschers und der zum Massaker geführten Tiere. Schließlich zeigt die Wahl eines plastischen, kohärenten und kräftigen Realismus auch, daß man sich hier völlig abkehrt von den graphischen und kompositorischen Formeln der althergebrachten Tradition.

Die ungeheure Ausstrahlung der Kunst Assurbanipals gründet sich auf die außergewöhnliche Fähigkeit der ninivitischen Meister, eine Synthese der traditionellen Elemente hervorzubringen – eine Synthese, die keineswegs nur darin besteht, bewährte Komponenten zu einer neuen Einheit zu verknüpfen, sondern die sie einer kritischen Auslese und einer wohl bedachten Überarbeitung unterzieht, um sie schließlich auf zutiefst innovative Weise zu überwinden.

Kopf des anspringenden Löwen (siehe oben).
Alabaster, aus Kujundschik, Nordpalast, Saal C, Platte 15, Ausschnitt, Mitte des 7. Jahrhunderts v.Chr.; London, British Museum (WA 124868).

Von Kalchu nach Ninive:
Das assyrische Königtum zwischen Ideologie und Kunst

Linke Seite: Zwei Soldaten der Leibwache Sanheribs. (Siehe auch Bild Seite 190).

Rekonstruktion der Gesamtdekoration der Süd- und Ostwand des Thronsaales B im Palast Assurnasirpals II. in Kalchu (nach J. Meuszynski).

Die historisch-erzählenden Reliefs der Assyrer, die erstmals im 9. Jahrhundert v. Chr. und da bereits in ungewöhnlich reifer Form im Nordwestpalast Assurnasirpals II. in Kalchu auftreten, sind ein sichtbarer Ausdruck verschiedener Aspekte der Ideologie und Politik der assyrischen Herrscher. Allgemein betrachtet, illustrieren sie einfach das, was in den königlichen Inschriften geschrieben steht; häufig gehen sie jedoch darüber hinaus und liefern detailreiche Ergänzungen zu den langen Aufzählungen von Titeln und Epitheta des Königs, den ausführlichen Schilderungen seiner Militäroperationen und Bauleistungen oder den kurzen und seltenen programmatischen Verlautbarungen der königlichen Kanzlei.

Man hat oft behauptet, die einzige Funktion des neuassyrischen Reliefs habe – trotz aller Wandlungen, die es in den rund 200 Jahren von Assurnasirpal II. bis Assurbanipal erlebte – darin bestanden, die Unbezwingbarkeit des Königs von Assyrien und die Unausweichlichkeit des assyrischen Joches zu demonstrieren. Das reflektiert jedoch allenfalls auf recht schematische und unbefriedigende Weise die ideologische und politische Botschaft, die in den Reliefs der verschiedenen Herrscher durch künstlerische Mittel formuliert wird. Ja, es dürfte sogar falsch sein, anzunehmen, man wollte durch den plastischen Wandschmuck der neuassyrischen Paläste über einen derart langen Zeitraum und in Formen, die sich nur in ihrer Darstellungsweise unterschieden, ein und dasselbe politische Ideal verkünden. Sehr viel realistischer und fundierter erscheint hingegen die These, daß gerade die Verschiedenheit der künstlerischen Äußerungen – sei es in den konkreten Themen der Reliefs oder in den formalen Mitteln ihrer Gestaltung – die unterschiedlichen Intentionen und Ideologien der königlichen Auftraggeber zum Ausdruck bringt. Dabei läßt sich auch eine große Übereinstimmung zwischen der Botschaft der Reliefs und der aktuellen Situation des Reiches, den politischen Visionen der einzelnen Herrscher und dem Wandel in ihrem Selbstverständnis feststellen.

In den frühesten narrativen Reliefzyklen, die wir aus dem Palast Assurnasirpals II. in Kalchu kennen, tritt der König bei allen Unternehmungen selbst aktiv in Erscheinung: sei es wie hier im Bild bei der Belagerung einer Stadt oder bei einer Schlacht auf freiem Feld, der Überquerung des Euphrat, der Gefangennahme von Feinden oder einer Jagd. Passend zum Bild des Helden, das auch in zahlreichen Epitheta des Herrschers gezeichnet wird, zeigen die Reliefs Assurnasirpal II. als tatkräftigen Kämpfer, der von seinem Wagen aus oder auch zu Fuß immer selbst in das Geschehen eingreift.
Alabaster, 98 Zentimeter, aus Nimrud, Nordwestpalast, Thronsaal B, Platte 5b, erste Hälfte des 9. Jahrhunderts v.Chr.; London, British Museum (WA 124552).

Assurnasirpal II. – Held unter Helden

Als Assurnasirpal II. beschließt, den Thronsaal B seines neuen Palastes in Kalchu mit Reliefs ausschmücken zu lassen, wählt er als Themen eine Reihe von Unternehmungen, vor allem militärischer Art, aber auch Jagdausflüge, die er im Rahmen seiner jährlichen Feldzüge in den Osten und Westen in verschiedenen, weit entfernten Landstrichen durchgeführt hatte. In das Mittelfeld zwischen den beiden horizontalen Registern mit den Bildberichten dieser Ereignisse läßt er eine sogenannte Standardinschrift meißeln: In ihr werden die Heldentaten des Königs im Überblick, jedoch im Unterschied zur Textgattung der Annalen nicht in chronologischer Reihenfolge, sondern vor allem unter geographisch-politischen Gesichtspunkten verherrlicht.

Der besondere Reiz dieses in Alabaster geschnittenen Heldengedichtes mit seinem abwechslungsreichen Nebeneinander von Belagerungsszenen, Schlachten auf offenem Felde, Flußüberquerungen, der Heimkehr ins Heerlager, Aufmärschen vor eroberten Städten, Zügen von Tributbringern und der Kapitulation der Unterworfenen beruht nicht zuletzt auf dem rhythmischen Wechsel von Bewegung und Ruhe. Allein davon geht eine derartige Anziehungskraft aus, daß der Betrachter, auch ohne daß er den Hergang der einzelnen

Kriegsereignisse genau gelesen und verstanden haben muß, in ihre geographische und chronologischen Wirklichkeit mit hineingerissen wird.

Die verschiedenen Episoden dieses epischen Bildberichtes, die nach dem Willen des Auftraggebers immer real und identifizierbar sein sollten, konnten vom Betrachter jedoch auch im Sinne eines militärischen Topos verstanden werden. Zweifellos berücksichtigten die Darstellungen von vornherein unterschiedliche Interpretationsebenen. Das Spektrum reichte dabei von der genauen Analyse eines kenntnisreichen Betrachters über ein eher oberflächliches Verständnis eines weniger gut informierten Publikums bis hin zu einer Lesart, bei der die emotionale Wirkung der Bilder – selbst oder vielleicht gerade weil man keine einzige Begebenheit genau zuordnen konnte – sicher am eindringlichsten war. Dann nämlich konnte die Botschaft der Bilder kaum mehr etwas anderes sein als die absolute Überlegenheit des assyrischen Heeres und die Aussichtslosigkeit, sich der assyrischen Herrschaft entziehen zu wollen.

Der allgegenwärtige, entschlossen handelnde Held aller Unternehmungen ist der Herrscher, der nicht nur dargestellt ist, wie er die Ehrbezeugungen eines vor ihm ausgestreckten Feindes oder die Tribute unterworfener Fürsten entgegennimmt, sondern auch, wie er inmitten seiner Soldaten auf einem Boot den Euphrat überquert und sich unter die Bogenschützen seines Heeres mischt, um eine belagerte Stadt zu erstürmen. In den Reliefs des Nordwestpalastes von Kalchu ist Assurnasirpal II. Soldat unter Soldaten und Held unter Helden, unbesiegbar als Krieger und unübertroffen als Jäger. Auch wenn er sich bei den Schlachten und Belagerungen durch die königlichen Insignien von seinen Männern unterscheidet, so spielt er doch keine andere Rolle als die Soldaten, die er zum Sieg führt. So wie in den unzähligen Epitheta, mit denen Assurnasirpal II. in den offiziellen Inschriften gepriesen wird, vor allem sein heldenhafter Charakter durchscheint, so erleben wir ihn auch in den Wandbildern des Thronsaales weniger als Feldherrn, sondern als unbezwingbaren Krieger, der sich selbst nicht schont und immer der Erste im Gemenge ist.

Mitte: Die Reliefs Tiglatpilesars III. wurden nicht mehr am originalen Anbringungsort im Zentralpalast von Kalchu gefunden, sondern lagen dort zum Teil aufgestapelt herum oder waren von Asarhaddon im benachbarten Südwestpalast von Kalchu wiederverwendet worden. Daß Tiglatpilesar III. sich von den Themen inspirieren ließ, die Assurnasirpal II. einführte, zeigt diese Szene der Unterwerfung eines Vasallenfürsten, vielleicht des Battanu von Bit Kapsi, in der sich gleichzeitig auch verschiedene Neuerungen beobachten lassen. Dazu zählt die Darstellung der hohen Würdenträger in großer Zahl, womit man sicher die Wichtigkeit des assyrischen Regierungsapparates besonders betonen wollte. Alabaster, Höhe 1,22 Meter, aus Nimrud, Südwestpalast, zweite Hälfte des 8. Jahrhunderts v.Chr.; Detroit, Institute of Art (50.32).

Unten: Mit Hilfe einer Zeichnung aus dem 19. Jahrhundert war es möglich, dieses Bruchstück einem Relief aus dem Südwestpalast von Kujundschik zuzuordnen, das den Abtransport von Götterfiguren aus der Philister-Stadt Askalon darstellte. Askalon war beim selben Feldzug 702–701 v.Chr. von Sanherib erobert worden, bei dem er auch Lachisch einnahm und Jerusalem – vergeblich – belagerte. Die Kultstatue in den Armen des assyrischen Soldaten hat man als Aschratu, die Gefährtin des Amurru, identifiziert. Das Motiv der Deportation der Lokalgötter einer besiegten Stadt taucht zum ersten Mal unter Tiglatpilesar III. auf. Alabaster, 32 Zentimeter, aus Kujundschik, Südwestpalast, Saal LXIV, Beginn des 7. Jahrhunderts v.Chr.; Venedig, Museo Archeologico (2).

Tiglatpilesar III. – Gebieter eines Weltreichs

Über ein Jahrhundert nach Assurnasirpal II. erlebt das assyrische Reich unter Tiglatpilesar III. (744–727 v.Chr.) wieder einen großen Aufschwung. Er geht einher mit einer Neuorientierung der imperialen Politik, die nicht nur eine beträchtliche Erweiterung des Staatsgebietes und die Umstrukturierung der Provinzverwaltung mit sich bringt, sondern auch die systematische Einschüchterung der Vasallen und Tributpflichtigen. Als der König die Bildhauerwerkstätten von Kalchu mit der Ausschmückung des Zentralpalastes betraut, beschränken sich diese nur scheinbar darauf, vorwiegend die von Assurnasirpal II. eingeführten Themenkreise zu übernehmen. In Wirklichkeit führen sie wesentliche Neuerungen ein, selbst bei Darstellungen, in denen der König selbst nicht im Bild erscheint. Zu den neuen Themen gehören der Abtransport von Götterbildern aus den besiegten Städten, die Darstellung der Herden der unterlegenen Feinde und der assyrischen Schreiber, die die Kriegsbeute auf Tontafeln und auf Papyri verzeichnen.

Die Botschaft dieser Szenen ist unmißverständlich: Dadurch, daß die siegreichen Assyrer sich der Statuen der

Links: Zwei Schreiber führen Buch über die Beute des assyrischen Heeres, einer in aramäisch auf einer Papyrus- oder Pergamentrolle, der andere in akkadisch auf einer Tontafel. Zusammen mit den Einwohnern der eroberten Stadt, die vermutlich in Babylonien lag, werden auch die genau registrierten Viehherden deportiert. Tiglatpilesar III. ist der erste, der diese Thematik als Ausdruck seiner neuen Politik darstellen ließ. Ihm kam es nicht mehr nur darauf an, die unterlegenen Städte auszuplündern, er wollte sie dauerhaft unterwerfen und ein Territorialreich mit zahlreichen Provinzen unter der Verwaltung assyrischer Statthalter schaffen.
Alabaster, 99 Zentimeter, aus Nimrud, Zentralpalast, zweite Hälfte des 8. Jahrhunderts v.Chr.; London, British Museum (WA 118882).

Lokalgötter bemächtigen, bekommt die Niederlage den Charakter der kulturellen Auslöschung der bezwungenen Völker, die dann noch durch die Deportation besiegelt wird. Die Darstellung der Tierherden der Besiegten und der assyrischen Schreiber bei der Arbeit symbolisiert augenfällig die Inbesitznahme der Territorien und des Eigentums der Unterworfenen, aber auch das Eingreifen der assyrischen Verwaltung. Das ergibt ein allgemeines Bild, in dem – in perfekter Übereinstimmung mit der Realität jener Jahre – Krieg nicht mehr oder zumindest nicht mehr ausschließlich Plünderung und Auferlegung der Tributpflicht über die unterlegenen Völker bedeutet, sondern Landgewinn, die Bildung von Provinzen und eine beträchtliche Vergrößerung des Reiches.

Oben: Kopie eines Wandgemäldes mit der Darstellung des thronenden Tiglatpilesar III. (?) und mehrerer Würdenträger, die besiegte Feinde vor den König führen.
Malerei auf Putz, aus Til Barsip, Palast, Saal 47, Ausschnitt, zweite Hälfte des 8. Jahrhunderts v.Chr.; Paris, Musée du Louvre.

Daneben lassen sich jedoch auch in den Szenen mit dem Herrscher einige bedeutende Veränderungen beobachten. So erscheint der König mit dem gespannten Bogen in den Darstellungen der Schlachten und Belagerungen jetzt nur noch in fliegender Fahrt auf seinem Wagen, und nicht mehr als Bogenschütze zu Fuß. In den Bildern, in denen er, wie früher auch Assurnasirpal II., im Kreise seiner hohen Beamten steht und die Huldigung eines vor ihm ausgestreckten Gegners entgegennimmt, sieht man Tiglatpilesar III. auf manchen Reliefs den Kopf des besiegten Fürsten gleichsam unter seinem Fuß zertreten. Und schließlich begegnet nun zum ersten Mal und da bereits ziemlich häufig der Topos des thronenden Herrschers mit den Insignien der Macht in den Händen und seinem Gefolge hinter dem Thron.

Diese Neuerungen im Herrscherbild sind keineswegs zufällig, sondern Kennzeichen einer progammatischen Selbstdarstellung des Königs, die nicht mehr sein Heldentum betont, sondern seine Funktion als Gebieter eines riesigen Reiches, das seine Feinde zwar wie eh und je niederwirft, nun aber auch über sie herrscht und ihre Identität auslöscht. Wie die Auswahl der Themen, so ist auch das gewandelte Königsbild Ausdruck der neuen Politik, die Tiglatpilesar III. durch die Wandbilder vermitteln will. Daß die Reliefs diesem Zweck dienen, dürfte eine nicht zu unterschätzende Rolle gespielt haben. Man könnte sogar behaupten – und das gilt vielleicht für die gesamte Geschichte des neuassyrischen Reliefs –, daß die Darstellung der Heldentaten des Königs in Wirklichkeit nur ein Vorwand ist, um auf diesem Wege seinen politischen Kurs darzulegen.

Sargon II. – Freund des Adels

Nachfolger Tiglatpilesars III. ist sein Sohn Salmanassar V., der jedoch nur wenige Jahre regiert, bis dann sein Bruder Sargon II. den assyrischen Thron besteigt. Abgesehen von einigen grundlegenden Veränderungen, die sich auf das Verhältnis der einzelnen architektonischen Einheiten zueinander, die zeitliche Fixierung und die Szenerie der dargestellten Hel-

Links: Die Eroberung der Stadt Tirakka durch Sargon II. (unten) und die anschließende Siegesfeier des assyrischen Adels (oben).
Aus Chorsabad, Königspalast, Saal 2, Ende des 8. Jahrhunderts v.Chr.; Zeichnung aus dem 19. Jahrhundert von E. Flandin.

Sanherib auf seinem Wagen inmitten einer Hügellandschaft. Aus Kujundschik, Südwestpalast, Saal XLV, Platte 2, Beginn des 7. Jahrhunderts v.Chr.; Zeichnung aus dem 19. Jahrhundert, London, British Museum (WAA Or.Dr. IV, 23).

dentaten beziehen, gesteht man den thematischen Innovationen der Werkstätten Sargons in Dur Scharrukin im allgemeinen keine große Bedeutung zu. Als Maßstab dieser Bewertung gilt dabei das traditionelle Bildprogramm im Zentralpalast Tiglatpilesars III. in Kalchu, das Sargon II. gut gekannt haben muß, da er einen großen Teil seiner Regierungszeit im benachbarten Nordwestpalast wohnte, den er »Wacholderpalast« nannte. In Wirklichkeit deutet jedoch die andere und neue Auswahl der bekannten Themen zur Zeit Sargons II. auf einen tiefgreifenden Wandel der politischen und ideologischen Perspektiven im Vergleich mit der Zeit Tiglatpilesars III. hin. Von allem anderen abgesehen, hatte dieser nicht Sargon II., sondern dessen Bruder Salmanassar V. zum Thronfolger bestimmt; warum wissen wir nicht, vielleicht, weil Sargon der Jüngere war, vielleicht aber auch aus anderen, komplizierteren Gründen.

Die offenkundigste Neuerung Sargons II. ist die Einführung der Bankettszene als krönender Abschluß militärischer Operationen oder Jagden. Sie hat eine starke politische Note, denn die zahlreichen Teilnehmer am Festmahl sind Mitglieder der assyrischen Aristokratie. Wenn sich der Herrscher hier wie auch bei den Jagden in den Wäldern des assyrischen Hügellandes zu ihnen gesellt, scheint er damit demonstrieren zu wollen, daß er ein Freund des Adels und in ihr soziales Leben voll integriert ist. Vermutlich steht dies in Zusammenhang mit den ungeklärten Ereignissen bei der Machtergreifung Sargons II., mit dem Sturz des legitimen Königs und den Privilegien, die Sargon II. den Höflingen gewährt, die sich vielleicht sogar an seiner Seite gegen seinen Vorgänger gestellt hatten. Das mag auch den Anstoß dazu gegeben haben, daß der Gründer von Dur Scharrukin der Welt des Adels nicht nur großen Raum in seinen Reliefs gibt, sondern auch ein Bild der Harmonie und Eintracht von den Männern zeichnet, die gleichzeitig auch die höchsten Würdenträger und Beamten seines Reiches darstellen. Wie in den Wandbildern umgeben sie ihn auch im realen Leben, in dem selbst noch ihre Residenzen den Königspalast an drei Seiten einrahmen.

Das Bestreben Sargons, sich zusammen mit seinen Würdenträgern zu zeigen, wird nicht nur in den Bankett- und Jagdszenen deutlich, sondern auch und ganz besonders in den Darstellungen der schier endlosen Prozessionen seiner Funktionäre, die in den großfigurigen Reliefs im *babānu*-Hof und den beiden inneren Höfen des Königspalastes von Dur Scharrukin auf den Herrscher zubewegen. Daß der König überall in Begleitung seiner Würdenträger auftritt, scheint einen Dualismus von Monarchie und Aristokratie zur Schau zu tragen, der dem Grundkonzept des assyrischen Staates an sich völlig fremd ist, vielleicht aber durchaus der realen Situation der nicht allzu langen, aber glorreichen Regierungszeit Sargons II. entspricht.

Wie dem auch sei, die Darstellung des königlichen Hofes in den Reliefs von Dur Scharrukin, die in dieser Form wohl vom königlichen Auftraggeber selbst bestimmt wurde, enthält eine doppelte Botschaft, die nicht nur in politisch-ideologischer Hinsicht bedeutend ist, sondern auch absolut einzigartig in der ganzen assyrischen Geschichte: Einerseits soll tatsächlich die Harmonie zwischen dem König und der regierenden Klasse als Symbol der Geschlossenheit, Stabilität und Einheit des Reiches demonstriert werden; gleichzeitig will man aber auch die Effizienz des assyrischen Regierungssystems darstellen und damit auf die Vorteile einer imperialen Macht hinweisen, die ihren geeinten Untertanen Schutz und Frieden garantieren kann – im Vergleich zur Gefährdung und

Zerbrechlichkeit, die mit der Existenz kleiner nationaler Fürstentümer verbunden ist, die zwar ein ausgeprägtes Selbstbewußtsein besitzen, häufig jedoch in nicht enden wollende lokale Zwistigkeiten verwickelt sind.

Setzt man all dies in Bezug zu der schwierigen Frage, worin der Wert der Relief des assyrischen Palastes besteht und vor allem wer die Nutznießer sind, so zeigt sich, daß die Wandbilder Sargons II. nicht nur für die Bewohner, sondern auch für Besucher des Palastes gedacht sind. Um den gewünschten Effekt beim Betrachter zu erzielen, operiert man nun auf höchst geschickte Weise nicht mehr nur mit dem traditionellen Instrument der Darstellung siegreicher Feldzüge, die neben der militärischen Überlegenheit ja immer auch organisatorische Effizienz und strategisches Können ausdrücken. Jetzt setzt man auch die Zurschaustellung der Adeligen als Regierungsapparat ein. Doch das tut man nicht nur, um die Befriedung und die Eintracht innerhalb der Grenzen des Reiches sichtbar zu machen und ein Zeichen zu setzen für eine gute Regierung, die viele Nationen im »assyrischen Frieden« vereint; man will damit auch auf ganz neue Weise die Idee eines Reiches verherrlichen, das sich nicht mehr so sehr als Befehlshaber der unbesiegbaren Kriegsmaschine des assyrischen Heeres begreift, sondern als Sachwalter einer unübertrefflichen Administration.

Sanherib – der große Neuerer

Bereits kurz nach dem Tod seines Vaters Sargon II. beschließt Sanherib, die Hauptstadt des Reiches nach Ninive zu verlegen und dort für sich eine Residenz zu errichten, wie die assyrische Welt noch keine kannte. Was ihm vertraut ist, sind die Reliefdekorationen von Dur Scharrukin, die sich durch eine Formensprache auszeichnen, deren Suggestivkraft auf ihrer Plastizität beruht und deren eindeutige Botschaft darin besteht, die Überlegenheit einer universalen Regierung, die Übereinstimmung des Herrschers mit der Aristokratie und die Wohltaten einer geordneten und effizienten Administration zu preisen. Doch Sanherib erweist sich in jeder Hinsicht als großer Neuerer, sei es in der revolutionären Raumkonzeption seiner Wandbilder mit ihrem einheitlichen Ort- und Zeitansatz wie auch in den Ideen, die er durch sie mitteilen will. So gibt er nicht nur die Themen auf, die sein Vater sich als Träger seiner politischen Ideen gewählt hatte, sondern

Diese Rekonstruktionszeichnung Eugène Flandins zeigt die Fassade des großen Thronsaales VII von Dur Scharrukin. Die Eingänge des dreiteiligen Hauptportales, das sich zum *babānu*-Hof VIII öffnete, waren geschmückt mit geflügelten Stierkolossen und Bildern des frontal dargestellten löwenbezwingenden Helden. Die seitlichen Wände waren – wie die der anderen Höfe des Königspalastes auch – mit großformatigen Figuren gefüllt. Sie stellten Würdenträger und hohe Beamte dar, die Sargon II. huldigen und ihm wertvolle Möbelstücke oder andere kostbare Gegenstände überbringen. Dadurch daß der König jeweils in der Nähe des Portals abgebildet ist (im Bild die zweite Figur rechts), entsteht der Eindruck, die Prozession der Gabenbringer bewege sich auf den Eingang zu, um schließlich in den Thronsaal einzutreten.,

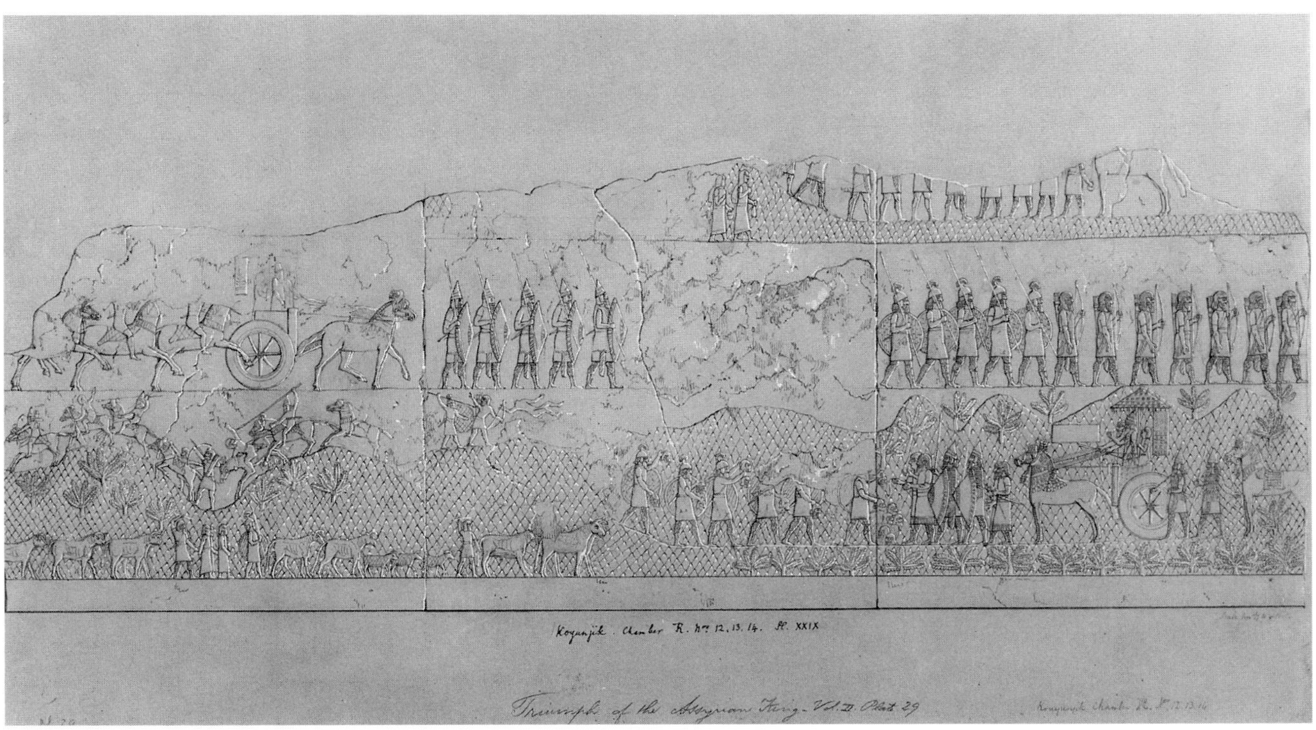

Von seinem Streitwagen aus nimmt Sanherib nur noch als ferner Beobachter und als Stratege am Geschehen teil, greift aber selbst nicht mehr aktiv ein.
Aus Kujundschik, Südwestpalast, Saal VII, Platten 12–14, Beginn des 7. Jahrhunderts v.Chr.; Zeichnung aus dem 19. Jahrhundert, London, British Museum (WAA Or.Dr. I, 63).

Die Zeichnungen der Reliefs, die bei den Ausgrabungen im 19. Jahrhundert angefertigt wurden, sind von unschätzbarem Wert, nicht zuletzt weil sie manchmal sogar das einzige Zeugnis sind, das von einer Szene heute noch existiert. Die bewundernswerte Genauigkeit, mit der jedes Detail wiedergegeben wurde, zeigt sich, wenn das Original noch erhalten ist und man beide miteinander vergleichen kann, so wie im Fall dieser Darstellung des Triumphzugs Assurbanipals nach seinem Sieg über Te-Umman und der Einnahme der elamischen Kapitale Madaktu. (Siehe auch Bild Seite 125.)
Aus Kujundschik, Südwestpalast, Saal XXXIII, Platte 6, Mitte des 7. Jahrhunderts v.Chr.; Zeichnung aus dem 19. Jahrhundert, London, British Museum (WAA Or.Dr. II, 6).

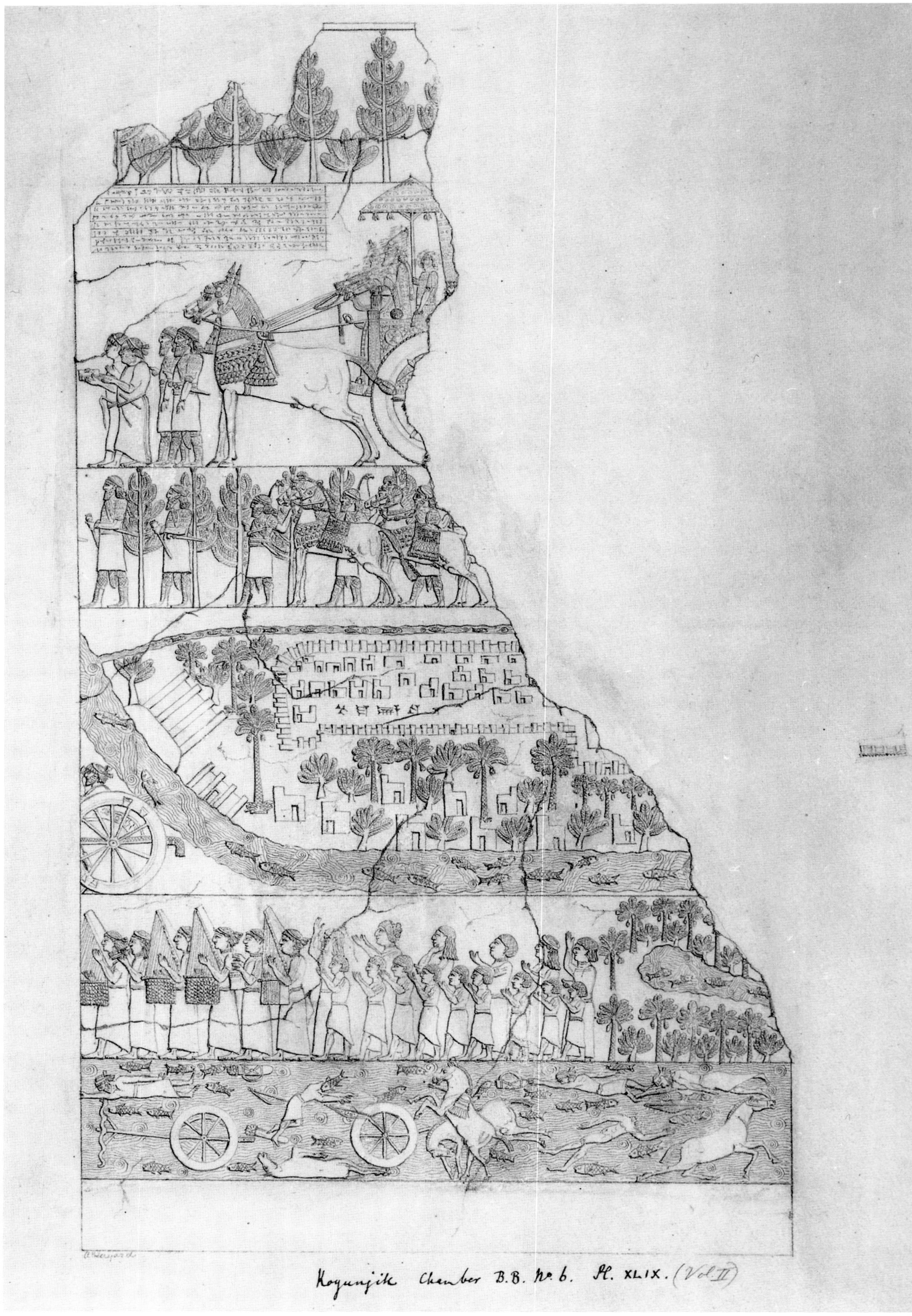

auch die formalen Mittel, die dieser benutzt hatte, um ihnen Ausdruck zu verleihen.

Was die Themen betrifft, so verlieren in der Kunst Sanheribs die Würdenträger des Reiches jegliche Bedeutung. Im Südwestpalast von Kujundschik erscheinen sie weder in den beeindruckenden Paraden einträchtiger Funktionäre, die so typisch für die Zeit Sargons II. sind, noch sind sie als Gruppe oder soziale Schicht greifbar; nur manchmal tauchen sie vereinzelt in der Nähe des Herrschers auf. Dadurch verändert sich die Wirkung der Wandbilder sehr, denn gerade die große Zahl der Adligen bei den Jagden, Banketten und Prozessionen hatte in den Reliefs Sargons II. einen imposanten Akzent zusätzlich zur Person des Herrschers gesetzt. Bei Sanherib hingegen sieht man nun nur noch einzelne, ganz bestimmte Würdenträger neben dem königlichen Wagen gehen, die ihre Bedeutung nicht aus ihrer bloßen Anwesenheit beziehen, sondern aus ihrer Funktion an der Seite des Königs.

Ganz anders als sein Vater will Sanherib die assyrische Aristokratie nicht mehr stolz zur Schau stellen, denn er hat kein Interesse mehr daran, seine Übereinstimmung mit den Adligen zu demonstrieren oder den Verwaltungsapparat des Reiches besonders hervorzuheben. Assyrien ist nun in eine neue historische Phase eingetreten, es fürchtet niemanden mehr, nicht einmal die mächtigen Nachbarreiche, jetzt, da Phrygien ausgeschaltet ist und man sich anschickt, Ägypten zu erobern und Elam niederzuwerfen. In dieser Situation bekommen Politik und Ideologie des Reiches typisch imperiale Züge, und es ist nicht mehr wichtig, die Untertanen von der Harmonie zwischen Königtum und Adel zu überzeugen, weil daran keiner mehr zweifelt. Auch bei unabhängigen Fürsten oder Rebellen muß man nicht mehr für den Nutzen der assyrischen Oberhoheit werben, weil die Überlegenheit der Reichsverwaltung als feststehende Tatsache gilt. Von daher schlägt die Propaganda Sanheribs eine ganz andere Richtung ein und vertritt Standpunkte, die charakteristisch sind für einen Machthaber, der sich sehr viel absolutistischer und egoistischer als seine Vorgänger gibt.

Die Grundlagen der nonverbalen Botschaft Sanheribs scheinen an der riesigen Ausdehnung seines Herrschaftsgebietes bemessen zu sein: Nach den Siegen Sargons II. ist das Königtum der Stellvertreter Assurs quantitativ unbegrenzt und ohnegleichen, so wie der Palast, den Sanherib sich gerade erbaut; qualitativ drückt es sich in der alle und alles überragenden Gestalt des Königs aus, der der Welt der Sterblichen entrückt und von einer Aura des Abgesondertseins und der Unnahbarkeit umfangen zu sein scheint.

War der König zur Zeit Sargons II. umgeben von zahlreichen, sozusagen berechenbaren Würdenträgern, so sieht man ihn jetzt inmitten unzähliger Menschen, die nicht mehr näher charakterisiert sind: anonyme Untertanen und Besiegte ohne individuelle Unterschiede, seine Leibwächter oder seine Soldaten, Tributbringer oder Deportierte mit all ihrem Hausrat,

Begleitet von Wedelträgern und seinem Gefolge steht Sanherib auf dem königlichen Wagen und beobachtet die Vorbereitungen für den Abtransport einer kolossalen Torwächterfigur aus den Steinbrüchen. In den beiden Registern darüber ist ein üppiges Schilfdickicht abgebildet, das sicherlich in der Nähe von Ninive lag.
Alabaster, aus Kujundschik, Südwestpalast, Hof VI, Platte 61 (?), Beginn des 7. Jahrhunderts v.Chr.; London, British Museum.

Musikanten, jubelndes Volk beim Triumphzug oder inständig flehende Gefangene, die hingerichtet werden sollen. Figurierte der Herrscher früher als Primus inter pares, so ist Sanherib, der sich fast ausschließlich auf dem königlichen Wagen unter dem Sonnenschirm zeigt und mit der Tradition der Registergliederung bricht, um Bildraum zu schaffen für den Auftritt des »Herrn der Welt«, immer umgeben von Männern, die nicht mehr zu seinem Hof gehören, sondern zu seinem Gefolge, die ihm nicht mehr gleichgestellt sind, sondern untergeben.

Assurnasirpal II. ließ sich, wie wir gesehen haben, in den Reliefs des Nordwestpalastes von Kalchu als Held feiern, der die Attacken der Streitwagen anführt, aber auch neben seinen einfachen Bogenschützen kämpft. Auch Tiglatpilesar III. stürzte sich noch mit seinem Streitwagen mitten in die Schlacht, auch wenn er es vielleicht nicht mehr geziemend fand, sich unter seine Soldaten zu mischen. Sanherib aber erscheint weder als aktiver Kämpfer, noch sieht man ihn zwischen seinen Untertanen und Besiegten stehen: In der Art einer Theophanie läßt er sich als thronender Herrscher darstellen, meist als Beobachter der militärischen Operationen seiner Truppen, oder man sieht ihn hochaufgerichtet auf seinem Wagen beim Empfang der Massen kapitulierender und erniedrigter Gegner, der zahllosen, von assyrischen Soldaten drangsalierten Kriegsgefangenen und der Soldaten seines siegreichen Heeres.

Hoch auf dem Wagen steht er auch immer, wenn er den ordentlichen Ablauf der Arbeiten kontrolliert, von ferne den Steinbrucharbeiten, dem Transport der erst roh behauenen Stierkolosse mit Menschenköpfen über unwegsames, hügeliges Gelände und schließlich der Ankunft der fast fertigen Statuen in Ninive beiwohnt. Der Herrscher ist immer zugegen, nimmt aber nie selbst teil; sein Ruhm beruht nicht mehr auf

Reliefs mit Szenen wie der Kapitulation und Deportation besiegter Gegner, hier Chaldäer (oben) und elamische Kriegsgefangene (Mitte), kehren im Wandschmuck des Nordpalastes immer wieder und gehören zu größeren Darstellungen, in denen der König die Huldigung von schier endlosen Kolonnen Deportierter – vor allem aus Babylonien und Elam – entgegennahm. Über beide Länder konnte Assurbanipal trotz vorhergehender erfolgreicher Schlachten jedoch erst im Jahr 648 v.Chr. den endgültigen Sieg erringen.
Diese Platte wurde im Füllschutt der Säle V und T gefunden, so daß sie ursprünglich wohl eine Wand in den darüberliegenden Räumen V' und T' dekoriert haben muß.
Alabaster, Höhe 1,62 Meter, aus Kujundschik, Nordpalast, Saal V'/T', Platte F, 1,62 Meter, Mitte des 7. Jahrhunderts v.Chr.; Paris, Musée du Louvre (AO 19904).

seinem heroischen Einsatz, sondern auf der Konzeption von Unternehmungen, der Formulierung von Plänen und der Kontrolle ihrer Realisation. Sanherib ist nicht mehr der unbezwingbare Held in der Schlacht, sondern der unerreichbare Stratege, das Feld seiner Interventionen sind nicht mehr Krieg und Jagd, die er völlig verschmäht zu haben scheint, sondern die Natur in all ihren Dimensionen – sei es im engeren, realen Sinne, daß die Natur nun das erste Mal auf aufsehenerregende Art in die erzählenden Bildberichte der assyrischen Reliefs eindringt; sei es in einem umfasssenden, übertragenen Sinne, daß der König durch die Darstellung der Arbeit in den Steinbrüchen und des Transportes der steinernen Stierkolosse als Beherrscher der Natur auftritt.

Die eher repetitiven, aber äußerst wirkungsvollen und beeindruckenden Reliefs des Statuentransports im Hof VI des Südwestpalastes stehen in Verbindung mit einem Vorhaben, auf das der Herrscher sicher ganz besonderen Wert legte: dem über zehn Jahre dauernden Palastbau. Gleichzeitig sind sie das bildliche Pendant eines anderen Bereiches seiner Aktivitäten, der in den offiziellen Inschriften besonders betont wird: die Urbarmachung des Hügellandes und die Wasserbauprojekte im Norden von Ninive. Die Regulierung und Kanalisation des Chusur und seiner Zubringer sollten die Stadt vor den periodisch auftretenden Fluten der Wildbäche schützen und die Felder im Hinterland von Ninive bewässern. Im assyrischen Weltverständis waren Ingenieurleistungen wie diese oder der Abbau der gewaltigen Alabasterblöcke für den Wandschmuck der königlichen Residenz ein imponierender Beweis für die Macht des Königs über die Natur.

Auch auf einem anderen Gebiet zeigt sich, wie sehr Sanherib darauf bedacht ist, sich als Beherrscher der Natur zu präsentieren. Vor allem in Texten, weniger in Bildern, rühmt er die außergewöhnliche Entwicklung, die zu seiner Zeit dank eines neuen Verfahrens auf dem Gebiet der Bronzeherstellung stattgefunden hatte. Dieser Lobpreis ist ein weiteres Zeugnis für das Bestreben des Herrschers, den technischen Fortschritt in den verschiedensten Facetten darzustellen, bedeutet er doch auf ideologischer Ebene nichts anderes als den Sieg der vom König verwirklichten Ordnung über das Chaos der ungezähmten Naturkräfte.

Waren die propagandistischen Themen bis zur Zeit Sargons II. von politischen Zweckmäßigkeiten bestimmt, so wenden sie sich mit Sanherib echten ideologischen Zielen zu. Während die Botschaft der Bilder gleichzeitig zunehmend verschwommener und schwerer faßbar wird, vertraut man ganz offensichtlich darauf, daß die Gesamtheit der Wandbilder so beeindruckend ist, daß sie jedem Besucher ohne Unterschied das unauslöschliche Gefühl einflößen, der Herr des »Palastes ohnegleichen«, gleichgültig ob er auf dem Thron sitzt oder im Wagen steht, sei der Begründer und der Stratege der Herrschaft über die Gesellschaft ebenso wie über die Natur.

Detail eines großen Reliefs mit der Darstellung Assurbanipals bei der Auslieferung der Getreuen seines abtrünnigen Bruders Schamasch-schum-ukin von Babylon. (Siehe auch Bilder Seite 163 unten.) Alabaster, aus Kujundschik, Nordpalast, Thronsaal M, Ausschnitt, Mitte des 7. Jahrhunderts v.Chr.; London, British Museum (WA 124946).

Assurbanipal – der letzte große König Assyriens

Als Assurbanipal nach der Regierung seines gottesfürchtigen und vorsichtigen Vaters Asarhaddon den Thron Assyriens besteigt, vollenden die ninivitischen Meister zunächst die Ausschmückung des Südwestpalastes von Ninive, bevor sie das große Dekorationsprogramm des neuen Nordpalastes realisieren. Ihre große Synthese der formalen Elemente bringt jedoch keine ausgeprägte Veränderung bei der Formulierung der Inhalte mit sich, die durch die Reliefs übermittelt werden sollen. Tatsächlich lassen sich nur andere Akzentuierungen erkennen, die aber wohl vor allem mit den Erfahrungen der Jahre zwischen Assurbanipal und Sanherib in Verbindung stehen und mit den unterschiedlichen Charakteren der beiden Könige.

Das Weltbild des letzten großen Sargoniden unterscheidet sich in keiner Weise von dem seines Großvaters: Die dominierende Idee der Reliefzyklen Assurbanipals ist die des Reiches als unersetzliche und unvergleichliche Regierungsform

Anstelle der Prozessionen königlicher Würdenträger, die die Wände der öffentlichen Höfen im Palast Sargons II. in Dur Scharrukin als Symbol des mächtigen assyrischen Regierungsapparates schmückten, ließ Sanherib, nunmehr Herr eines allgewaltigen Weltreichs, lange Züge buntgemischter Leibwächter aufmarschieren. Diese Hilfstruppen kamen aus den verschiedenen Regionen des Reiches. So ist der Bogenschütze vermutlich ein Aramäer und der Lanzenträger ziemlich sicher ein Hebräer. Alabaster, aus Kujundschik, Areal zwischen dem Südwestpalast und dem Ischtar-Tempel, Höhe 1,60 Meter, Beginn des 7. Jahrhunderts v.Chr.; London, British Museum (WA 124901).

Relief mit vier Bogenschützen der Leibwache König Assurbanipals. (Siehe auch Bild Seite 192.) Alabaster, aus Kujundschik, Nordpalast, Saal A, Platte 15, Höhe 1,53 Meter, Mitte des 7. Jahrhunderts v.Chr.; Paris, Musée du Louvre (AO 19901 = 59).

Relief mit drei Bogenschützen der Leibwache König Assurbanipals. (Siehe auch Bild Seite 191.) Alabaster, aus Kujundschik, Nordpalast, Saal A, Platte 16, Höhe 1,45 Meter, Mitte des 7. Jahrhunderts v.Chr.; Paris, Musée du Louvre (AO 19901 = 59).

für die gesamte zivilisierte Welt. Dieser Leitgedanke drückt sich jedoch nicht, wie man vielleicht annehmen könnte, in der Annäherung der Figur des Königs an die normalsterblichen Menschen aus, sondern ganz im Gegenteil dadurch, daß der Vorrang des Königs immer noch mehr betont wird – eines Königs, der zwar durchaus selbst denkwürdiger Taten fähig ist, doch zuallererst als unübertrefflicher Stratege jeder Unternehmung in Erscheinung tritt.

So wie Assurbanipal im allgemeinen der ideologischen Linie seines Großvaters treu bleibt, so greift er auch bei der Auswahl der Themen, die für diese Art des Königslobes geeignet scheinen, weitgehend auf das Vorbild Sanheribs zurück. Daß er daneben, wie wir gesehen haben, aber auch einige auffallende Neuerungen gerade im Bereich der Themen einführt, zeigt sich nicht nur an der Wiederaufnahme der Löwenjagd, die vor ihm nur Assurnasirpal II. im Relief dargestellt hatte, sondern auch daran, welch ungewöhnlich großen Raum er diesem Sujet in seinem Palast gibt. Wahrscheinlich läßt Assurbanipal sich gerade bei der Wahl dieses Themas und seiner künstlerischen Umsetzung von seinen persönlichen Neigungen und seiner Erziehung leiten; wie noch zu zeigen ist, spielen andererseits aber auch die tragischen Ereignisse am Ende der Regierungszeit seines Großvaters Sanherib eine Rolle, die bereits großen Einfluß auf die Babylonien-Politik seines Vaters Asarhaddon gehabt hatten.

Assurbanipal, der von sich selbst das Bild eines Mannes von großer Geschicklichkeit und hoher Bildung zeichnet, eines Meisters in allen Kriegskünsten, eines guten Reiters und Bogenschützen, ist sich zweifellos bewußt, daß die Löwenjagd besonders geeignet ist, um die Macht des Königs über die Natur auszudrücken. Traditionell ein Privileg der assyrischen Landesherren war sie in der Kunst Mesopotamiens bereits seit ältesten Zeiten die Metapher par excellence für die Beherrschung der ungebändigten Naturkräfte durch den König. Während die Texte über die Wasserbaumaßnahmen oder die Darstellungen der Steinbrucharbeiten und des Transports der steinernen Stierkolosse die königliche Dominanz über die Natur indirekt formulieren, illustriert die Jagd auf den »König der Tiere« – wie schon die alten Mesopotamier den Löwen nannten – die Schlagkraft der Kontrolle des assyrischen Herrschers über das Chaos der ungeordneten Natur sehr viel direkter und spektakulärer.

In der Realität fand der siegreiche Kampf des Königs gegen den Löwen Hunderte von Malen in den eigens dafür vorbereiteten Arenen der königlichen Corridas statt, wie sie im Saal C des Nordpalastes so eindrucksvoll dargestellt sind. Dem Weltbild der Assyrer entsprechend, wiederholt der König damit in historischer Zeit auf rituelle Weise die Siege der Götter – sei es Ninurtas über den Löwendämon Anzu oder Marduks über die Göttin Tiamat –, die den Schöpfungsberichten der Tempel zufolge in mythischer Zeit der Erschaffung der Welt und des Menschen vorausgingen.

Der Sieg des Königs über den Löwen erneuerte den Triumph, den der Gott in mythischer Zeit über das uranfängliche Chaos errungen hatte, und perpetuierte ihn in der Gegenwart. Und so, wie die Wände der assyrischen Tempel – der Häuser der Götter – mit den Reliefdarstellungen dieser mythischen Taten geschmückt waren, verewigte man in den Palästen – den Häusern der Könige – die historisch greifbaren, menschlichen Unternehmungen, die demselben Ziel dienten: die Ordnung der Welt zu bewahren, die die Götter am Beginn aller Zeiten errichtet hatten und für deren Fortdauer der assyrische König nach mesopotamischer Weltsicht zu garantieren hatte. Auf unerwartete und höchstwahrscheinlich zuvor nie dagewesene Weise wird die Thematik der Löwenjagd von Assurbanipal jedoch auch zur dynastischen Legitimierung eingesetzt: Der Held der Jagden ist nämlich nun nicht mehr allein der König, sondern mit derselben Deutlichkeit auch der Kronprinz, das heißt sein zum Thronfolger designierter Erbe.

Was die Jagdszenen betrifft, so ist es nicht schwierig, im Dekorationsprogramm des Nordpalastes eine Hierarchie zu erkennen. Sie betrifft sowohl die Art und Weise, in der die einzelnen Ereignisse bildlich umgesetzt wurden, als auch die Verteilung der Szenen im Palast. So ist die Jagd vom Wagen aus das ausschließliche Privileg des Herrschers, und in der Tat ist er in den großartigen Reliefs des Saales C der einzige Held im Kampf gegen die Löwen; seine Begleiter spielen eine untergeordnete Rolle, und es ist auch immer nur der König, der dem Tier den Gnadenstoß versetzt. Bei der Jagd zu Fuß oder zu Pferd hingegen kann auch der Kronprinz den entscheidenden Part übernehmen, wie man an den Reliefs der königlichen Privaträume im Obergeschoß und der Halle S am westlichen Hintereingang des Palastes sieht. Während Assurbanipal jedoch keine anderen Tiere als Löwen jagt, als wären jene eines assyrischen Königs nicht würdig, sieht man in den Jagdszenen des Kronprinzen und seiner Knappen auch wilde Halbesel und Hirsche. Vermutlich steht hier die Darstellung der Jagd als Freizeitvergnügen der Adeligen im Vordergrund und nicht so sehr das Heldentum angesichts der ungezähmten Natur.

Betrachtet man die Verteilung der Reliefs im Nordpalast, so ist es sicher von Bedeutung, daß sich die Illustrationen der königlichen Jagden auf dem Wagen einerseits im zentralen Saal C befanden, also am Ende der Korridore R und A, wo vor allem die Vorbereitungen für die Jagd und die Heimkehr mit der Jagdbeute wiedergegeben waren, und andererseits in den Wohnräumen des Herrschers selbst. Die Bilder der Jagdunternehmungen des Kronprinzen beschränkten sich hingegen auf die Halle S des hinteren Eingangs, durch den die Jäger den Palast für ihre Jagdausflüge ja tatsächlich verließen.

Obwohl man also vom Anbringungsort der Reliefs ableiten kann, daß die Jagdszenen des Prinzen in ihrer Bedeutung hinter den Darstellungen der königlichen Löwencorridas rangierten, zeigt sich auch, daß der Thronfolger – allein aufgrund der Tatsache, daß er das Vorrecht der Löwenjagd

Zeichnung eines Reliefs mit der Darstellung des mythischen Kampfes zwischen dem Gott Ninurta und dem geflügelten Löwendämon Anzu.
Alabaster, Höhe 2,50 Meter, aus Nimrud, Ninurta-Tempel, erste Hälfte des 9. Jahrhunderts v.Chr.; London, British Museum.

Detail der sogenannten Kleinen Löwenjagd, bei der Assurbanipal im Zweikampf und zu Fuß gegen die Löwen kämpft – im Gegensatz zur Großen Löwenjagd, bei der er die Tiere vom Wagen aus erlegt. Im Bild sieht man den König, der einen Löwen am Schwanz gepackt hält, vermutlich, um ihn mit einer Keule zu erschlagen. Oben schließt sich die Szene an, in der er einen Löwen, der soeben aus einem Käfig freigelassen wurde (siehe Bild Seite 141 oben), mit der Lanze ersticht. Im unteren Register folgt eine Darstellung der Libationsopfer des Königs über den getöteten Tieren, die, einem traditionellen Schema, das erstmals im Thronsaal B von Kalchu belegt ist, den Abschluß der Jagd bilden.
Alabaster, Gesamthöhe der Orthostatenplatte 1, 60 Meter, aus Kujundschik, Nordpalast, Saal S', Platte D, Ausschnitt, Mitte des 7. Jahrhunderts v.Chr.; London, British Museum (WA 124886).

genießt – den Besuchern des Palastes als ähnlich privilegiert wie der König präsentiert wird. Diese Verherrlichung der Heldentaten des Prinzen, die Assurbanipal sicher ganz gezielt in sein Bildprogramm aufnimmt, steht ohne Frage in direktem Zusammenhang mit der Sorge um die geregelte Thronfolge – ein Problem, dessen sich die Sargoniden bewußt sind, seit Asarhaddon sich nach der Ermordung seines Vaters mit großen innenpolitischen Schwierigkeiten auseinanderzusetzen hatte, bevor er den Thron Assyriens besteigen konnte. Unter propagandistischen Gesichtspunkten muß daher die Darstellung des Thronfolgers bei der Löwenjagd, die traditionell als königliches Privileg gilt, als aufschlußreiches politisches und ideologisches Signal gewertet werden. Zweifellos steht dahinter die Absicht, eventuellen Problemen bei der Thronfolge vorzubeugen, so wie Asarhaddon es bereits versucht hatte, indem er Assurbanipal zum Kronprinzen Assyriens designierte, während er Schamasch-schum-ukin für den babylonischen Thron bestimmte.

Auf stilistischem Gebiet vollbrachte die große Synthese der ninivitischen Meister Assurbanipals eine Vereinigung der von jedem rhetorischen Element befreiten Plastizität der Kunst Sargons II. und der Miniaturhaftigkeit der Zeit Sanheribs, jedoch ohne deren Exzesse und Schematisierungen. Damit war der Weg geebnet für den maßvollen und zugleich eindringlichen Realismus der Jagd- und Kriegsszenen, der als die bedeutendste formale Errungenschaft der Kunst Assurbanipals angesehen werden kann. Auf einzigartige Weise findet nun, kurz vor dem Untergang des Reiches, ein Prozeß der Selektion und Überarbeitung der traditionellen Elemente des Darstellungskanons statt, der sich mit einer derartigen Sicherheit in der Auswahl und der Gewichtung vollzieht, daß ihm nur ein grundsätzliches Überdenken aller vorangehenden künstlerischen Äußerungen von Assurnasirpal II. bis Sanherib zugrunde liegen kann.

Was für die Formensprache richtig ist, gilt auch für die ideologischen Aspekte der Bilder. Auch wenn die Künstler Assurbanipals sich, verständlicherweise, sehr viel mehr an den Auffassungen ihrer unmittelbaren Vorgänger orientieren, so halten sie doch immer der althergebrachten Tradition die Treue und übertragen lediglich das vertraute Element der Mitwirkung des Kronprinzen bei militärischen Aktionen und Regierungsaufgaben nun auf die Jagdszenen. Daß die wachsende Sorge der sargonidischen Herrscher um die Thronfolge mehr als begründet war, sollte sich beim Tod Assurbanipals zeigen. Wie schon so oft in der assyrischen Geschichte brechen auch jetzt Thronfolgestreitigkeiten unter den Mitgliedern der königlichen Familie aus, die das Reich endgültig schwächen und seinen tragischen Untergang vorbereiten. Im Jahr 612 v. Chr. wird Ninive von den vereinigten Heeren der Meder, Babylonier und Skythen belagert, erobert und in Schutt und Asche gelegt – und wenige Jahre später verschwindet das mächtige Assyrien für immer aus der Geschichte.

Oben: Relief mit der Darstellung verschiedener Phasen der Löwenjagd, bei der der Kronprinz und nicht der König das Tier erlegt. Alabaster, Gesamthöhe der Orthostatenplatte 1,65 Meter, aus Kujundschik, Nordpalast, Saal S, Platten 12–14, Mitte des 7. Jahrhunderts v.Chr.; London, British Museum (WA 124874–6).

Unten: Reliefbruchstück mit einer Szene der Jagd des Kronprinzen, bei der Diener die Rehe und Hirsche mit einem Fangnetz einkreisen. Alabaster, aus Kujundschik, Nordpalast, Saal S, Mitte des 7. Jahrhunderts v.Chr.; London, British Museum (WA 124871).

Bauwerke und Denkmäler Ninives

Die Stadtmauer und ihre Tore

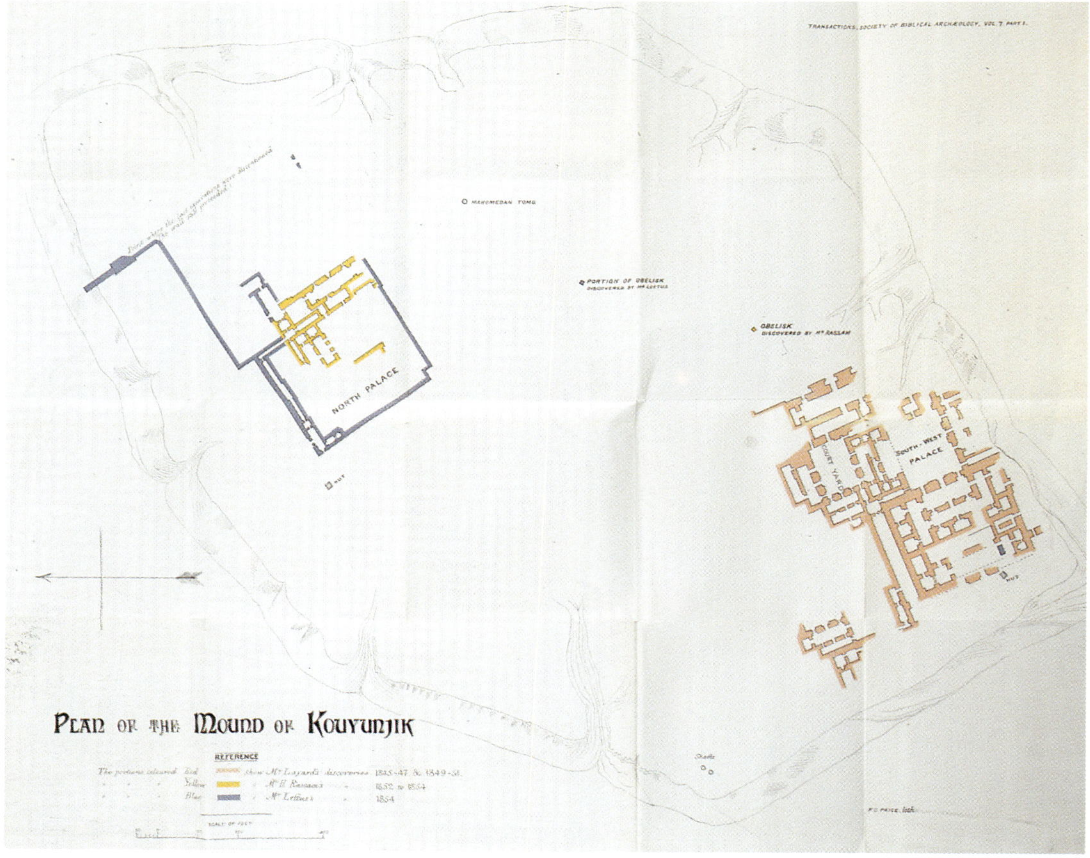

Die genauesten Informationen über die Stadtmauer Sanheribs in Ninive liefern die Prismen, die die Reichskanzlei im Frühjahr 694 v. Chr. nach dem fünften Kriegszug des Königs herausgab. In seinen älteren Inschriften hatte Sanherib lediglich im Jahr 702 v. Chr. einmal kurz davon berichtet, daß er die Stadt vergrößert und dabei auch Straßen und Plätze ausgebaut und verschönert habe. Die kurz zuvor im Jahr 703/702 v. Chr. erschienene erste Fassung der königlichen Bauberichte rühmt zwar die Schönheit, das Alter und die Kontinuität Ninives, doch enthält sie noch keinen Hinweis auf eine Erweiterung des Stadtgebietes. Sie betont allerdings, daß der neue König mit der Verbreiterung von Straßen und Plätzen und der Anpflanzung von Gärten etwas geschaffen habe, an das keiner seiner Vorgänger auch nur je gedacht habe. Von daher ist es also sehr wahrscheinlich, daß Sanherib bereits von Beginn seiner Regierung an – parallel zu seinem Vorhaben, sich im Südwesten der Zitadelle einen großen Palast zu errichten – eine grundlegende urbane Neugestaltung Ninives plante. Bis die Erweiterung der Stadt, die durch die den Bau einer gewaltigen Befestigungsmauer mit vielen Toren schließlich auf mehr als das Doppelte ihrer Fläche anwuchs, tatsächlich realisiert wurde, sollte jedoch noch einige Zeit vergehen.

Es mag sein, daß man im Jahr 702 v. Chr. bereits eine beträchtliche Ausdehnung Ninives in Erwägung gezogen hatte, doch vermutlich gab es noch keinen konkreten Entwurf dafür, der der Kanzlei exakte Daten über die geplanten Abmessungen und die Anzahl der Tore geliefert hätte. Auch die königlichen Bauinschriften des Jahres 700 v. Chr. erwähnen nur die aus Kalkstein und Ziegeln erbaute Brücke über den Chusur und den »Königsweg«, der diese Brücke überquerte; über die Stadt selbst, ihre Mauern und Tore wird jedoch nichts gesagt. Daraus kann man schließen, daß der Plan für die neue Befestigung sowie die Anzahl und Lage der Stadttore erst nach diesem Datum ausgearbeitet wurde.

Bis heute gibt es zwar keine textkritischen und zuverlässigen Publikationen neueren Datums über die königlichen Prismen der Zeit Sanheribs, doch es existiert eine Reihe von Vorberichten über die zahlreichen Stücke im Britischen Museum. Obwohl die Prismen häufig nur schwer bestimmten Textfassungen zuzuordnen sind – vor allem dann, wenn sie lediglich in Fragmenten erhalten sind –, läßt sich nachweisen, daß die Texte, die 14 Tore erwähnen, aus dem Jahr 696 v. Chr. stammen; von 15 Toren hingegen sprechen die Berichte des Jahres 694 v. Chr., und in den Jahren 691–689 v. Chr. sind es schließlich sogar 18 Tore. Daraus ergibt sich, daß die neue Stadtmauer zwischen 700 und 696 v. Chr. konzipiert worden sein dürfte und man in dieser Zeit auch mit den Bauarbeiten begonnen haben muß. Die Benennung der wichtigsten Stadttore fällt vermutlich in die Jahre 696 bis 694 v. Chr., als höchstwahrscheinlich ein großer Teil des Mauerwerks der Zugänge bereits fertiggestellt war. Die drei zusätzlichen Tore, die zwischen 694 und 689 v. Chr. errichtet wurden und sehr schwer zu lokalisieren sind, waren wohl nur eine eher unbedeutende Ergänzung zum Großprojekt der Stadtmauer, das zu diesem Zeitpunkt vielleicht schon seit fünf Jahren abgeschlossen war.

Der Umfang der Stadt soll vor dem Bau der großen Befestigung durch Sanherib seinen eigenen Angaben zufolge 9300 Ellen betragen haben, das heißt 5115 Meter. Durch die in den Inschriften eigens hervorgehobene Erweiterung des Stadtgebietes wuchs er um 12 515 Ellen, umgerechnet 6883 Meter, so daß die neue Stadtmauer eine Gesamtlänge von 21 815 Ellen, also gut 11 998 Meter, erreichte. Die Prismen des Königs berichten, daß dieser etwa zwölf Kilometer

Drei *apkallû*-Statuetten, Figuren von Weisen der Urzeit, die Ea, dem Gott des Urozeans zugerechnet wurden, und mit einem Fischgewand bekleidet sind. Meist hat man sie in Gruppen von sieben als Fundamentbeigaben gefunden. Ton, etwa 13 Zentimeter, aus Nimrud oder Kujundschik, 8./7. Jahrhundert v.Chr.; London, British Museum (WA 90999, WA 91837, WA 9836).

Plan der Zitadelle von Kujundschik mit dem Südwestpalast (rechts) und dem Nordpalast (nach H. Rassam, 19. Jahrhundert).

lange Wall aus zwei Mauern bestand: Die innere »Mauer, deren Glanz den Feind überwältigt« war 40 Ziegelbreiten dick, 180 Ziegellagen hoch und erhob sich über einem Kalksteinfundament; für die äußere »Mauer, die den Feind in Schrecken versetzt« ließ er einen Graben bis in die Tiefe des Grundwasserniveaus ausheben und errichtete über dem Fundament aus »Berggestein« ein wuchtiges Mauerwerk aus großen Kalksteinblöcken.

Auch wenn für die äußere Mauer aus Stein keine Maße überliefert sind, so läßt sich zumindest anhand der Angaben für die innere Lehmziegelmauer errechnen, daß diese etwa 15 Meter dick und über 22 Meter hoch war. Dabei ist zugrunde gelegt, daß die von Sanherib in Ninive benutzten quadratischen Ziegel eine Seitenlänge von 37 und eine Höhe von 12 Zentimeter hatten, wobei die Mörtelschichten sehr dünn gewesen sein müssen. Allerdings spricht die Textfassung aus dem Jahr 691 v. Chr. statt von 180 von 200 Ziegellagen, so daß sich daraus eine Höhe von mindestens 24 Metern ergäbe.

Oben: Abschnitt der unter Sanherib errichteten steinernen Umfassungsmauer Ninives im Bereich des Schamasch-Tores.

Unten: Rekonstruktionszeichnung der Fassade des Sin-Tempels auf der Zitadelle von Dur Scharrukin (nach Ch.B. Altman).

Die Stadttore

Die Lage der 15 Stadttore Ninives und ihre offizielle Benennung in der Bauinschrift aus dem Jahr 694 v. Chr. wurden mit größter Sorgfalt gewählt. In der Auflistung der Tore erscheint an erster Stelle immer der zeremonielle Name, dann folgt die vermutlich gebräuchlichere Bezeichnung. Sie bezieht sich auf eine Gottheit oder eine topographische Besonderheit, manchmal auch auf die Region oder die Stadt, zu der die Straße von diesem Tor aus führte. Die Angaben des Jahres 694 v. Chr. sind so präzise, daß es möglich ist, die Abfolge der Tore an jeder Seite des großen Trapezes der Stadtmauer mit großer Wahrscheinlichkeit nachzuvollziehen (siehe Plan Seite 65). So ist in der Inschrift ausdrücklich die Rede davon, daß sich insgesamt sieben Tore nach Süden und Osten öffneten, drei nach Norden und fünf nach Westen. Somit gibt es also keinen Zweifel, daß der einzige Durchgang der schmalen Südmauer das sogenannte *Assur-Tor* war, das den zeremoniellen Namen »der Stellvertreter Assurs möge siegen« trug. Hier verließ die Straße in Richtung Assur die Stadt.

An der östlichen Langseite reihen sich von Süden nach Norden: das *Chalzi-Tor*, das »Tor Sanheribs, der alle Feinde niederwirft«, und durch das man in die Region Chalzi gelangte; das *Schamasch-Tor* mit dem zeremoniellen Namen »Enlil, der Begründer meiner Regierung«, das Ninive mit Gagal verband; das nach einer Erscheinungsform der Ischtar benannte *Mulissu-Tor*, von dem aus man in die Stadt Kar-Mulissi reiste und dessen zeremonieller Name lautete, »die Herrschaft Sanheribs möge unerschütterlich sein wie die Konstellation des Großen Bären«; das *Muschlalu-Tor*, dessen Name mit einem schwierigen Terminus technicus zusammengesetzt ist – der typisch ist für Stadttore und vielleicht soviel wie »Rampe« bedeutet – und das daneben ebenso rätselhaft als das, »das die Krankheit vertreibt«, bezeichnet wurde; das *Schibaniba-Tor*, das sich auf eine Ansiedlung in der Nähe Ninives, das heutige Tell Billa, bezog und den Segensspruch formulierte, »daß das Beste an Getreide und Vieh sich immer darin (scil. in dem Tor) befinden möge«; und schließlich das auf die gleichnamige Region ausgerichtete *Chalachchu-Tor*, das auch »das, das die Erzeugnisse aus den Bergen bringt«, genannt wurde.

Zu den Orts- und Städtenamen, die in den Bezeichnungen der Tore der Ostmauer auftauchen, seien noch einige Anmerkungen gemacht: So muß mit Chalzi die gesamte Region zwischen Ninive und Kalchu gemeint sein; entsprechend scheint es in Kalchu ebenfalls ein Chalzi-Tor gegeben zu haben, das folgerichtig nach Norden blickte. Gagal hingegen ist nirgendwo sonst belegt, doch vermutlich bezeichnete man damit das Gebiet im Nordosten von Chalzi, das man auf dem Weg nach Imgur-Enlil (heute Balawat) durchquerte. Imgur-Enlil hatte bereits zur Zeit von Assurnasirpal II. und Salmanassar III. vermutlich deshalb eine prunkvolle Festung erhalten, weil es an der Straße zwischen Kilizi oder Kalzi, früher auch Kakzu genannt, einem bedeutenden Zentrum an der Stelle des heutigen Qasr Schemamok, und Arbela (heute Irbil) lag.

Kar-Mulissi ist sicher die siedlungsgeschichtliche Vorgängerin des heutigen Karamleis östlich von Mosul, das nicht nur den alten assyrischen Ortsnamen bewahrt hat, sondern auch eine Reihe von Ziegeln Salmanassars III. und Sargons II. Die Bedeutung der Orte, zu denen sich das Schibaniba- und das Chalachchu-Tor öffneten – letzteres wurde auch als Dur-Scharrukin-Tor bezeichnet –, erschließt sich durch ihre zeremoniellen Namen: So war Schibaniba im 7. Jahrhundert v. Chr. wahrscheinlich eine Art Stapelplatz für landwirtschaftliche Güter, die der Versorgung Ninives dienten, und Chalachchu am Fuße der Berge dürfte eine ähnliche Rolle für die Produkte der Hügelregion gespielt haben, in der auch Dur Scharrukin etwa 15 Kilometer nordöstlich von Ninive lag.

Dieses Bruchstück mit der Darstellung assyrischer Soldaten ist das einzige Relief aus einem Saal des Südwestpalastes, aus dem ansonsten nur einige Zeichnungen des Wandschmucks erhalten sind, die bei den Ausgrabungen im 19. Jahrhundert angefertigt wurden. Das Fragment war Teil einer großen Belagerungsszene, bei der Sanherib, wie üblich, nur als ferner Beobachter in Erscheinung trat. Alabaster, 68 Zentimeter, aus Kujundschik, Südwestpalast, Saal LXVII, Fragment von den Platten 1, 2 oder 3, Beginn des 7. Jahrhunderts v.Chr.; Museo Barracco, Rom (58).

An der Nordseite der Stadtmauer folgten einander von Osten nach Westen: das *Adad-Tor*, das nach Ambasi führte und den Segen des Wettergottes auch in seinem zweiten Namen, »Adad der dem Land Überfluß bringt«, beschwor; das *Nergal-Tor*, das dem Gott der Unterwelt und des Krieges geweiht war und mit zeremoniellem Namen »Erra ist der Zerstörer meiner Feinde« hieß; das *Sin-Tor*, das den Namen des Mondgottes Sin auch in seiner alten sumerischen Form in der Bezeichnung »Nanna ist der Bewacher meiner Königskrone« enthielt. Die Straße durch das Nergal-Tor führte in den Nachbarort Tarbisu, der für sein Nergal-Heiligtum berühmt war, an dem Salmanassar III., Sanherib selbst und später auch Assurbanipal bauten. Assurbanipal lebte als Kronprinz sogar zeitweise in Tarbisu, da sein Vater Asarhaddon ihm dort eine Residenz errichtet hatte.

Die Tore der Westmauer waren von Norden nach Süden: das *Maschki-Tor* oder *Tor der Tränken*, das auch »Ea läßt meine Quellen sprudeln« hieß, sicher weil es zum Tigrisufer hinausging und vielleicht genau in dem Areal lag, das der Tebiltu durchfloß; das *Kai-Tor*, das auch als das, »das die Erzeugnisse aller bewohnten Gebiete empfängt«, bezeichnet wurde; das *Wüsten-Tor*, das mit seinem zweiten Namen, »die Geschenke der Sumu'aniten und Temaiten passieren es«, eine wichtige Beziehung zu den Nomadenstämmen der Wüste offenbart; das *Arsenal-Tor* das mit seiner zeremoniellen Bezeichnung, »das alles inspiziert«, eindeutig Bezug auf die Militärparaden nimmt, die in der Nähe des *ekal mäscharti* auf dem Tell Nabi Junus stattfanden; und schließlich das *Chanduru-Tor*, dessen Name sich jeder Erklärung entzieht und das ebenfalls einen zeremoniellen Namen mit einer eindeutig militärischen Konnotation hat, nämlich »Erra ist der, der den Feind des Königs vernichtet«.

Im Vergleich mit dieser kanonischen Liste der 15 Zugänge zur Stadt fehlt in der Textfassung des Jahres 696 v. Chr. noch das sogenannte Wüsten-Tor an der Westseite, während das Chanduru-Tor als achter Eingang zu den Portalen der Ost- und Südseite gerechnet wird und nicht als südlichster Eingang der Westseite erscheint. In der Version der Jahre 691–689 v. Chr. hingegen weicht nicht nur die Zahl der Tore ab – jetzt sind es 18 statt 15 –, auch ihre Gruppierung ist eine andere als in den älteren Quellen. So ist nun für die Süd- und Ostseite die Rede von insgesamt acht statt von sieben Toren, und an der Nord- und Westseite, für die der Baubericht von 694 v. Chr. eine Summe von acht angibt, sollen sich insgesamt zehn Tore befunden haben. Die Textfassung von 691/689 v. Chr. folgt also

Relieffragment mit den Köpfen zweier assyrischer Krieger. Alabaster, 21 Zentimeter, aus Kujundschik, Nordpalast, Mitte des 7. Jahrhunderts v.Chr.; Paris, Musée du Louvre (AO 171552).

Detail eines Reliefs mit Dienern Assurbanipals, die mit Jagdbeute, hier einem Hasen und kleinen Vögeln, in den Palast zurückkehren. (Siehe auch Bild Seite 142/143.)
Alabaster, aus Kujundschik, Nordpalast, Korridor R, Platte 27, Ausschnitt, Mitte des 7. Jahrhunderts v.Chr.; London, British Museum (WA 124889).

nicht, wie zu erwarten wäre, der Bauinschrift des Jahres 694 v. Chr., sondern der von 696 v. Chr. So rechnet auch sie das Chanduru-Tor zu den Portalen der Ost- und Südseite und stellt es an den Anfang der Liste vor das Assur-Tor, weshalb einige Forscher vermuteten, es hätte direkt neben dem Assur-Tor am äußersten Westende der kurzen Südflanke der Stadtmauer gelegen.

Die drei zusätzlichen, eindeutig kleineren Eingänge, vermutlich eine Art Schlupfpforten – falls sich der Begriff *muschlalu*, mit dem sie bezeichnet werden, überhaupt auf diese Art von Zugängen mit einer Rampe bezieht – müssen sich in der Westmauer befunden haben, denn die drei Tore der Nordseite sind mit denen der älteren Texte identisch. Tatsächlich folgt auf der Westseite nach dem Ea geweihten Maschki-Tor eine *Pforte des Palastes* mit dem zeremoniellen Namen »möge sein Erbauer siegen«; als nächstes wird eine *Pforte der Gärten* erwähnt, die auch »Igisigsig, der die Gärten reiche Frucht tragen läßt« genannt wird. Igisigsig ist eine niedere Gottheit, die dem höchsten Gott Anu als Gärtner dient. Eigenartigerweise ist hier nach dem Arsenal-Tor, das hier als *muschlalu* mit dem zeremoniellen Namen »möge sein Erbauer lang leben« bezeichnet wird, noch ein weiteres Tor eingeschoben: das *Tor von Barchalzi* mit dem zweiten Namen »Anu möge mein Leben beschützen«. Interessant ist auch, daß dieser Baubericht für das Kai-Tor einen anderen zeremoniellen Namen als die älteren Texte anführt. Er nennt es »das, das den Zugang zu den Residenzen bereitet«, womit offensichtlich auf die Paläste von Kujundschik angespielt wird.

Man hat – sicher richtig – festgestellt, daß sich in diese späte Fassung der Liste verschiedene Fehler eingeschlichen haben müssen. So dürfte die Pforte der Gärten vermutlich vor der Pforte des Palastes gelegen haben und nicht hinter ihr. Sie muß sich nämlich am Nordwestrand von Kujundschik befunden haben, denn sonst wäre weiter südlich kein Platz mehr für das Kai-Tor gewesen, das ja gerade in diesem Text direkt mit dem Zugang zu den Palästen der Zitadelle in Verbindung gebracht wird. Andererseits wird das Wüsten-Tor, das in der kanonischen Liste zwischen dem Kai-Tor und dem Arsenal-Tor erscheint, nun südlich vom Arsenal und seinem Tor lokalisiert. Das ist jedoch um so unwahrscheinlicher, als gerade dieser späte Text mit dem Barchalzi-Tor dort schon ein weiteres Portal ergänzt hat.

Abgesehen vom Barchalzi-Tor handelt es sich bei den anderen Eingängen, die in der jüngsten Textversion hinzugefügt wurden, eindeutig um Pforten. Der Begriff *muschlalu*, mit dem sie definiert werden, bedeutet höchstwahrscheinlich soviel wie schmale Freitreppe oder Rampe und bezeichnet demnach direkte Aufgänge zur Stadt, die zwar vielleicht nicht bis ganz oben auf das Plateau der beiden Zitadellen, doch zumindest zu den beiden Palasthügeln führten.

Über die Architektur der Stadttore besitzen wir leider keinerlei Informationen; zudem ist es äußerst schwierig, festzustellen, ob sie alle denselben Grundriß hatten. Obwohl sich die Portale im Aufbau wahrscheinlich nicht allzusehr voneinander unterschieden, waren einige von ihnen sicher wesentlich größer als andere. Am besten erforscht und dokumentiert ist das Schamasch-Tor, das mit 65 Meter Breite, 66 Meter Länge und einer Grundfläche von fast 4300 Quadratmetern sicher auch einer der imponierendsten Zugänge zur Stadt war (siehe Bilder Seite 70 und Seite 84/85): So zeichnete es sich im Verlauf der Festungsmauer durch einen mächtigen Vorbau ab, der mehr als 22 Meter aus der äußeren Steinmauer hervorragte; im Inneren des Tores durchschnitt ein achsengerader Durchgang auf einer Länge von 66 Metern drei querrechteckige Säle, von denen ein jeder etwa 22 Meter breit war (siehe Plan Seite 23 oben).

Die jüngsten Ausgrabungen in Ninive haben ergeben, daß man offensichtlich im Zusammenhang mit der Krise, die das Reich in den letzten Jahren vor der Katastrophe des Jahres 612 v. Chr. erschütterte, Vorkehrungen traf, die Tore der gewaltigen Umfassungsmauer Sanheribs für die – auch infolge sinkender Bevölkerungszahlen – schwierige Verteidigung der Stadt vorzubereiten. So hat eine Untersuchung des Chalzi-Tores ergeben, daß die ursprüngliche Breite des Eingangs von sieben Metern auf nur zwei Meter reduziert wurde.

Außerdem stießen die amerikanischen Archäologen im Jahr 1990 in unmittelbarer Nähe dieses Tores im südlichen Stadtgebiet auf erschütternde Zeugnisse der Eroberung Ninives, ähnlich wie ihre irakischen Kollegen bereits zwanzig Jahre zuvor im Norden der Stadt am Adad-Tor, dort allerdings in bescheidenerem Umfang. Am Chalzi-Tor fanden sie Skelette von über zwölf Soldaten – darunter auch einige Halbwüchsige –, in deren sterblichen Überresten noch die tödlichen Pfeile steckten. Das liefert den Beweis, daß Ninive wahrscheinlich gleichzeitig von allen Seiten angegriffen wurde, da das große Truppenaufgebot der vereinigten Heere der Meder, Babylonier und Skythen eine Belagerung an mehreren Fronten zugleich möglich machte. Vermutlich spielte sich die Hauptoffensive jedoch etwa im Gebiet der Mitte der Ostmauer ab, vermutlich dort, wo der Chusur in das Stadtgebiet eintrat und wo das Mulissu-Tor lag.

Die Zitadelle von Ninive

Zur Zeit Sanheribs, also zu Beginn des 7. Jahrhunderts v. Chr., bestand das monumentale Zentrum der Akropolis von Ninive (siehe Plan Seite 81), im wesentlichen aus zwei bedeutenden Heiligtümern: dem Emaschmasch der berühmten Ischtar von Ninive und dem Ezida des Gottes Nabu. Die älteste Erinnerung an das Emaschmasch reicht bis zu Manischtuschu von Akkad zurück in die Epoche kurz nach 2300 v. Chr. Rund 500 Jahre danach hören wir von – vermutlich umfangreichen – Wiederaufbauarbeiten Schamschi-Adads I., der auch die Emenue-Kapelle der Göttin innerhalb ihres heiligen Bezirkes wiederherstellte; und nur wenige Jahrzehnte später erwähnt der babylonische König Hammurabi in seiner Gesetzesstele den Tempel der Ischtar von Ninive, der sicher damals bereits großes Ansehen genoß.

Die wichtigsten Bauphasen des Tempels in Mittelassyrischer Zeit fanden unter Assur-uballit I., Salmanassar I., Tukulti-Ninurta I., Assur-resch-ischi und Tiglatpilesar I. statt; der letzte König, der vor Assurnasirpal II. am Heiligtum der ninivitischen Göttin tätig gewesen sein dürfte, war Schamschi-Adad IV. Von Bedeutung sind vor allem die Restaurierungen, die Assur-resch-ischi I. am Ende des 12. Jahrhunderts v. Chr. im großen Tempelhof am »Tor der Löwenköpfe« durchführen ließ, wobei der Name des Tores auf das Symboltier der Göttin anspielt. In Neuassyrischer Zeit erwähnt Sanherib den Ischtar-Tempel vermutlich im

Beschriftete Kalotte eines Ziernagels, der ursprünglich wahrscheinlich an einer Außenwand des Ischtar-Tempels von Ninive angebracht war. Ton, Durchmesser 12 Zentimeter, aus Kujundschik, Ischtar-Tempels erste Hälfte des 9. Jahrhunderts v.Chr.; London, British Museum (WA 56–9–9, 136+143+184).

Zusammenhang mit kleineren Arbeiten, die er dort ausführen läßt; unter den Sargoniden sind es jedoch vor allem Asarhaddon und Assurbanipal, die das Emaschmasch der großen Göttin von Grund auf restaurieren und neu ausstatten.

Sicher sehr viel jünger als das Ischtar-Heiligtum ist der Tempel des Nabu, der vermutlich nicht allzu lange vor seiner ersten Restaurierung durch Adad-nirari III. Anfang des 8. Jahrhunderts v. Chr. gegründet worden sein dürfte. Besondere Aufmerksamkeit schenkten ihm Sargon II., Asarhaddon, Assurbanipal und sogar noch Sin-schar-ischkun kurz vor dem Untergang des Reiches. Die Bezeichnung Ezida greift – wie die meisten, wenn nicht sogar alle Tempel dieses ursprünglich babylonischen Gottes – den zeremoniellen Namen seines berühmtesten Heiligtums in Borsippa in der Nähe von Babylon auf.

Diese beiden großen Heiligtümer im Zentrum des Tell Kujundschik sind die einzigen religiösen Bauwerke der Zitadelle, die archäologisch nachgewiesen werden konnten. Eine Kegelform, die sich deutlich von der Bodenoberfläche abhebt, spricht dafür, daß sich die Zikkurat der Göttin im Südwesten des Tempelbezirks befunden haben muß. Dieser Ekituschkuga – »die reine Residenz« – genannte Hochtempel der Ischtar existierte bereits zur Zeit Schamschi-Adads I. und wurde noch einmal im 7. Jahrhundert v. Chr. von Assurbanipal restauriert. In den Quellen werden daneben auch verschiedene andere Tempel in Ninive erwähnt, die man jedoch bisher nicht lokalisieren kann; trotzdem könnten sich zumindest einige von ihnen auf der Zitadelle befunden haben, zum Beispiel der *akitu*-Tempel, den Sargon II. für die Feierlichkeiten des Neujahrsfestes errichten ließ und für den auch Bautätigkeiten Assurbanipals belegt sind. Vom Tempel des Adad, den Assurnasirpal II. erbaut haben will, kennt man bis heute ebenso wenig wie vom Tempel für Sin und Schamasch, von dessen Anlage sowohl Asarhaddon wie Assurbanipal berichten.

Sehr schwierig gestaltet sich auch ein Urteil über die Paläste Ninives, von denen sich die meisten vermutlich auf dem Tell Kujundschik erhoben. Man nimmt seit längerer Zeit an, daß der älteste Palast Ninives, der wahrscheinlich auf der Zitadelle errichtet wurde, ein Werk Salmanassars I. gewesen sein muß. Von diesem König wissen wir, daß er sich nach den Zerstörungen durch ein Erdbeben in der ersten Hälfte des 13. Jahrhunderts v. Chr. um den Wiederaufbau der Stadt verdient machte. Sehr zweifelhaft ist hingegen, ob sich die Ziegelinschriften einiger Herrscher, die um das Jahr 900 v. Chr. regierten, wirklich auf Palastbauten beziehen. Möglicherweise enthalten sie nur einen Hinweis darauf, daß die Ziegel im Verwaltungsgebiet des königlichen Palastes hergestellt wurden. Andererseits ist es sicher, daß sich zumindest einer der Paläste, die in den Inschriften Tiglatpilesars I. erwähnt werden, auf der Zitadelle von Kujundschik befunden haben muß.

Als stichhaltigen Beweis für die Existenz eines Palastes von Assurnasirpal II. besitzen wir – neben einigen mehrdeutigen epigraphischen Zeugnissen – bemalte und glasierte Tonorthostaten. Trotzdem gibt es kein einziges Kriterium, mit dessen Hilfe man entscheiden könnte, ob es sich dabei um einen Neubau oder den Umbau eines älteren Palastes, vielleicht von Tiglatpilesar I., handelt. Es spricht jedoch vieles dafür, daß die Architekturreste, die man nordöstlich vom Ischtar-Tempel entdeckte, trotz der Spuren zahlreicher Umbauten bis in späteste Zeit und trotz der mangelhaften Dokumentation durch die britischen Ausgräber, zu diesem Palast Assurnasirpals II. gehören.

Es gibt zahlreiche Siegelabdrucke mit dem Bild des Herrschers (hier Sargon II.) im Zweikampf mit einem Löwen als Symbol der Macht des Königs.
Ton, Durchmesser 3,8 Zentimeter, aus Kujundschik, 715 v.Chr.; London, British Museum (WA Sm 22769).

Detail eines Reliefs mit dem thronenden Sanherib, der seinen Wesir und Offiziere empfängt, die ihm die Kapitulation der Einwohner von Lachisch melden.
Alabaster, aus Kujundschik, Südwestpalast, Saal XXXVI, Beginn des 7. Jahrhunderts v.Chr.; London, British Museum (WA 124911).

Detail eines Reliefs mit Kriegsgefangenen aus Lachisch, die die belagerte Stadt mit all ihrem Hab und Gut verlassen, um sich Sanherib zu unterwerfen.
Alabaster, aus Kujundschik, Südwestpalast, Saal XXXVI, Beginn des 7. Jahrhunderts v.Chr.; London, British Museum (WA 124909).

Die gleiche Frage – Neugründung oder Wiederaufbau? – stellt sich auch für das Bauwerk Adadniraris III. vom Beginn des 8. Jahrhunderts v. Chr. und für die beiden einzigen bei den Ausgrabungen des 18. Jahrhunderts relativ gut dokumentierten Paläste: den Südwestpalast Sanheribs und den Nordpalast Assurbanipals. In der Tat berichtet Sanherib, daß er für seinen »Palast ohnegleichen« erst die Reste eines älteren Gebäudes abreißen ließ, um seine sehr viel größere und prächtigere Residenz zu errichten. Welcher König der Erbauer des Vorgängerpalastes war, erfahren wir jedoch nicht. Für den Nordpalast auf der gegenüberliegenden Seite des Tell Kujundschik liegt der Fall anders, denn Assurbanipal sagt ausdrücklich, daß hier vorher das *bit redûti*, das »Nachfolgehaus« gestanden habe, ein Kronprinzenpalast, den bereits Sanherib für seinen Thronfolger erbauen ließ.

Detail des Reliefs mit der Belagerung von Lachisch. (Siehe auch Bild Seite 122 oben.)
Alabaster, aus Kujundschik, Südwestpalast, Saal XXXVI, Ausschnitt, Beginn des 7. Jahrhunderts v. Chr.; London, British Museum (WA 124906).

Die Tempel der Ischtar und des Nabu

Die epigraphischen Daten, die sich auf die Ursprünge der beiden großen Heiligtümer der Zitadelle von Ninive beziehen, sind stichhaltig, wenn auch nicht endgültig. Sie erlauben es, für den Tempel der Ischtar mit Sicherheit sehr weit in die Vergangenheit zurückzugehen, während sie für den Nabu-Tempel eine nicht exakt definierbare, aber vergleichsweise wohl sehr viel jüngere Gründungszeit nahelegen. Die älteste erhaltene Inschrift erinnert daran, daß Schamschi-Adad I., ein tatkräftiger Amurriter-Fürst, der wenige Jahre vor der Einigung des Zweistromlandes durch Hammurabi von Babylon ein assyrisches Reich in Nordmesopotamien errichtete, das Emaschmasch der Ischtar von Ninive um das Jahr 1800 v. Chr. wiederaufbauen ließ. In der Inschrift wird auch Manischtuschu von Akkad, der Sohn und zweite Nachfolger Sargons I., des Reichsgründers von Akkad, erwähnt, der den Tempel rund 500 Jahre vorher erbaut oder zumindest restauriert hatte.

Es ist sehr wahrscheinlich, daß ein vorgeschichtliches oder frühdynastisches Heiligtum einer großen Lokalgöttin spätestens ab etwa 3000 v. Chr. den ältesten Kultort Ninives darstellte und daß der Name dieser Göttin Mullissu oder Mulissu lautete. Diese assyrische Form des akkadisierten sumerischen Namens Mulliltu, der gleichbedeutend ist mit Ninlil, dem »weiblichen Enlil«, würde damit die ursprüngliche Namensform der großen Göttin vom Oberlauf des Tigris sein. Ebenfalls spricht vieles dafür, daß Manischtuschu – in der Absicht, die politische Kontrolle, die vielleicht schon Sargon von Akkad über das bedeutende und alte Kultzentrum erlangt hatte, zu bekräftigen und zu festigen –, das alte Lokalheiligtum neu gründete, indem er die chtonische Lokalgottheit Ninlil-Mulliltu-Mulissu von Ninive mit der himmlischen Ischtar, der speziellen Schutzherrin der jungen und mächtigen Dynastie von Akkad, gleichsetzte. Auf diese Epoche würde damit die erste synkretistische Verschmelzung zwischen der ursprünglich nordmesopotamischen Göttin und den großen südmesopotamischen Göttinnen von Uruk und später von Akkad zurückgehen, von der sich einige sehr häufige Epitheta der ninivitischen Göttin in neuassyrischer Zeit ableiten: zum Beispiel Urkittu, »die von Uruk«, oder einige Appellative wie Banîtu oder Muschabschitu, »die Schöpferin«, und schließlich die populäre Grundbedeutung von Mulliltu, die – ausgehend von der akkadischen Wurzel *elēlu* »rein sein« – als »die, die reinigt« interpretiert wurde.

Während also das Emaschmasch der Ischtar von Ninive höchstwahrscheinlich schon lange vor Manischtuschu gegründet wurde und dieser König lediglich der früheste Herrscher ist, der in der Erinnerung der Nachwelt mit der (Wieder-)Errichtung des Tempels in Verbindung gebracht wurde, so sind die Hinweise, die sich auf die Ursprünge des Nabu-Tempels beziehen, längst nicht so aussagekräftig. In der Tat ist die einzige Quelle eine Inschrift Sargons II., der berichtet, das Heiligtum sei zur Zeit des »Tores der Stadt« gegründet worden. Diese Formulierung ist in

Im Zentrum dieses neuassyrischen Rollsiegelbildes sieht man den Eigentümer, einen hohen Beamten, beim Kultvollzug vor der Statue der Ischtar. Von den drei Hauptaspekten der großen Göttin von Ninive – körperliche Liebe und Fruchtbarkeit, Gewalt und Krieg und schließlich der astrale Aspekt, wurde sie doch mit Venus, dem Morgen- und Abendstern, gleichgesetzt – steht hier ihre Eigenschaft als kosmische Gottheit im Vordergrund. Das ist ebenso am Stern, der über ihrer konischen Krone aufragt, zu erkennen wie an dem Sternkreis hinter der Kultfigur der Göttin.
Abdruck eines Rollsiegels, Kalzedon, Höhe 3,7 Zentimeter, 9./8. Jahrhundert v. Chr.; Berlin, Vorderasiatisches Museum (VA 508).

chronologischer Hinsicht auf den ersten Blick unverständlich, spielt aber wohl auf eine Epoche an, in der ein früherer König ein Portal dieses Namens erbaute, das in den Katalogen der Stadttore Sanheribs jedoch nirgendwo aufgeführt ist. Das würde auf eine lange zurückliegende Zeit hinweisen, in der die Umfassungsmauer der Stadt nur einen Zugang oder, was noch sehr viel wahrscheinlicher ist, nur ein einziges größeres Eingangstor besaß.

Aus derselben Inschrift Sargons II. erfahren wir, daß vor dem Gründer von Dur Scharrukin bereits Adad-nirari III. den Tempel des Nabu in der ersten Hälfte des 8. Jahrhunderts v. Chr. restaurieren ließ. Zwei weitere Hinweise, ein topographischer und ein toponomastischer, sind nützlich, bestätigen freilich nur bereits Bekanntes. So heißt es, das Nabu-Heiligtum befinde sich »gegenüber« vom Emaschmasch und sein zeremonieller Name laute Ezida wie der des Tempels im südmesopotamischen Borsippa, woher der Gott ursprünglich stammte. Gerade die Tatsache, daß man den Namen Ezida aus Borsippa übernahm, zeigt, daß dieses zweite große Heiligtum Ninives im Unterschied zum Ischtar-Tempel kein uraltes Lokalheiligtum war. Vielmehr wurde es wohl in einer der gar nicht so seltenen historischen Phasen gegründet, in denen Assyrien von der babylonischen Kultur durchdrungen war, in jedem Fall nicht vor Schamschi-Adad I., sondern wahrscheinlich sehr viel später, vielleicht sogar erst im 9. Jahrhundert v. Chr.

Im Gegensatz zur Kultstätte des Nabu hatte der altehrwürdige Tempel der Ischtar einen zeremoniellen Namen, der unabhängig von den Tempelnamen war, die in Südmesopotamien für Göttinnen von der Art der Ischtar oder ihrem sumerischen Äquivalent Inanna beliebt waren. So war die Bezeichnung Emaschmasch schon für die Alten sehr schwer zu deuten (siehe auch Seite 44), denn sie war lokalen Ursprungs und nicht mit dem Kult einer der großen babylonischen Göttinnen verbunden.

Das Emaschmasch der Göttin von Ninive

Obwohl ein großer Teil des Tempelareals während der Ausgrabungskampagnen 1930 und 1931 eingehend untersucht wurde, wissen wir über das Heiligtum der Ischtar auf dem Tell Kujundschik leider nur sehr wenig. Das liegt zum einen daran, daß es mit Hilfe der primitiven Grabungstechnik nicht gelang, die Abfolge der verschiedenen Bauphasen wirklich zufriedenstellend zu klären; zum anderen existiert keine graphische Dokumentation der Architekturreste, die trotz ihres schlechten Erhaltungszustandes keineswegs unbedeutend sind, auch wenn sie fast immer zusammenhangslos im Gelände verstreut liegen; darüber hinaus sind die schriftlichen Aufzeichnungen der Ausgräber konfus und häufig ohne objektive Anhaltspunkte. Da sie in erster Linie daran interessiert waren, keilschriftliche Zeugnisse zu finden, steht in ihren Ausführungen jede Überlegung zur Stratigraphie der einzelnen Phasen in engem Zusammenhang mit der relativen Tiefe der jeweils entdeckten Strukturen, vor allem aber auch damit, ob es in den – sicher meist durcheinandergebrachten oder zumindest gestörten – archäologischen Kontexten epigaphisches Material gab, vornehmlich beschriftete, oft wiederverwendete Ziegel.

Die ältesten Zeugnisse, die man der Periode 1 des Ischtar-Tempels zurechnet, wurden in einer Tiefe von etwas über sechs Metern gefunden und sollen zwei aufeinanderfolgenden Phasen angehören: Das Heiligtum der älteren Phase bestand anscheinend nur aus einem rechteckigen Raum mit etwa 60 Zentimeter dicken Fundamenten; es wies deutliche Spuren einer Zerstörung auf und wurde aufgrund recht dürftiger Beweise dem Bau des Manischtuschu zugeschrieben. Die Innenfläche des Sanktuars der jüngeren Phase, in dem offensichtlich nichts auf eine Zerstörung hindeutete, wird mit 23,5 mal 7,6 Metern angegeben, wobei seine Mauern sich auf einem 1,4 Meter dicken Fundament aus Stein erhoben; ohne wirklich stichhaltige Begründung wird es als der von Schamschi-Adad I. wiederaufgebaute Tempel angesehen.

Für das Heiligtum des 14. Jahrhunderts v. Chr. soll es allerdings kein einziges archäologisches Indiz geben. Daß es jedoch große Bedeutung gehabt haben muß, geht aus den Amarna-Briefen hervor, der berühmten diplomatischen Korrespondenz zwischen den ägyptischen Pharaonen und einigen Herrschern Vorderasiens jener Zeit. So hören wir, daß Tuschratta von Mitanni, zu dessen Machtbereich Ninive damals gehörte, im 36. Jahr des Pharao Amenophis III., also vermutlich 1367 v. Chr., die Statue der Ischtar von Ninive wegen der viel gerühmten Heilkräfte der Göttin an den ägyptischen König sandte.

Obwohl kein einziges epigraphisches Zeugnis aus dem Tempelbezirk sich auf Assur-uballit I. bezieht, nennen sowohl Salmanassar I. wie auch Assurnasirpal II. ihn als den Herrscher, der das Emaschmasch – vermutlich nach der Befreiung vom mitannischen Joch und dem Sieg über die Kassiten – restaurierte. Ein indirekter Beleg für seine Anwesenheit im berühmten Heiligtum von Ninive könnte der Keulenkopf des kassitischen Königs Kadaschman-Enlil I. (etwa 1374–1360 v. Chr.) sein, den der siegreiche Assur-uballit I. der Göttin wahrscheinlich als Kriegsbeute in den Tempel der Periode 2 weihte.

Der darauffolgenden Periode 3 gehörte, nach Ansicht der Ausgräber, das erste wirklich bedeutende Bauwerk mit einer Lehmziegelterrasse von etwa 15 mal 10 Metern an. Es wird König Assur-resch-ischi zugeschrieben, der vermutlich umfangreiche Arbeiten am Heiligtum der Ischtar ausführen ließ. So muß das von ihm erwähnte »große Tor« des Tempelhofes, das mit einer Serie (?) von apotropäischen Bildern – vielleicht Löwen – geschmückt war, sehr wahrscheinlich als Torbau mit Türmen gedeutet werden.

In einer darauffolgenden Phase der späten Mittelassyrischen Zeit, die als Periode 4 definiert ist, sollen sieben schmale Zellen im Fundament der Tempelterrasse errichtet worden sein, die vielleicht als Magazine für Nahrungsmittel dienten. Als Urheber der Restaurierungen der Periode 5, in der die älteste, jedoch nur zum Teil aufgefundene Pflasterung (III) ausgeführt worden sein soll, gilt Schamschi-Adad IV. Er spricht in seinen Texten von Arbeiten an den Türmen des Heiligtums und spielt damit vielleicht auf die Tore an.

Die Umbauten der Periode 6 gehen sicher auf Assurnasirpal II. zurück, denn in der schönen zweilagigen Pflasterung, zwischen deren Ziegelschichten sich eine Lage Erdpech und Schlamm befand, entdeckte man zahlreiche beschriftete Ziegel dieses Herrschers aus dem 9. Jahrhunderts v. Chr. Da man kein derartiges Denkmal aus einem Tempelbezirk kennt, ist eine Reliefplatte Assurnasirpals II. von besonderem Interesse.

Die Inschrift dieses Amulett-Täfelchens mit der Darstellung von vier Göttern, darunter Marduk und Nabu, berichtet von den Weihgeschenken eines gewissen Assur-res-wadi, der in der Administration Sargons II. ein hohes Amt bekleidete und den Göttern ein Haus in Kalchu und zwei landwirtschaftliche Güter übereignete. Was immer der Anlaß dafür gewesen sein mag, es belegt einmal mehr, wie populär der Kult des babylonischen Gottes Nabu, dessen Hauptheiligtum in Borsippa in der Nähe von Babylon lag, ab der zweiten Hälfte des 8. Jahrhunderts v. Chr. in Assyrien war. Bronze, Höhe 11 Zentimeter, aus Nimrud, Nabu-Tempel (?), Ende des 8. Jahrhunderts v. Chr.; London, British Museum (WA 118796).

Das Ezida des Nabu

Die Daten, die die britischen Ausgrabungen zwischen den beiden Weltkriegen für den Nabu-Tempel erbrachten, erlauben es nicht, seinen Grundriß zu rekonstruieren. Das hängt im wesentlichen mit der vermutlich sehr kurzen Geschichte des Bauwerks zusammen, deren zeitlicher Rahmen sich fast nur durch die Aktivitäten Adad-niraris III. im Jahr 788 v. Chr., die Restaurierungen Sargons II. 715 v. Chr. und die letzten Umbauten Assurbanipals, vermutlich nach 650 v. Chr., abstecken läßt. Obwohl die Ausgräber nicht wenige Überreste einer Pflasterung und zumindest einige Mauerzüge erwähnen, besteht die einzige stichhaltige Information über den Nabu-Tempel darin, daß er auf einer hohen Lehmziegelterrasse mit einer Dicke von über drei Metern und Seitenlängen von zweimal 57 respektive 51 und 45 Metern errichtet war. Auf dieser Terrasse soll sich – wie man offensichtlich aufgrund des erhaltenen Bodenbelags feststellte – neben einem kleineren ein großer Hof von etwa 40 mal 23,5 Metern befunden haben. Abgesehen davon liefert die Beschreibung der britischen Archäologen nur noch eine weitere eindeutige Angabe, die jedoch im Vergleich mit den zeitgenössischen Nabu-Tempeln in Kalchu, Dur Scharrukin, Assur und Guzana (Tell Halaf), aber auch mit den neuassyrischen Heiligtümern im allgemeinen ziemlich ungewöhnlich erscheint. Demnach soll der Tempel in Ninive an jeder Seite ein Tor besessen haben, wobei das Hauptportal mit einer schönen monolithen Schwelle an der Nordwestseite lag. Außerdem erfahren wir noch, daß die Entdeckung von Inschriften aus der Zeit Sargons II. in einem Schacht an der Südostseite die Identifikation des Areals mit dem Tempel des Nabu überhaupt erst ermöglichten.

Sie könnte Teil einer Stele gewesen sein und weist Reste einer Darstellung des Herrschers auf, der die Ehrbezeugungen dreier Vasallenfürsten entgegennimmt; eine Inschrift erinnert an die Arbeiten des Königs am Ischtar-Tempel und an den Einsatz von rund 50 000 Männern, die für das Heiligtum in Ninive wertvolle Hölzer aus dem Land Mechri herbeibrachten.

Die Umbauten der folgenden Periode 7 werden Assurbanipal zugeschrieben, Art und Umfang seiner Bautätigkeit lassen sich anhand der Grabungsberichte jedoch nicht nachvollziehen. Auch wenn es von diesem König des 7. Jahrhunderts v. Chr. offensichtlich keine beschrifteten Ziegel gibt, so wurden doch mehrere Bodenplatten aus Kalkstein mit einer Inschrift über die Siege des Königs in Elam gefunden. Im Zusammenhang mit dieser Pflasterung des Emaschmasch wurde der herrliche Kupferkopf aus akkadischer Zeit gefunden (siehe Bild Seite 36), von dem die Ausgräber annahmen, er könnte ein Beutestück der Plünderung von Susa gewesen sei; aus Babylonien wäre er dorthin zur Zeit der elamischen Raubzüge im 12. Jahrhundert v. Chr. gebracht worden. Sehr viel wahrscheinlicher ist jedoch, daß der Kopf in Wirklichkeit ursprünglich von einem der Nachfolger Sargons von Akkad direkt in den berühmten Tempel der Ischtar geweiht und dort über die Jahrhunderte aufbewahrt wurde.

Während man glaubt, für die nun folgende Periode 8 in einigen wenigen Bereichen des Tempelareals Spuren des Brandes feststellen zu können, der bei der Eroberung der Stadt im Jahr 612 v. Chr. ausbrach, scheint jegliche spätere Nutzung des heiligen Bezirks bis ins 2. Jahrhundert v. Chr. auszuschließen zu sein.

Reliefbruchstück mit der Darstellung einer Prozession deportierter Frauen in Südmesopotamien. Alabaster, Höhe 40 Zentimeter, aus Kujundschik, Nordpalast, Hof J, Platte 10–13 (?), Mitte des 7. Jahrhunderts v.Chr.; Rom Museo Barracco (48).

Kreisförmige Knaufffliese, die einst als Wandschmuck in einem Tempel diente.
Ton, bemalt und glasiert, aus Tell Billa, dem antiken Schibaniba, erste Hälfte des 9. Jahrhunderts v.Chr.; London, British Museum (WA 91679).

Der Südwestpalast Sanheribs

Das Bauwerk, das in den archäologischen Publikationen als Südwestpalast von Kujundschik bekannt ist, wurde von seinem Auftraggeber Sanherib immer nur *ekallu scha schānina lā ischû* genannt: »Palast, der seinesgleichen nicht hat«, einzigartiger, unnachahmlicher »Palast ohnegleichen«. Diese Definition der neuen Residenz, die Sanherib sich von Beginn seiner Regierungszeit an auf der Zitadelle von Ninive errichten ließ, ist jedoch nichts anderes als die wörtliche akkadische Übersetzung des sumerischen Namens *é-gal-bi-gaba-ri-nu-tuku*, den die königliche Kanzlei auf Ziegeln nach 710 v. Chr. für den Palast seines Vaters Sargon II. in Dur Scharrukin verwendete.

Der Beginn, die verschiedenen Phasen und der Abschluß der Bauarbeiten am Südwestpalast können anhand zahlreicher aufeinanderfolgender Fassungen von Bauberichten der königlichen Kanzlei recht genau verfolgt werden. Sie ermöglichen es auch, den jeweiligen Zeitpunkt zu bestimmen, an dem einige nicht unwesentliche Veränderungen des ursprünglichen Bauplans vorgenommen wurden. So wird bereits in einer Textfassung aus dem Jahr 703/702 v. Chr. die

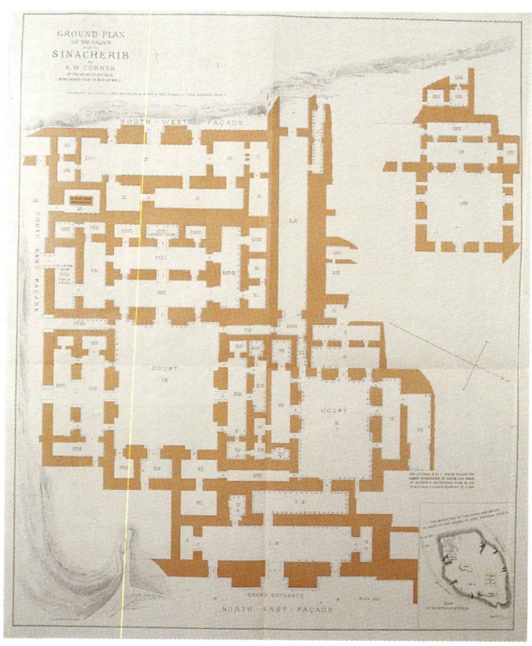

Plan des Südwestpalastes von Kujundschik aus dem 19. Jahrhundert (von A. Paterson nach Angaben von A.H. Layard).

Grundfläche des Palastes mit 720 mal 408 Ellen angegeben; gleichzeitig heißt es, daß die Wände mit großen Steinplatten verkleidet seien, um darauf die Eroberungen des Königs darzustellen. Eine Analyse dieses ersten Berichtes über den Palastbau hat allerdings ergeben, daß ihre Phraseologie wortgetreu mit den Formulierungen Sargons II. für Dur Scharrukin übereinstimmt. Daraus hat man geschlossen, daß die Aussagen über das Bauwerk, von dem zu diesem Datum weder Mauern noch eine Raumaufteilung oder eine Wanddekoration existiert haben können, nur stereotype Wendungen sind. Das gilt jedoch nicht für die Maßangaben der Gesamtanlage, deren Fundamentplateau sicher gerade im Bau war, und ebensowenig für das allgemeine Bildprogramm, das die Heldentaten des Königs in großflächigen Orthostatenreliefs feiern sollte – getreu der Tradition, die sich während der Regierungszeit Tiglatpilesars III. und Sargons II. in der zweiten Hälfte des 8. Jahrhunderts v. Chr. konsolidiert hatte.

Die zweite Fassung des Bauberichts aus dem Jahr 702 v. Chr. belegt, daß sich zu dieser Zeit noch kein einziges Gebäude auf der Palastterrasse erhob. Von großer Bedeutung für die zeitliche Abfolge der Arbeiten sind als nächstes die vier Gründungszylinder, die Hormuzd Rassam zwischen den Ziegeln des Mauerwerks der Räume VII, VIII und IX des Südwestpalastes entdeckte (siehe Plan Seite 87 und Seite 207): Sie sind in den zweiten Monat des Jahres datiert, das unserem Jahr 700 v. Chr. entspricht, und beweisen, daß man zu dieser Zeit gerade dabei war, die Mauern der Räume in der Nähe des großen Thronsaales I zu errichten. Darüber hinaus enthalten sie auch die Schilderung der militärischen Unternehmungen der ersten drei Feldzüge des Königs.

Reliefbruchstück mit zwei elamischen Kriegern, die in die Schlacht ziehen.
Alabaster, Höhe 21 Zentimeter, aus Kujundschik, Nordpalast, Saal H (?), Mitte des 7. Jahrhunderts v.Chr.; Museo Barracco, Rom (53).

Grundlegende Informationen für die Chronologie des Palastbaus liefern uns die Inschriften aus den Jahren 694 und 693 v. Chr. Dabei bilden die Annalen der ersten fünf Kampagnen des Herrschers den Anfang der älteren Textfassung, während die jüngere darüber hinaus auch die Schilderung seines sechsten Feldzuges enthält. Was den Südwestpalast betrifft, sind beide sehr viel ausführlicher und detailreicher als die Bauberichte der vorangehenden Jahre und lassen vermuten, daß die Arbeiten mittlerweile sehr weit fortgeschritten waren. Doch obwohl zwischen beiden Versionen kein langer Zeitraum liegt, unterscheiden sie sich in einem wesentlichen Punkt: Während wir in der älteren lesen, daß die gesamte Anlage eine Länge von 700 Ellen hat – was auch der Angabe der ersten offiziellen Inschrift des Jahres 702/703 v. Chr. relativ nahe kommt –, spricht die jüngere Variante von 914 Ellen.

Abgesehen von der beträchtlichen Differenz der Maße liefert diese Diskrepanz einen wichtigen Anhaltspunkt für die Datierung der geflügelten Stierkolosse im Südwestpalast, auf deren Leibern die Inschriften eingraviert sind. So ist auf einigen der Torwächterfiguren die Längenangabe 700 Ellen zu lesen, auf anderen jedoch 914 Ellen. Daraus schließt man, daß sie in der Mehrzahl nur im Zeitraum zwischen 694 und 693 v. Chr. aufgestellt worden sein können, so wie die Mauern des Palastes überwiegend um das Jahr 700 v. Chr. errichtet worden sein dürften.

Reliefbruchstück mit assyrischen Bogenschützen in einer Hügellandschaft.
Alabaster, Höhe 44 Zentimeter, aus Kujundschik, Nordpalast (?), Mitte des 7. Jahrhunderts v.Chr.; Venedig, Museo Archeologico (Doni Museo Correr 7).

Die Fülle offizieller schriftlicher Quellen zum Bau des Südwestpalastes macht es möglich, genau festzulegen, wann die über zwölf Jahre dauernden Arbeiten endgültig abgeschlossen waren. Und zwar ergibt sich dieses Datum aus dem Vergleich zweier Prismen, die beide in das Jahr datiert sind, das sich nach unserer Zeitrechnung vom Frühling 691 bis zum Beginn des Jahres 690 v. Chr. erstreckte. In beiden Texten wird als Bauvorhaben des Herrschers nicht mehr der »Palast ohnegleichen« angeführt, sondern das *ekal mäscharti* auf dem Tell Nabi Junus. Das Jerusalemer Prisma, dessen Text viel knapper gehalten ist, weshalb es vermutlich auch einige Monate älter sein dürfte, erwähnt den Südwestpalast überhaupt nicht. Im Prisma Taylor hingegen, das mit Sicherheit aus den letzten Wochen des Jahres 691 oder den ersten des Jahres 690 v. Chr. stammt, wird explizit gesagt, daß nach der Vollendung des Südwestpalastes die Arbeiten am Arsenal-Palast von Ninive aufgenommen wurden. Von daher erscheint der Vorschlag plausibel, daß sämtliche Bautätigkeiten an Sanheribs neuer Residenz im Zeitraum zwischen der Abfassung der ersten und der zweiten Inschrift zu Ende gebracht wurden, vermutlich also in den letzten Monaten des Jahres 691 v. Chr., in jedem Fall aber zwischen dem Ende des Jahres 693 und dem Ende des Jahres 691 v. Chr.

Die Dimensionen des »Palastes ohnegleichen«

Wenn sich auch die Abfolge der einzelnen Bauphasen des Südwestpalastes anhand der königlichen Texte aus den Jahren 703 bis 690 v. Chr. auf zufriedenstellende Weise rekonstruieren läßt, so stellt sich die Interpretation der Größenangaben, die die ninivitische Kanzlei für den riesigen Palastkomplex liefert, doch sehr viel komplizierter dar: Den diesbezüglich jüngsten Inschriften aus dem Jahr 693 v. Chr. entnehmen wir als endgültige Maße der Gesamtanlage eine Länge von 914 Ellen für die Nordost-Südwest-Achse und eine Breite von 440 Ellen für die Nordwest-Südost-Achse; das entspricht ungefähr 503 mal 242 Meter. Was hingegen wirklich zu Tage kam, ist ein Areal, dessen Fläche zwar beachtlich, aber nicht größer als 198 auf 190 Meter ist. Im Vergleich mit den Angaben der Inschriften kennen wir also von der Längsachse des Bauwerks bisher weniger als zwei Fünftel, von der Querachse immerhin annähernd vier Fünftel. Dieses weitläufige, bereits von den Ausgräbern im 19. Jahrhundert erforschte Gelände liegt im hinteren Bereich des Palastes. Dazu kommt – auch wenn einige Unsicherheiten in bezug auf die Ergänzungen der Ausgräber des beginnenden 20. Jahrhunderts bestehen –, daß bisher kein Abschnitt der Umfassungsmauer wirklich zweifelsfrei identifiziert werden konnte, vielleicht mit einer einzigen Ausnahme am Südwestrand des Palastbezirks, die sich allerdings nicht überzeugend in die Lagepläne des 19. Jahrhunderts einordnen läßt.

Da alles, was bisher vom Südwestpalast bekannt ist, an der Südspitze des Tell Kujundschik liegt (siehe Plan Seite 81), können sich weitere Gebäudetrakte nur nordöstlich beziehungsweise nordwestlich davon befunden haben. Das Schwergewicht dürfte dabei vor allem das nordöstlich angrenzende Terrain bilden, da sich dort aller Wahrscheinlichkeit nach die vorderen Flügel des Palastes erstreckten. In etwas bescheidenerem Umfang sind auch im Nordwesten zusätzliche Räumlichkeiten zu erwarten, da sich der innere Bereich des Palastes vermutlich zur Mitte der Zitadelle hin ausgedehnt haben dürfte.

Auch wenn diese Überlegungen im großen und ganzen sicher richtig sind, so bleibt doch jede Rekonstruktion der Gesamtanlage ein schwieriges Unterfangen. So deutet einiges in den Angaben der Bauberichte darauf hin, daß der gigantische Palastkomplex keinen orthogonalen Grundriß mit parallelen Außenmauern gehabt haben kann. Vielmehr müssen einige deutlich sichtbare Achsenabweichungen dem Bauwerk eher die Form eines Trapezoids gegeben haben. Das mag im Vergleich mit dem Nordwestpalast Assurnasirpals II. oder dem Königspalast Sargons II. sonderbar erscheinen, doch in Kalchu und mehr noch in Dur Scharrukin konnte sich die Palastarchitektur ungehindert in den Raum ausbreiten, weil dort keine älteren Bauten zu berücksichtigen waren. In Ninive stellte sich die Sachlage jedoch anders dar: Zum einen bezog Sanherib sich mit seinem neuen Palast auf ein kleineres Palais seiner Vorgänger, das er von Grund auf umbauen und beträchtlich vergrößern wollte; zum anderen waren dem Ehrgeiz des Königs, sich eine Residenz zu errichten, die nicht nur prächtiger, sondern auch größer als alles bisher Dagewesene sein sollte, topographische Grenzen gesetzt. So stellte sich der Ischtar-Tempel im Zentrum der Zitadelle der Ausdehnung des Palastkomplexes nach Norden in den Weg, denn die Zikkurat der Göttin befand sich sehr wahrscheinlich im Süden des heiligen Bezirks, also in der Nähe der neuen Königsresidenz.

Reliefbruchstück mit einem elamischen Reiter, der einen Köcher auf dem Rücken trägt.
Alabaster, 25 Zentimeter, aus Kujundschik, Nordpalast (?), Mitte des 7. Jahrhunderts v.Chr.; Venedig, Museo Archeologico (Doni Museo Correr 4).

Auch wenn es nicht endgültig zu klären ist, so gehört diese Darstellung elamischer Bogenschützen mit Federkopfschmuck doch sehr wahrscheinlich zu zwei weiteren Bruchstücken mit fast identischen Figuren, von denen sich eines im Musée du Louvre in Paris, das andere im Museo Barracco in Rom befindet. Möglicherweise war die Prozession elamischer Krieger Teil einer Darstellung des Elam-Feldzuges Assurbanipals, der in verschiedenen kleinen Räumen am *bītānu*-Hof des Nordpalastes in Ninive abgebildet war.
Alabaster, 35 Zentimeter, aus Kujundschik, Nordpalast, Saal I (?), Mitte des 7. Jahrhunderts v.Chr.; Venedig, Museo Archeologico (Museo Correr 6).

Diese Erwägungen zur Ausgangssituation, die Sanherib antraf, als er daranging, sein stolzes Bauprojekt zu verwirklichen, müssen in die Auswertung der präzisen Maße des Bauwerks einfließen, die die königliche Kanzlei in den Jahren 700 und 697 v. Chr. veröffentlichte. Die zunächst scheinbar unverständlichen Mißverhältnisse, die sich daraus ergeben, lassen sich nur erklären, wenn man die Hypothese akzeptiert, daß der Palast Sanheribs zum einen wegen seiner räumlich begrenzten Lage an der Südspitze des Tell Kujundschik und zum anderen wegen der Nähe zum Emaschmasch ungewöhnliche Unregelmäßigkeiten in den Proportionen seiner Außenmauern aufweist. In der Tat zeigt sich die auffälligste Anomalie an der Differenz von 210 Ellen zwischen der zum Tigris ausgerichteten Südwestfront des Palastes mit 386 Ellen und den 176 Ellen der Nordostfront, die vermutlich die Vorderansicht des gesamten Gebäudekomplexes darstellte.

Dies läßt sich nun folgendermaßen mit dem oben Gesagten in Einklang bringen: Geht man davon aus, daß die Zikkurat des Emaschmasch sich an der Stelle der noch heute höchsten Erhebung des Tell Kujundschik befand, lag sie auf einer Höhe mit der Nordwestfassade von Sanheribs Palast. Aus diesem Grund hat man vorgeschlagen, daß der gesamte vordere Abschnitt dieser Seitenfront nach Südosten zurückgesetzt wurde, um Platz für die Zikkurat zu lassen. Überzeugend ist auch die These, daß die gegenüberliegende Südostfassade, die auf der anderen Seite des Palastes parallel zum Rand des Hügels verlief, wegen der Krümmung des Plateaurandes eine deutliche Richtungsänderung zur Mitte des Tell Kujundschik hin vollziehen mußte. Das Ergebnis dieser beiden Richtungskorrekturen, die dem Bauherrn einmal durch die natürliche Form des Hügels, zum anderen durch den Respekt für das altehrwürdigen Heiligtum der Ischtar auferlegt waren, konnte nur darin bestehen, daß die Vorderfront im Nordosten des Palastes sehr viel schmaler war als seine hintere Südwestfassade – genauso wie es die Texte der Kanzlei auch berichten.

Eine andere Diskrepanz, die in denselben äußerst detaillierten Inschriften auftaucht, bezieht sich auf die Länge der Nordwestseite des Palastes. Sie wird mit insgesamt 700 Ellen angegeben; sonderbarerweise wird die Mauer jedoch weiter unterteilt in zwei Abschnitte von 268 und 383 Ellen in der Inschrift von 700 v. Chr. beziehungsweise von 268 und 443 Ellen in der Inschrift von 697 v. Chr. Wie man sieht, kommt man in keinem Fall auf die Summe von 700 Ellen, wobei sich für die erste Inschrift ein Minus von 49 Ellen ergibt, für die zweite ein Plus von 11 Ellen, das entspricht etwa 27 beziehungsweise 6 Meter. Doch auch für dieses Problem läßt sich eine Lösung finden, die zwar hypothetisch, aber dennoch plausibel ist.

Wenn man die Notwendigkeit empfand, für die Länge der Nordwestfront zwei verschiedene Teilmaße anzugeben, so muß der Grund dafür darin liegen, daß diese Seitenansicht sich nicht als durchgehende, sondern als unterbrochene Linie präsentierte, da sie ja, wie oben erwähnt, im Bereich der Zikkurat der Ischtar zurückgesetzt war. Von den drei Gesamtlängen, die sich aus den beiden Quellen ergeben, dürfte diejenige von 700 Ellen annähernd die ursprünglich geplante Distanz zwischen der hinteren Südwestfront und der vorderen Hauptfassade bezeichnen; die größere von 711 Ellen bezog vielleicht alle drei Abschnitte der Nordwestfront ein, inklusive des kurzen Mittelstücks an der Zikkurat, das ungefähr rechtwinkelig zu den beiden längeren Teilstrecken verlief; und schließlich gibt die kleinste und besonders schwer zu deutende Summe von 651 Ellen vielleicht die realen Maße der beiden Mauerabschnitte wieder, denn wahrscheinlich grenzte das Hauptportal im Nordosten des Komplexes nicht direkt an die Nordwestseite, sondern hatte die Form eines Vorbaus.

Eine weitere Unstimmigkeit in bezug auf die Länge des Südwestpalastes fällt auf, wenn man die ältesten Textfassungen mit der jüngsten Bauinschrift aus dem Jahr 693 v. Chr. vergleicht. Da sie alle datiert sind, bereitet die Erklärung jedoch keine größeren Schwierigkeiten. Offensichtlich war es so, daß der Palast nach dem anfänglichen Konzept eine Länge von ungefähr 700 Ellen haben sollte; zwischen 694 und 693 v. Chr. entschloß man sich jedoch, wie erwähnt, im vorderen Bereich einen Anbau anzufügen. Dadurch erreichte der ursprünglich auf eine Gesamtlänge von 385 Meter geplante Gebäudekomplex also 914 Ellen oder umgerechnet 503 Meter.

Diese gesicherte Erweiterung im Nordosten des Palastes hat man mit dem sogenannten *bīt nakkapati* identifiziert, auf das die englischen Ausgräber zu Beginn des 20. Jahrhunderts stießen. Den auch heute noch rätselhaften Gebäudenamen entdeckten sie in einer Inschrift auf dem Fragment eines menschenköpfigen Stierkolosses, der zu einem monumentalen Portal gehörte, von dem außerdem Platten der Türschwelle und Fragmente von Orthostaten mit apotropäischen Gestalten ähnlich denen im Südwestpalast gefunden wurden. Da es aufgrund der äußerst mangelhaften graphischen Dokumentation der Funde so aussah, als blickten die Stiere dieses Tores Richtung Nordosten, lag es nahe, anzunehmen, das *bīt nakkapati*

Wahrscheinlich wurde diese nur zum Teil erhaltene Tridacna-Muschel, die außen und innen mit Ritzzeichnungen geflügelter Sphingen mit der ägyptischen Doppelkrone verziert ist, von einer phönizischen Werkstatt geschaffen. Muschel, Höhe 11 Zentimeter, aus Kujundschik, 9./8. Jahrhundert v.Chr.; London, British Museum (WA 99392).

Reliefbruchstück mit assyrischen Reitern und Fußsoldaten, die vielleicht den Transport von Kriegsbeute bewachen.
Alabaster, Höhe 47 Zentimeter, aus Kujundschik, Südwestpalast (?), Beginn des 7. Jahrhunderts v.Chr. (?); Venedig, Museo Archeologico (3).

Diese malerische Rekonstruktion der Stadtansicht Kalchus, die sicher nicht der historischen Realität entspricht, fertigte James Ferguson nach den Angaben Layards im Jahr 1853 an.

sei ursprünglich die Torhalle an der Hauptfassade des Palastes gewesen.

Bei den amerikanischen Nachgrabungen im Jahr 1989 kamen die 1904 entdeckten Überreste wieder zu Tage, und man fand heraus, daß die Stiermenschen genau in die andere Richtung, nämlich nach Südwesten und zum Palast hin orientiert waren. Somit ist es ausgeschlossen, daß das *bīt nakkapati* die Außenansicht des »Palastes ohnegleichen« darstellte. In welchem architektonischen Verhältnis es dereinst wirklich zum Palast stand, können nur ausgedehntere Grabungen lösen, für den Augenblick sind mehrere Interpretationen möglich: So könnten die Kolossalbilder zu einem Portal im Inneren des Eingangsgebäudes an der Hauptfassade gehört haben, oder das *bīt nakkapati* erhob sich direkt gegenüber vom Palast, allerdings ohne eine direkte architektonische Verbindung mit diesem zu haben.

Die Reliefs des Südwestpalastes

Aus 33 der über 70 bekannten Räume des Südwestpalastes, von denen allerdings fünf noch nicht freigelegt sind (II, XV, XX, XXI und XXXV), kennen wir unterschiedlich große Partien von Reliefs oder zumindest Zeichnungen der vor Ort verbliebenen beziehungsweise verlorengegangenen Bildzyklen. Layard hat auch für weitere neun Säle von Reliefs berichtet, diese aber nur knapp beschrieben und nicht gezeichnet (IX, XVII, XXIV, XXVII, XXXI, XXXIV, XXXIX, LX, LXV). Außerdem hat er für die Räume XI und LXVIII die Lage der Orthostaten auf dem Plan eingetragen, so als enthielten sie eine plastische Wanddekoration, die er in seinen Aufzeichnungen aber weder erwähnt noch kopiert hat. Was die übrigen Räume betrifft, so sind für die Säle XVIII und XXIII nur die Laibungen der Eingänge belegt; für zwölf weitere Säle (XIII, XVI, L, LII, LIV–LIX, LXII, LXIII) gibt es keinen einzigen Hinweis auf einen Wandschmuck; für den Raum LXI wird sogar ausdrücklich gesagt, daß dort keine Wandverkleidung mit Steinplatten existierte; während von fünf Räumen berichtet wird, daß die Orthostaten zerstört gefunden wurden, hören wir nur in einem Fall (XLII) von ausgemeißelten Darstellungen; und schließlich waren in drei Sälen (XXIX, XXX, LIII) die Orthostatenplatten zwar angebracht, aber nicht reliefiert.

Darüber hinaus gab es in sieben der 33 dekorierten Räume – dem Thronsaal I, dem daran angrenzenden Saal V, dem Hof VI, Saal X, den kleineren Zimmern XXXVI und LXX sowie dem großen Korridor XLIX – Bildbeischriften, die Sanherib als den Helden der dargestellten Unternehmungen bezeichnen; nur im Raum XXXIII war der Name Assurbanipal in den Legenden zu lesen. Man hat die Reliefs mit dem Namen Sanheribs und den einen Bildzyklus, in dem Assurbanipal genannt ist, in Hinblick auf Ikonographie, Stil und Komposition sowie den Gliederungsmodus der Orthostatenplatten sehr genau miteinander verglichen und ist dabei zu dem begründeten Schluß gekommen, daß auch die Reliefs einiger anderer Räume in die Zeit Assurbanipals datieren, die Dekoration der meisten inschriftlich nicht bestimmten Säle aber zur Zeit Sanheribs entstanden sein muß.

Bevor wir uns der Zuschreibung der Abbildungen in den einzelnen Sälen an den einen oder den anderen Herrscher widmen, sind noch einige Vorbemerkungen zur Verteilung der Reliefs im allgemeinen nötig: Während sich die schmucklosen Räume in den Randzonen des Palastes befinden, konzentrieren sich die dekorierten Räume hingegen, sicherlich nicht zufällig, im Kernbereich des Palastes hinter dem Thronsaal I und rund um die beiden Höfe VI und XIX des Raumsystems, das in einem neuassyrischen Palast traditionell als *bītānu* bezeichnet wird. In unmittelbarer Nähe des Thronsaales ist lediglich der Wandschmuck der Räume II, XXI und XX unbekannt. Der sogenannte Raum II ist jedoch nichts anderes als die von zwei Anten flankierte Südostecke des Thronsaales, wo sich üblicherweise der Sockel für den königlichen Thron befand. Nach der noch heute allgemein akzeptierten Rekonstruktion aus dem 19. Jahrhundert stellt man sich Raum II als symmetrisches Spiegelbild zum (erhaltenen) Raum III auf der dem Thron gegenüberliegenden Seite vor.

So wie der zum Thronsaal gehörige Raum II mit Reliefs geschmückt gewesen sein muß – hatte doch auch der weniger bedeutende Raum III Wandbilder –, so können wir auch davon ausgehen, daß die Säle XX

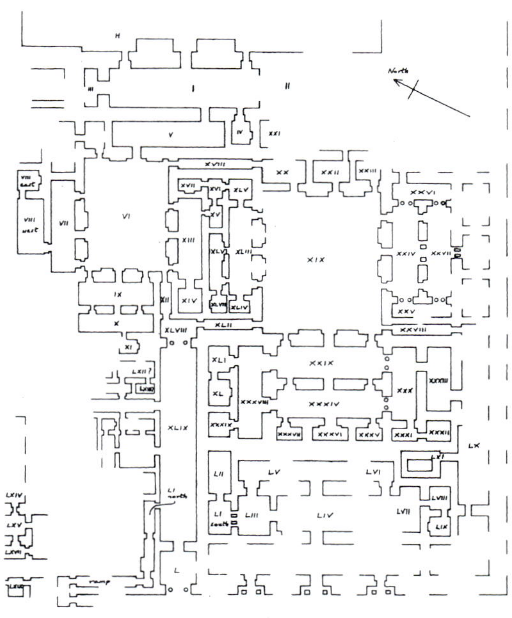

Plan des Südwestpalastes von Kujundschik mit der Bezeichnung aller bekannten Räume (nach J.E. Reade).

Oberteil einer Figur des mythischen »sechslockigen« Helden *(lachmu)*, der zur Sphäre Eas, des Gottes des unterirdischen Süßwasserozeans, gehörte. *Lachmu*-Statuetten hat man manchmal als Fundamentbeigaben neuassyrischer Paläste gefunden.
Ton, Höhe 5,2 Zentimeter, aus Kujundschik, Nordpalast (?); London, British Museum (WA 91841).

und XXI dekoriert waren. Obwohl sie nicht direkt mit dem Thronsaal in Verbindung standen, betrat man sie vom großen Hof XIX aus gleichsam mit Blick auf den Thronsaal. Außerdem durchquerte man den Saal XX, wenn man vom Thronsaal I zum Hof XIX ging und dabei den Weg über den kleineren Hof VI und den Korridor XVIII nahm.

Tatsächlich waren, mit Ausnahme von Saal XXIX, praktisch alle unmittelbar an den Hof XIX angrenzenden Räume mit Reliefs geschmückt. Einige davon stammen ebenso wie die Wandbilder des Hofes selbst aus der Zeit Assurbanipals. Das legt die Vermutung nahe, daß sich der letzte große Herrscher Assyriens vielleicht vor allem zu Beginn seiner Regierungszeit darum bemühte, die von seinem Großvater Sanherib unfertig hinterlassene Dekoration des Palastes zu vollenden oder, was noch wahrscheinlicher ist, sie zu erneuern, indem er Orthostatenplatten mit den Darstellungen seiner eigenen militärischer Unternehmungen anbringen ließ.

In den Räumen rund um Saal LIV im äußersten Südwesten des Palastkomplexes scheint es, trotz ihrer eindrucksvollen architektonischen Gestaltung, so gut wie keine Wandbilder gegeben zu haben, denn entweder werden sie in den Ausgrabungsberichten des 19. Jahrhunderts als undekoriert beschrieben, oder es gibt keinerlei Angaben über Orthostaten. Dasselbe gilt auch für die kleineren Zimmer rund um den großen Audienzsaal XXIV an der Südostseite des Hofes XIX, den großen Empfangssaal XXIX an der Südwestseite desselben Hofes und schließlich für den Audienzsaal XIII sowie seine beiden miteinander verbundenen Nebenräume XV und XVI an der Südostseite des kleineren Hofes VI.

Diese Datenlage dürfte von einiger Bedeutung sein: Sie belegt nämlich sehr klar, daß und wo der Wandschmuck des Südwestpalastes höchstwahrscheinlich bereits in der Zeit Sanheribs unvollendet blieb. Umgekehrt zeigt sich auch, daß – beginnend am Thronsaal I, dessen Reliefs vermutlich noch vor dem Tod des Herrschers fertiggestellt und danach weder von Asarhaddon noch von Assurbanipal modifiziert wurden – das gesamte Dekorationsprogramm der Flügel rund um den Hof VI ausgeführt wurde. Die einzige Ausnahme in diesem Gebäudekomplex bilden, wie oben erwähnt, der große Audienzsaal XIII und seine Nebenräume, die man vielleicht diesem zurechnete.

An den Gebäuden am Hof XIX hat man zwar die Ausschmückung des schmalen Nordwestflügels mit dem Saal XLVI zu Ende gebracht, doch die Arbeiten in den beiden größeren Trakten an der Südwest- und der Südostseite des Hofes wurden offensichtlich abgebrochen. Gerade daran aber läßt sich ein Organisationsprinzip für die Abwicklung der Arbeiten erkennen. So blieb in dem imposanten Empfangstrakt an der Südwestseite des Hofes ausgerechnet der Hauptsaal XXIX schmucklos, während die kleineren, ihn umgebenden Räume alle bis auf einen (XXX) reliefierte Orthostaten haben. Daraus läßt sich ableiten, daß die Realisierung des Bildprogramms in diesem Flügel, für den es zweifellos einen Gesamtentwurf gab, von den hinteren, unbedeutenderen Raumeinheiten zum zentralen und wichtigsten Saal vorangeschritten sein muß. An der Südostseite des Hofes XIX verfuhr man ganz offensichtlich genau in der umgekehrten Art und Weise, denn hier ist es der bedeutendste Raum, der Audienzsaal XXIV, der den Vorrang hat: Während er dekoriert wurde, blieben alle anderen Räume dieses Flügels anscheinend ungeschmückt.

Schließlich fand man auch den gesamten großen Komplex, der im rückwärtigen Bereich an der Südwestseite des Palastes lag und keine direkte Verbindung mit den Flügeln des Hofes XIX hatte, ohne Orthostatenreliefs – abgesehen nur von einem kleinen, ganz außen gelegenen Zimmer (LI). Im Unterschied zu allen anderen unvollendeten Gebäudetrakten ist es hier jedoch sehr wahrscheinlich, daß das Dekorationsprogramm zum Zeitpunkt von Sanheribs Tod noch gar nicht entworfen war.

Nun zur Frage der Zuschreibung der Reliefs an Sanherib oder Assurbanipal: Als erstes scheint es hinreichend erwiesen, daß Assurbanipal die Räume unangetastet ließ, in denen der Erbauer des Palastes sein Dekorationsprogramm zum Abschluß bringen konnte – also rund um den Thronsaal I, im Nordwest-, Südwest- und Südostflügel des Hofes VI sowie im Nordwestflügel des Hofes XIX. Es leuchtet ebenfalls ein, daß er dort, wo Sanherib die Ausschmückung der Räume weitgehend fertiggestellt hatte – wie in den Sälen und Zimmern um den Audienzsaal XXIX – oder sie zumindest angelegt hatte – wie in dem Trakt mit dem dekorierten Saal XXIV – kein Interesse daran hatte, zusätzlich eigene Reliefs anbringen zu lassen, vermutlich weil er sich bewußt war, daß es zu Mißverständnissen und Verwechslungen zwischen seinen eigenen Heldentaten und denen seines Großvaters kommen würde, wenn er den verbleibenden Raum mit eigenen Bildern dekorieren ließ.

Daneben zeigt sich jedoch auch deutlich, daß Assurbanipal nicht völlig darauf verzichten wollte,

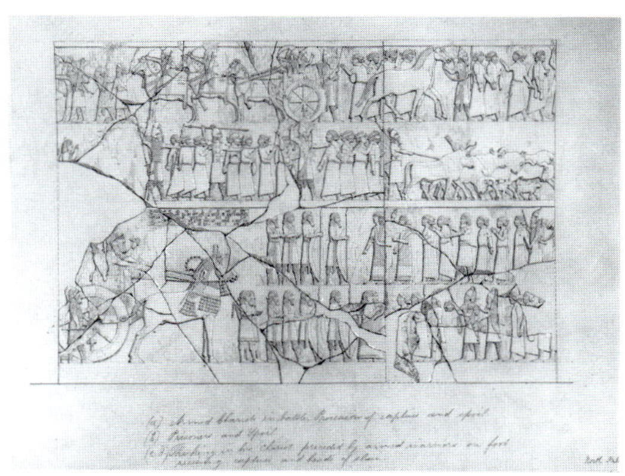

Die Auslieferung der Stadt Din Scharri an Assurbanipal.
Aus Kujundschik, Nordpalast, Saal V' oder T', Platten A–B, Mitte des 7. Jahrhunderts v.Chr.; Zeichnung aus dem 19. Jahrhundert, London, British Museum (WAA Or.Dr. V, 31).

Bodenplatte mit Teppichmuster von der Schwelle eines Portals.
Alabaster, Breite 1,27 Meter, aus Kujundschik, Nordpalast, Saal L, Portal b oder d, Mitte des 7. Jahrhunderts v.Chr.; London, British Museum (WA 118913).

sich im Südwestpalast ein Denkmal zu setzen. Vermutlich beschloß er deshalb am Anfang seiner Regierungszeit, als die Arbeiten an seiner neuen Residenz im Norden von Kujundschik noch nicht weit gediehen sein konnten, Darstellungen eigener Kriegszüge so im Palast zu verteilen, daß eine Art autonomer Rundgang entstand, dessen erzählende Reliefs sich unmißverständlich »lesen« ließen.

Abgesehen von den Wänden des Hofes XIX sind die einzigen größeren Räume, in denen Assurbanipal seine Heldentaten verherrlichen ließ, der Saal XXXIII und der Korridor XXVIII. Ersterer ist wegen der Themen seines Wandschmucks interessant, liegt aber sehr am Rand des Flügels mit dem großen (undekorierten) Audienzsaal XXIX und ist von diesem architektonisch auch praktisch unabhängig. Der Korridor XXVIII fungierte als Zugang von den äußeren Räumen ins Innere des Palastes, zum Audienzsaal und zum großen Hof XIX, in den er mündete.

Nimmt man das kleine, gewiß ebenfalls von Assurbanipal dekorierte Durchgangszimmer XXII hinzu, durch das man unter Umgehung des Thronsaales I aus dem nicht ausgegrabenen Flügel im vorderen Palastbereich in den Hof XIX gelangen konnte, kommt man zu folgendem Resultat: All die unterschiedlich großen Räume mit Reliefs von Assurbanipal – von Südosten nach Südwesten das Zimmer XXII, der Hof XIX, der Korridor XXVIII und der Saal XXXIII – liegen auf einer, wenn auch etwas gewundenen Linie. Sie ergibt eine Route, die deutlich von den von Sanherib dekorierten Flügeln abgesetzt ist und an der entlang der Besucher neben, aber doch unabhängig von den Kriegszügen Sanheribs auch die Ruhmestaten des neuen und ambitionierten Herrschers von Assyrien bewundern konnte.

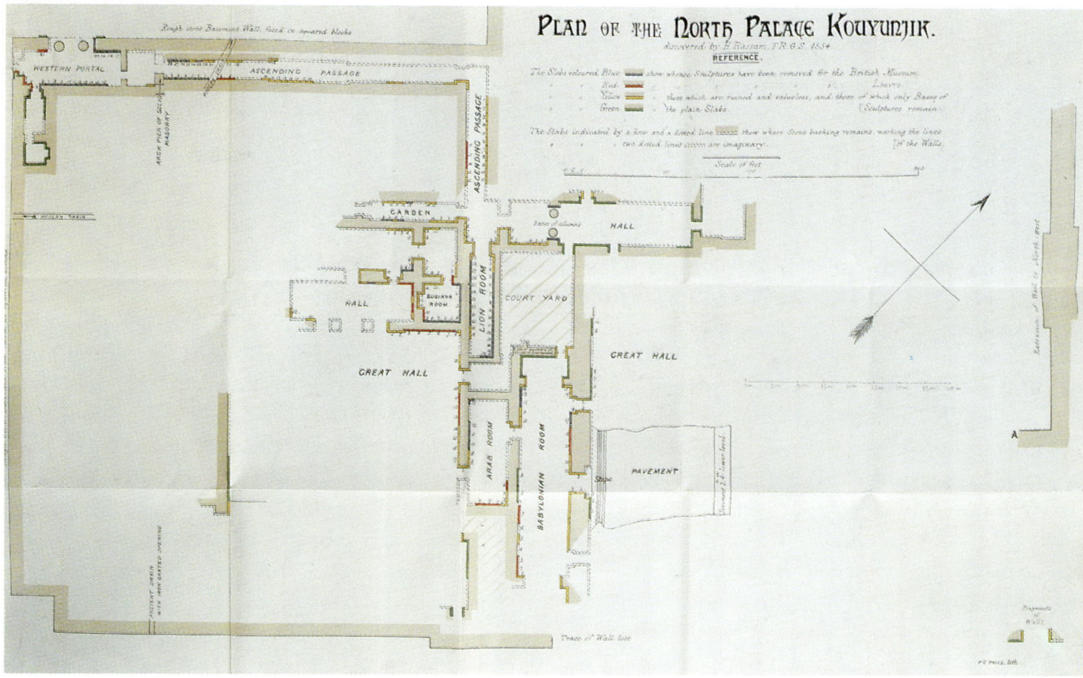

Plan des Nordpalastes von Kujundschik (nach H. Rassam, 19. Jahrhundert).

Bruchstück eines Bildhauermodells für ein Relief mit der Darstellung des Königs, der einen Löwen mit der Lanze ersticht.
Ton, Höhe 34 Zentimeter, aus Kujundschik, Mitte des 7. Jahrhunderts v.Chr.; London, British Museum (WA 93011).

Schutzgottheiten mit Äxten und Dolchen in den Händen.
Alabaster, Höhe 87 Zentimeter, aus Kujundschik, Nordpalast, Hof O, Platte 4, Mitte des 7. Jahrhunderts v.Chr.; London, British Museum (WA 124918).

Der Nordpalast Assurbanipals

Der Nordpalast wurde von Assurbanipal auf der Zitadelle von Ninive an der Stelle eines älteren Palastes errichtet, den er als *bīt redûti*, als »Nachfolgehaus«, bezeichnete. Diese Kronprinzenresidenz, die zugleich Verwaltungssitz des designierten Thronfolgers war, soll Assurbanipal zufolge auf seinen Großvater Sanherib zurückgehen, doch auch dieser hatte sie nur restauriert und kann also nicht der Gründer des Bauwerks gewesen sein.

Die Prismen A und F, die Bauberichte Assurbanipals enthalten, liefern bedauerlicherweise keine sehr aussagekräftige Beschreibung des neuen Königspalastes. So machen sie keine präzisen Größenangaben, wie wir es aus anderen, weniger standardisierten Bauinschriften kennen; all die Einzelheiten, die sie erwähnen, sind als stereotype Formeln bekannt und scheinen mehr mit einem literarischen Topos als mit der architektonischen Wirklichkeit des Palastes zu tun zu haben – von der neuen Palastterrasse bis zu den wertvollen Hölzern für die Decken und Portale, von den Bronzebeschlägen der Türflügel bis zu den Säulen des *bīt chilāni*, des »syrischen« Portikus, der seit der Zeit Tiglatpilesars III. zum Torbau eines neuassyrischen Palastes gehörte.

Darüber hinaus erhalten wir aus diesen Texten nur noch eine Reihe von Informationen, die in städtebaulicher und ideologischer, freilich nicht in architektonischer Hinsicht interessant sind. Sie beziehen sich auf den Park, in dem der Palast lag, und auf die Götter, die das Bauvorhaben beschützten. Abgesehen von einigen unbedeutenden Gottheiten zählen dazu die großen Götter Assyriens und Babyloniens: von Assur über Sin und Schamasch zu Adad, von Marduk bis Nabu, von der Ischtar von Ninive über die Scharrat Kidmuri zur Ischtar von Arbela bis hin zu Ninurta, Nergal und Nusku.

Die Inschriften auf dem Rücken der Hundefigurinen bezeichnen sie als apotropäische Wesen.
Ton, Höhe 4,5 bis 5,6 Zentimeter, aus Kujundschik, Nordpalast, Saal S, Portal d, Mitte des 7. Jahrhunderts v.Chr.; London, British Museum (WA 30001–5).

Anhang

Bibliographie

Einführende Werke

Andrae, W., *Das wiedererstandene Assur* (Nachdruck der 1938 in Leipzig erschienenen Ausgabe), Verlag C. H. Beck, München 1977.

Beek, M. A., *Bildatlas der assyrisch-babylonischen Kultur,* Gütersloher Verlagshaus Gerd Mohn, Gütersloh 1961.

Ellis, R. S., *A Bibliography of Mesopotamian Archaeological Sites,* Harrassowitz Verlag, Wiesbaden 1972.

Frankfort, H., *The Art and Architecture of the Ancient Orient,* Penguin, Harmondsworth 1970.

Heinrich, E., *Die Tempel und Heiligtümer im alten Mesopotamien,* Walter de Gruyter Verlag, Berlin 1982.

Ders., *Die Paläste im alten Mesopotamien,* Walter de Gruyter Verlag, Berlin 1984.

Hrouda, B., *Vorderasien I: Mesopotamien, Babylonien, Iran und Anatolien,* (Handbuch der Archäologie), Verlag C. H. Beck, München 1971.

Ders. (Hg.), *Der Alte Orient. Geschichte und Kultur des alten Vorderasien,* C. Bertelsmann Verlag, München 1991.

Ders., *Mesopotamien. Die antiken Kulturen zwischen Euphrat und Tigris,* Verlag C. H. Beck, München 1997.

Koldewey, R., *Das wieder erstehende Babylon. Die bisherigen Ergebnisse der deutschen Ausgrabungen.* (Nachdruck der 1925 in Leipzig erschienenen Ausgabe), Edition Olms, Zürich 1981.

Laroche, L., *Monumente großer Kulturen: Mesopotamien,* Ebeling Verlag, Wiesbaden 1975.

Lloyd, S., *Die Archäologie Mesopotamiens,* Verlag C. H. Beck, München 1981.

Moortgat, A., *Die Kunst des Alten Mesopotamien,* 2 Bde., DuMont Buchverlag, Köln 1982 u. 1985.

Nissen, H. J., *Grundzüge einer Geschichte der Frühzeit des Vorderen Orients,* Wissenschaftliche Buchgesellschaft, Darmstadt 1990.

Orthmann, W., *Der alte Orient* (Propyläen Kunstgeschichte, Bd. 18), Ullstein Verlag, Berlin 1985.

Parrot, A., *Assur. Die mesopotamische Kunst vom 13. vorchristlichen Jahrhundert bis zum Tode Alexanders des Großen* (Universum der Kunst), Verlag C. H. Beck, München 1972.

Ders., *Sumer und Akkad. Die mesopotamische Kunst von den Anfängen bis zum 12. vorchristlichen Jahrhundert* (Universum der Kunst), Verlag C. H. Beck, München 1983.

Reallexikon der Assyriologie und Vorderasiatischen Archäologie, Walter de Gruyter Verlag, Berlin seit 1928.

Roaf, M., *Bildatlas der Weltkulturen: Mesopotamien,* Christian Verlag, München 1991.

Strommenger, E./Hirmer, M., *Fünf Jahrtausende Mesopotamien. Die Kunst von den Anfängen um 5000 v. Chr. bis zu Alexander dem Großen,* Hirmer Verlag, München 1962.

Sumer, Assur, Babylon. 7000 Jahre Kunst und Kultur zwischen Euphrat und Tigris, Verlag Philipp von Zabern, Mainz 1978.

Abenteuer Archäologie: Die Entdeckung und Erforschung Ninives

Barnett, R. D./Forman, W., *Assyrian Palace Reliefs and Their Influence on the Sculptures of Babylonia and Persia,* Batchworth, London 1960.

Barnett, R. D./Lorenzini, A., *Assyrische Skulpturen im British Museum,* Verlag Aurel Bongers, Recklinghausen 1975.

Bonomi, J., *Nineveh and Its Palaces: the Discoveries of Botta and Layard Applied to the Elucidation of Holy Writ,* Office of the Illustrated London Library, London 1852.

Boson, G., *Alcuni bassorilievi assiri nel Museo Barracco in Roma,* in: Analecta Orientalia 12 (1935), S. 24–33.

Botta, P.-E./Flandin, E., *Monument de Ninive, découvert et décrit par M. P. E. Botta, mesuré et dessiné par M. E. Flandin,* 5 Bde., Imprimerie Nationale, Paris 1849/50.

Campbell Thompson, R., *The Excavation on the Temple of Nabu at Nineveh,* in: Archaeologia 79 (1929), S.103–148.

Campbell Thompson, R./Hamilton, R. W., *The British Museum Excavations on the Temple of Ishtar at Nineveh, 1930–31,* in: Annals of Archaeology and Anthropology 19 (1932), S. 55–116.

Campbell Thompson, R./Hutchinson, R. W., *A Century of Exploration at Nineveh,* London 1929.

Dies., *The Site of the Palace of Ashurnasirpal at Nineveh, Excavated in 1929–30 on Behalf of the British Museum,* in: Annals of Archaeology and Anthropology 18 (1931), S. 17–40.

Campbell Thompson, R./Mallowan, M. E. L., *The British Museum Excavations at Nineveh, 1931–32,* in: Annals of Archaeology and Anthropology 20 (1933), S. 71–186.

Curtis, J. E./Reade, J. E. (Hg.) *Art and Empire. Treasures from Assyria in the British Museum,* British Museum, London 1995.

Dolce, R./Nota Santi, M. (Hg.) *Dai palazzi assiri. Immagini di potere da Assurnasirpal II. ad Assurbanipal (IX–VII sec. a. C.)* (Studia Archaeologica 76), L'«Erma« di Bretschneider, Rom 1995.

El-Wailly, F., *Nineveh,* in: Sumer 21 (1965), S. 4–6.

El-Wailly, F., *Nineveh,* in: Sumer 22 (1966), S. 22.

Falkner, M., *Die Reliefs der assyrischen Könige. Zweite Reihe. I. Zehn assyrische Reliefs in Venedig,* in: Archiv für Orientforschung 16 (1952/53), S. 25–34.

Gadd, C. J., *The Stones of Assyria: The Surviving Remains of Assyrian Sculpture, Their Recovery, and Their Original Positions of Assyria,* Chatto & Windus, London 1936.

Gadd, C. J., *A Visiting Artist at Nineveh in 1850,* in: Iraq 5 (1938), S. 118–122.

Hall, H.R., *Babylonian and Assyrian Sculpture in the British Museum,* Van Oest, Paris/Brüssel 1928.

Jakob-Rost, L./Klengel-Brandt, E./Marzahn, J./Wartke, R.-B., *Das Vorderasiatische Museum,* Staatliche Museen zu Berlin, Berlin 1992.

Layard, A. H., *Nineveh and Its Remains with an Account of a Visit to the Chaldaean Christians of Kurdistan and the Yezidis or Devil-Worshippers and an Enquiry into the Manners and Arts of the Ancient Assyrians,* 2 Bde., John Murray, London 1849.

Ders., *The Monuments of Nineveh,* 2 Bde., John Murray, London 1849–53.

Ders., *Nineveh and Babylon. A Narration of a Second Expedition to Assyria Nineveh,* John Murray, London 1867.

Ders., *Auf der Suche nach Ninive* (Hg. Schmökel, H.), Verlag C. H. Beck, München 1975.

Madhloom, T. A., *Excavations at Nineveh 1965–67,* in: Sumer 23 (1967), S. 76–79.

Ders., *Nineveh: the 1967–68 Campaign,* in: Sumer 24 (1968), S. 45–51.

Ders., *Nineveh: the 1968–69 Campaign,* in: Sumer 25 (1969), S. 44–49.

Meyer, G. R., *Altorientalische Denkmäler im Vorderasiatischen Museum zu Berlin,* Leipzig 1965.

Parrot, A., *Archéologie mésopotamienne.* Bd. I: *Les étapes,* Michel, Paris 1946.

Place, V., *Ninive et l'Assyrie, avec des essais de restauration par Félix Thomas,* 3 Bde., Imprimerie Imperiale, Paris 1867–70.

Porada, E./Hare, S., *The Great King, King of Assyria. Assyrian Reliefs in the Metropolitan Museum of Art,* The Metropolitan Museum of Art, New York 1945.

Pottier, E., *Musée National du Louvre. Catalogue des antiquités assyriennes,* 2 Bde., Musées Nationaux, Paris 1917–24.

Reade, J. E., *Assyrian Sculpture,* British Museum, London 1983.

Smith, G., *Assyrian Discoveries,* Sampson Low, London 1883.

Smith, S., *Assyrian Sculptures in the British Museum from Shalmaneser III to Sennacherib,* British Museum, London 1938.

Vigneau, A./Rutten, M. (Hg.), *Encyclopédie Photographique de l'Art.,* Bd. 2: *Mésopotamie, Canaan, Chypre, Grèce,* Musée du Louvre, Paris 1936.

Die Stadtentwicklung von der Vorgeschichte bis zur Zeit Sargons von Akkad

Abu al-Soof, B., *The Distribution of Uruk, Jemdet Nasr, and Ninivite V Pottery as Revealed by Field Survey,* in: Iraq 30 (1968), S. 74–86.

Algaze, G., *Habuba on the Tigris: Archaic Nineveh Reconsidered,* in: Journal of Near Eastern Studies 45 (1986), S. 125–135.

Ball, W./Tucker, D./Wilkinson, T. J., *The Tell el-Hawa Project. Archaeological Investigations in the North Jazira 1986,* in: Iraq 51 (1991), S. 1–66.

Behm-Blancke, M. R., u. a., *Hassek Hüyük: Vorläufiger Bericht über die Ausgrabungen der Jahre 1978–1980,* in: Istanbuler Mitteilungen 31 (1981), S. 11–93.
Collon, D./Reade, J. E., *Archaic Nineveh,* in: Baghdader Mitteilungen 14 (1983), S. 33–41.
Gut, R. V., *Das prähistorische Ninive. Zur relativen Chronologie der frühen Perioden Nordmesopotamiens,* in: Baghdader Forschungen 19, 2 Bde., Verlag Philipp von Zabern, Mainz 1995.
Killick, R., *The Eski Mosul Region,* in: Finkbeiner, U./Röllig, W. (Hg.), Gamdat Nasr: Period or Regional Style? (Beihefte zum Tübinger Atlas des Vorderen Orients, Reihe B 62, S. 229–244), Verlag Dr. Ludwig Reichert, Wiesbaden 1986.
Mallowan, M. E. L., *The Prehistoric Sondage of Nineveh, 1931–1932,* in: Annals of Archaeology and Anthropology 20 (1933), S. 127–177.
Ders., *The Bronze Head of the Akkadian Period from Nineveh,* in: Iraq 3 (1936), S. 104–110.
Ders., *Excavations at Brak and Chagar Bazar,* in: Iraq 9 (1947), S. 1–87.
Mallowan, M. E. L./Rose, J.C., *Excavations at Tell Arpachiyah,* in: Iraq 2 (1935), S. 1–178.
Nylander, C., *Earless in Nineveh: Who Mutilated »Sargon's Head«,* in: American Journal of Archaeology 84 (1980), S. 329–333.
Oates, D., *Studies in the Ancient History of Northern Iraq,* The British Academy, London 1968.
Stronach, D., *Village to Metropolis: Nineveh and the Beginnings of Urbanism in Northern Mesopotamia,* in: Mazzoni, S. (Hg.), Nuove fondazioni nel Vicino Oriente (Seminari di Orientalistica 4, S. 85–114), Giardini, Pisa 1994.
Wilkinson, T. J./Tucker, D., *Settlement Development in North Jazira, Iraq. A Study of the Archaeological Landscape* (Iraq Archaeological Reports 3), British School of Archaeology in Iraq, Warminster 1995.

Das »Dunkle Zeitalter«: Verborgener Glanz bis zur Epoche Sargons II.

Barnett, R. D., *A Catalogue of the Nimrud Ivories with other examples of Ancient Near Eastern Ivories in the British Museum,* British Museum, London 1957.
Ders., *The Nimrud Bowls in the British Museum,* in: Rivista di Studi Fenici 2 (1974), S. 11–33.
Ders., *Ancient Ivories in the Middle East and Adjacent Countries* (Qedem 14), The Hebrew University, Jerusalem 1982.
Boehmer, R. M., *Zum »Weißen Obelisken« Assurnasirpals I.,* in: Berliner Jahrbuch für Vor- und Frühgeschichte 8 (1968), S. 207–209.
Borger, R., *Einleitung in die assyrischen Königsinschriften. Erster Teil: Das zweite Jahrtausend vor Chr.* (Handbuch der Orientalistik), Brill, Leiden 1964.
Curtis, J. E./Collon, D./Green, A. R., *British Museum Excavations at Nimrud and Balawat in 1989,* in: Iraq 55 (1993), S. 1–37.
Grayson, A. K., *The Early Development of Assyrian Monarchy,* in: Ugarit-Forschungen 3 (1971), S. 311–319.
Ders., *Assyrian Royal Inscriptions. Records of the Ancient Near East,* 2 Bde., Harrassowitz Verlag, Wiesbaden 1972–76.
Ders., *Assyria: Ashur-dan II to Ashur-Nirari V (954–745 B. C.),* in: Boardman, J., u. a. (Hg.), The Cambridge Ancient History; Bd. 3, Teil 1: The Prehistory of the Balkans; and the Middle East and the Aegean world, tenth to eighth centuries B. C., S. 238–281, Cambridge University Press, Cambridge 1982.
Ders., *Assyria: Tiglath-pileser III to Sargon II (744–705 B. C.),* in: Boardman, J., u. a. (Hg.), The Cambridge Ancient History; Bd. 3, Teil 2: The Assyrian and Babylonian Empires and Other States of the Near East, from the eighth to the sixth centuries B. C., S. 71–102, Cambridge University Press, Cambridge 1991.
Mallowan, M. E. L., *Nimrud and Its Remains,* 3 Bde., London 1966.
Mallowan, M. E. L./Parker, B., *Magic and Ritual in the Northwest Palace Reliefs,* in: Harper, P. O./Pittman, H. (Hg.), Essays on Near Eastern Art and Archaeology in Honor of Ch.K. Wilkinson, S. 33–39, The Metropolitan Museum of Art, New York 1983.
Matthiae, P., *L'arte dell'Oriente antico. I primi imperi e i principati del Ferro, 1600–700 a. C.,* Electa, Mailand 1997.
Paley, S. M., *King of the World. Ashur-nasir-pal II of Assyria, 883–859 B. C.,* The Brooklyn Museum, New York 1976.
Pittman, H., *The White Obelisk and the Problem of Historical Narrative in the Art of Assyria,* in: Art Bulletin 78 (1996), S. 334–353.
Reade, J. E., *Twelve Ashurnasirpal Reliefs,* in: Iraq 27 (1965), S. 119–134.
Ders., *Ashshurnasirpal I and the White Obelisk,* in: Iraq 37 (1975), S. 129–150.
Schramm, W., *Einleitung in die assyrischen Königsinschriften. Zweiter Teil: 934–722 v. Chr.* (Handbuch der Orientalistik), Brill, Leiden 1973.
Soden, W. von, *Zur Datierung des »Weißen Obelisken«,* in: Zeitschrift für Assyriologie 64 (1974/75), S. 180–191.
Sollberger, E., *The White Obelisk,* in: Iraq 36 (1974), S. 231–238.
Unger, E., *Der Obelisk des Königs Assurnasirpal I. aus Ninive* in: Mitteilungen der Altorientalischen Gesellschaft, Bd. 4, Leipzig 1912.

Ninive als Hauptstadt des assyrischen Reiches

Borger, R., *Die Inschriften Asarhaddons, König von Assyrien* (Archiv für Orientforschung, Beiheft 9), Graz 1956.
Brinkman, J. A., *Elamite Military Aid to Merodach-Baladan,* in: Journal of Near Eastern Studies 24 (1965), S. 161–166.
Ders., *Sennacherib's Babylonian Problem: An Interpretation,* in: Journal of Cuneiform Studies 25 (1973), S. 89–95.
Campbell Thompson, R., *A Selection from the Cuneiform Historical Texts from Nineveh,* in: Iraq 7 (1927–32), S. 85–111.
Ders., *The Buildings on Quyunjiq, the Larger Mound of Nineveh,* in: Iraq 1 (1934), S. 95–104.
Dezsö, T./Curtis, J. E., *Assyrian Iron Helmets from Nimrud now in the British Museum,* in: Iraq 53 (1991), S. 105–126.
Fales, F. M., *Il taglio e il trasporto di legname nelle lettere a Sargon II,* in: Carruba, O./Liverani, M./Zaccagnini, C., Studi orientalistici in ricordo di F. Pintore, Pavia 1983.
Galter, H.D., *Die Zerstörung Babylons durch Sanherib,* in: Studia Orientalia 55 (1984), S. 161–173.
Galter, H.D./Levine, L.D./Reade, J. E., *The Colossi of Sennacherib's Palace and Their Inscriptions,* in: Annual Review of the Royal Inscriptions of Mesopotamia Project 4 (1986), S. 27–32.
Grayson, A. K., *Assyrian Royal Inscriptions: Literary Characteristics,* in: Fales, F. M. (Hg.), Assyrian Royal Inscriptions: New Horizons in Literary, Ideological, and Historical Analysis (Orientis Antiqui Collectio, Bd. 17, S. 35–47), Istituto per l'Oriente, Rom 1981.
Ders., *Assyria: Sennacherib and Esarhaddon (704–669 B. C.),* in: Boardman, J., u. a. (Hg.), The Cambridge Ancient History; Bd. 3, Teil 2: The Assyrian and Babylonian Empires and Other States of the Near East, from the eighth to the sixth centuries B. C., S. 103–141, Cambridge University Press, Cambridge 1991.
Jacobsen, Th., *Sennacherib's Aqueduct at Jerwan* (Oriental Institute Publications, Bd. 24), The University of Chicago Oriental Institute Publications, Chicago 1935.
Lackenbacher, S., *Le palais sans rival. Le récit de construction en Assyrie,* La Découverte, Paris 1990.
Laessøe, J., *Reflexions on Modern and Ancient Water Works,* in: Journal of Cuneiform Studies 7 (1953), S. 5–26.
Levine, L. D., *The Second Campaign of Sennacherib,* in: Journal of Near Eastern Studies 32 (1973), S. 312–317.
Ders., *Geographical Studies in the Neo-Assyrian Zagros,* in: Iran 11 u. 12 (1973 u. 1974), S. 1–27 u. 99–124.
Ders., *Sennacherib's Southern Front: 704–689 B. C.,* in: Journal of Cuneiform Studies 34 (1982), S. 28–58.
Ders., *Cities as Ideology: the Neo-Assyrian Centres of Ashur, Nimrud and Nineveh,* in: Society for Mesopotamian Studies Bulletin 12 (1986), S. 1–7.
Lewis, B., *The Sargon Legend: A Study of the Akkadian Text and the Tale of the Hero who was Exposed at Birth,* American Schools of Oriental Research, Cambridge MA 1980.
Luckenbill, D. D., *The Annals of Sennacherib* (Oriental Institute Publications, Bd. 2), University of Chicago Press, Chicago 1924.
Matthiae, P., *Il sovrano e l'opera. Arte e potere nella Mesopotamia antica,* Laterza, Rom/Bari 1994.
Na'man, N., *Sennacherib's »Letter to God« on His Cam-*

paign to Judah, in: Bulletin of the American Schools of Oriental Research 214 (1974), S. 25–39.
Oppenheim, A. L., *On Royal Gardens in Mesopotamia,* in: Journal of Near Eastern Studies 24 (1956), S. 328–333.
Parpola, S./Alster, B. (Hg.), *The Murderer of Sennacherib, Death in Mesopotamia* (Mesopotamia. Copenhagen Studies in Assyriology 8, S. 171–182), Akademisk Forlag, Kopenhagen 1980.
Pecírková, J., *The Character of Political Power in Assyria,* in: Vavrouìek, P./Soucek, V. (Hg.), Shulmu. Papers on the Ancient Near East Presented at International Conference of Socialist Countries (Prag, 30. Sept.–3. Okt. 1986), S. 243–255, Prag 1988.
Dies., *Assyria under Sennacherib,* in: Archiv Orientalni 61 (1993), S. 1–10.
Porada, E., *Reliefs from the Palace of Sennacherib,* in: Bulletin of the Metropolitan Museum of Art 3 (1945), S. 152–160.
Reade, J. E., *Sources for Sennacherib: The Prisms,* in: Journal of Cuneiform Studies 27 (1975), S. 189–196.
Ders., *Studies in Assyrian Geography. Part 1: Sennacherib and the Waters of Nineveh,* in: Revue d'Assyriologie 72 (1978), S. 47–72.
Russell, J. M., *Bulls for the Palace and Order in the Empire: The Sculptural Program of Sennacherib's Court VI at Nineveh,* in: Art Bulletin 69 (1989), S. 520–539.
Scott, L./MacGinnis, J., *Notes on Nineveh,* in: Iraq 52 (1990), S. 63–73.
Scurlock, J. A., *The Euphrates Flood and the Ashes of Nineveh,* in: Historia 34 (1990), S. 382–384.
Smith, G., *History of Sennacherib, Translated from the Cuneiform Inscriptions,* Williams and Norgate, London 1878.
Soden, W. von, *Religiöse Unsicherheit: Säkularisierungstendenzen und Aberglaube,* in: Analecta Biblica 12 (1959), S. 356–367.
Speiser, E. A., *Ancient Mesopotamia. The Idea of History in the Ancient Near East* (American Oriental Series 38), Yale University Press, New Haven 1955.
Stronach, D., *When Assyria Fell: New Light on the Last Days of Nineveh,* in: Mar Shipri 2 (1989), S. 1–2.
Ders., *Notes on the Topography of Nineveh,* in: Liverani, M. (Hg.), Neo-Assyrian Geography (Quaderni di Geografia Storica 5, S. 161–170), Rom 1995.
Ders., *Notes on the Fall of Nineveh,* in: Parpola, S./Whiting, R. W. (Hg.), Assyria 1995. Proceedings of the 10th Anniversary Symposium of the Neo-Assyrian Text Corpus Project, S. 309–324, Helsinki 1997.
Stronach, D./Lumsden, S., *UC Berkeley's Excavations at Nineveh,* in: Biblical Archaeologist 55 (1992), S. 227–233.
Tadmor, H./Landsberger, B./Parpola, S., *The Sin of Sargon and Sennacherib's Last Will,* in: State Archives of Assyria, Bulletin 3 (1989), S. 3–52.
Turner, G., *Tell Nebi Yunus: The Ekal Masharti of Nineveh,* in: Iraq 32 (1970), S. 68–85.
Ders., *The State Apartments of Late Assyrian Palaces,* in: Iraq 32 (1970), S. 177–213.
Westenholz, J. G., *Legends of the Kings of Akkade. The Texts* (Mesopotamian Civilizations 7), Eisenbrauns, Winona Lake 1997.
Wiggermann, F. A. M., *Exit Talim! Studies in Babylonian Demonology,* in: Ex Oriente Lux 27 (1983), S. 90–105.
Woolley, L., *Babylonian Prophylactic Figures,* in: Journal of the Royal Asiatic Society 4 (1926), S. 689–713.

Der »Palast ohnegleichen« und die künstlerische Revolution Sanheribs

Albenda, P., *A Mediterranean Seascape from Khorsabad,* in: Assur 3 (1983), S. 103–136.
Bissing, F. W. von, *Beiträge zur Geschichte der assyrischen Skulptur* (Abhandlungen der Bayerischen Akademie der Wissenschaften, Phil.-hist. 26. Bd./2. Abt.), Bayerische Akademie der Wissenschaften, München 1912.
Bleibtreu, E., *Die Flora der neuassyrischen Reliefs. Eine Untersuchung zu den Orthostatenreliefs des 9.–7. Jahrhunderts v. Chr.* (Wiener Zeitschrift für die Kunde des Morgenlandes, Sonderband 1), Institut für Orientalistik, Wien 1980.
Curtis, J. E. (Hg.), *Bronze Working Centres of Western Asia c. 1000–539 B. C.,* British Museum, London 1988.
Davila, J. R., *The Flood Hero as King and Priest,* in: Journal of Near Eastern Studies 54 (1995), S. 199–214.
Eph'al, I., *The Assyrian Siege Ramp at Lachish: Military and Lexical Aspects,* in: Tel Aviv 11 (1984), S. 60–70.
Frahm, E., *Die Bilder in Sanheribs Thronsaal,* in: N.A.B.U. 3 (1994), S. 48–50.
Frame, G., *Assyrian Clay Hands,* in: Baghdader Mitteilungen 22 (1991), S. 335–381.
Gadd, C. J., *An Assyrian Camp Scene,* in: Antiquity 9 (1935), S. 209–224.
Goossens, G., *Fragment de relief de Sennachérib,* in: Bulletin des Musées Royaux d'Art et d'Histoire 21 (1949), S. 60–64.
Ders., *Relief de Sennachérib,* in: Bulletin des Musées Royaux d'Art et d'Histoire 22 (1950), S. 86–88.
Green, A., *Neo-Assyrian Apotropaic Figurines,* in: Iraq 45 (1983), S. 87–96.
Ders., *A Note on the »Scorpion-Man« and Pazuzu,* in: Iraq 47 (1985), S. 75–82.
Ders., *The Lion-Demon in the Art of Mesopotamia and Neighbouring Regions,* in: Baghdader Mitteilungen 17 (1986), S. 141–254.
Groenewegen-Frankfort, H.A., *Arrest and Movement. An Essay on Space and Time in the Representational Art of the Ancient Near East,* Faber, London 1951.
Güterbock, H. G., *Narration in Anatolian, Syrian and Assyrian Art,* in: American Journal of Archaeology 61 (1957), S. 61–71.
Gunter, A., *Representations of Urartian and Western Iranian Fortress Architecture in the Assyrian Reliefs,* in: Iran 20 (1982), S. 103–112.
Gurney, O. R., *Babylonian Prophylactic Figures and Their Rituals,* in: Annals of Archaeology and Anthropology 22 (1935), S. 31–96.
Hrouda, B., *Der assyrische Streitwagen,* in: Iraq 25 (1963), S. 155–159.
Ders., *Der assyrische Palastbau nach zeitgenössischen Darstellungen,* in: Bonner Jahrbuch 16 (1964), S. 15–26.
Ders., *Die Grundlagen der bildenden Kunst in Assyrien,* in: Zeitschrift für Assyriologie 57 (1965), S. 274–297.
Ders., *Die Kulturgeschichte des assyrischen Flachbildes* (Saarbrücker Beiträge zur Altertumskunde, Bd. 2), Verlag Rudolf Habelt, Bonn 1965.
Hunger, J., *Heerwesen und Kriegsführung der Assyrer auf der Höhe ihrer Macht,* Hinrichs Verlag, Leipzig 1911.
King, L.W., *Bronze Reliefs from the Gates of Shalmaneser, King of Assyria B. C. 860–825,* British Museum, London 1915.
Loud, G., *Khorsabad I: Excavations in the Palace and at a City Gate* (Oriental Institute Publications, Bd. 38), The University of Chicago Oriental Institute Publications, Chicago 1936.
Loud, G./Altman, C. B., *Khorsabad II: The Citadel and the Town* (Oriental Institute Publications, Bd. 40), The University of Chicago Oriental Institute Publications, Chicago 1938.
Luckenbill, D. D., *Historical Records of Assyria from Sargon to the End,* in: Ders., Ancient Records of Assyria and Babylonia, Bd. 2, S. 111–198, University of Chicago Press, Chicago 1927.
Margueron, J.-C., *Quelques directions de recherche pour mieux comprendre le palais néo-assyrien,* in: Vivante, A. (Hg.), Assiria. L'arte, la guerra, il potere, S. 93–115, Guerini, Mailand 1995.
Matthiae, P., *Realtà storica e livelli di lettura nei rilievi narrativi di Assurnasirpal II a Nimrud,* in: Scienze dell'Antichità 2 (1988), S. 347–376.
Ders., *L'arte dell'Oriente antico. I grandi imperi, 1000–330 a. C.,* Electa, Mailand 1996.
Mazzoni, S., *Significato e ruolo del paesaggio nei rilievi di Sennacherib,* in: Contributi e Materiali di Archeologia Orientale 4 (1992), S. 151–166.
Moortgat, A., *Der Ohrschmuck der Assyrer,* in: Archiv für Orientforschung 4 (1927), S. 185–191.
Ders., *Der Kampf zu Wagen in der Kunst des Alten Orients – Zur Herkunft eines Bildgedankens,* in: Orientalistische Literatur-Zeitung 33 (1930), S. 841–861.
Ders., *Die Bildgliederung des jungassyrischen Wandreliefs,* in: Jahrbuch der Preußischen Kunstsammlungen 51 (1930), S. 141–158.
Morandi, D., *Stele e statue reali assire: localizzazione, diffusione e implicazioni ideologiche,* in: Mesopotamia 23 (1988), S. 105–156.
Müller, V., *Die Raumdarstellungen der altorientalischen Kunst,* in: Archiv für Orientforschung 5 (1928/29), S. 199–205.
Oates, J., *Balawat: Recent Excavations and a New Gate,* in: Harper, P. O./Pittman, H. (Hg.), Essays on Near Eastern Art and Archaeology in Honor of Ch. K. Wilkinson, S. 40–47, The Metropolitan Museum of Art, New York 1983.

Oded, B., *Mass Deportation and Deportees in the Neo-Assyrian Empire,* Verlag Dr. Ludwig Reichert, Wiesbaden 1979.

Paley, S. M., *Assyrian Palace Reliefs: Finished and Unfinished Business,* in: Harper, P. O./ Pittman, H. (Hg.), Essays on Near Eastern Art and Archaeology in Honor of Ch. K. Wilkinson, S. 48–50, The Metropolitan Museum of Art, New York 1983.

Parpola, S., *The Assyrian Tree of Life: Tracing the Origins of Jewish Monotheism and Greek Philosophy,* in: Journal of Near Eastern Studies IV (1993), S. 161–208.

Paterson, A., *Assyrian Sculptures. Palace of Sinacherib,* Nijhof, Den Haag 1915.

Porada, E., *Reliefs from the Palace of Sennacherib,* in: Bulletin of the Metropolitan Museum of Art 3 (1945), S. 152–160.

Porada, E./Leonard jr., A./Williams, B. B. (Hg.), *Problems of Late Assyrian Reliefs, Essays in Ancient Civilization Presented to H. J. Kantor* (Studies in Ancient Oriental Civilization 47), The University of Chicago Oriental Institute Publications, 1989.

Porter, B. N., *Sacred Trees, Date Palms, and the Royal Persona of Ashurnasirpal II,* in: Journal of Near Eastern Studies 52 (1993), S. 129–139.

Reade, J. E., *Two Slabs from Sennacherib's Palace,* in: Iraq 29 (1967), S. 42–45.

Ders., *The Neo-Assyrian Court and Army: Evidence from the Sculptures,* in: Iraq 34 (1972), S. 87–112.

Ders., *Sargon's Campaigns of 720, 716, and 715 B. C.: Evidence from the Sculptures,* in: Journal of Near Eastern Studies 35 (1976), S. 95–104.

Russell, J. M., *Sennacherib's Palace without Rival at Nineveh,* University of Chicago Press, Chicago 1991.

Rutten, M., *Le paysage dans l'art de la Mésopotamie ancienne,* in: Syria 22 (1941), S. 137–154.

Smith, S., *The First Campaign of Sennacherib,* London 1921.

Smith, W. S., *Two Assyrian Reliefs from Canford Manor,* in: Bulletin of the Museum of Fine Arts 58 (1960), S. 44–57.

Strommenger, E., *Zu den sogenannten Palastbaureliefs des Sanherib,* in: Berliner Jahrbuch für Vor- und Frühgeschichte 6 (1966), S. 111–114.

Tadmor, H., *History and Ideology in the Assyrian Royal Inscriptions,* in: Fales, F. M. (Hg.), Assyrian Royal Inscriptions: New Horizons in Literary, Ideological, and Historical Analysis (Orientis Antiqui Collectio, Bd. 17, S.13–33), Istituto per l'Oriente, Rom 1981.

Ussishkin, D., *The »Lachish Relief« and the City of Lachish,* in: Israel Exploration Journal 30 (1980), S. 174–195.

Ders., *The Conquest of Lachish by Sennacherib,* Tel Aviv University, Tel Aviv 1982.

Ders., *The Assyrian Attack on Lachish: The Archaeological Evidence from the Southeast Corner of the Site,* in: Tel Aviv 17 (1990), S. 53–86.

Wäfler, M., *Nicht-Assyrer neuassyrischer Darstellungen* (Alter Orient und Altes Testament, Bd. 26), Neukirchener Verlag, Neukirchen-Vluyn 1975.

Weidner, E. F./Furlani, G., *Die Reliefs der assyrischen Könige* (Archiv für Orientforschung, Beiheft), Graz 1939.

Wolff, M., *Ein historischer Wagentyp im Feldheer Sanheribs,* in: Archiv für Orientforschung 11 (1936/37), S. 231–235.

Yadin, Y., *The Art of Warfare in Biblical Lands in the Light of Archaeological Discovery,* Weidenfeld & Nicolson, London 1963.

Synthese und Erneuerung in der Kunst Assurbanipals

Albenda, P., *Grapevines in Ashurbanipal's Garden,* in: Bulletin of the American Schools of Oriental Research 215 (1974), S. 5–18.

Dies., *Lions on Assyrian Wall Reliefs,* in: Journal of the Ancient Near Eastern Society of the Columbia University 6 (1974), S. 1–11.

Dies., *Landscape Bas-Reliefs in the Bit-Hilani of Ashurbanipal,* in: Bulletin of the American Schools of Oriental Research 224 u. 225 (1976 u. 1977), S. 49–72 u. 29–48.

Dies., *Assyrian Carpets in Stone,* in: Journal of the Ancient Near Eastern Society of the Columbia University 10 (1978), S. 1–34.

Dies., *Woman, Child, and Family: Their Imagery in Assyrian Art,* in: Durand, J.-M., La femme dans le Proche-Orient antique. Compte Rendu de la XXXIIIe Rencontre Assyriologique Internationale (Paris, 7–10 juillet 1986), S. 17–21, Editions Recherche sur les Civilisations, Paris.

Dies., *Symmetry in the Art of the Assyrian Empire,* in: Charpin, D./Joannes, F., La circulation des biens, des personnes et des idèes dans le Proche-Orient ancien. Actes de la XXXVIIIe Rencontre Assyriologique Internationale (Paris, 8–10 juillet 1991), S. 297–309, Editions Recherche sur les Civilisations, Paris 1991.

Barnett, R. D., *Sculptures from the North Palace of Ashurbanipal at Nineveh,* British Museum, London 1986.

Black, J./Green, A., *Gods, Demons and Symbols of Ancient Mesopotamia,* British Museum, London 1992.

Böhl, F. M. Th., *Granaatboom uit den Tuin van Koning Assurbanipal,* in: Jaarbericht Ex Oriente Lux 3 u. 4 (1935 u. 1936), S. 150–152 u. 270–271.

Borger, R., *Beiträge zum Inschriftenwerk Assurbanipals. Die Prismenklassen A, B, C = K, D, E, F, G, H, J und T sowie andere Inschriften,* Harrassowitz Verlag, Wiesbaden 1996.

Brinkman, J. A., *Prelude to Empire: Babylonian Society and Politics 747–626 B. C.,* Occasional Publications of the Babylonian Fund, Philadelphia 1984.

Brunner, H., *Ein assyrisches Relief mit einer ägyptischen Festung,* in: Archiv für Orientforschung 16 (1952/53), S. 253–262.

Cornelius, I., *The Lion in the Art of the Ancient Near East. Study of Selected Motives,* in: Journal of Northwest Semitic Languages 15 (1989), S. 53–85.

Curtis, J. E., *The Dying Lion,* in: Iraq 54 (1992), S. 113–118.

Dombart, Th., *Die Zikkurrat-Darstellung aus Ninive,* in: Archiv für Orientforschung 3 (1926), S. 177–181.

Ders., *Das Zikkurratrelief aus Kujundchik,* in: Zeitschrift für Assyriologie 4 (1928), S. 39–64.

Engel, B. J., *Darstellungen von Dämonen und Tieren in assyrischen Palästen und Tempeln nach den schriftlichen Quellen,* Hackbarth Verlag, Mönchengladbach 1987.

Gerardi, P., *Epigraphs and Assyrian Palace Reliefs: The Development of the Epigraphic Text,* in: Journal of Cuneiform Studies 40 (1988), S. 1–35.

Dies., *The Arab Campaigns of Ashurbanipal: Scribal Reconstruction of the Past,* in: State Archives of Assyria, Bulletin 6 (1992), S. 67–103.

Goossens, G., *Fragments de reliefs d'Assurbanipal,* in: Bulletin des Musées Royaux d'Art et d'Histoire 23 (1951), S. 25–30.

Ders., *Relief d'Assurbanipal,* in: Bulletin des Musées Royaux d'Art et d'Histoire 24 (1952), S. 50–54.

Grayson, A. K., *Assyrian and Babylonian Chronicles,* Augustin, New York 1975.

Ders., *The Chronology of the Reign of Ashurbanipal,* in: Zeitschrift für Assyriologie 70 (1981), S. 227–245.

Ders., *Assyria 668–635 B. C.: The Reign of Ashurbanipal,* in: Boardman, J., u. a. (Hg.), The Cambridge Ancient History; Bd. 3, Teil 2: The Assyrian and Babylonian Empires and Other States of the Near East, from the eighth to the sixth centuries B. C., S. 142–161, Cambridge University Press, Cambridge 1991.

Hrouda, B., *Zur Herkunft des assyrischen Lebensbaumes,* in: Baghdader Mitteilungen 3 (1964), S. 41–51.

Jacoby, R., *The Representation and Identification of Cities on Assyrian Reliefs,* in: Israel Exploration Journal 41 (1991), S. 112–131.

Mallowan, M. E. L./Parker, B., *The Assyrian Tree,* in: Sumer 42 (1986), S. 141–145.

Matthiae, P., *L'arte degli Assiri. Cultura e forma del rilievo storico,* Laterza, Rom/Bari 1994.

Meissner, B., *Zwei Reliefs Assurbanipals mit Darstellungen von Arabern,* in: Islamica 2 (1927), S. 291–297.

Ders., *Ein Relief Assurbanipals mit einer Darstellung aus dem elamischen Feldzuge,* in: Mitteilungen der Altorientalischen Gesellschaft 8 (1934), S. 31–43.

Meissner, B./Opitz, D., *Studien zum Bît Hilâni im Nordpalast Assurbânaplis zu Ninive,* in: Abhandlungen der Preußischen Akademie der Wissenschaften 18 (1939).

Nagel, W., *Die neuassyrischen Reliefstile unter Sanherib und Assurbanaplu* (Berliner Beiträge zur Vor- und Frühgeschichte 11), Bruno Hessling, Berlin 1967.

Oates, J., *The Fall of Assyria (635–609),* in: Boardman, J., u. a. (Hg.), The Cambridge Ancient History; Bd. 3, Teil 2: The Assyrian and Babylonian Empires and Other States of the Near East, from the eighth to the sixth centuries B. C., S. 161–193, Cambridge University Press, Cambridge 1991.

Onasch, H.-U., *Die assyrischen Eroberungen Ägyptens* (Ägypten und Altes Testament 27), 2 Bde, Harrassowitz Verlag, Wiesbaden 1994.
Opitz, D., *Ein assyrisches Reliefbruchstück,* in: Archiv für Orientforschung 6 (1930/31), 298–299.
Ders., *Die Darstellungen der Araberkämpfe Assurbanipals aus dem Palaste zu Ninive,* in: Archiv für Orientforschung 7 (1931/32), S. 7–13.
Ders., *Ein altorientalisches Pferdebild,* in: Analecta Orientalia 12 (1935), S. 259–265.
Porter, B. N., *Images, Power, and Politics. Figurative Aspects of Esarhaddon's Babylonian Policy* (Memoirs of the American Philosophical Society, 208), American Philosophical Society, Philadelphia 1993.
Potratz, J. A. H., *Die Pferdegebisse des zwischenstromländischen Raumes,* in: Archiv für Orientforschung 14 (1941/44), S. 1–54.
Ders., *Die königliche Jagd des Alten Orients,* in: Orion 15 (1960), S. 58–72.
Reade, J. E., *The Neo-Assyrian Court and Army: Evidence from the Sculptures,* in: Iraq 34 (1972), S. 87–112.
Ders., *Elam and Elamites in Assyrian Sculpture,* in: Archäologische Mitteilungen aus Iran 9 (1976), S. 97–105.
Rittig, D., *Assyrisch-babylonische Kleinplastik magischer Bedeutung vom 13.–6. Jh. v. Chr.* (Münchener Universitäts-Schriften, Vorderasiatische Studien, Bd. 1), München 1977.
Smith, G., *History of Assurbanipal. Translated from the Cuneiform Inscriptions,* Williams and Norgate, London 1871.
Speleers, L., *Le mobilier de l'Asie Antérieure ancienne,* Wetteren 1921.
Stauder, W., *Die Harfen und Leiern Vorderasiens in babylonischer und assyrischer Zeit,* Johann Wolfgang Goethe-Universität, Frankfurt a.M. 1961.
Stein, G./Rothman, M. S. (Hg.), *Chiefdoms and Early States in the Near East. The Organizational Dynamics of Complexity* (Monograph in World Archaeology 18), Prehistory Press, Madison 1994.
Streck, M., *Assurbanipal und die letzten assyrischen Könige bis zum Untergang Ninevehs,* Leipzig 1916.
Strommenger, E., *Elamier, Perser und Babylonier,* in: Dietrich, M./Loretz, O. (Hg.), Beschreiben und Deuten in der Archäologie des Alten Orients. Festschrift für Ruth Mayer-Opificius (Altertumskunde des Vorderen Orients, Bd. 4, S. 313–325). Ugarit-Verlag, Münster 1994.
Villard, P., *Les structures du récit et les relations entre image et texte dans les bas-reliefs néo-assyriens,* in: Word and Image. A Journal of Verbal/Visual Enquiry 4 (1988), S. 422–429.
Weissert, E., *Royal Hunt and Royal Triumph in a Prism Fragment of Ashurbanipal,* in: Parpola, S./Whiting, R. W. (Hg.), Assyria 1995. Proceedings of the 10th Anniversary Symposium of the Neo-Assyrian Text Corpus Project, S. 339–358, Helsinki 1997.
Wiggermann, F.A.M., *Mesopotamian Protective Spirits. The Ritual Texts* (Cuneiform Monographs 1), Groningen 1986.
Wolff, M./Opitz, D., *Jagd zu Pferde in der altorientalischen und klassischen Kunst,* in: Archiv für Orientforschung 10 (1935/36), S. 317–359.

Von Kalchu nach Ninive: Das assyrische Königtum zwischen Ideologie und Kunst

Bachelot, L., *La fonction politique des reliefs néo-assyriens,* in: Charpin, D./Joannes, F. (Hg.), Marchands Diplomates et Empereurs. Etudes sur la civilization mésopotamienne offertes à P. Garelli, S. 109–128, Editions Recherche sur les Civilizations, Paris 1991.
Barnett, R. D./Falkner, M., *The Sculptures of Ashshur-nasir-apli II (883–859 B. C.), Tiglath-pileser III (745–727 B. C.), Esarhaddon (681–669 B. C.) from the Central and South-West-Palaces at Nimrud,* British Museum, London 1962.
Cassin, E., *Le roi et le lion,* in: Revue d'Histoire des Religions 198 (1981), S. 355–401.
Kolbe, D., *Die Reliefprogramme religiös-mythologischen Charakters in neu-assyrischen Palästen. Die Figurentypen, ihre Benennung und Bedeutung* (Europäische Hochschulschriften, Bd. 38) Peter Lang Verlag, Bern 1981.
Littauer, M. A./Crouwel, J. D, *Wheeled Vehicles and Ridden Animals in the Ancient Near East* (Handbuch der Orientalistik), Brill, Leiden 1979.
Madhloom, T. A., *The Chronology of Neo-Assyrian Art,* Athlone Press, London 1970.
Magen, U., *Assyrische Königsdarstellungen. Aspekte der Herrschaft* (Baghdader Forschungen 9), Verlag Philipp von Zabern, Mainz 1986.
Matthiae, P., *Old Syrian Ancestors of Some Neo-Assyrian Figurative Symbols of Kingship,* in: Archaeologia Iranica et Orientalis. Miscellanea in honorem L. Vanden Berghe, Bd. 1, S. 367–391, Imprimerie Orientaliste, Gent 1989.
Ders., *Il sovrano nei programmi figurativi e negli spazi architettonici dei palazzi assiri,* in: Vivante, A. (Hg.), Assiri. L'arte, la guerra, il potere, S. 117–145, Guerini, Mailand 1995.
Reade, J. E., *The Palace of Tiglath-pileser III,* in: Iraq 30 (1968), S. 69–73.
Ders., *Assyrian Architectural Decoration: Techniques and Subject-Matter,* in: Baghdader Mitteilungen 10 (1979), S. 17–49.
Ders., *Ideology and Propaganda in Assyrian Art,* in: Larsen, M.T. (Hg.), Power and Propaganda. A Symposium on Ancient Empires (Mesopotamia. Copenhagen Studies in Assyriology 7, S. 329–344), Akademisk Forlag, Kopenhagen 1979.
Ders., *Narrative Composition in Assyrian Sculpture,* in: Baghdader Mitteilungen 10 (1979), S. 52–110.
Ders., *Space, Scale, and Significance in Assyrian Art,* in: Baghdader Mitteilungen 11 (1980), S. 71–74.
Ders., *The Architectural Context of Assyrian Sculpture,* in: Baghdader Mitteilungen 11 (1980), S. 75–87.
Ders., *Neo-Assyrian Monuments in Their Historical Context,* in: Fales, F. M. (Hg.), Assyrian Royal Inscriptions: New Horizons in Literary, Ideological, and Historical Analysis (Orientis Antiqui Collectio, Bd. 17, S. 143–167), Istituto per l'Oriente, Rom 1981.
Tadmor, H., *The Campaigns of Sargon II of Assur: A Chronological-Historical Study,* in: Journal of Cuneiform Studies 12 (1958), S. 22–40 u. 77–100.
Weidner, E. F., *Assyrische Beschreibungen der Kriegsreliefs Assurbânaplis,* in: Archiv für Orientforschung 8 (1932/33), S. 175–203.
Winter, I. J., *Royal Rhetoric and the Development of Historical Narrative in Neo-Assyrian Reliefs,* in: Studies in Visual Communication 7 (1981), S. 2–38.
Dies., *The Program of the Throneroom of Ashurnasirpal II,* in: Harper, P. O./Pittman, H. (Hg.), Essays on Near Eastern Art and Archaeology in Honor of Ch.K. Wilkinson, S. 15–31, The Metropolitan Museum of Art, New York 1983.
Dies., *Art in Empire: The Royal Image and the Visual Dimensions of Assyrian Ideology,* in: Parpola, S./Whiting, R. W. (Hg.), Assyria 1995. Proceedings of the 10th Anniversary Symposium of the Neo-Assyrian Text Corpus Project, S. 359–381, Helsinki 1997.

Bildnachweis

Agenzia Ricciarini, Mailand
Sergio Anelli, Mailand
Archivio Lessing/Contrasto, Mailand
Bildarchiv Preussischer Kulturbesitz, Berlin
Erwin Böhm, Mainz
British Museum, London
Départements des Antiquités orientales, Musée du Louvre, Paris
Index, Florenz
Lotos Film, Kaufbeuren
Réunion des Musées Nationaux, Paris

Wir danken allen Museen, Galerien und privaten Rechteinhabern für das zur Verfügung gestellte Fotomaterial.